太平洋战争中的
日本陆军联队
全史

编著·唐茜 丛丕

THE REGIMENTS OF JAPANESE ARMY IN THE PACIFIC WAR
1941–1945

台海出版社

U0658258

图书在版编目（CIP）数据

太平洋战争中的日本陆军联队全史 / 唐茜, 丛丕编
著. -- 北京 : 台海出版社, 2016.9
　ISBN 978-7-5168-1125-2

　Ⅰ. ①太… Ⅱ. ①唐… ②丛… Ⅲ. ①陆军－军队史
－研究－日本－1941-1945 Ⅳ. ①E313.51

中国版本图书馆CIP数据核字(2016)第212165号

太平洋战争中的日本陆军联队全史

编　著：唐　茜、丛　丕

责任编辑：刘　峰　　　　　　　　策划制作：指文文化
装帧设计：周　杰　　　　　　　　责任印制：蔡　旭

出版发行：台海出版社
地　　址：北京市朝阳区劲松南路1号　　　邮政编码：100021
电　　话：010－64041652（发行，邮购）
传　　真：010－84045799（总编室）
网　　址：www.taimeng.org.cn/thcbs/default.htm
E－mail：thcbs@126.com

经　　销：全国各地新华书店
印　　刷：重庆共创印务有限公司
本书如有破损、缺页、装订错误，请与本社联系调换

开　　本：787mm×1092mm　　　　　1/16
字　　数：500千字　　　　　　　　印　张：21
版　　次：2016年11月第1版　　　　印　次：2016年11月第1次印刷
书　　号：ISBN 978-7-5168-1125-2

定　　价：79.80元

Contents 目录

前 言

在中国近代历史上曾经染指神州大地的帝国主义列强中，以日本最为贪婪暴虐、穷凶极恶。日本自明治维新以来，奉行"脱亚入欧"、"富国强兵"的基本国策，走上了穷兵黩武、对外侵略的道路，妄图称霸东亚、问鼎世界，而资源丰富、积贫积弱的中国成为日本最主要的侵略目标。崛起的日本立即成为列强对华侵略的积极参与者，通过中日甲午战争和日俄战争奠定了自己的强国地位，逐步推进侵吞中国的计划，特别是1931年"九一八事变"之后，日本侵占中国东北，进而在华北地区进行经济渗透、制造武装冲突，最终在1937年挑起了全面侵华战争，之后又发动了太平洋战争，给中国及亚太地区各国人民带来了深重的灾难。正所谓"多行不义必自毙"，日本最后在包括中国在内的世界反法西斯力量的联合打击下战败投降。然而，日本并未深刻反省其侵略历史。在战后的冷战环境下，日本在美国的庇护下重新崛起，成为经济大国，并利用冷战结束后国际形势的变化积极谋求恢复政治大国、军事大国的地位。在可以预见的未来，日本始终是中国在国际上的有力竞争对手和国家安全的潜在威胁。古语有云："知己知彼，百战百胜。"要想战胜对手，首先要了解对手，特别是要了解它的历史，因此研究日本军事史在今天尤其具有现实意义。

本书是国内首部以日本陆军联队为著述对象的专著。联队是旧日本陆军中的基本战术兵团和单一兵种最大的作战单位，依据兵种分为步兵联队、骑兵联队、炮兵联队、工兵联队、战车联队、辎重兵联队等多种类型，此外还有独立混成联队（由一定比例的步兵和炮兵组成）、特设联队（见于太平洋战争后期）等特殊类型。在各兵种联队中步兵联队编制较为固定，员额将近4000人，但炮兵联队、战车联队等部队编制变化较大。在日军的各种联队中，仅有步兵联队和骑兵联队在成立时被天皇亲自授予军旗，作为部队最重要的象征，其他联队则没有拥有联队军旗的权利。

日本陆军自明治初期始建，到太平洋战争结束，组建了数以百计的联队。本书选取其中作为最主要作战力量的步兵联队、炮兵联队和战车联队作为研究对象，以联队为单位，与战役行动相结合，讲述了日军各联队在太平洋战争期间的作战历程。本书在结构上分成两个部分，第一部分为步兵联队的作战历程，第二部分为炮兵联队、战车联队的作战历程。每一部分均按照太平洋战争的时间进程描述了不同联队在历次战役中的作战表现，并配以相关的历史图片和作战地图，帮助读者更好地了解当时的情况。本书从联队的角度窥探日本陆军从诞生、发展直至覆灭的历史过程，可谓一部浓缩版的日本陆军太平洋战争简史。希望读者在了解日本陆军联队作战历史的同时，也能清楚认识到这些战斗力强悍的日军部队终究是日本对外侵略的工具，他们所谓的"勇敢"、"效忠"精神需要辩证地看待。

受到篇幅所限，本书不可能将日本陆军数百个作战联队的历史一一讲述，因此只能选取曾经参与著名战役的个别联队进行介绍，还请读者见谅。学识有限，难免疏漏，还请读者和专家学者批评指正。

唐茜

2016年7月于广西柳州

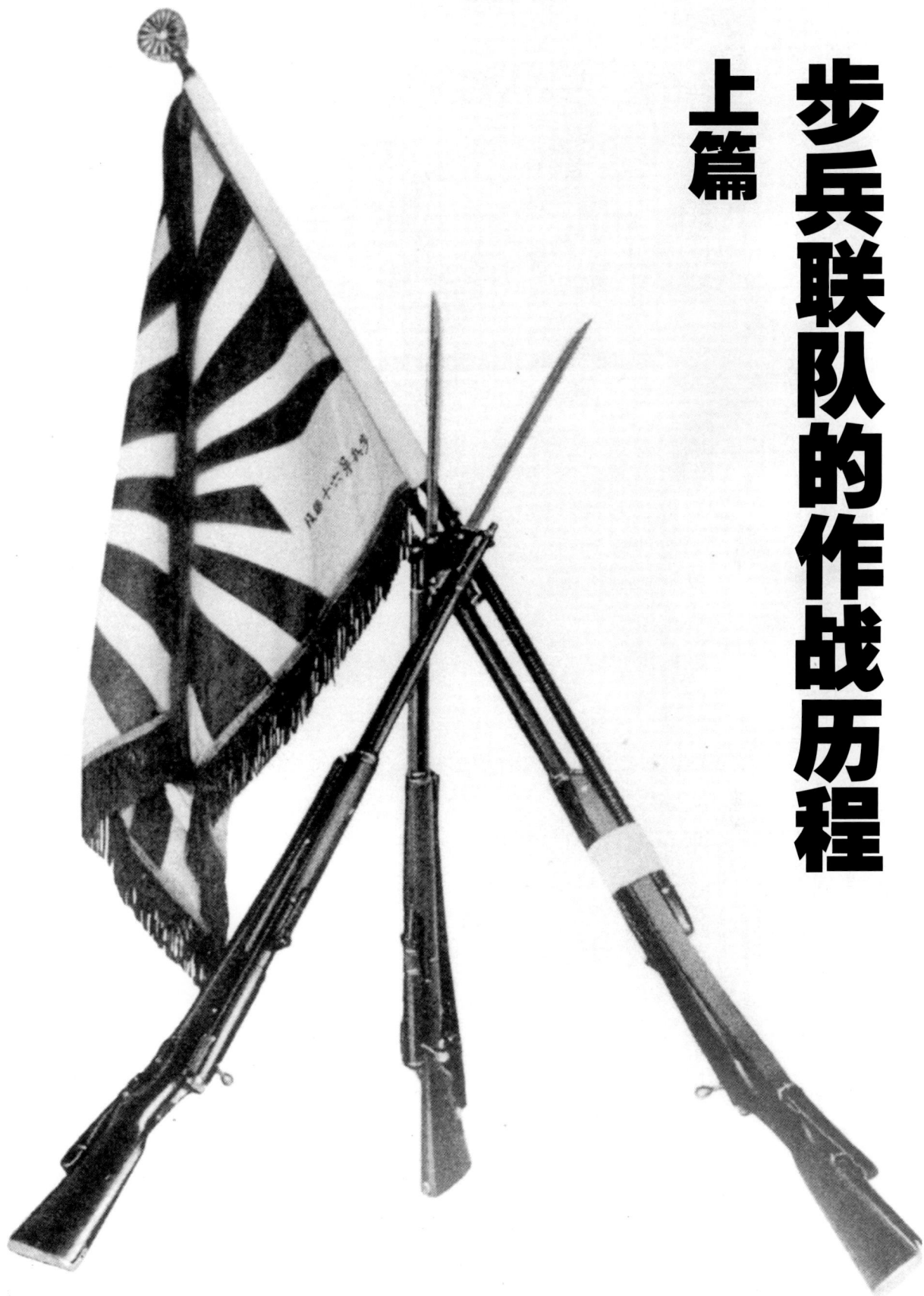

上篇 步兵联队的作战历程

步兵联队的历史沿革

从中日战争的剧增到太平洋战争末期的动员

步兵联队的创立

日本陆军步兵联队的创立始于1874年（明治7年）近卫步兵第1、2联队的建立，这两支部队当时被称为御亲兵，即皇宫的警卫部队。在此三年前，天皇的警卫部队在初创时是由鹿儿岛、山口、高知各藩派遣的士兵组成，而在近卫联队建立之后，其兵员是从全国范围内选拔的优秀士兵，这种从全国遴选兵员的建制作为一项传统被保持下来。

在近卫联队创建时还确立了另一项重要的传统，即由天皇亲自授予军旗并做如下宣告："朕今日宣布近卫步兵第1联队成立，授予军旗一面，汝等军人应同心协力，宣扬帝国之威武，保护帝国之疆土。"此后，天皇授旗就成为日本陆军联队组建的标志，但仅有步兵联队和骑兵联队享有天皇授予军旗的权利。

军旗是天皇的象征，随着时间的推移在日本陆军中形成了一种非同寻常的风气，即把军旗本身视为一个绝对尊崇的对象。在战场上丢失军旗是联队长的重大责任，即使在太平洋战争后期混乱的局势下，也有因军旗遗失而自决的联队长，甚至在联队进行战场转移时，由于担心在途中丢失军旗而用飞机单独运送。由此可见，当时军旗在日本军队中享有何等特殊的待遇，常常出现将军旗置于官兵生命之上这种本末倒置的情况。

■ 图为位于东京皇宫附近的近卫步兵第1联队驻地，其兵营正门为西洋钟楼造型，在营门上方镶嵌有巨大的御纹章。

■ 上图为在甲府组建的步兵第49联队的军旗。联队旗在日本军队中是极受尊崇的物品，要求官兵们不惜生命保卫。

在1871年到1888年间，处于初创时期的日本陆军施行镇台制，以镇台作为各地驻军的最高编制单位。在1873年（明治6年），日本全国设有6个镇台，分别为东京、仙台、名古屋、大阪、广岛和熊本镇台。当时陆军的主要任务是镇压反对新政府的叛乱，在明治政府推行维新时有很多心怀不满的武士阴谋异动，新政府需要武力弹压，加强统治基础。

同样在1873年，明治政府还颁布了《征兵令》，仿效西方国家实施义务征兵制，打破了数百年来武士阶层对军人职业的垄断，扩大了军队的兵员来源，从而为打造一支近代化的国家武装奠定了基础。与此同时，日本陆军还逐渐健全兵种体系，除步兵外又建立了骑兵、炮兵、工兵和辎重兵，均以联队作为单一兵种的最大作战单位，当然其中数量最多、担当主力的还是步兵。

在近卫联队建立后，各地镇台所辖部队也陆续组建了联队，到1876年（明治9年）时全国共组建了16个步兵联队，当时一个联队兵员数量在800～1800人之间，相当于后来一个大队的兵力。

1888年（明治21年），日本陆军再度改革军制，将镇台改称为师团，原先以地域划分的6个镇台依次改为第1～第6师团，这是日本陆军的第一批师团。由近卫步兵第1、2联队组成的皇宫警卫部队也改为近卫师团。同时，日本陆军全面引进德国军事体制，按照德式教范进行训练。

明治宪法与征兵制度

1889年2月（明治22年2月），日本政府颁布宪法，即明治宪法，其中第20条明文规定服兵役是国民的基本义务之一，凡年满17岁至40岁的男性国民均须服兵役。同时，日本政府还修改了征兵令，制定了四种具体的兵役形式，凡适龄男性国民均应根据法律规定，以不同的形式履行兵役义务。在太平洋战争时期的1943年（昭和18年），日本政府又将兵役年龄上限提高到45岁。

日本陆军有如下四种兵役：常备兵役、后备兵役、补充兵役和国民兵役。其中常备兵役又分为现役和预备役，补充兵役分为第一补充兵役和第二补充兵役，国民兵役分为第一国民兵役和第二国民兵役，因此实际上有七种兵役形式。

常备兵役的服役时间为7年4个月（1943年延长至17年4个月），其中现役2年，服现役人员在通过征兵检查后的次年1月10日入营服役，在服

役期满后转入预备役，继续服役5年4个月（1943年延长至15年4个月）。

后备兵役的服役时间为10年，常备兵役期满的人员转入后备兵役。1943年废除该兵役形式，同时将预备兵役的服役期延长。

补充兵役的服役期为12年4个月（1943年延长为17年4个月），其服役对象为通过征兵检查但未服常备兵役和后备兵役的人员，其中第一补充兵役人员在现役人员不满时征召入伍，未被征召时需要接受90天的基础军事训练；第二补充兵役人员在平时不予征召，也不接受军事训练。

国民兵役的服役对象包含了所有17岁至40岁的男性国民（1943年将年龄上限提高到45岁），其中第一国民兵役包括完成常备兵役的人员和完成军事训练的第一补充兵役人员；第二国民兵役包括年满17岁，但由于体格或其他原因不符合上述兵役条件的人员，凡适龄男性国民无论体格健

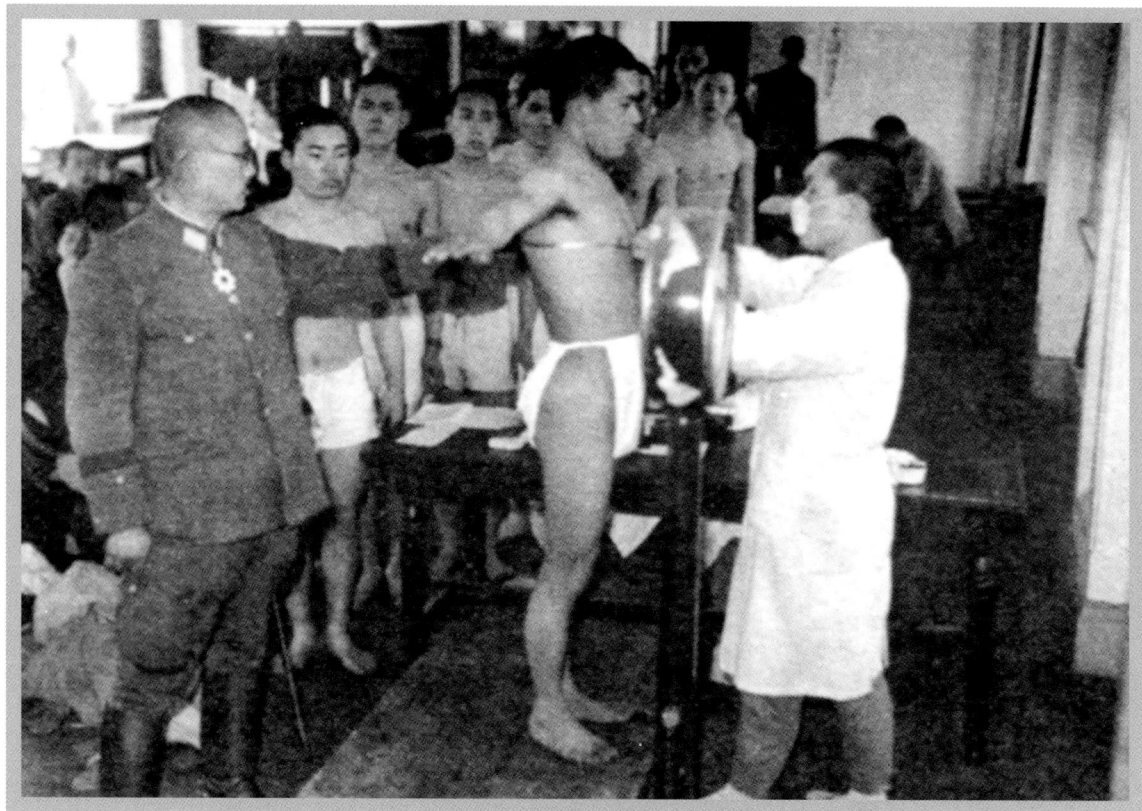

■ 上图是日本陆军对适龄男青年进行征兵检查。凡年满20岁的男性公民都要接受征兵检查，根据体格的健康状况决定是否服兵役。

康与否都要服第二国民兵役。

虽然法定服役年龄下限为17岁，但在实际征召时主要是选择年满20岁且通过征兵检查的男性国民，同时法律还规定男性凡年满17岁就可以志愿报名入伍。

通过完善宪法规定和征兵制度，日本军队获得了发展壮大的法理基础和人力基础，经过中日甲午战争和日俄战争的动员，日本陆军的规模大幅扩张，先后组建了第7～18师团，到1907年（明治40年），日本陆军的步兵联队数量已达76个。

1909年（明治42年），日本陆军制定了《步兵操典》作为规范全军官兵的规范性文件，其中对于步兵联队有如下描述："步兵联队以统一的训练、军官的团结、编制及历史为基础，特别适合独立完成所交予的战斗任务。"到1940年（昭和15年）时，这份文件又有了更具体的规定："步兵联队要拥戴军旗，克服所有困难，充分发挥自身的特长向胜利迈进，联队要以自己的能力完成整个战斗而不期待他人的援助。"此时，正值日军在侵华战场上泥足深陷，而日美战争迫在眉睫之际。

大正时代的裁军运动

1912年（明治45年），明治天皇去世，大正天皇即位。在大正时代，日本陆军经历了一系列变动，在进一步扩充后又实施了三次裁军，使其在和平时期的规模趋于稳定。在日俄战争后，日本完全吞并了朝鲜，并于1915年（大正4年）在朝鲜半岛新组建了第19、20师团，增设8个步兵联队，使全军师团数量达到21个。同时根据1907年制定的《帝国国防方针》，日本陆军在和平时期应保持25个师团的常备兵力，因此仍需要进一步扩充。但是，随着一战的结束，沙皇俄国的崩溃使得日本在远东地区受到的外部威胁大幅降低，同时欧美强国在战后纷纷裁减军备，形成世界性的裁军风潮，而日本长期的扩军政策导致军费支出庞大，

■ 山梨半造陆军大将（1864–1944），生于相模国大住郡，在1921年至1923年间担任陆军大臣，主持了"山梨裁军"。

给国民经济带来沉重的压力，特别是一战后日本经济陷入危机，急需减轻军费负担。在国内外形势的综合影响下，日本陆军开始实施裁军，缩减规模，节约开支。

在1921年到1923年间担任陆军大臣的山梨半造大将在任职期间先后进行了两次裁军，裁减兵员59000人，史称"山梨裁军"。1925年（大正14年），时任陆军大臣的宇垣一成大将又进一步实施了裁军计划，一举裁撤了第13、15、17、18师团，将常备师团数量维持在17个，并一直保持到1937年全面侵华战争爆发。上述被裁撤的4个师团下辖的16个步兵联队中有2个移防他处，其余14个尽遭裁减。同时，关闭了5所陆军医院和2所陆军幼年军校，裁减兵员约34000人，史称"宇垣裁军"。为了适应战后军事技术的进步，在裁军的同时，日本陆军增加了战车兵、航空兵和炮兵等技术兵种的数量，并新设专门学校培养人才，结果导致军费在总体上并没有明显下降。日本政府还

■ 宇垣一成陆军大将（1868—1956），冈山县人，陆军士官学校第1期毕业，曾任第10师团长、陆军大学校长、朝鲜总督等军政要职，在1923年至1931年间两度出任陆军大臣，主持了"宇垣裁军"。

进一步修改了兵役制度，并通过1927年（昭和2年）颁布的《兵役法》最终确立了兵役动员体制。

经过山梨、宇垣的三次裁军，日本陆军裁减了约10万官兵，约占和平时期陆军常备兵力的三分之一，增加了战车兵、航空兵等技术兵种的比重，完善了专业兵种的训练体制，并着手开发与新兵种相配套的新式兵器和器材，在一定程度上推进了日本陆军的技术进步。但其实际效果非常有限，相比欧美强国的陆军，日本陆军的机械化水平和编制体制明显落后。令人感到讽刺的是，相比裁军之前陆军的军费开支只不过下降了10%而已。

不仅成效不彰，大正时代的裁军运动还在陆军内外产生了非常深远的消极影响。自明治维新以来，日本始终以"富国强兵"为基本国策，以举国之力扩充军备，此次陆军"自断手足"之举遭到不少人的反对，特别是日本右翼势力强烈不满，在民间甚至还产生了对军部的蔑视情绪。在陆军内部，部队的裁撤导致大批官兵退伍，尤其是"宇垣裁军"直接撤销了4个师团和14个步兵联队的编制，相当一批高级将领被迫退役，而且部队规模的缩减也阻碍了现役军官的晋升之路，导致军队士气萎靡。此外，"宇垣裁军"与陆军内部的派系斗争有着密切联系，宇垣被指责借裁军之名排除异己，激化了陆军派阀间的矛盾，宇垣大将因此在陆军内部树敌甚多，他在1931年转入预备役后从政，在1937年1月曾被提名组阁，但陆军方面拒绝推举陆军大臣人选，导致宇垣组阁失败，此为后话。陆军内部的派系矛盾最终导致1936年2月第1师团步兵第1、3联队的部分官兵发动了震惊朝野的"二·二六兵变"。

特别值得一提的是，宇垣裁撤步兵联队的做法在民间也遭到了恶劣的评价。日本陆军自创设之初就实施严格的地域征兵体制，除了保卫皇宫的近卫师团从全国范围征召外，其余师团和步兵联队都从固定的地域征集兵员，一支部队中的士兵和下士官（即军士）几乎都是同乡，因此步兵联队具有浓厚的地方色彩，被称之为"乡土部队"，每一个步兵联队都与征兵地域有着密切的联系。尽管宇垣在裁撤编制时考虑到军队与地方的关系，尽量裁撤组建时间不长、传统不深的联队，但仍在地方上引发了抵触情绪，对于那些因裁军复员的官兵而言，失去源自本乡本土的联队建制，无异于失去了精神支柱，地方民众也视之为耻辱。

大正时代的裁军运动对于日本陆军而言只不过是阶段性的调整，其积极对外扩张，尤其是侵略中国的野心没有丝毫改变，而且愈加膨胀，这点在强力推行裁军的宇垣大将身上就表现得极为明显。1926年中国爆发革命运动，北伐军从两广出击，高歌猛进，北洋政权摇摇欲坠，日本当政的币原重喜郎、若槻礼次郎首相拒绝派兵干涉中国革命，当时再次出任陆军大臣的宇垣一成对此极不赞同，强烈要求政府改变对华政策，进行军事干预，确保在华的侵略权益。

■ 图为驻扎水户的步兵第2联队第2大队在出发开赴中国作战时在水户车站前举行盛大的欢送仪式。

侵华战争与陆军扩张

1926年（大正15年）12月，大正天皇去世，昭和天皇即位，为日本和整个亚太地区带来深重灾难的昭和时代揭幕了。次年4月，田中义一就任首相，随即出兵中国山东，阻止北伐军的进军，制造了骇人听闻的"济南惨案"。同年，臭名昭著的《田中奏折》出台，其中提出"惟欲征服中国，必先征服满蒙；如欲征服世界，必先征服中国"的基本策略，以此为指导，日本陆军加紧对华的侵略步伐，先后制造了"皇姑屯事件"和"九·一八事变"，日本关东军以极小的代价占领了中国东北，并扶植清朝末代皇帝溥仪为傀儡，建立伪满洲国政权，也由此开创了"军部独走"的恶劣先例。此后以陆军为主导的日本军部日益显露出专权的倾向，屡屡违背政府的既定政策，独断专行，并最终掌控了昭和时代的决策权力。在加强对华侵略的同时，日本陆军重新注意到北方苏俄的威胁，

经过十余年的恢复和发展，苏联再度成为一个拥有庞大军事实力的大国，日本陆军将苏联视为潜在的假想敌。

为了应对备战苏联和武力侵略中国两方面的需要，日本陆军从1931年开始就秘密筹划扩编部队，增加师团数量，提出所谓"军备充实六年计划"，计划从1937年到1942年，将和平时期的常备师团数量从17个增加到27个，战时的师团扩编到40个，同时不论平时还是战时，陆军航空队都要保持140个中队的规模。就在这项计划开始实施之际，全面侵华战争爆发了。

自"九·一八事变"日军兵不血刃占领东北全境后，日本陆军对于中国政府和中国军队愈加轻视，认为只要以武力相逼就能迫使中国方面接受日方提出的要求。在占领东北后，日本陆军加紧对中国华北的经济入侵和军事蚕食，妄图策划所谓"华北自治"，使得中国人民的抗日情绪日益

■ 图为日本陆军步兵部队在进行队列训练。在1937年全面侵华战争爆发后，日本陆军开始扩充部队，组建了一批特设师团用于侵华作战。

高涨。1937年（昭和12年）7月，日本华北驻屯军悍然挑衅，发动"卢沟桥事变"，日本陆军将其视为武力征服中国的良机，不顾政府的"不扩大"政策，极力增兵，扩大战端。由蒋介石领导的国民政府已经与共产党实现了第二次国共合作，初步建立了抗日民族统一战线，在全国民众的强烈要求下决心抗战，由此"卢沟桥事变"成为中日间全面战争的导火索。

随着侵华战事由华北扩大到华中，日本陆军开始大规模增兵，同时在国内进行动员，征召预备役、后备役和补充兵役人员入伍。由于此前陆军为对抗苏联已经制定了增强军备的初步计划，因此紧急动员在技术上并不困难，只是时间过于急迫。在全面侵华战争爆发前，日本陆军的动员率还比较低。据统计，在1937年通过征兵检查符合现役条件的人员（即甲种合格者）当中只有约30%应征入伍，由于应征人员数量过多，最后采

用抽签方式决定入伍资格，大约有10万人被征召到军队中，约占当年接受征兵检查人员的15%。但是，随着侵华战事日趋持久，日军不断增兵，动员规模也随之扩大，到1938年（昭和13年）时通过征兵检查应征入伍的人员已经达到43万人，其中包括现役32万人和第一补充兵役11万人。

借助对华作战的机会，日本陆军开始实施酝酿已久的师团扩充计划，首先重新组建了第13、18师团为新编常设师团，其次组建了一批特设师团派往侵华战场。特设师团即以常设师团的预备役、后备役人员为基础组建的部队，特设师团及其所辖联队的番号为常设师团、联队番号前加100构成，例如由第4师团组建的特设师团为第104师团，以此类推。特设师团的兵员大多是退出现役多年的预备役和后备役人员，他们年龄偏大，多已成家。时任陆军参谋本部作战课员的井本熊男某次视察在东京编成的第101师团后在日记中写

道："果然如此，这里给人的第一印象就是'老年集团'，大部分人都是一家之主，是支撑家族的台柱子。他们训练的时间并不长，就连指挥官也不是现役人员。如此看来，不能期待他们能有很高的战斗力。"

通常来说，只要战况不是很紧急，在战争的最初阶段是不会将上了年纪的预备役人员派上前线的，而应该优先征召血气方刚、富于朝气的年轻士兵。日本陆军的这种反常做法背后包含了两种含义：首先，这是对中国军队战斗力的轻视，认为派出特设师团就足以应付，比如日军在上海挑起战端后认为只要派兵以武力威胁，就能迫使中国军队退却，被派往上海前线的部队被赋予的主要任务居然是"保护侨民"；其次，特设师团的组建也包含"在陆军军备充实六年计划"中，日本陆军很可能利用此次动员机会进行扩军的实验。

然而，日本军方大大低估了中国政府和军队的抵抗意志，尤其在淞沪战场上中国军队集结精锐鏖战长达3个月，给日军造成超出预期的严重伤亡，比如隶属于第3师团的静冈步兵第34联队在1937年9月被派往上海参战，先后投入兵力

5600余人，其中包括1800名补充兵，在两个多月的战斗中有1248人战死，62人病亡，2146人负伤，伤亡率占到参战兵力的60%！当战死者的遗骨被陆续送回故里，引发了强烈的悲愤情绪，死者遗属们认为是前线指挥官未尽职守，指挥失误导致部队遭遇重大伤亡，于是联队长田上八郎的家成为遗属们发泄怒火的对象，时常遭到石块袭击，追究责任、要求谢罪的信件如雪片般寄到联队长夫人的手中，最后这位可怜的夫人竟然因为无法承受压力而自杀身亡。这一极端情况的发生显露出侵华战争与以往战争的不同，过去日军部队出征时间一般不会太长，而且很快就能凯旋，即使出现少数战死者，也为被遗属看作为国捐躯，当成一种荣耀，反而会激发国民的爱国情绪．然而在侵华战争中这种氛围已经不复存在了。

虽然日本陆军向中国大陆战场持续增加兵力，但是军部高层的真正意图在于迅速结束对华战事，以便集中力量强化关东军，做好与苏联作战的万全准备，他们乐观地认为只要通过几次大型战役的胜利就能迫使"蒋介石投降并答应日本所提出的所有条件"。然而，事与愿违，从淞沪会战到攻陷南京，

■ 图为1937年秋季在上海西北大场前线作战的日军士兵，属于步兵第18联队的大岛大队，淞沪会战持续三个月，远远超过日军的预计。

从徐州会战到武汉会战，日军攻城略地、进兵千里，到1938年秋季已经侵占了中国47%的国土和40%的人口，但退居西南的中国国民政府依然无意投降。另一方面，日军对中国的大规模入侵也激化了与英美的矛盾，在国际上日趋陷入孤立，尤其在1939年第二次世界大战在欧洲爆发后，英美在中日战争中的立场日趋倾向于中国，并向日本施加压力，美国解除了《日本通商航海条约》，并对日本实施有限禁运，英美也通过各种方式向中国提供援助，支持国民政府与日军长期战斗。

直到1939年（昭和14年）秋季，日本军部才痛彻地意识到一个事实：无论在中国如何扩大占领区域，国民政府也不会屈膝投降，而且日军也无法阻止英美在精神上和物质上给予重庆援助。然而，一切都已经无法回头。除了东北之外，日本陆军已经向中国关内战场投入了85万兵力，在两年间已经有超过5万人战死，如果此时屈服于西方的压力从中国撤兵，不仅在国际上丢失颜面，对国内民众也无法交代，放弃经过苦战占领的地区也会对不起那些战死的"英灵"，当初主张扩大侵华战事的陆军强硬派现在骑虎难下，只有将战争继续进行下去。

随着1938年日军在中国大陆战场上基本结束了大规模攻势，侵华战争陷入持久化、胶着化，侵华日军的主要任务由正面战场的进攻作战转向巩固占领区并对敌后抗日武装实施所谓"治安作战"。战争形势的变化促使日本陆军对部队编制进行调整，以适应作战样式的变化，因此出现了几种与以往不同的部队编制形式。

首先，陆军组建了以3个步兵联队为基干的三单位制师团，相比之前常设师团下辖2个步兵旅团、4个步兵联队的编制形式，三单位制师团取消了旅团建制，在师团司令部下设立步兵团，由步兵团长统一指挥3个步兵联队，同时编有骑兵、工兵、炮兵及辎重兵等联队，全师团编制人数由四单位制师团的约20000人下降到12800人。日本陆军最早组建的三单位制师团是1937年由独立混成第11旅团扩编的第26师团，在1938年之后三

■ 图为1938年1月在中国山西与八路军作战的日军部队，属于第108师团步兵第105联队，该师团为侵华战争爆发后组建的特设师团。

■ 图为两名用树叶进行伪装的日军机枪手，摄于中国战场。随着侵华作战的扩大和持久，日军对部队编制进行调整以适应所谓"治安作战"。

单位制师团越来越普遍。由于战线扩大，兵力不足，日本陆军将原来的四单位制师团改编为三单位制师团，从中抽调一个步兵联队用于组建新的师团。在加强炮兵、工兵部队后，三单位制师团的人数达到17000 ～ 18000人，成为侵华战场上的主要作战编制。在1942年以后，中国战场上就不再存在四单位制师团了。

其次，随着占领区的扩大，日本陆军中出现了专门用于留守和治安作战的所谓"治安师团"，其编制大多为三单位制，由于主要以敌后游击队为作战对象，其重火力装备数量相对较少，兵员素质相对较低，虽然也编有炮兵联队，但常常被借调到其他部队参与进攻作战，因此治安师团有时就成了只有步兵联队的纯步兵师团。

最后，为了适应占领和守备作战的需要，日本陆军在1937年后陆续组建了多个有"迷你师团"之称的独立混成旅团。这种编制形式最早出现在

"九·一八事变"后派往东北的日军部队中，最初是以步兵旅团为基干，加强炮兵、战车、工兵等特种兵后构成的野战部队，后来逐渐成为独立于师团之外的混合作战单位。在1937年后组建的独立混成旅团主要从事留守和治安任务，在编制上与早期混成旅团有所不同，下辖5个独立步兵大队，另编有炮兵、工兵、通信兵等部队，兵力约为5000人，无论火力还是机动力都较野战部队有明显差距，只适于静态防御任务。

关东军特别演习

尽管侵华战争已经日趋泥沼化，但一味扩大战争的日本军部自1936年"二·二六兵变"后建立广田弘毅内阁以来已经支配了政府决策，驾驭着日本这台狂暴的战车在毁灭的轨道上不顾一切地狂奔下去。1939年9月，第二次世界大战在欧洲爆发，德国在战争初期连续击败波兰、丹麦、

挪威、法国等国，迫使英国退守本土。欧洲战局的发展使得日本认为可以趁着英法困于欧战，无暇东顾之机，夺取其在东南亚的殖民地，获取对于维持长期战争至关重要的战略资源。1940年（昭和15年）9月，在海军的支持下，日本陆军进占法属印度支那北部，揭开日军南进的序幕。

1941年（昭和16年）6月22日，德国对苏联发动进攻，并且迅速推进。苏德战争的突然爆发在日本军政高层中引发了北进和南进的争论，有一种观点认为可以与德国配合夹击苏联，占领其远东地区。7月2日的御前会议通过了《适应形势发展的帝国国策纲要》，决定在北方加强对苏联的战备，在南方则进驻法属印度支那南部。根据这一决策，从7月至9月间，日本陆军以"关东军特别演习"（简称"关特演"）的名义进行了一次大规模动员，加强驻中国东北和朝鲜的关东军的实力。动员令于7月7日下达，分为两批进行，首批动员中从日本国内抽调了多达300个作战单位开赴东北，在第二批动员中又将关东军编制下的14个师团全部按照战时编制加以补充，达到齐装满员，同时又从日本本土抽调2个师团加强给关东军。这次动员进行得极为隐秘，不允许举行欢送仪式，官兵们也不能接受亲人的道别，日本全国的运输系统，包括铁路、船舶和港口都满负荷运转，为军队运送兵员、装备和物资。经过两个月的动员，关东军的兵力由40万一举增加到74万，包括16个师团和大量炮兵、战车、航空兵部队及支援部队，拥有军马14万匹、飞机约600架，同时在东北地区聚集了大量的作战物资，构成日本陆军历史上实力最强大的战略重兵集团，做出一副随时准备进攻苏联的架势，然而直到德军兵败莫斯科城下，兵强马壮的关东军始终按兵不动。

实际上，日本陆军高层对于同苏联开战始终信心不足，自从1939年在诺门罕遭到苏军痛击后，日本关东军就对远东苏军的实力颇为忌惮。在日本政府高层中主张对苏开战最积极的是外相松冈洋右，这位促成德日轴心的外交官极为重视与德国的同盟，要求尽快进攻苏联，但是他的热切愿

■ 图为关东军战车部队在野外集结准备进行演习。通过1941年的特别演习，关东军的兵力膨胀到70余万，成为日军最大的重兵集团。

■ 图为1942年初在马来半岛作战的日军部队迅速通过由工兵支撑的便桥追击英军。在太平洋战争开始时日本陆军已扩充至210万人。

望受到日本陆军高层的冷遇。在6月27日，即苏德战争爆发5天后，在日本陆海军大本营的一次联络会议上，陆军大臣东条英机向松冈洋右询问："对苏开战与支那事变有何关系？"后者含糊地回答："如果打到伊尔库茨克，或许会促使蒋介石接受和谈。"显然陆军方面是不会接受这种极不确定的解释。松冈又催促参谋总长杉山元大将尽快下达进攻苏联的命令，也遭到断然拒绝。

面对中国战场久拖不决的窘境，加上日本海军的强烈反对，日本陆军最终没有做出对苏开战的决断。随着1941年11月日军大本营做出对英美开战的决定后，为了增强对苏战备而进行的"关东军特别演习"就变得毫无意义了。然而，尽管对苏开战的意见被搁置了，但通过1941年"关特演"而集结起来的庞大兵力并未恢复原有的驻防状态，那些被临时征召的士兵没有复员，而是继续留在部队中。在此后两年中关东军始终保持着雄厚的兵力和高强度的训练，直到太平洋战场吃紧后，这些精锐部队才被陆续抽调到南方前线，在与美军的作战中被逐渐耗尽。

太平洋战争与彻底动员

1941年12月7日，日本海军航母机动部队奇袭夏威夷珍珠港，太平洋战争爆发。为了应对这场新的战争，日本陆军早在"关特演"刚结束的9月间就开始了新一轮的动员，到对英美开战时，日本陆军的规模已经膨胀到210万人，编为51个师团、184个步兵联队、95个野山炮兵联队、47个重炮兵联队、26个高射炮联队、46个骑兵侦察联队、16个战车联队、61个工兵联队和69个辎重兵联队。相比在1937年全面侵华战争爆发前，日本陆军有17个师团和75个步兵联队，在四年多时间里增加了34个师团和109个步兵联队。

随着太平洋战争的推进，日本陆军持续扩充，应对迅速扩张的战线。在太平洋战争头两年时间里新组建的师团均为三单位制师团，其中部分师团是由原四单位制师团中抽调的步兵联队组建的，还有的新建师团根本没有步兵联队的建制，而是直辖独立步兵大队，比如后来在硫磺岛作战的第109师团，在冲绳岛作战的第

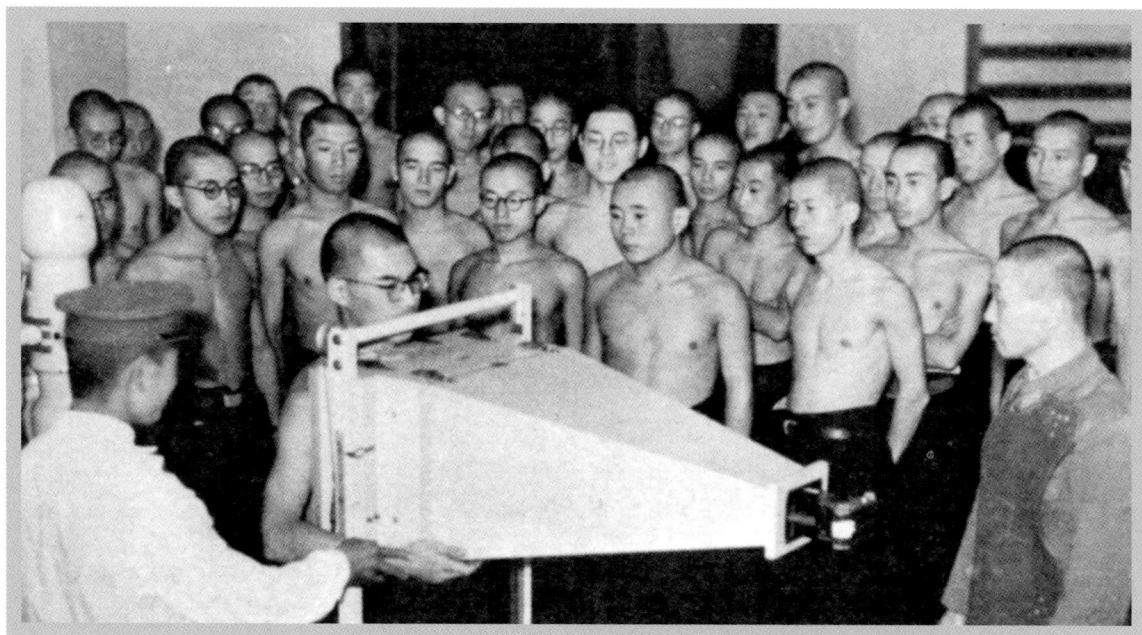

■ 随着日军在太平洋战场上屡遭失败，日本开始进行彻底的战争动员，在1943年修改了兵役制度，扩大了征兵范围，延长了服役时间，甚至连在校学生都要随时准备应征入伍。上图为1943年10月日本高中生在接受征兵检查。

■ 在太平洋战争中后期，日军部队在与美军的作战中蒙受惨重伤亡，很多部队全军覆灭。下图为1945年2月在硫磺岛被击毙的日军士兵。

62师团都是以独立步兵大队为核心，因此虽然师团数量持续增加，但步兵联队的数量增幅并不大。据统计，在1942年（昭和17年），日本陆军新建师团为7个，新建步兵联队为4个；在1943年（昭和18年），新建师团为12个，而新建步兵联队仅为3个。在此期间，日本陆军还新建了20个要塞重炮兵联队、26个防空联队（高射炮联队）、6个战车联队等部队，这些特种兵联队中均以火炮、战车为中心，士兵数量远不及普通的步兵联队。

在战争进入1944年（昭和19年），日军已经在太平洋战场上节节失利，全面转入守势。面对英美盟军愈加猛烈的反攻，日本陆军一面将中国东北的关东军精锐调往太平洋诸岛，加强防御力量，一面在国内进行彻底的总动员，大量征召士兵，扩编部队。日本陆军将征兵的实际年龄下限降低到19岁，大批19岁到20岁之间的青少年被征召到部队，在1944年接受征兵检查的人中有78%应征入伍。通过深入的动员，日本陆军频繁组建新部队，扩充规模，其师团和步兵联队数量呈现出爆炸性的增长，在1944年新建29个师团和51个步兵联队，全军达到99个师团约420万人的规模，相当于1941年12月开战时的两倍。

到1945年（昭和20年）时，已经全面陷入颓势的日本陆军为了做拼死一搏，更加疯狂地进行征兵动员，在8个月时间里组建了70个师团和198个步兵联队，这些新建部队主要用于预想中的本土决战以及补充驻中国东北的关东军部队，在大批部队被调走后，关东军的实力已经大不如前了。由于部队兵员数量的急剧增加，导致武器供给严重不足，甚至连步枪都不能人手一支，只是想着先把人数凑齐而已。到战争结束时，仍有尚未完成组建的步兵联队。到战争末期，日本的动员范围已经超出了《兵役法》所规定的年龄和性别限制。根据1945年3月制定的《国民义勇法》，凡是65岁以下的男性公民和45岁以下的女性公民都要根据工作场所和地域组织起来，作为正规军的后备，从旁协助作战，其根本目的是要进行所谓"全军特攻"和"全军玉碎"。在战争末期担任参谋本部作战部长的宫崎周一中将后来陈述说："（新建部队）毫无作战能力可言，唯一拥有的是战斗下去的信念。"到1945年8月日本宣布投降时，日本陆军的编制序列中已经有多达169个师团、440个步兵联队，加上其他部队，总兵力高达5472400人，达到了历史上的最高峰，但这只是一个毫无意义的数字而已。

值得一提的是，日本陆军决不允许军旗落入敌军之手，因此一旦部队陷入绝境，都要销毁军旗，因此在战争中从未有一面联队军旗被对手缴获，在日本宣布投降时，绝大部分日军步兵联队都进行了"军旗奉烧"，仅有步兵第321联队的军旗被私自保留下来，成为今日仅存的一面旧日本陆军联队旗，被珍藏在博物馆内。

■ 图为在博物馆中陈列的步兵第321联队军旗，这是目前唯一一存留于世的旧日本陆军联队旗。

日本陆军步兵联队的征兵地域

师团	联队区	联队番号	管辖区域
第1师团	麻布	第1	东京府：赤坂区、神田区、麻布区、麴町区、荏原区、日本桥区、四谷区、京桥区、牛込区、小石川区、八王子市、北多摩郡、丰多摩郡、西多摩郡、南多摩郡、大岛、八丈岛、小笠原岛
第1师团	甲府	第49	山梨县；神奈川县；埼玉县：川越市、入间郡、比企郡、秩父郡
第1师团	本乡	第3	东京府：本乡区、下谷区、浅草区、荒川区、向岛区、深川区、本所区、江户川区、王子区、板桥区；埼玉县：熊谷市、川口市、浦和市、北埼玉郡、北葛饰郡、北足立郡、南足立郡、大里郡、儿玉郡、南埼玉郡
第1师团	千叶	第57	千叶县
第2师团	仙台	第4	宫城县
第2师团	福岛	第29	福岛县
第2师团	新发田	第16	新潟县：新潟市、长冈市、佐渡郡、东蒲原郡、三条市、三岛郡、西蒲原郡、南蒲原郡、中蒲原郡、岩船郡、北蒲原郡、古志郡
第2师团	高田	第30	新潟县：高田市、三岛郡、刈羽郡、南鱼沼郡、北鱼沼郡、中鱼沼郡、中颈城郡、东颈城郡、西颈城郡

师团	联队区	联队番号	管辖区域
第3师团	名古屋	第6	爱知县：名古屋市、濑户市、一宫市、西春日井郡、东春日井郡、中岛郡、叶栗郡、丹羽郡、知多郡、爱知郡、海部郡、蒲郡
第3师团	岐阜	第68	岐阜县：岐阜市、本巢郡、稻叶郡、羽岛郡、山县郡、武仪郡、郡上郡、加茂郡、可儿郡、土岐郡、惠那郡
第3师团	丰桥	第18	爱知县：丰桥市、冈崎市、渥美郡、宝饭郡、八名郡、北设乐郡、南设乐郡、西加茂郡、东加茂郡、幡豆郡、碧海郡、额田郡；静冈县：滨松市、引佐郡、滨名郡、磐田郡、榛原郡、周智郡、小笠郡
第4师团	静冈	第34	静冈市：清水市、沼津市、安倍郡、富士郡、庵原郡、骏东郡、田方郡、贺茂郡、志太郡、三岛郡
第4师团	大阪	第8	大阪府：港区、西区、东成区、大正区、旭区、此花区、东淀川区、西淀川区、丰能郡、三岛郡；兵库县：津名郡、三原郡
第4师团	神户	第70	兵库县：神户市、西宫市、尼崎市、武库郡、有马郡、川边郡、多纪郡
第4师团	堺	第37	大阪府：堺市、西成区、浪速区、天王寺区、住吉区、岸和田市、和泉市、南河内郡、北河内郡、中河内郡、泉北郡、泉南郡、冰上郡
第4师团	和歌山	第61	和歌山县

师团	联队区	联队番号	管辖区域
第5师团	广岛	第11	广岛县：广岛市、安艺郡、安佐郡、高田郡、佐伯郡、山县郡、双三郡
第5师团	福山	第41	广岛县：福山市、尾道市、深安郡、甲奴郡、比婆郡、神石郡、世罗郡、沼隈郡、芦品郡、御调郡、贺茂郡、丰田郡
第5师团	滨田	第21	岛根县：岛根道市、鹿足郡、那贺郡、美浓郡、邑智郡、迩摩郡、饭石郡
第5师团	山口	第42	山口县：山口市、大津郡、荻市、宇部市、吉敷郡、阿武郡、佐波郡、玖珂郡、熊毛郡、都浓郡、厚狭郡、大岛郡、美祢郡
第6师团	熊本	第18	熊本县
第6师团	大分	第47	大分县：别府市、大分市、中津市、日田市、南海部郡、北海部郡、大野郡、直入郡、下毛郡、宇佐郡、西国东郡、东国东郡、速见郡、玖珠郡
第6师团	都城	第23	宫崎县
第6师团	鹿儿岛	第45	鹿儿岛县
第7师团	冲绳		冲绳县
第7师团	札幌		北海道厅：札幌市、室兰市、石狩支厅、空知支厅、胆振支厅、日高支厅、后志支厅
第7师团	函馆		北海道厅：函馆市、小樽市、渡岛支厅、桧山支厅
第7师团	钏路		北海道厅：钏路市、带广市、十胜支厅、钏路国支厅、根室支厅、网走支厅、国后支厅
第7师团	旭川		北海道厅：旭川市、上川支厅、宗谷支厅、留萌支厅、桦太

师团	第8师团				第9师团				第10师团			
联队区	熊本	盛冈	秋田	山形	金泽	富山	敦贺	鲭江	姬路	鸟取	冈山	松江
联队番号	第5	第31	第17	第32	第7	第35	第19	第36	第39	第40	第10	第63
管辖区域	青森县	岩手县	秋田县	山形县	石川县	富山县	岐阜县（吉城郡、大野郡、益田郡）、福井县（敦贺郡、三方郡）、滋贺县（高岛郡、伊香郡、东浅井郡、坂田郡、犬上郡、爱知郡）、岐阜县（安八郡、揖斐郡、海津郡、大垣市、不破郡、养老郡）	福井县（丹生郡、坂井郡、福井市、足羽郡、吉田郡、大野郡、今立郡、南条郡）	兵库县（加古郡、明石郡、明石市、姬路市、美囊郡、加东郡、印南郡、佐用郡、揖保郡、饰磨郡、加西郡、多可郡、赤穗郡、加西郡）	鸟取县（鸟取市、岩美郡、八头郡）、兵库县（神崎郡、美方郡、朝来郡、养父郡、宍粟郡、城崎郡、出石郡）	冈山县	岛根县（松江市、八束郡、大原郡、隐岐岛、仁多郡）、鸟取县（米子市、气高郡、东伯郡、日野郡、西伯郡）

师团	第11师团				第12师团				第14师团			
联队区	丸龟	松山	德岛	高知	小仓	敦贺	大村	久留米	水户	宇都宫	高崎	松本
联队番号	第12	第22	第43	第44	第14	第24	第46	第48	第2	第59	第15	第50
管辖区域	香川县	爱媛县	德岛县	高知县	福冈县（八幡市、小仓市、门司市、京都郡、企救郡、远贺郡、筑上郡、户畑市、田川郡、若松市）、山口县（下关市、丰浦郡）	福冈县（饭塚市、直方市、福冈市、糸岛郡、早良郡、筑紫郡、鞍手郡、嘉穗郡、糟屋郡、朝仓郡、宗像郡）	长崎县	福冈县（久留米市、大牟田市、三池郡、三潴郡、八女郡、山门郡、浮羽郡、三井郡）、大分县（日田郡）、佐贺县	茨城县	枥木县	群马县	长野县

师团	第16师团			
联队区	京都	福知山	津	奈良
联队番号	第9	第20	第33	第38
管辖区域	京都府（京都市、爱宕郡、宇治郡、久世郡、相乐郡）、滋贺县（大津市、栗太郡、滋贺郡、野洲郡、甲贺郡、蒲生郡、神崎郡）	京都府（乙训郡、葛野郡、南桑田郡、船井郡、何鹿郡、北桑田郡、天田郡、加佐郡、与谢郡、熊野郡、竹野郡、中郡）	三重县	奈良县

本表为侵华战争爆发前日本陆军常备师团的联队驻防及征兵地域，但没有列出近卫师团（东京）、第19师团（朝鲜）、第20师团（朝鲜），其征兵地域如下：

* 近卫师团的士兵从全国各师团管区征集；
* 第19师团的士兵主要从第1、第2、第3、第9和第14师团管区征集；
* 第20师团的士兵主要从第4、第5、第10、第11、第12和第16师团管区征集。

关于征兵地域的其他例外规定如下所示：

* 第7师团的步兵第25、26、27、28联队并未对应固定的联队区，同时该师团也从第2师团管区内征集士兵；
* 第6师团、第12师团的士兵也从冲绳地区征集；
* 台湾部队的士兵主要从第6师团管区征集。

太平洋战争期间日本陆军部队配置变迁简表

时间	对苏方向	对华方向	本土	对英方向	对美方向	统计
1941年12月 太平洋战争爆 发时	中国东北、朝鲜 14个师团（27%）， 76.9万人（34%）	中国关内 23个师团（45%）， 61.2万人（27%）	本土、中国台湾 4个师团（8%）， 51.2万人（22%）	南方进攻 10个师团（20%） 39.4万人（17%）		51个师团 227万人
1942年8月 反攻瓜岛前夕	17个师团（28%）， 78万人（35%）， 67个航空中队（44%）	27个师团（44%）， 63万人（28%）， 8个航空中队（5%）	6个师团（10%）， 40万人（18%），另 有航空相关人员26 万人，16个航空中 队（11%）	缅甸、马来 8个师团（13%） 43万人（19%） 61个航空中队 （40%）	菲律宾、澳洲北部 3个师团（5%）	61个师团（其中 3个战车师团） 249万人 152个航空中队
1943年1月从 瓜岛撤退前夕	16个师团（26%）， 68个航空中队（37%）	24个师团（39%）， 15航空中队（8%）	6个师团（10%）， 37个航空中队 （20%）	8个师团（13%） 37个航空中队 （20%）	+ 东南方面 7个师团（12%） 13个航空中队（7%）	61个师团 184个航空中队
1943年9月 "绝对国防圈" 制定时	19个师团（26%）， 16个航空战队（29%）	25个师团（34%）， 4个航空战队（7%）	8个师团（11%）， 11个航空战队 （20%）	11个师团（15%） 14个航空战队 （25%）	+ 中部太平洋 10个师团（14%） 10个航空战队（19%）	73个师团 60个航空战队
1944年6月马 里亚纳战役时	14个师团（16%）	23个师团（27%）	12个师团（14%）	13个师团（15%）	同上 24个师团（28%）	86个师团
1944年10月 菲律宾战役时	8个师团（8%）	26个师团（26%）	12个师团（12%）	14个师团（14%）	+ 台湾、冲绳 39个师团（40%） 南朝鲜、千岛	99个师团
1945年4月 冲绳战役时	中国东北 8个师团（7%）	31个师团（25%）	23个师团（19%）	15个师团（12%）	同上 46个师团（37%）	123个师团
1945年8月 战争结束时	中国东北 22个师团（13%） 66.4万人（12%）	25个师团（14%） 105万人（20%）	千岛、台湾、朝鲜 73个师团（42%） 288.2万人（53%）	14个师团（8%）	- 台湾、朝鲜 39个师团（23%） （含被歼部队等）82.8万人（15%）	173个师团 547万人

日本陆军常备师团战时编制范例（1937年侵华战争爆发时）

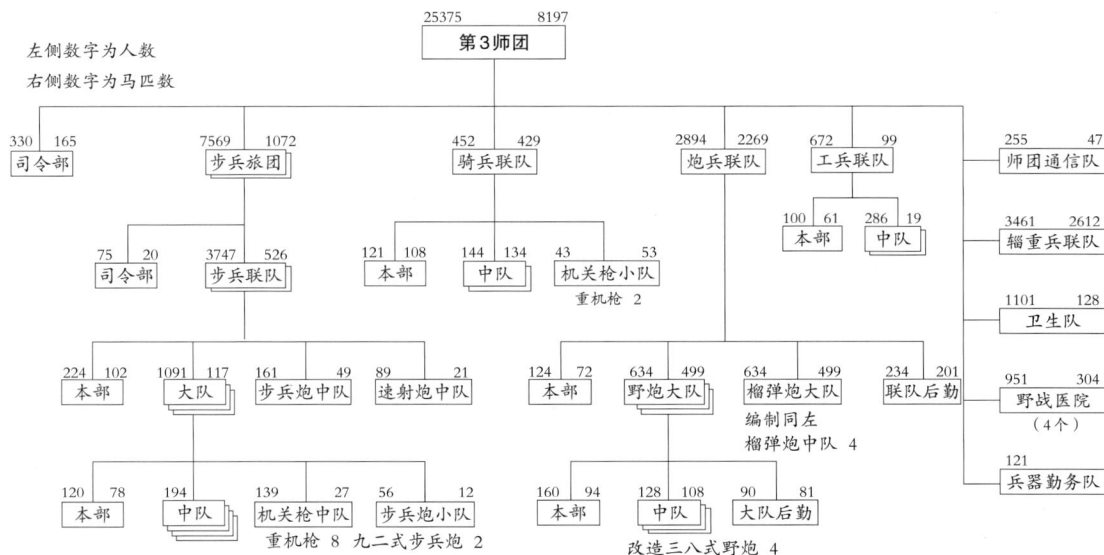

左侧数字为人数
右侧数字为马匹数

25375 8197 **第3师团**

330 165 司令部
7569 1072 步兵旅团
452 429 骑兵联队
2894 2269 炮兵联队
672 99 工兵联队
255 47 师团通信队

100 61 本部
286 19 中队
3461 2612 辎重兵联队

75 20 司令部
3747 526 步兵联队
121 108 本部
144 134 中队
43 53 机关枪小队 重机枪 2
1101 128 卫生队

224 102 本部
1091 117 大队
161 49 步兵炮中队
89 21 速射炮中队
124 72 本部
634 499 野炮大队
634 499 榴弹炮大队 编制同左 榴弹炮中队 4
234 201 联队后勤
951 304 野战医院（4个）

120 78 本部
194 139 中队
27 56 机关枪中队
12 步兵炮小队
重机枪 8 九二式步兵炮 2
160 94 本部
128 108 中队
90 81 大队后勤
改造三八式野炮 4
121 兵器勤务队

步兵联队的主要支援火器：
四一式75毫米山炮 4门
九四式37毫米速射炮 4门
九二式70毫米步兵炮 6门
重机枪 24挺

炮兵联队的主要装备：
改造三八式75毫米野炮 36门
九一式105毫米榴弹炮 12门
共计 48门

日本陆军三单位制师团编制序列

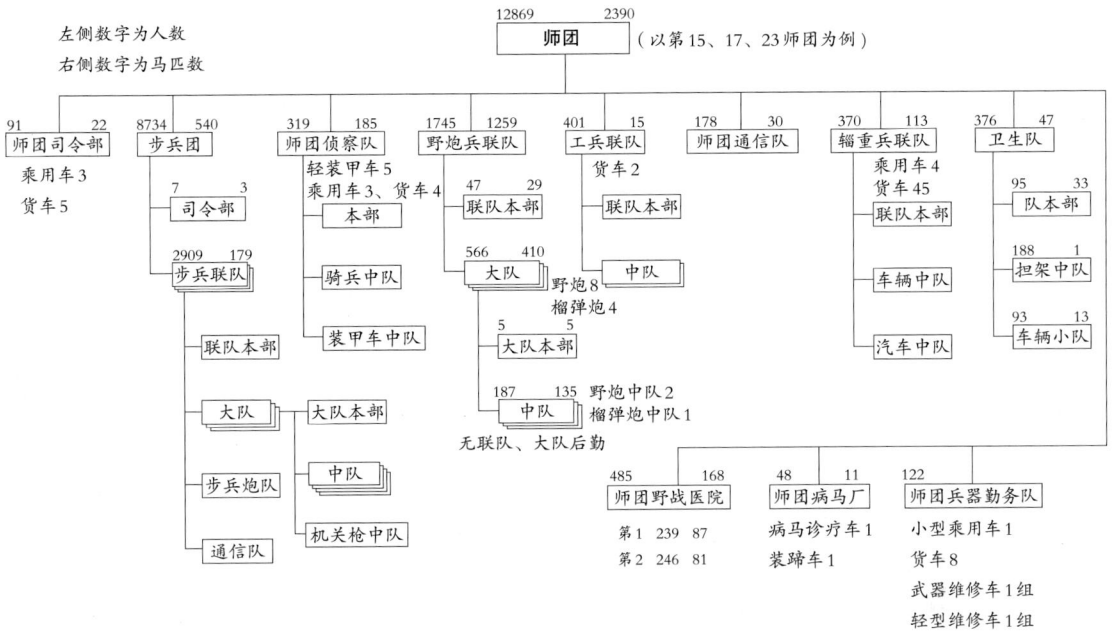

左侧数字为人数
右侧数字为马匹数

12869　2390
师团 （以第15、17、23师团为例）

91　22 | 8734　540 | 319　185 | 1745　1259 | 401　15 | 178　30 | 370　113 | 376　47

师团司令部 | 步兵团 | 师团侦察队 | 野炮兵联队 | 工兵联队 | 师团通信队 | 辎重兵联队 | 卫生队

乘用车3
货车5

7　3
司令部

轻装甲车5
乘用车3、货车4
本部

47　29
联队本部

货车2
联队本部

乘用车4
货车45
联队本部

95　33
队本部

2909　179
步兵联队

骑兵中队

566　410
大队

中队

车辆中队

188　1
担架中队

联队本部

装甲车中队

野炮8
榴弹炮4

汽车中队

93　13
车辆小队

大队

大队本部

5　5
大队本部

步兵炮队

中队

187　135
中队

野炮中队2
榴弹炮中队1

通信队

机关枪中队

无联队、大队后勤

485　168
师团野战医院

48　11
师团病马厂

122
师团兵器勤务队

第1　239　87
第2　246　81

病马诊疗车1
装蹄车1

小型乘用车1
货车8
武器维修车1组
轻型维修车1组

装备充实的三单位制师团编制序列

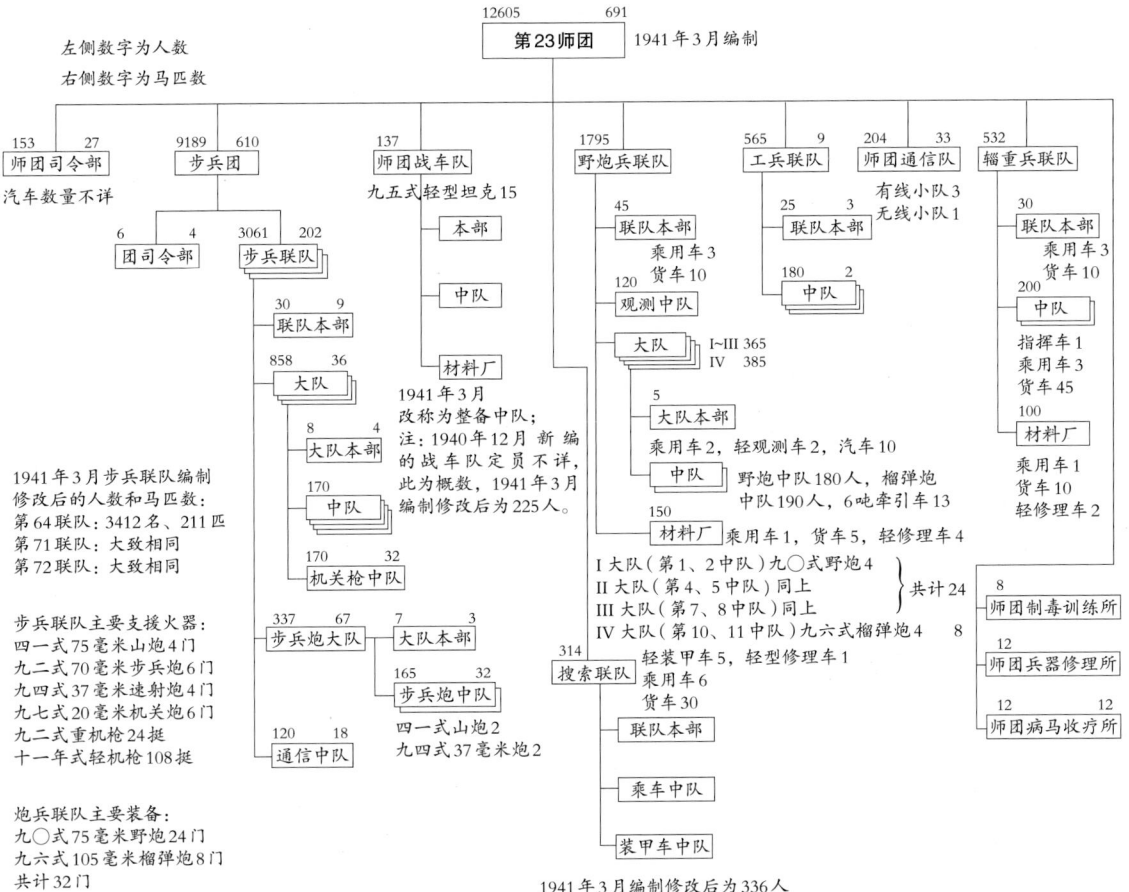

左侧数字为人数
右侧数字为马匹数

12605　691
第23师团 1941年3月编制

153　27 | 9189　610 | 137 | 1795 | 565　9 | 204　33 | 532

师团司令部 | 步兵团 | 师团战车队 | 野炮兵联队 | 工兵联队 | 师团通信队 | 辎重兵联队

汽车数量不详

九五式轻型坦克15

6　4
团司令部

3061　202
步兵联队

本部

45
联队本部

25　3
联队本部

有线小队3
无线小队1

30
联队本部

乘用车3
货车10

中队

乘用车3
货车10

乘用车3
货车10

30　9
联队本部

材料厂

120
观测中队

180　2
中队

200
中队

858　36
大队

1941年3月
改称为整备中队；
注：1940年12月新编
的战车队定员不详，
此为概数，1941年3月
编制修改后为225人。

大队

I~III 365
IV　385

指挥车1
乘用车3
货车45

8　4
大队本部

5
大队本部

100
材料厂

1941年3月步兵联队编制
修改后的人数和马匹数：
第64联队：3412名、211匹
第71联队：大致相同
第72联队：大致相同

170
中队

乘用车2、轻观测车2、汽车10

乘用车1
货车10
轻修理车2

中队

野炮中队180人，榴弹炮
中队190人，6吨牵引车13

170　32
机关枪中队

150
材料厂

乘用车1，货车5，轻修理车4

步兵联队主要支援火器：
四一式75毫米山炮4门
九二式70毫米步兵炮6门
九四式37毫米速射炮4门
九七式20毫米机关炮6门
九二式重机枪24挺
十一年式轻机枪108挺

337　67
步兵炮大队

7　3
大队本部

I 大队（第1、2中队）九〇式野炮4
II 大队（第4、5中队）同上
III 大队（第7、8中队）同上
IV 大队（第10、11中队）九六式榴弹炮4　8

共计24

8
师团制毒训练所

165　32
步兵炮中队

314
搜索联队

轻装甲车5，轻型修理车1
乘用车6
货车30

师团兵器修理所

四一式山炮2
九四式37毫米炮2

联队本部

12　12
师团病马收疗所

120　18
通信中队

乘车中队

炮兵联队主要装备：
九〇式75毫米野炮24门
九六式105毫米榴弹炮8门
共计32门

装甲车中队

1941年3月编制修改后为336人

本土决战计划中沿岸配置师团编制序列

★另有以火箭炮队取代炮兵队的师团，兵力为人员17027人，马匹2919匹。
编有炮兵队的师团：第140、144、146、147、152~156师团（共计9个）
编有火箭炮队的师团：第142、143、145、151、157师团（共计5个）

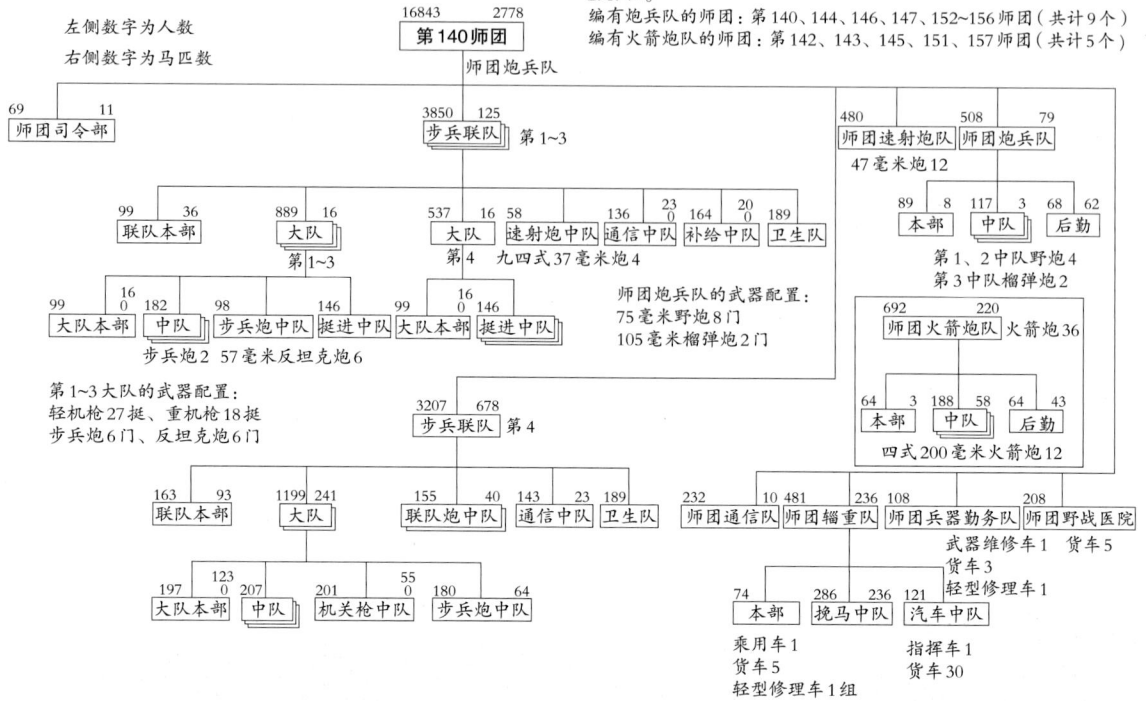

左侧数字为人数
右侧数字为马匹数

16843　2778
第140师团
师团炮兵队

69　11
师团司令部

3850　125
步兵联队　第1~3

480　508　79
师团速射炮队　师团炮兵队
47毫米炮12

99　36
联队本部

889　16
大队　第1~3

537　16　58
大队　第4　九四式37毫米炮4

136　23　164　20　189
速射炮中队　通信中队　补给中队　卫生队

89　8　117　3　68　62
本部　中队　后勤
第1、2中队野炮4
第3中队榴弹炮2

16　0　182
大队本部　中队

98　146
步兵炮中队　挺进中队

99　16　146
大队本部　挺进中队

步兵炮2　57毫米反坦克炮6

师团炮兵队的武器配置：
75毫米野炮8门
105毫米榴弹炮2门

第1~3大队的武器配置：
轻机枪27挺、重机枪18挺
步兵炮6门、反坦克炮6门

692　220
师团火箭炮队　火箭炮36

3207　678
步兵联队　第4

64　3　188　58　64　43
本部　中队　后勤
四式200毫米火箭炮12

163　93
联队本部

1199　241
大队

155　40
联队炮中队

143　23　189
通信中队　卫生队

232　10　481　236　108　208
师团通信队　师团辎重队　师团兵器勤务队　师团野战医院
武器维修车1　货车5
货车3
轻型修理车1

123
197　0　207
大队本部　中队

201　55　0　180　64
机关枪中队　步兵炮中队

74　286　236　121
本部　挽马中队　汽车中队

乘用车1　　　指挥车1
货车5　　　货车30
轻型修理车1组

本土决战计划中机动（决战）师团编制序列

★另有以野炮兵联队取代山炮兵联队的师团。
编有野炮兵联队的师团：第201、205、214、216师团
编有山炮兵联队的师团：第202、206、209、212师团

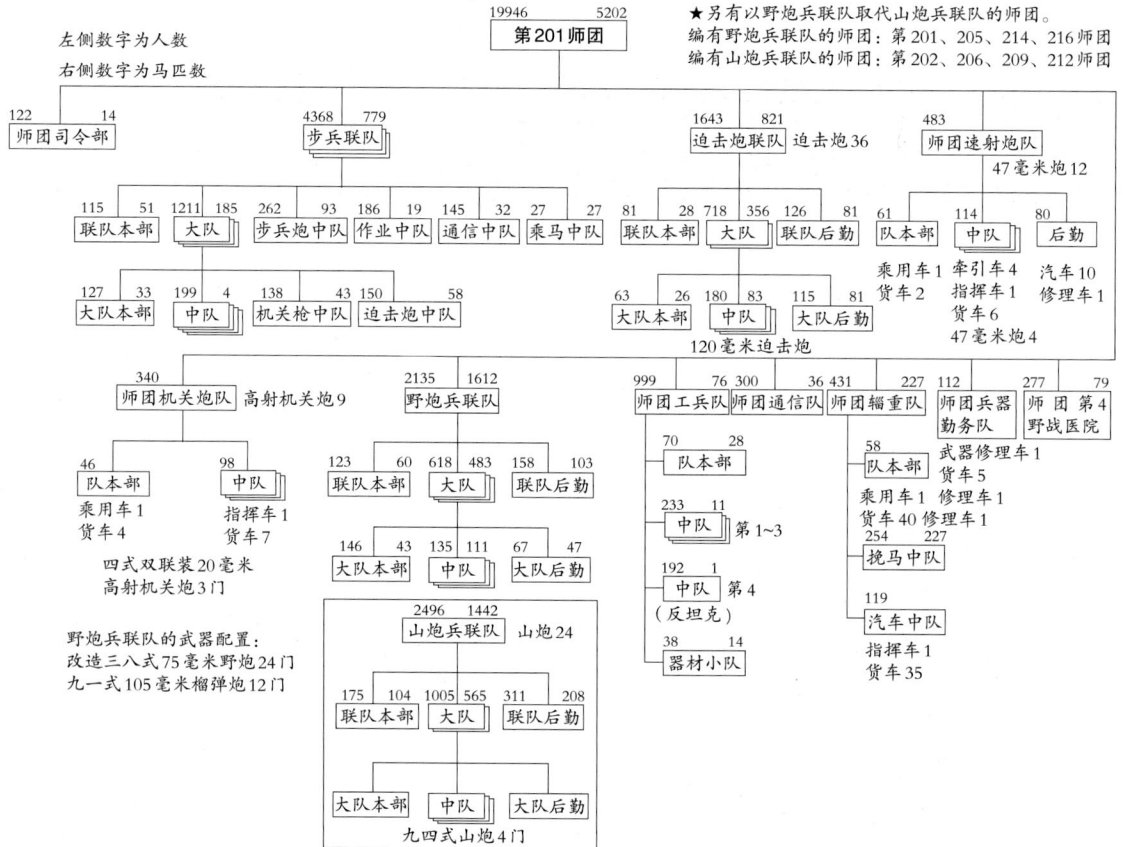

左侧数字为人数
右侧数字为马匹数

19946　5202
第201师团

122　14
师团司令部

4368　779
步兵联队

1643　821
迫击炮联队　迫击炮36

483
师团速射炮队
47毫米炮12

115　51　1211　185　262　93　186　19　145　32　27　27
联队本部　大队　步兵炮中队　作业中队　通信中队　乘马中队

81　28　718　356　126　81
联队本部　大队　联队后勤

61　114　80
队本部　中队　后勤

127　33　199　4　138　43　150　58
大队本部　中队　机关枪中队　迫击炮中队

63　26　180　83　115　81
大队本部　中队　大队后勤
120毫米迫击炮

乘用车1　牵引车4　汽车10
货车2　指挥车1　修理车1
货车6
47毫米炮4

340
师团机关炮队　高射机关炮9

2135　1612
野炮兵联队

999　76　300　36　431　227　112　277　79
师团工兵队　师团通信队　师团辎重队　师团兵器勤务队　师团第4野战医院

46　98
队本部　中队

乘用车1　指挥车1
货车4　货车7

四式双联装20毫米
高射机关炮3门

123　60　618　483　158　103
联队本部　大队　联队后勤

70　28
队本部

58
武器修理车1
货车5

146　43　135　111　67　47
大队本部　中队　大队后勤

233　11
中队　第1~3

乘用车1　修理车1
货车40　修理车1
254　227
挽马中队

野炮兵联队的武器配置：
改造三八式75毫米野炮24门
九一式105毫米榴弹炮12门

192　1
中队　第4
（反坦克）

2496　1442
山炮兵联队　山炮24

119
汽车中队
指挥车1
货车35

38　14
器材小队

175　104　1005　565　311　208
联队本部　大队　联队后勤

大队本部　中队　大队后勤
九四式山炮4门

■ 图为1942年初，进占新加坡的日军部队在一片树林中宿营，这幅照片由小岛丰德大尉拍摄。

南方进攻作战

顶着炮火强袭登陆

步兵第56联队（隶属第18师团）

——哥打巴鲁登陆作战，1941年12月8日

通称号：菊8930　**成立地点**：久留米　**成立时间**：1905年6月13日 拜授军旗　**作战时的联队长**：那须义雄

从陆路攻占新加坡

关于太平洋战争爆发的原因，日本政府与陆海军决定开战的最大理由无非是英美对日的石油封锁政策将使资源匮乏的日本失去维持生存的能源。当时日本所需的石油也可以由荷属东印度的油田提供，但随着荷兰也拒绝向日本出口石油，日本除了开战已经别无选择。对此，日本制定了"自存自卫"方针，其前提是确保石油供给，以此为基础，日军南方进攻作战的目标必然是石油产地巴厘巴板，但要达成目标必须克服两大障碍：美国控制下的菲律宾和英国控制下的马来亚。英美在东南亚的殖民地都部署了大量部队，尤其是英国占领下的新加坡是远东地区最重要的军事基地，一个具有强大防御能力的要塞。日军深知从海上不可能攻克新加坡，唯一可行的路线是沿马来半岛南下，从陆地方向进攻新加坡。为了防备日军从陆上攻击，英军在马来半岛也设置了数条防线和多个航空基地，其中哥打巴鲁是其最北端的防御据点。

为了攻占新加坡，日军新组建了由山下奉文中将指挥的第25军，下辖近卫师团、第5、18、56师团。为了确保作战成功，日军兵分两路，近卫师团借道泰国从北面进入马来半岛，第5、18师团则从海上分批登陆马来半岛东北岸，登陆地点分别选在宋卡、北大年和哥打巴鲁，前两处均在泰国境内，不会受到抵抗，但哥打巴鲁是英军重点设防的前沿要点，预计会遭遇激烈战斗。奉命在哥打巴鲁登陆的是以第18师团步兵第56联队为基干的佗美支队，兵力约为5300人，由第23旅团长佗美浩少将指挥。

■ 图为1941年12月8日，日军部队在哥打巴鲁海岸登陆，照片中可以看到与灌木混杂在一起的铁丝网，显然英军在此进行了防御部署。

佗美支队强袭登陆

1941年12月7日夜，分乘"淡路山丸"、"绫户山丸"和"佐仓丸"号运输船的佗美支队到达哥打巴鲁外海，8日凌晨1时35分，步兵第56联队派出以第1大队、第3大队为主力的首批登陆部队向海岸进发。当日受到暴风雨的影响，登陆海域浪高2米，大浪在岸边不断形成旋涡，阻碍航行。

哥打巴鲁是英属马来亚吉兰丹州首府，拥有马来半岛北部最重要的航空基地，英军第8步兵旅司令部就设于此。英军在海岸线一带直接配备了2个营，在海岸后方还有2个营担任预备队，守军装备4门150毫米榴弹炮、20多门山野炮、4门高射炮以及14门迫击炮，另有30辆轻型装甲车和20~30架飞机，在海岸边还布设了由铁丝网和地雷构成的纵深数米的障碍带，在其后方还有碉堡和侧射火力点，防御相当严密。

首批登陆部队从正面突击英军海岸阵地，登陆艇在距离海岸尚有400~500米时，英军就开始猛烈地射击，先锋部队虽于2时15分到达海岸，但跳下登陆艇的日军士兵在齐胸深的海水中不是被海浪推上海滩，就是被海浪冲走，场面混乱不堪。只有那些能够勉强集合起来的少数士兵向英军碉堡发起进攻，推进十分缓慢。

在右翼登陆的第3大队在松冈大队长带领下从英军阵地的间隙进行穿插进击，先行渡过帕门多河。当那须联队长随第二批登陆部队登上海滩时他居然找不到先前登陆部队的影子，还遭到碉堡里残存英军机枪的猛烈射击。当后续部队好不容易穿越英军海岸阵地准备渡河时，由于涨潮河水流速加快导致无法渡河，最后工兵分队在滨村伍长帮助他们脱离了困境。好不容易安全渡河的那须联队长终于和松冈大队长及第3大队会合。

占领哥打巴鲁机场

另一方面，在左翼登陆的第1大队主力完全被英军火力困住，未能踏出一步。在距离海岸线50~70米处有铁丝网障碍，英军士兵从铁丝网后面的战壕里向日军开火，同时召唤炮火集中轰

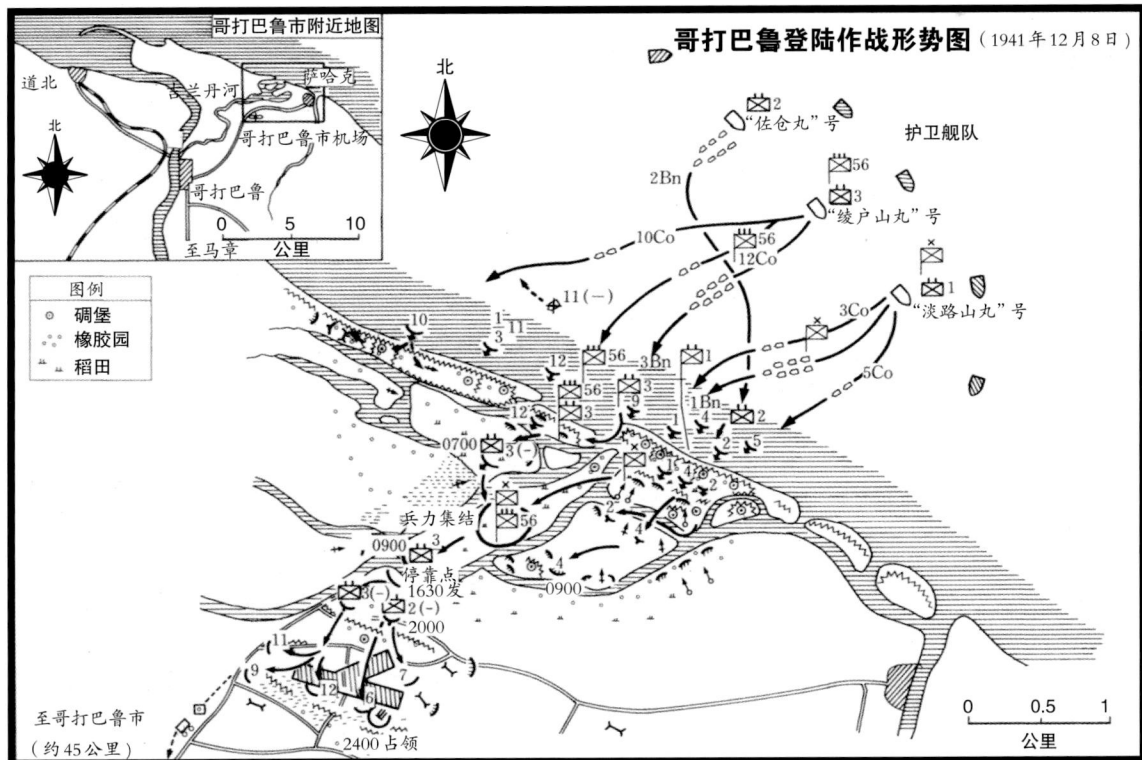

哥打巴鲁市附近地图

哥打巴鲁登陆作战形势图（1941年12月8日）

击登陆滩头，包括数井大队长在内有不少日军伤亡。登上海岸的日军士兵一面挖掘散兵坑隐蔽，一面缓慢地接近铁丝网，将其一点点地剪断。此时，第二批登陆的第4中队抵达海岸，在该中队的增援下，第1大队终于攻克了正面的英军碉堡，向内陆挺进。佗美支队长和第3中队一起在右翼登陆，第2大队主力紧随第1大队之后登陆，大队长中村少佐在登陆前负伤，躺在担架上进行指挥。

拂晓时分，从哥打巴鲁机场起飞的英军飞机出现在登陆海域上方，对日军船队实施了空袭。"淡路山丸"号被炸弹直接命中，脱离编队向外海规避，不久其他运输船也遭到不同程度的损伤，于是日军下令船队暂时向北大年转移。8日正午，佗美支队长与那须联队长会合，日军的指挥系统重新组织起来。那须联队长建议白天重整部队，夜间再夺取哥打巴鲁及其机场。16时30分，以第2大队、第3大队作为一线兵力的步兵第56联队企图秘密接近机场，但被英军察觉。英军对机场设施和残存的飞机进行破坏后撤退，日军立即展开追击，于21时30分冲进机场，9日凌晨占领哥打巴鲁。

自强行登陆海岸开始，步兵第56联队经过一天半的战斗夺取了哥打巴鲁，达成了预定的作战目标，付出了死伤495人的代价，约占参战兵力的二成。这次胜利为南方军继续进攻开启了大门，为此，南方军司令官寺内寿一大将将南方作战的第一面战功奖状亲自授予该联队。步兵第56联队之后仍作为佗美支队的主力沿马来半岛东海岸南下，参加干东攻略等作战后转进吉隆坡，于1942年1月下旬在居銮与第18师团主力会合。在攻打新加坡时，步兵第56联队还参加了武吉知马高地的作战，常常活跃在第一线。

攻占新加坡后，步兵第56联队转战缅甸战场，特别是在缅甸北部胡康河谷的持久战中与步兵第55联队共同对抗占具压倒性优势的中国远征军，以巨大的伤亡代价达成英帕尔作战的侧翼掩护任务。在之后的缅甸防御战中，该联队又参加了密铁拉会战，接着在撤往锡当的作战中担任后卫，最后在缅甸迎来战争结束。

■ 图为1941年12月9日乘汽车进入哥打巴鲁的日军佗美支队。步兵第56联队因为夺取哥打巴鲁而获得南方军授予的战功奖状。

通往吉隆坡的血路

步兵第42联队（隶属第5师团）

——仕林作战，1941年12月

通称号： 鲤5175　**成立地点：** 山口　**成立时间：** 1898年3月24日拜授军旗　**作战时的联队长：** 安藤忠雄

横跨马来半岛

步兵第42联队在太平洋战争初期参加了受到高度重视的马来作战，该联队最初以联队长之名称为"安藤支队"，在脱离第5师团主力后于1941年12月8日在泰国南部北大年登陆。之后，安藤支队的任务有二：一是掩护师团主力的左翼，二是完整夺取霹雳河上的桥梁。安藤支队登陆后立即南下，在国境附近的遭遇战以及玲珑地区的作战中取得显赫战果，但是霹雳河上的桥梁在日军到达之前就被英印军破坏了。

成功登陆只是安藤支队在马来作战中克服的第一道难关，现在他们要面对第二道难关，穿越半岛中央覆盖着热带雨林的山岳地带。此时，已经警觉的英军开始重新组织防御，其事先构筑的防御阵地还是发挥了作用。在金宝地区，自登陆以来连战连捷的河村旅团（第5师团第9旅团）也未能突破英军防线，进攻的脚步陷于停滞。

1942年新年伊始，步兵第42联队接替河村旅团继续进行中部山岳地带的突破作战。1942年1月5日，该联队开始进攻，在直罗拉镇北方遭遇英印军防御阵地，该阵地相当坚固，既有反坦克壕，也布设有地雷，从正面攻击相当困难。于是，安藤联队长决定第1大队从左侧、第2大队从右侧实施迂回，穿过雨林抄袭英印军阵地侧后，而联

■ 图为1942年初在马来半岛中部丛林中隐蔽待机的日军部队。在突破马来半岛中部防线的战斗中步兵第42联队表现十分突出。

队主力则从正面发起进攻。此时，新配属的2个战车中队和1个野战重炮兵大队也抵达前线。

突破英军纵深阵地

战车中队的到来给安藤联队提供了强有力的突击力量，但是一定要选择合适的战机才能发挥坦克的威力。战车中队长岛田丰作少佐建议进行夜间攻击，安藤联队长表示同意，将1个步兵中队和1个工兵小队配属于岛田中队，作为夜袭的一线尖兵，同时以第3大队配属1个轻战车中队作为二线兵力，预计在1月7日凌晨开始进攻。

岛田中队在步兵、工兵的紧密协同下，排除了英军阵地前的障碍物，以猛烈的射击压制英印军的防御火力，强行突破了纵深约6公里的防线，于7日上午8时10分冲入直罗拉槟，达成既定的作战目标。此时，岛田中队长判断要保持主动权就要继续进攻，渡过仕林河推进到仕林。于是，

他留下步兵和工兵巩固已经占领的战地，独自率领战车中队继续前进，在途中遭遇乘坐汽车开进、准备发动反击的英印军部队，日军坦克以迅猛的冲击将其击溃，随后又在仕林河边扫荡了英印军的后方部队，他们还不知道防线已被突破的消息。一支艰难穿越雨林的英军步兵部队也遭到岛田中队的突袭而溃散了。就这样，第11英印师的2个旅被日军彻底击败。突击到仕林的岛田中队顶住了英军的反击，成功夺取了两座重要桥梁。至此，英军利用中部山地地形阻止日军进攻的计划完全破产。1月11日，第5师团主力进入马来亚首府吉隆坡。

此后，步兵第42联队参加了新加坡作战，曾在武吉知马高地与英军激战。南方进攻作战结束后，该联队暂时在马来半岛执行警备任务，后转移到澳大利亚以北地区进行防御战，1945年8月在阿鲁群岛集结时迎来战争结束。

■ 图为1941年11月，一批刚刚到达新加坡的英军印度部队在码头列队。在仕林地区的作战中，第11英印师的2个旅被日军击溃。

马来进攻作战 1941年12月8日~1942年1月31日

北

第18师团主力1.23登陆

近卫师团

泰国

第5师团主力

安藤支队

宋卡
12.8登陆

北大年

也兰
12.8登陆

木庭支队

0   50   100公里

日期表示占领时间

国境线

佗美支队

日得拉12.12

亚罗士打
12.13

牛仑

双溪大年

哥打巴鲁

居林

丹那美拉 12.8

高岛

瓜拉吉赖 12.9

中

槟榔岛

12.15

太平

登嘉楼

12.23

瓜拉江沙 12.26

怡保12.28

央

不兰查

红土坎

金宝1.2

宋溪

山

仕林 1.7

渡边支队

安顺12.26

佗美支队

丹绒马林

文德甲

马兰

关丹

文冬

脉

雪兰莪

12.31

国司支队

吉隆坡

北根

巴生

木庭支队

向田支队

雪邦

淡边 1.14

兴楼

金马士 1.15

加亨

马六甲

丰盛港 1.26

麻坡

居銮

巴克里 1.20

哥打丁宜

岩林巴辖

柔佛 1.31

新加坡

日军

英印澳军

盟军机场

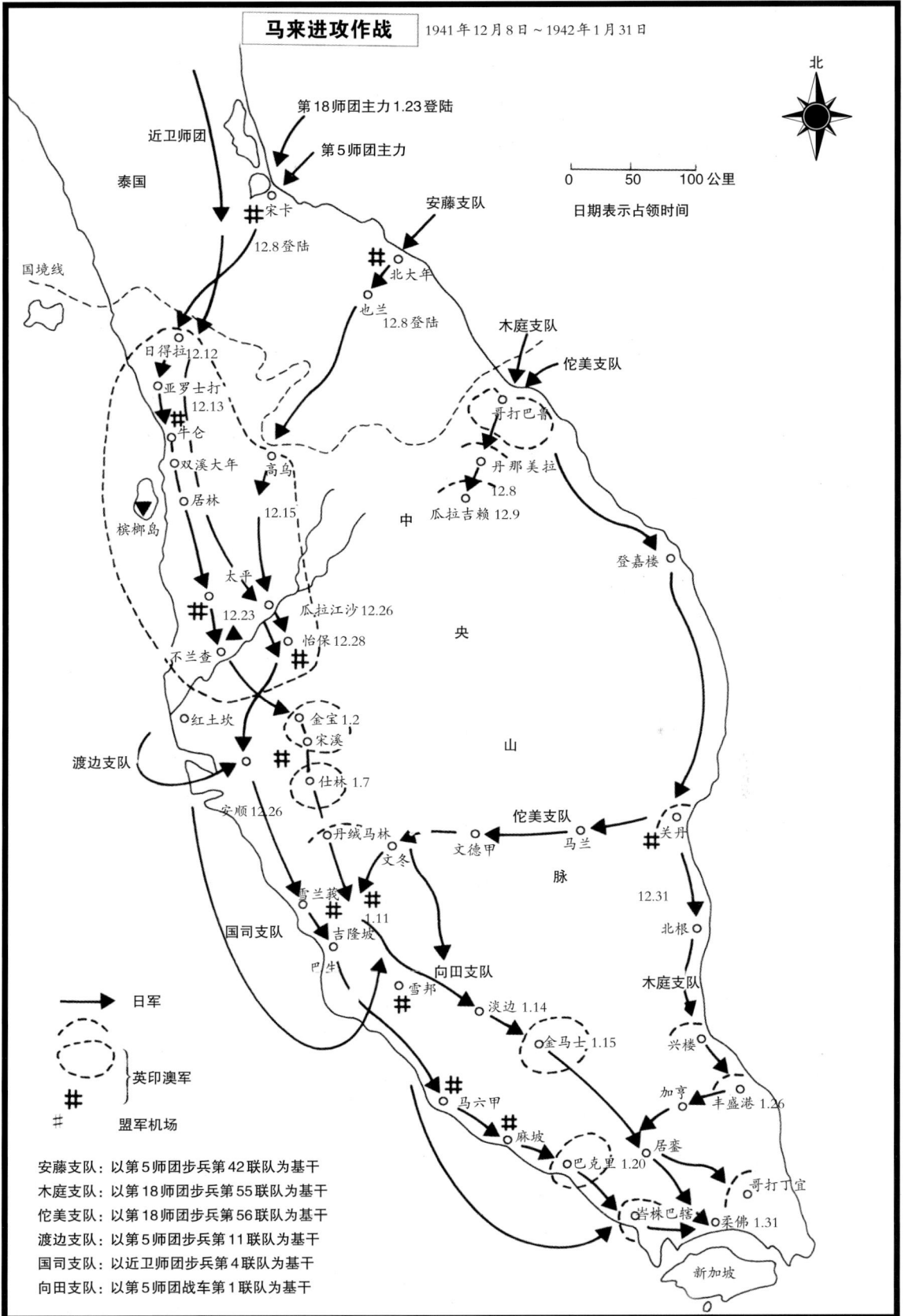

安藤支队：以第5师团步兵第42联队为基干
木庭支队：以第18师团步兵第55联队为基干
佗美支队：以第18师团步兵第56联队为基干
渡边支队：以第5师团步兵第11联队为基干
国司支队：以近卫师团步兵第4联队为基干
向田支队：以第5师团战车第1联队为基干

三日突破英军防线

步兵第11联队（隶属第5师团）

——新加坡进攻作战，1942年2月

通称号：鲤5173　**成立地点：**广岛　**成立时间：**1875年9月9日拜授军旗　**作战时的联队长：**渡边纲彦

从宋卡到柔佛

1875年9月，步兵第11联队作为广岛镇台下辖的步兵联队成立，是日本陆军中资历最老的步兵联队之一。在组建之后，步兵第11联队久经战阵，先后参加了西南战争、中日甲午战争、八国联军侵华战争、日俄战争和出兵西伯利亚等战役。在侵华战争中，步兵第11联队从北方的察哈尔转战至南方的南宁，后来又参加了进占法属印度支那的行动，是一支作战经验丰富、作风凶悍的部队。在太平洋战争初期，步兵第11联队在第5师团的编成下参加了马来亚－新加坡进攻作战的全过程。

1941年12月8日，步兵第11联队在宋卡登陆，除了与风浪搏斗外没有受到抵抗。登陆后，该联队由市川少佐指挥的第3大队被指定为第25军的直辖部队，在军作战参谋辻政信中佐的指示下，市川大队计划伪装成败逃的泰军突袭位于马泰边境的霹雳河铁桥并完整地加以夺取，这一计划因为与泰军发生冲突而错失了战机。此后，步兵第11联队以攻击边境地带日得拉的英军阵地开启了在马来半岛作战的序幕，陆续参加了亚罗士打、居林、太平、吉隆坡等地的进攻作战，一路进抵遥望新加坡的柔佛海峡北岸。

横渡柔佛海峡

虽说新加坡要塞在陆地方向上防御相对薄弱，但毕竟开战已经两月有余，英军已经有所防备。对于日军攻击部队而言，最大的困难就是横渡宽度在600米～3000米的柔佛海峡，在对岸严阵以待的英军面前进行强袭登陆。因此渡海工具的搜集、炮兵部队的集结、炮击英军阵地所需弹药的运输和储备成为攻击前的重点准备工作。第25军计划在柔佛海峡东侧配置近卫师团，在进攻前日派出部分兵力登陆乌敏岛以牵制英军，同时秘密将主力部队第5师团和第18师团转移到海峡西侧，以登加机场为目标在新加坡岛西岸登陆，接着将近卫师团主力调遣至正面，从柔佛新山方向登陆，以期达成三面夹击新加坡的态势。

步兵第11联队为河村旅团的主力部队，第5师团位于登加方向进攻正面的左翼，而该联队又是全师团最左翼的部队，因此充当了进攻行动的先锋。步兵第11联队的市川大队于2月8日傍晚渡过士古来河南下，于9日零时集结完毕，开始横渡柔佛海峡。但是，由于正值退潮，岸边到处是浅滩，给日军部队的航渡和登陆造成了很大的困难，市川大队长乘坐的大发（日本陆军的一种机动登陆艇——编者注）就因为搁浅而延误了登陆时机，再加上英军猛烈的炮火，市川部队在一片混乱中向海峡对岸挺进，原本成建制地整体登陆的计划根本无法实现，每一艘大发都成为一个战斗单位各自为战，分散攻击眼前的英军阵地和碉堡。当市川大队长恢复对部队的指挥时天色已经大亮。不过，由于市川大队的顽强进攻以及后续联队主力的顺利登陆，英军沿海峡部署的防线还是被突破了。到10日早上，日军主力部队已经成功推进至登加机场北侧。

激战武吉知马高地

武吉知马高地是从新山方向南下新加坡城的必经之地，而且也是全岛东西交通的重要枢纽，有多条铁路和公路在此交汇，高地附近还设有补给基地，又靠近水源地，附近由十余个数十米到一百多米的山丘构成的起伏地形为英军提供了良好的防御条件，因此英军将武吉知马高地作为整个防御体系的核心。在新加坡战役中，武吉知马高地的争夺是极为关键的战斗，因此极为有名。不过，真正的激战并非发生在高地上，而是在日军攻占高地后在其东面展开的，那里建有赛马场和高尔夫球场，而步兵第11联队正是这场激战的主角。

2月11日，在登加机场北侧集结的步兵第11联队推进到武吉班让地区，向赛马场东侧的英军阵地发起攻击。英军的纵深阵地构建在赛马场至高尔夫球场之间的有利地形上，具有非常良好的视界和射界，因此守军充分发扬防御武器的火力阻止日军的进攻，如果阵地某处遭到日军突破，就会立即派出坦克和装甲车实施反击，封闭突破口，守军的顽强战斗是在马来亚作战中不多见的。步兵第11联队与英军为了争夺战场要点进行了反复拉锯，这样的战斗持续了三天三夜，直到15日拂晓时分，该联队第11中队夺取了英军的核心阵地——霍斯皮特高地，从而使英军的防线遭到彻底突破，也粉碎了英军进行抵抗的最后信心。当天下午14时，举着白旗和英国国旗的英军军使就出现在武吉知马大道上，驻新加坡英军司令阿瑟·帕西瓦尔中将见大势已去，决定向日军投降，并在随后的谈判中被山下司令官的强硬态度所慑服，无奈交出了大英帝国在远东最大的要塞和重要军港。

在新加坡攻防战中，由当地华侨组成的义勇队协助英军与日军交战。在英军投降后许多义勇队员转入地下活动，在马来半岛上也有许多抗日游击队活动，常常袭击日军后方部队和守备据点，破坏交通，对日军部队造成极大的困扰。因此，在占领马

■ 图为1942年2月向武吉知马高地前进的日军部队，步兵第11联队在该高地以东地区与英军激战三日，最终突破英军的核心阵地。

日军第5、18师团在武吉知马高地的作战（1942年2月11日~2月15日）

武吉班让

北水源地

日军

英印澳联军

11i

132米

42i

5D

21i

133米

177米

90米

武吉知马

北

56i

55米

84米

92米

南水源地

44米

78米

42米

赛马场

18D

47米

57米

114i

55i

57米

40米

进出目标

32米

61米

新加坡市区

D 表示师团

i 表示步兵联队

● 表示主要高地

0   2 公里

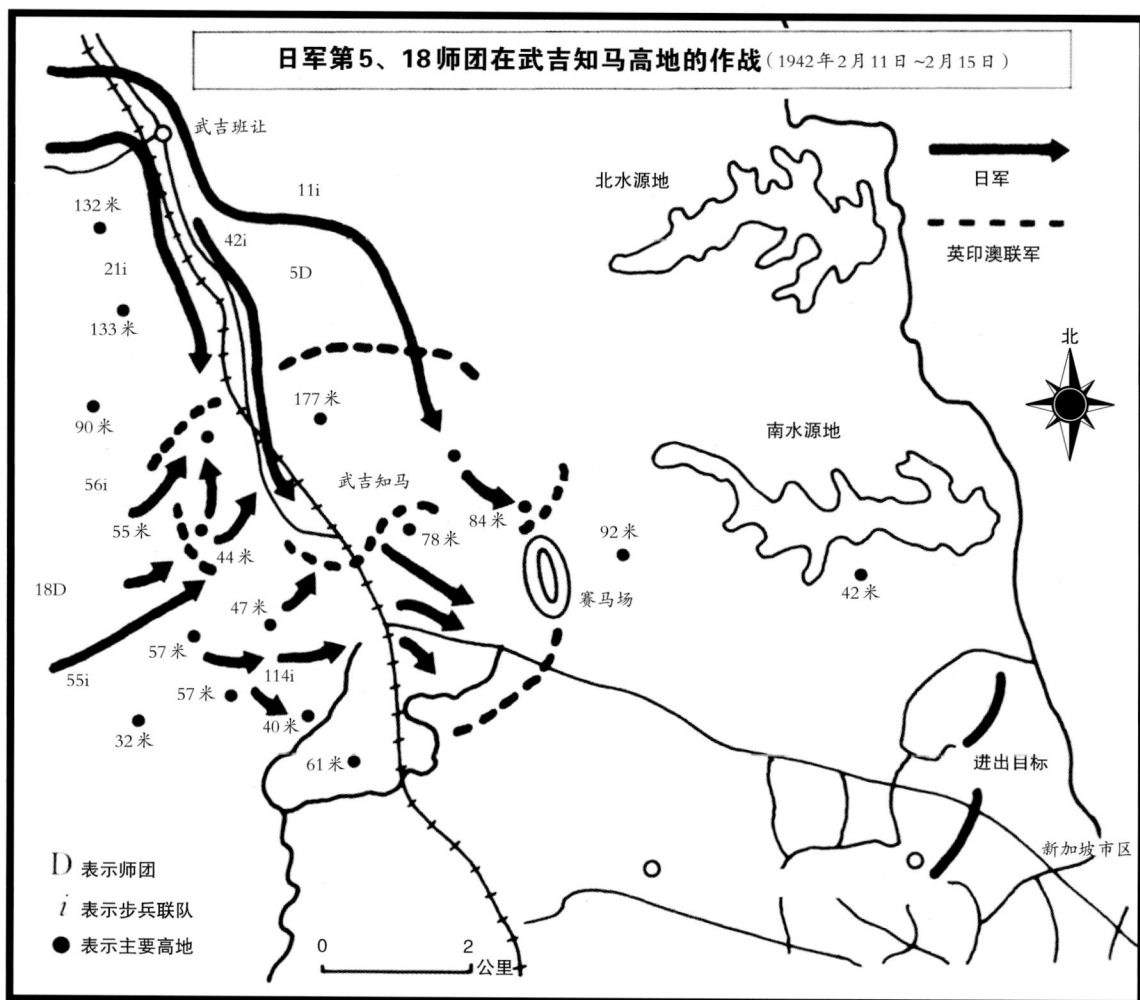

来半岛和新加坡之后，扫荡游击队成为日本守军的重要作战任务，而执行占领任务的步兵第11联队也积极参与其中，以残酷的手段镇压任何不利于日军的行动，许多抗日游击队员被日军逮捕和处决，同时该联队还参与了对新加坡华侨的屠杀行动。战后，英军对日军在占领时期的暴行进行了调查，判定日军犯有虐杀罪，并对部分日军战犯处以极刑。从第5师团第9旅团旅团长升至昭南警备司令官的河村参郎和第2野战宪兵队队长大西正幸等人被作为首要责任人被处以绞刑，时任步兵第11联队联队长的渡边纲彦大佐、第7中队中队长岩田大尉等人也因为在马来半岛反游击行动中的暴行而被处决。

随着战局的恶化，步兵第11联队的各大队也陆续调往澳大利亚以北的地区及新几内亚方面进行防御战。1944年6月，联队主力在卡伊群岛集结，并在战争结束前卷入了"橘丸事件"。1945年8月初，步兵第11联队第1、2大队奉命乘坐医院船"橘丸"号从卡伊群岛向泗水转移，而国际法禁止使用医院船运输部队和兵器。在航渡途中，"橘丸"号于8月3日被2艘美军驱逐舰发现并遭到拦截，船上的所有人员都成为美军俘虏，日本陆军这一违反国际法的事件也因此曝光。

步兵第11联队末代联队长佐佐木五三大佐携带军旗乘飞机经泗水先行抵达新加坡。8月26日夜间，在昭南神社内举行了军旗奉烧仪式，步兵第11联队的军旗与其他8面军旗一起在第7方面军司令官板垣征四郎大将的面前被烧毁了。

突击直取香港要塞

步兵第228联队（隶属第38师团）

——香港进攻作战，1941年12月

通称号：沼8924　成立地点：名古屋　成立时间：1939年9月13日拜授军旗　作战时的联队长：土井定七

兵锋直指香港要塞

香港孤悬于中国大陆的南端，是英国在远东重要的殖民据点和商港。在太平洋战争爆发之前，英军在此布防，号称"香港要塞"，因为主要防御地带位于九龙半岛最狭窄的南端又被称为"九龙要塞"，英军根据附近的醉翁湾将其称为"酒鬼防线"（the Gin Drinker's Line）。

对日军而言，进攻香港是太平洋战争中的首次要塞攻坚战，只许成功不许失败。日俄战争时期攻打旅顺要塞的惨痛经历，以及一战时期凡尔登战役的教训都证明了要塞攻坚作战的困难和火力压制的重要性。为此，日军进行了周密的准备，调集大量炮兵以构成可以摧毁要塞的打击力量，囤积充足的物资弹药，对部队进行要塞攻坚的专项训练等。香港进攻作战由第23军实施，主攻部队为第38师团和第1炮兵团。该师团特别准备了3000面防盾、96个火焰发射器、120个用于攀爬悬崖的绳梯等攻击要塞所需的器材。第1炮兵队是为了攻击要塞而特别编成的部队，包括装备240毫米榴弹炮、150毫米加农炮的攻城重炮部队和负责对碉堡射孔实施直瞄射击的速射炮部队。第38师团和第1炮兵队从一年前就在研究进攻香港的方案，积极开展攻坚特别训练。

1941年12月8日凌晨3时40分，在接到暗示开战的电报"花开、花开"后，第38师团的先遣队按照计划突破香港边界南下。9日，日军部队全面进入攻击九龙的出发阵地，军炮兵队的130门轻重火炮也陆续进入射击阵地。为了防止发生意外的战斗，师团长严令部队"务必等待师团命令下达才可以向英军主阵地发起攻击"，同时还限制了侦察行动，以防暴露意图。日军作战计划将九龙要塞中心城门水库西南侧的255高地确定为最重要的目标，攻击任务下达给东海林联队（步兵第230联队）；军炮兵队为重炮兵第1联队（装备8门240毫米榴弹炮）指定了目标。这两支联队将此项任务视为最高荣誉，倾力进行攻坚训练。

独断专行的土井联队

然而，就在刚刚进入阵地的9日深夜，步兵第228联队长土井大佐给师团司令部发送了一封令人难以置信的电报："我联队将使用第3大队的2个中队夺取255高地。"此时日军正在进行临战准备，师团主力也没有完全进入战斗状态，如果英军开始反击并演变成正面战斗的话，根本无法救援土井联队。接到电报的佐野忠义师团长脸色苍白，参谋们也是惊恐莫名，立即命令土井联队停止攻击。但是，土井又发来第二封电报："我已命令第2大队夜袭南方的303高地。"怒不可遏的佐野再三严令土井撤退，甚至亲自打电话严厉要求，但土井却挂断电话继续指挥战斗。土井擅自行动的消息也传到了军司令部，同样也受到军司令官酒井隆中将的严厉指责，愤怒的军司令官要求师团"立即撤回部队，同时严惩责任人"。

9日早上，阿部参谋长、登坂参谋和军参谋下田少佐赶到战场视察，确认土井联队已夺取并确保了最重要的目标后将实情报告给佐野师团长。

■ 图为1941年12月步兵第288联队的士兵们列队进入香港。

出到高地山脚下的山田小队长率领数名部下爬上数十米高的山崖，剪断了英军布设的铁丝网。后续到达的中队主力在攀上山脊后突然遭到碉堡内英军的猛烈射击，以至于再也无法前进一步。见到进攻受阻，西山大队长命令若林中尉率领部队实施迂回进攻，包抄英军阵地侧后。若林中队立即从春日井中队的侧面向前运动，一面避开英军的射击一面向高处前进。途中，望月小队长发现了英军地下交通壕的入口，立即沿着战壕进行攻击。战至午夜零时10分，若林中队占领英军指挥部，俘虏詹姆斯上尉等英军军官，后来才发现若林中队攻克的是225高地以南的341高地。同时，第9中队也突入了英军交通壕，利用手榴弹压制了英军碉堡，最后完全占领225高地。

在参谋长的建议下，佐野进一步确认了土井独断专行所取得的战果，于是命令师团全力出击。另一方面，丢失核心阵地的英军多次发起反击，但都被日军击退，最终只能放弃九龙半岛的防线撤退到香港岛。就这样，第38师团凭借步兵第228联队的独断攻击下，仅花了2天便攻陷了九龙要塞。但是，土井联队长为什么会不顾上级命令先行发起进攻呢？原来他亲自到前沿进行侦察时发现了英军防御部署上的弱点，于是考虑实施奇袭。他的想法得到第3大队长西山少佐的双手赞成，于是就有了第228联队率先抢攻的一幕。

若林中队的迂回攻击

此刻，日军一线部队战意正浓，作为第3大队尖兵中队长的若林东一中尉率部抵达预定目标铅矿山后并未止步，而是继续推进到城门水库，然后命令士兵吃晚饭，自己到前方侦察英军阵地。此时，正在劲头上的西山大队长赶到前线，发现若林中队居然在吃饭，十分恼怒，当即命令将尖兵中队改为春日井中尉的第9中队，立即向225高地发起进攻。第9中队冒着小雨在夜色中沿着水库的堤坝向225高地前进。之前已经隐蔽前

步兵第228联队以一己之力攻占了师团进攻计划中最重要的目标。不过，全然无视上级命令的土井联队在此后遭到严厉的责问。虽说如此，但由于该联队所取得的突出战果，这件事按照尖兵中队长若林东一中尉在侦察时发现战机而一意孤行来处理，而西山大队长被军司令官授予战功奖状，值得一提的是若林中尉是陆军士官学校52期首席毕业生。

在日军攻占香港后，步兵第228联队与前往巨港的师团主力分离，参加了进攻安汶岛和帝汶岛的作战，之后被派往瓜达尔卡纳尔岛，该联队在瓜岛付出惨重的伤亡后撤退，之后转战所罗门前线，最后在拉包尔迎接战争结束。

香港进攻作战形势图

（1941年12月8日~25日）

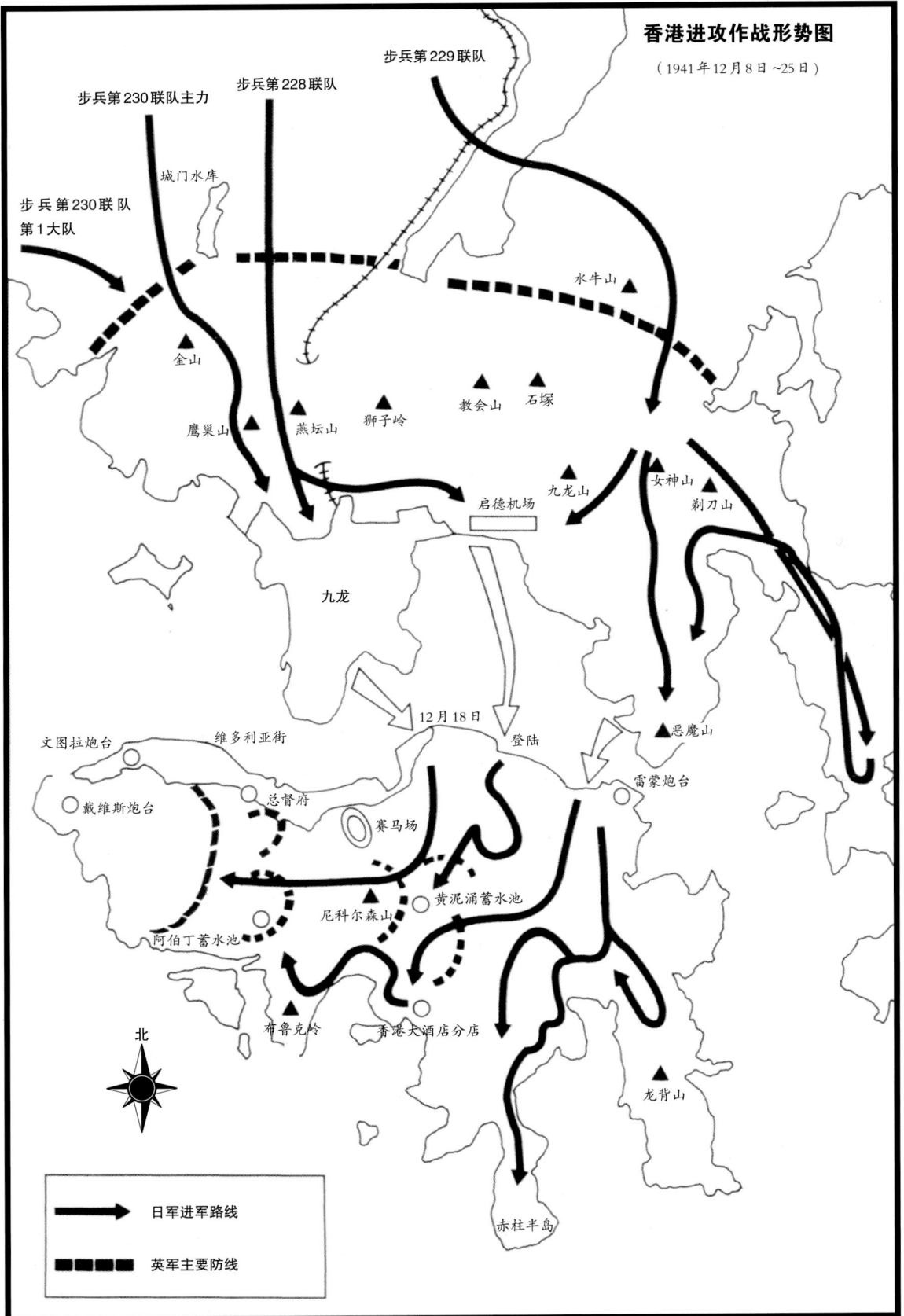

步兵第230联队主力

步兵第228联队

步兵第229联队

城门水库

步兵第230联队
第1大队

水牛山 ▲

金山 ▲

鹰巢山 ▲   燕坛山   狮子岭   教会山 ▲   石塚 ▲

九龙山 ▲   女神山 ▲
剃刀山

启德机场

九龙

恶魔山 ▲

文图拉炮台   维多利亚街

12月18日   登陆

雷蒙炮台

戴维斯炮台   总督府

赛马场

黄泥涌蓄水池

尼科尔森山

阿伯丁蓄水池

北

布鲁克岭   香港大酒店分店

龙背山 ▲

赤柱半岛

➡ 日军进军路线

▰▰▰▰ 英军主要防线

婆罗洲油田的占领

步兵第146联队（隶属第56师团）

——爪哇前哨战，1941年12月～1942年2月

通称号：龙6735　成立地点：大村　成立时间：1940年9月27日拜授军旗　作战时的联队长：山本恭平

跃进爪哇的跳板

步兵第146联队是在太平洋战争爆发前一年的1940年9月在长崎县大村町（现大村市）组建的，编入第56师团，首任联队长为山本恭平大佐。1941年10月，太平洋战争爆发两个月前，第56师团编成以步兵第146联队和野炮兵第56联队第1大队为基干的混成第56步兵团，由坂口静夫少将任团长，称为坂口支队。11月，第56师团编入山下奉文中将指挥的第25军。12月，坂口支队暂时脱离第56师团建制，编入今村均中将指挥的第16军，参加荷属东印度进攻作战，并担任此次作战的先锋部队，步兵第146联队作为坂口支队的基干要，为第16军开拓通往荷属东印度的道路。

归根结底，日军发动太平洋战争的直接动因就是为了获取荷属东印度的石油资源，其进攻步骤是：首先，由第25军攻占马来亚和新加坡，由第14军攻占菲律宾，确保进攻荷属东印度时的两翼安全；其次，坂口支队将攻占婆罗洲岛东岸的三处要点，为第16军登陆爪哇扫清障碍，开辟通道。这是一场规模宏大的战役。

激烈的"三级跳"

坂口支队于太平洋战争爆发前的11月18日乘船离开门司港，于11月底登陆帕劳岛（日本的委任统治地——编者注），在当地的丛林中进行热带作战训练，并接到了开战的消息。12月中旬，步兵第146联队的1个中队及1个机枪小队从帕劳出发，在菲律宾棉兰老岛的达沃登陆，并与美菲军交战，救出了被拘禁于此的约300名日本侨民。12月24日，第146联队第3大队登陆霍洛岛，击溃正在庆祝平安夜的美军并占领该岛。登陆达沃、霍洛岛的两场战斗可谓是步兵第146联队在随后荷属东印度作战中进行"三级跳远"的"助跑"。

步兵第146联队的第一跳是从进攻荷属婆罗洲岛东北端的小岛打拉根岛开始的。打拉根岛是著名的石油产地，也是荷属东印度防御前沿的重要基地，岛上修建有机场和炮台，驻有1400名守军，其主力是800名步兵和400名炮兵。1942年1月10日，坂口支队长命步兵第146联队山本联队长率第1、3大队为左翼，金氏坚一少佐率领第2大队为右翼，分别在打拉根岛东侧海岸实施夜袭登陆。在未受到抵抗的情况下，登陆的日军穿过雨林，从背后突袭了军事基地和城镇，守卫阵地的荷军猝不及防，纷纷投降。战至12日傍晚，坂口支队完全占领打拉根岛，俘虏守军约900人，自身仅7人阵亡。

步兵第146联队的第二跳是攻击打拉根岛以南约500公里的巴厘巴板，这是一座以石油为中心的城市，拥有2座机场和可供潜艇、鱼雷艇停靠的港口，是荷军重要的前线基地。1月24日凌晨，坂口支队将步兵第146联队兵分三路，在野炮兵大队的支援下登陆巴厘巴板。登陆后不久，日军运输船队遭美军驱逐舰攻击，4艘被击沉。但这未能阻止登陆部队的持续进攻，战至25日傍晚，荷军基地和城内的重要街道均被日军占领。此战坂口支队战死8人，另外在运输船被攻击时有39人阵亡。

坂口支队的最后一跳是在巴厘巴板西南约400公里的马辰。由于运输船队损失已达六成，坂口支队主力只能沿陆路从巴厘巴板前往马辰，在400公里的行程中有100公里为热带雨林。2月10日，经过艰辛跋涉到达目的地的坂口支队占领了机场，次日控制了城市的交通要道。在第三跳中坂口支队无人战死，倒是有9人因疟疾死亡。

■ 本页组图均摄于婆罗洲岛的油田，右上图为战前拍摄的油井塔架，左上图和下图则是日军占领油田并修复采油设施后重新出油的场面。

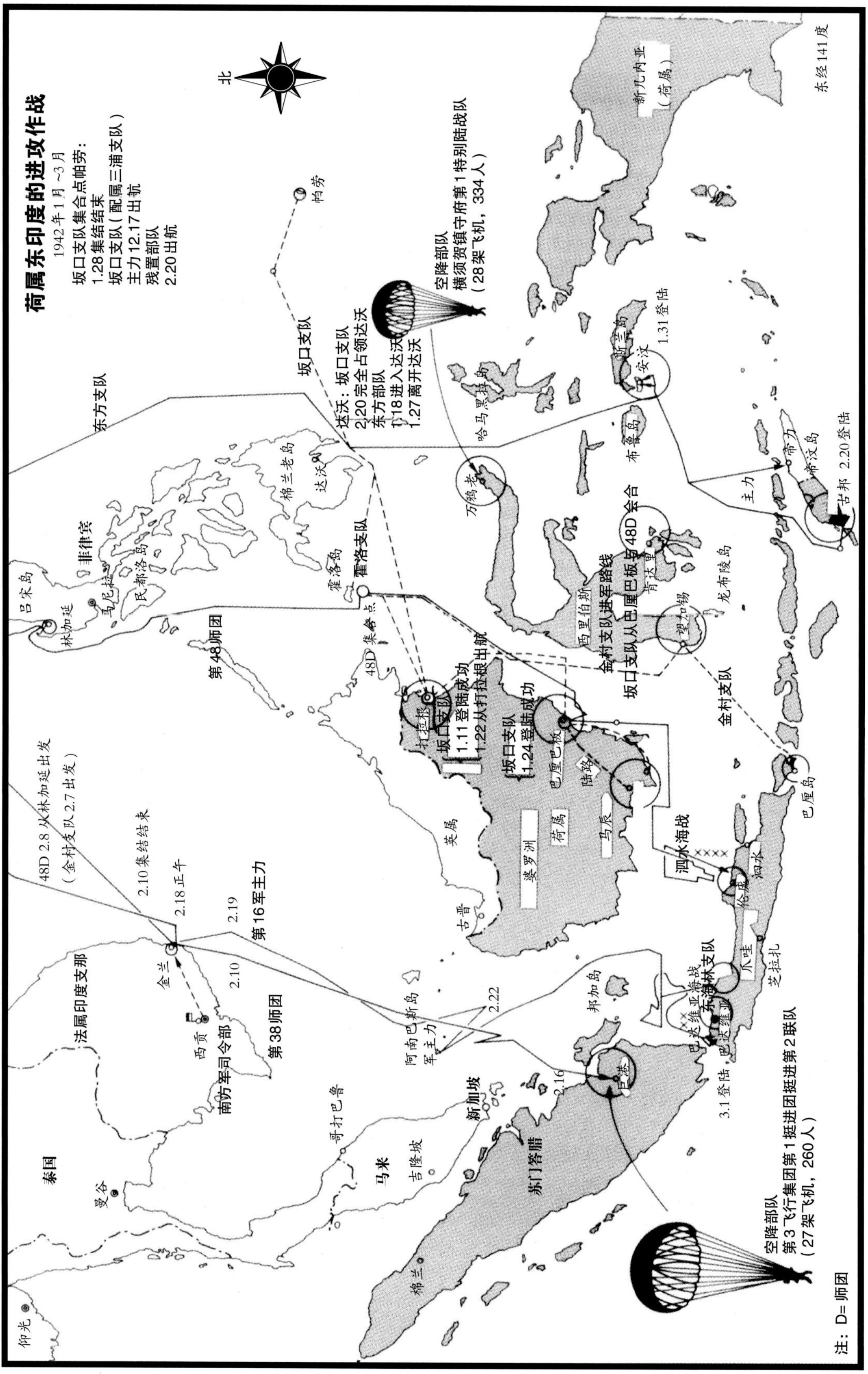

荷属东印度的进攻作战

1942年1月~3月

东海林支队克万隆

步兵第230联队（隶属第38师团）

——爪哇进攻作战，1942年3月

通称号：隆8926　成立地点：静冈　成立时间：1939年9月13日拜授军旗　作战时的联队长：东海林俊成

活跃的东海林支队

1939年9月，步兵第230联队的第1大队和第2大队在静冈组建，第3大队在岐阜组建，随后编入第38师团。不久，第38师团奉命开赴中国广东，负责占领地区的警备，太平洋战争爆发后参加了香港进攻作战。1941年12月下旬攻占香港后，第38师团作为开战前编入第16军的3个师团之一参与了荷属东印度进攻作战。当时，该师团被一分为三，分别是以步兵第228联队为基干的师团主力、以步兵第229联队为基干的东方支队和以步兵第230联队为基干的东海林支队。第230联队的首任联队长为东海林俊成大佐，他在1945年日军战败后作为战犯被收押在荷属东印度，之后被释放回国。当然，他作为支队长于1942年3月1日凌晨率部在爪哇岛西部的埃来丹登陆时还不可能预料到未来的命运。根据日军作战计划，除了东海林支队外，第16军直属部队（以第2师团为基干）在西部的万丹湾，第48师团和坂口支队在东部的克拉甘也同时登陆，4支部队三路齐发，第16军的爪哇岛进攻作战可谓志在必得。

■ 最初，爪哇民众将日军当成将其从荷兰殖民统治下解放出来的军队，图为受到爪哇当地民众欢迎的日军部队。

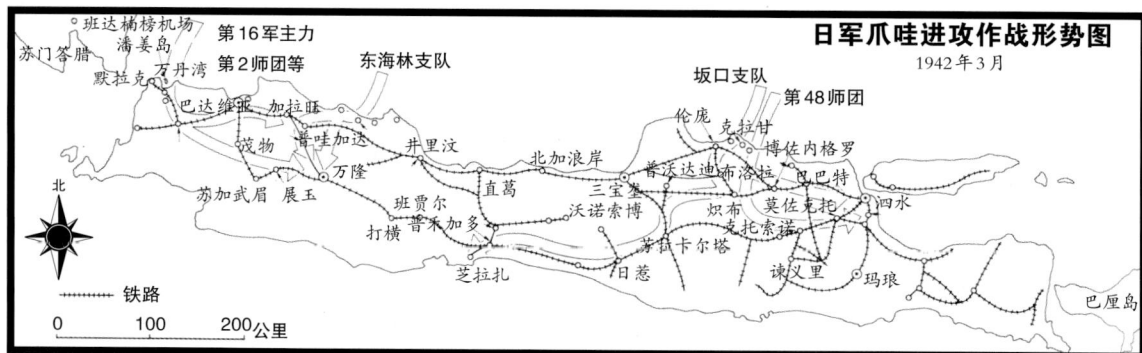

日军爪哇进攻作战形势图
1942年3月

在4支部队中，东海林支队的行动尤为重要。该支队的任务有两个，一是占领位于埃来丹西南约80公里处荷属东印度空军的核心基地——卡利扎奇机场；二是推进到卡利扎奇机场南约70公里处，切断万隆与巴达维亚（今为雅加达）之间的交通，万隆是荷属东印度最大的军事要塞，而巴达维亚是荷属东印度的首府。登陆后，东海林支队长将兵分两路，齐头并进：由第2大队、1个坦克中队、2个独立速射炮中队等部组成第1挺进队，由第2大队长若松满则少佐率领负责夺取机

场；由第1大队、1个速射炮中队、1个山炮中队、1个坦克小队等部组成第2挺进队，由江头多少佐指挥负责截断交通线。

万隆要塞的陷落

3月1日上午8时，即东海林支队登陆爪哇岛5个小时后，若松挺进队乘坐卡车开始行军。当时荷属东印度有7000万人口，其中5000万人居住在爪哇岛，岛上交通较为发达，第16军参谋长冈崎清三郎少将认为执行重要作战任务的部队可

■ 在爪哇战役期间，为了阻止日军部队沿公路快速推进，荷军将大树伐倒，横置在道路中间，图为日军士兵正设法清除拦路的大树。

利用汽车快速机动，因此配给东海林支队80辆卡车。若松队在途中4次遭遇盟军部队，但都将其击退，于11时到达卡利扎奇机场。遭到日军的突袭后，机场守军没有进行像样的反击就丧失斗志，迅速撤退。次日傍晚，日本陆军第3飞行团的战斗机和轰炸机就降落在卡利扎奇机场上，为之后夺取爪哇战场的制空权提供了保障，若松队完满完成任务。与此同时，江头队也达成了任务目标。

3月5日，东海林支队与后方的联络中断，支队长自行决定率队前往攻击盟军的大本营——万隆。当时，万隆驻有荷、英、美、澳等国军队共计81000人，而东海林支队只有4000人的兵力。

3月6日，东海林支队长没有等待因卡车故障而掉队的江头大队赶到就下令若松大队先行攻击。当日雾色浓重，若松大队借着浓雾悄悄接近万隆前方由3000名盟军士兵防守的重要阵地，通过突袭将守军迅速击退。7日晚8时，若松大队进入一座可以俯瞰万隆要塞的村寨，不久，江头大队也抵达前线。当晚11时，盟军军使前来传达了万隆守军准备投降的消息。原来，盟军误判东海林支队后面还有十多万日军主力！以此为契机，爪哇岛全部落入日军手中，距第16军登陆该岛仅8天。

■ 1942年3月7日，东海林支队兵临万隆城下，其迅猛的动作导致守军发生误判，于次日宣布投降，图为向日军投降的荷军官兵。

谏义里奇袭夺桥战

步兵第47联队（隶属第48师团）

——爪哇进攻作战，1942年3月

通称号：海8944　成立地点：大分　成立时间：1898年3月24日拜授军旗　作战时的联队长：柳勇

柳联队战泗水

步兵第47联队成立于1898年，也是一支传统深厚的步兵联队。该联队在太平洋战争爆发前隶属于第6师团，在侵华战争期间先后在华北、华中作战，参加了进攻南京、徐州会战等主要战役。1941年11月，步兵第47联队被调入新组建的第48师团，编入负责进攻菲律宾的第14军。在开战后，第48师团在菲律宾登陆，在攻陷马尼拉后该师团由第14军转入第16军，转战荷属东印度前线。

1942年3月1日凌晨，第16军兵分四路，在荷属东印度的"后院"——爪哇岛北岸的三处地点同时登陆，其中第48师团和坂口支队一道在爪哇岛东部的克拉甘登陆。上岸后，坂口支队向西南方向进军，目标直指爪哇岛南岸要地芝拉扎，而第48师团以爪哇岛东部最大的城市泗水为目标向东南方推进。在泗水作战中，第48师团步兵第47联队经历了极为激烈的战斗。

当时，土桥勇逸中将指挥的第48师团主要由4个联队构成，除了第47联队以外，还有台湾步兵第1、2联队和搜索第48联队，第47联队与配属该师团的战车第4联队和山炮兵第4联队主力一起编成第48步兵团，由安部孝一少将统一指挥，称为"安部部队"，第47联队长柳勇大佐率领本联队的第2大队和坦克大队担任安部部队的尖兵，常常最先投入战斗，带头冲锋陷阵。

■ 图为1942年3月8日荷属东印度军政长官与日军指挥官进行投降谈判，坐在右侧中央者为日军第16军司令官今村均中将，左侧落坐者是荷属东印度总督斯塔夏麦尔和驻军司令佩斯曼少将。

■ 图为驻泗水的荷军部队司令伊尔根少将（右坐者）与日军第48师团长土桥勇逸中将（左坐者）洽谈投降事宜。

忘记重要的攻击命令

3月5日，安部部队避开荷印军防御坚固的北岸沿海公路，选择从内陆迂回，沿着通往泗水的公路攻击前进。从克拉甘至泗水约有400公里行程，在行至半途的克托索诺时，发生了一件大事。受土桥师团长之命赶到前线的师团参谋抵达安部部队司令部，他询问安部少将："你夺下谏义里的大桥了吗？"此时，安部少将才突然醒悟似地大叫："完了！"谏义里是位于克托索诺西南约40公里的城镇，是通往内陆要冲马兰的必经之地，要夺取马兰必先控制横跨布兰塔斯河的谏义里大桥。早在部队从菲律宾出发时，土桥师团长就多次强调："谏义里的桥梁很重要，一定要抢夺下来。"于是，安部部队长计划从柳联队长率领的先头部队中特别抽调一个中队，从距离克托索诺40公里处抄近道前往谏义里。但是，安部少将也好，柳联队长也好，注意力都被眼前的战斗所吸引，全都忘记派出一个中队执行夺桥任务。

这件事最大的责任人是安部少将，不过命令的直接执行者是柳勇大佐，他同样负有极大的责任。在接到安部少将从后方发来的急报后，柳联队长面色苍白。根据安部少将的命令，夺桥部队不再限于一个中队，并增派了与先头部队一起行动的第47联队第3大队的全部兵力，务必夺下谏义里大桥。在接到命令后，第3大队立即出发，以强行军的速度向目标前进，于当天傍晚占领谏义里。3月6日早晨，土桥师团长一起床就问："夺下了吗？"但当时尚未有报告送达，师团长大动肝火。不久前方传来报告："已经占领谏义里，完全控制整座大桥。"听闻这个消息，差点犯下大错的安部部队长总算松了一口气。

3月6日，先头部队进军至距泗水30公里的要冲博龙附近，此时负责侦察的海军飞机投下通信筒，通报了"荷军正向博龙移动"的消息。柳联队长立即决定攻击博龙，在一轮冲锋后击溃了博龙前沿阵地的1300名荷军，趁势占领博龙，这个消息让土桥师团长眉开眼笑。3月7日，安部部队进至距泗水40公里处。就在等待后续部队集结时，举着白旗的荷军军使于3月8日晨从泗水前来，向日军投降，泗水作战以日军的胜利而结束。

■ 上图为穿行在泗水街道上的日军自行车部队，他们被称为"银轮部队"，由于缺少汽车，自行车也成为日军重要的机动工具。

■ 左图是在爪哇战役中被日军俘虏的荷军士兵。由于日军计划周密，行动迅速，占据数量优势的荷印守军往往被少数日军击败。

从上海到巴丹半岛

步兵第8联队（隶属第4师团）

——第二次巴丹作战，1942年4月

通称号：淀4072　成立地点：大阪　成立时间：1873年12月18日拜授军旗　作战时的联队长：森田春次

菲律宾作战的难点

在太平洋战争爆发后，由本间雅晴中将指挥的第14军奉命攻占菲律宾，日军于1941年12月22日在林加延湾登陆，1942年1月2日占领马尼拉。由麦克阿瑟上将指挥的美菲军并非没有抵抗，只是他们计划在巴丹半岛固守，直至增援部队到达再发起反攻。于是，第14军开始展开巴丹作战，最初的攻击部队是原本为治安部队的第65旅团（包括步兵第122、141和142联队），该旅团是抱着扫荡残敌的想法开始作战的，但遭遇美军的顽强抵抗和猛烈反击，陷入苦战且人员伤亡惨重。

第一次巴丹作战受挫后日军并没有放弃，并增调了炮兵部队。但是关于第二次进攻的计划在

第14军司令部内出现了意见分歧，大部分人赞成包围美军将其困死在巴丹。然而，日军之前已经顺利攻陷新加坡，也让爪哇岛的荷军举起白旗投降了，唯有菲律宾久拖不决。同时，美国方面连日来将巴丹坚守的情况向全世界广播，这让日本南方军感到颜面无存。因此，日军决定继续进攻，在第二次巴丹作战时加强了兵力，除了增调炮兵部队外，也大幅加强了步兵部队，除了原有的第65旅团、步兵第20联队外，还增派了第16师的全部兵力和从上海调来的第4师团，后者包括步兵第8、37和60联队，其中步兵第8联队也是一支老牌部队，在巴丹前线该联队被部署在日军战线的最左翼。

■ 图为1942年初在巴丹作战期间，日军士兵冒着美菲军的炮火剪断铁丝网，为进攻清除障碍。由于遭到顽强抵抗，第一次巴丹作战失利。

■ 上图为1942年初在巴丹作战期间，日军九七式中型坦克在步兵的伴随下向美菲军阵地开进，步兵第8联队在进攻时得到了坦克的支援。

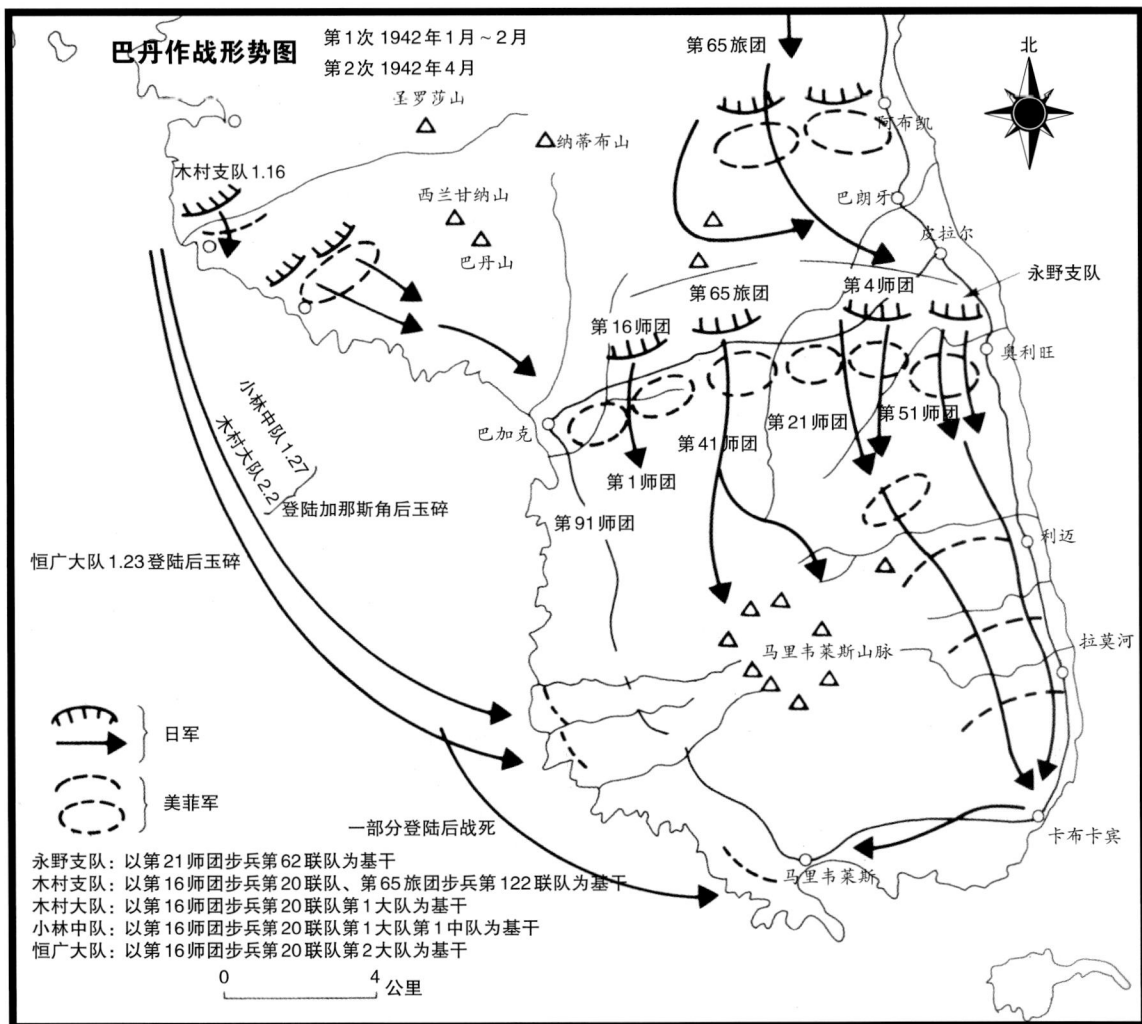

巴丹作战形势图

第1次 1942年1月～2月
第2次 1942年4月

第65旅团

北

木村支队1.16

呈罗莎山

纳蒂布山

阿布凯

西兰甘纳山

巴朗牙

巴丹山

皮拉尔

永野支队

第65旅团

第4师团

第16师团

奥利旺

小林中队1.27

巴加克

第21师团

第51师团

木村大队2.21
登陆加那斯角后玉碎

第41师团

利迈

第1师团

恒广大队1.23登陆后玉碎

第91师团

拉莫河

马里韦莱斯山脉

日军

美菲军

卡布卡宾

一部分登陆后战死

马里韦莱斯

0   4公里

永野支队：以第21师团步兵第62联队为基干
木村支队：以第16师团步兵第20联队、第65旅团步兵第122联队为基干
木村大队：以第16师团步兵第20联队第1大队为基干
小林中队：以第16师团步兵第20联队第1大队第1中队为基干
恒广大队：以第16师团步兵第20联队第2大队为基干

一周后，美菲军投降

1942年4月3日，在炮兵部队结束炮火准备后，步兵第8联队主力开始突击。在进攻途中遭到铁丝网的阻拦，但日军士兵很快突破了这道障碍继续前进，成功占领了美菲军的前沿阵地，并突进到阵地后方一条河流的岸边，与美菲军隔河对峙。次日，美菲军发起反击，导致日军前线部队与后方的通讯联系中断，费了不少时间才恢复联络。在当天正午时分，日军再次发起进攻，日军炮兵向美菲军阵地再次实施了猛烈的炮火压制，在炮声刚刚停息，步兵第8联队第3大队就发起突击，在一个坦克中队的支援下摧毁了美菲军的防御工事，向纵深挺进。

然而，就在日军前锋部队顺利推进之时，突然从后方日军阵地方向飞来密集的炮弹。原来，炮兵部队的炮击计划临时变更，即在正午之后继续实施第二次炮火压制。这一变化已经通知了前线各师团和联队，奇怪的是唯有第8联队没有接到师团下达的通知，结果遭到己方炮兵的轰击，处境危险，士兵们慌忙寻找掩蔽，所幸最后伤亡不大，但进攻的步伐也暂时停滞，第二次巴丹作战的第一阶段就此结束。

经过短暂休整后，日军于4月5日开始第二阶段作战，仍然是在炮火准备后由步兵实施进攻，这是日军进攻的基本战术套路，第二次巴丹作战也按照这一方式进行，但是遭到美菲军非常激烈的抵抗。尽管如此，占有优势的日军仍然稳步推进，逐步以猛烈的炮火和连续的冲锋瓦解美菲军的防御体系。4月6日，步兵第8联队突击了美菲军的炮兵阵地，一举抓获了700名俘虏。据说当美菲军遭到日军的突袭后顿时斗志全无，举手投降，第8联队甚至连负伤的人都没有。

由于美菲军已经丧失抵抗意志，第4师团于4月7日发起总攻击，缴获10门105毫米火炮、6辆装甲车和30辆卡车，俘虏约300人，此后不断有美菲军士兵自行投降。4月9日，坚守在巴丹半岛的美菲军全面投降，残部退往科雷吉多尔岛要塞。第14军最初预计战斗要进行一个月时间，但实际上只用了一周，相比第一次巴丹作战，第二次进攻的胜利显得过于轻松了。

■ 图为1942年4月在巴丹半岛被日军俘虏的美菲军士兵，他们当中很多人在后来臭名昭著的"巴丹死亡行军"中被日军杀害。

激战在仁安羌沙漠

步兵第214联队（隶属第33师团）

——缅甸作战，1942年1月～5月

通称号：弓6823　成立地点：宇都宫　成立时间：1939年3月23日拜授军旗　作战时的联队长：作间乔宜

抢先越过边界

1939年3月，步兵第214联队在宇都宫成立，隶属于第33师团，后随师团开赴中国华中战场作战，主要担负后方占领地区的警备，1941年4月转入华北地区作战，在中国战场上第214联队得到了实战锻炼。

太平洋战争前夕，第33师团被编入由饭田祥二郎中将指挥的第15军，该军将担负进攻英属缅甸的任务。不过，直到开战20多天后，第33师团才从中国开拔，于1942年1月10日抵达泰国曼谷，步兵第214联队抢在师团主力之前于2月2日从泰国的美索越过国境线，率先侵入缅甸南部。

第15军的编成内最初只有第33师团和第55师团，而在缅甸驻有约5万英印军和9万中国远征军，单凭第15军的兵力似乎难以完成缅甸作战。但是，英印军部队大多分散部署在缅甸南部，而中国军队则在缅甸中部分布布防，如果日军集中兵力于一点则可以逐个击破。

第33师团在缅甸南部的巴安、勃固经历激战之后，向缅甸首都仰光进军，面对来势汹汹的日军，英印军不战而退，日军于3月8日兵不血刃地占领了仰光。

■ 在二战时中东的石油资源尚未被发现，缅甸的仁安羌油田是英国在东南亚地区唯一的石油产地，图为突入油田的日军部队。

此时，完成马来亚作战的第18、56师团编入第15军序列，这样日军共计4个师团参加缅甸作战，由南向北推进，计划在缅甸中部围剿中国军队。第33师团从仰光沿伊洛瓦底江北上，计划夺取一个战略性的目标——仁安羌。

德重大队取得优势

仁安羌位于仰光以北约45公里，是英国在东南亚地区拥有的唯一的油田，位于伊洛瓦底江东岸，但周围是缅甸罕见的沙漠地带，在荒凉的沙漠中油井林立，方圆达20平方公里。

第33师团长樱井省三中将把攻击仁安羌的任务交给步兵第214联队，其他2个步兵联队从侧面协助进攻。此时，大本营突然下达命令："占领仁安羌的油田设施，而且不能有任何损坏！"虽然师团认为这道命令不尽合理，但军令如山。第214联队长作间乔宜大佐将本联队的1个大队交给师团直辖，率领剩下的2个大队以及1个山炮兵大队向目标挺进。

作间联队在酷热的沙漠地带行军四日三夜，于4月16日深夜到达仁安羌以东约50公里处。数小时后，天色渐明，作间联队向仁安羌的英印军阵地发起突然袭击。与此同时，作间联队长派出由高延隆雄少佐指挥的第3大队渡过流经仁安羌北侧的平河，进攻对岸的克明。虽然作间联队长率领的主力和高延大队都获得了胜利，成功占领了仁安羌和克明，但油田设施已被严重破坏。日军之所以轻易取胜是因为英印军主力正在撤退，而且将要通过仁安羌。作间联队长命令高延大队留下一个中队固守克明，余部前往仁安羌与联队主力会合，以备次日与英印军主力的战斗。防御的关键要点在仁安羌的东北端，这里是所有道路的必经之地。

4月18日清晨，规模庞大的英印军主力自南方出现，拥有15辆坦克、300辆以上的卡车，至

少4000名以上的兵力。由于地形起伏不平，不便于坦克行动，作间联队看准时机，反复发动短促反击，屡屡击退英印军，激战一直持续到日落。就在战斗难分难解之时，作为师团直辖部队的第1大队在德重房雄少佐指挥下，根据樱井师团长的命令从后方赶来增援。4月19日早晨，英印军开始猛攻，德重大队绕到英军主力侧背发起攻击，腹背受敌的英军陷入混乱，于中午开始总撤退，这是步兵第214联队在缅甸作战中最激烈的一战。

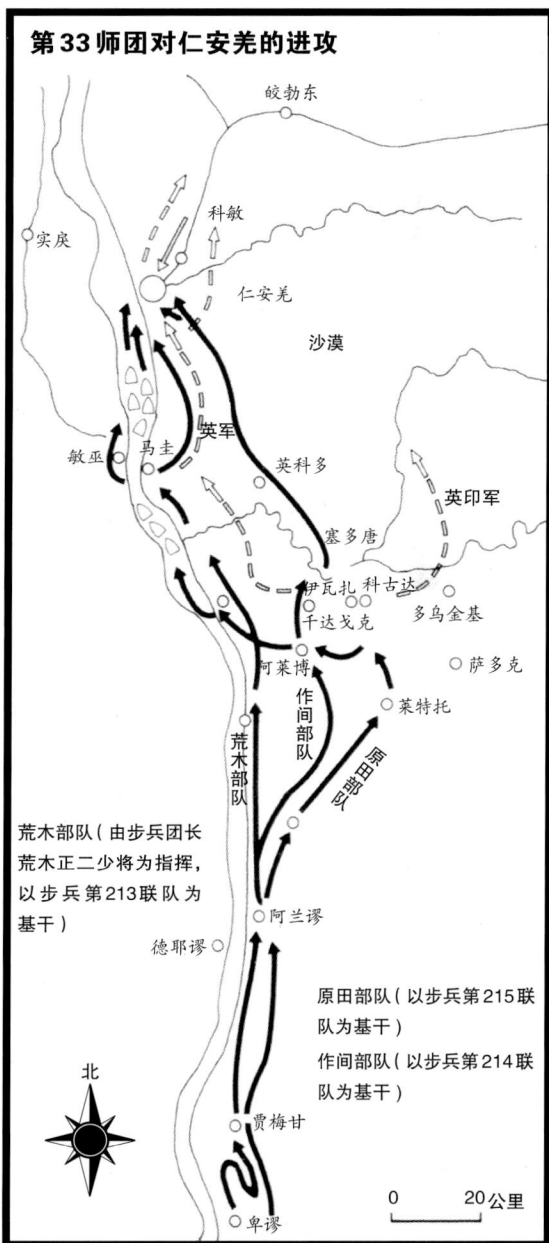

第33师团对仁安羌的进攻

荒木部队（由步兵团长荒木正二少将为指挥，以步兵第213联队为基干）

原田部队（以步兵第215联队为基干）

作间部队（以步兵第214联队为基干）

北

0   20公里

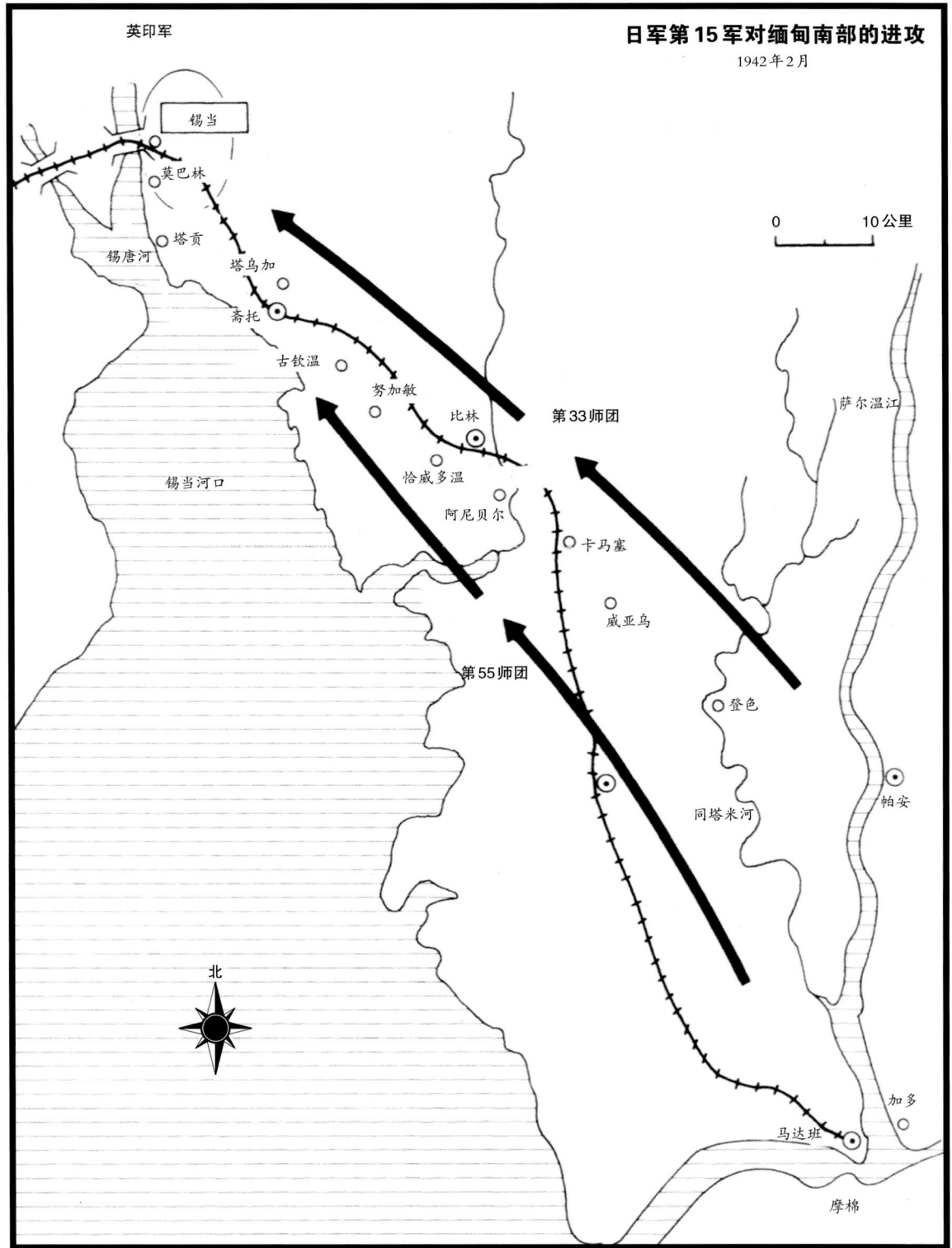

英印军

日军第15军对缅甸南部的进攻

1942年2月

锡当

莫巴林

塔贡

锡唐河

塔乌加

乔托

古钦温

努加敏

萨尔温江

比林

第33师团

锡当河口

恰威多温

阿尼贝尔

卡马塞

威亚乌

第55师团

登色

帕安

同塔米河

北

加多

马达班

摩棉

0   10公里

曼德勒闪电追击战

步兵第114联队（隶属第18师团）

——缅甸作战，1942年1月～5月

通称号：菊8905　**成立地点：**福冈　**成立时间：**1937年9月拜授军旗　**作战时的联队长：**小久久

从仰光到曼德勒

步兵第114联队于1937年9月在福冈成立，编入重新组建的第18师团。在太平洋战争前夕，已经在中国战场参与多场战役的第18师团编入第25军，在开战后参加了马来亚、新加坡进攻作战。1942年2月日军攻占新加坡后，第18师团和第56师团作为增援部队编入担负缅甸作战的第15军，于4月8日在缅甸仰光登陆。

在缅甸前线，第15军原有的第33、55师团已经占领了包括仰光在内的缅甸南部地区，在后续作战中第15军的主要任务是围剿在缅甸中部的9万中国军队，该军下辖的4个师团兵分三路由南向北推进，其中第55师团沿中路推进，第18师团随后跟进，计划一起占领缅甸第二大城市曼德勒。当时中国军队的主力也驻守在曼德勒周边地区，第15军计划在此包围并消灭中国军队。

从仰光到曼德勒有一条全程约700公里的干线公路，是日军进攻的主要路线。这条公路南段约三分之一已经被先行开进的第55师团控制，但在中段的彬马那地区不断遭遇中国军队的阻击。第18师团长牟田口廉也中将最初将步兵第114联队编入与师团司令部同时行动的主力部队，在4月20日攻打彬马那东北约10公里的642高地时，指派第114联队由龟本哲少佐指挥的第3大队发起夜袭，次日清晨该部与其他部队一道从三个方向发起进攻，终于在傍晚时分占领了这座高地，中国军队在战死约300人后放弃阵地撤退，日军随后展开追击作战。

闪电追击

从彬马那到曼德勒第18师团和第55师团采用相同的进军路线，两个师团会合后一同北上。牟田口师团长在彬马那一役之后，编成由第114联队长小久久大佐率领的追击队，以步兵第114联队第2大队和山炮兵1个中队为基干，作为第18师团的先锋。牟田口中将后来升任第15军司令官，臭名昭著的英帕尔作战就出自其手，其狂傲自大、轻敌冒进的缺点在缅甸作战时就已经表现出来，不过太平洋战争初期日军占有优势，小久联队行动迅猛，因此牟田口师团长的轻率没有带来严重后果。为了帮助小久联队更好地实施"追击"，牟田口师团长将师团各部配备的卡车抽调出来集中配属给小久联队，使追击队实现了全摩托化。

在央米丁，兵力约2000人的中国远征军几乎不战而退，接着在标贝也几乎未展开像样的战斗就撤退了。4月26日下午3时30分，小久追击队到达曼德勒以南约100公里的交通要冲达西时，终于遭到顽强的抵抗，数千名中国远征军官兵据守在坚固的阵地里，小久追击队在坦克中队的增援下绕到阵地侧后方发起猛烈攻击，经过数小时激战日军占领达西。4月27日凌晨，第18师团又派出速射炮大队加强小久追击队的战斗力，在达西以北10公里的文敦附近，小久追击队遭遇约1000人并装备10多辆坦克的中国军队，经过交战后追其后退。在连日战斗后，小久追击队也已经疲惫不堪，于是牟田口师团长解除了小久联队的追击任务，由第55联队接替继续追击。

　　小久联队将汽车移交给第55联队，又变成了原本的徒步部队，跟在第55联队后面参与战斗。5月1日傍晚，驻守曼德勒的中国远征军又不战而退，日军得以不经战斗占领曼德勒。实际上，牟田口师团长集中车辆编成全摩托化的追击队，其真正用意是在进军速度上胜过齐头并进的第55师团，其争强好胜之心可见一斑，而他自己身患登革热也不忘催促追击队冲锋陷阵。

■ 上左图为曼德勒附近一座桥梁上的路牌。这座城市是缅甸中部的战略要冲，日军于1942年5月占领曼德勒。

■ 上右图为曼德勒的一座佛塔。缅甸人笃信佛教，全国各地遍布佛塔，仅在曼德勒周边地区就有700余座佛塔。

■ 下图是1942年初在缅甸开进的日军部队。当时日军机械化程度很低，大多为徒步行军，因此第114联队的摩托化行军实属罕见。

第15军进攻曼德勒的路线

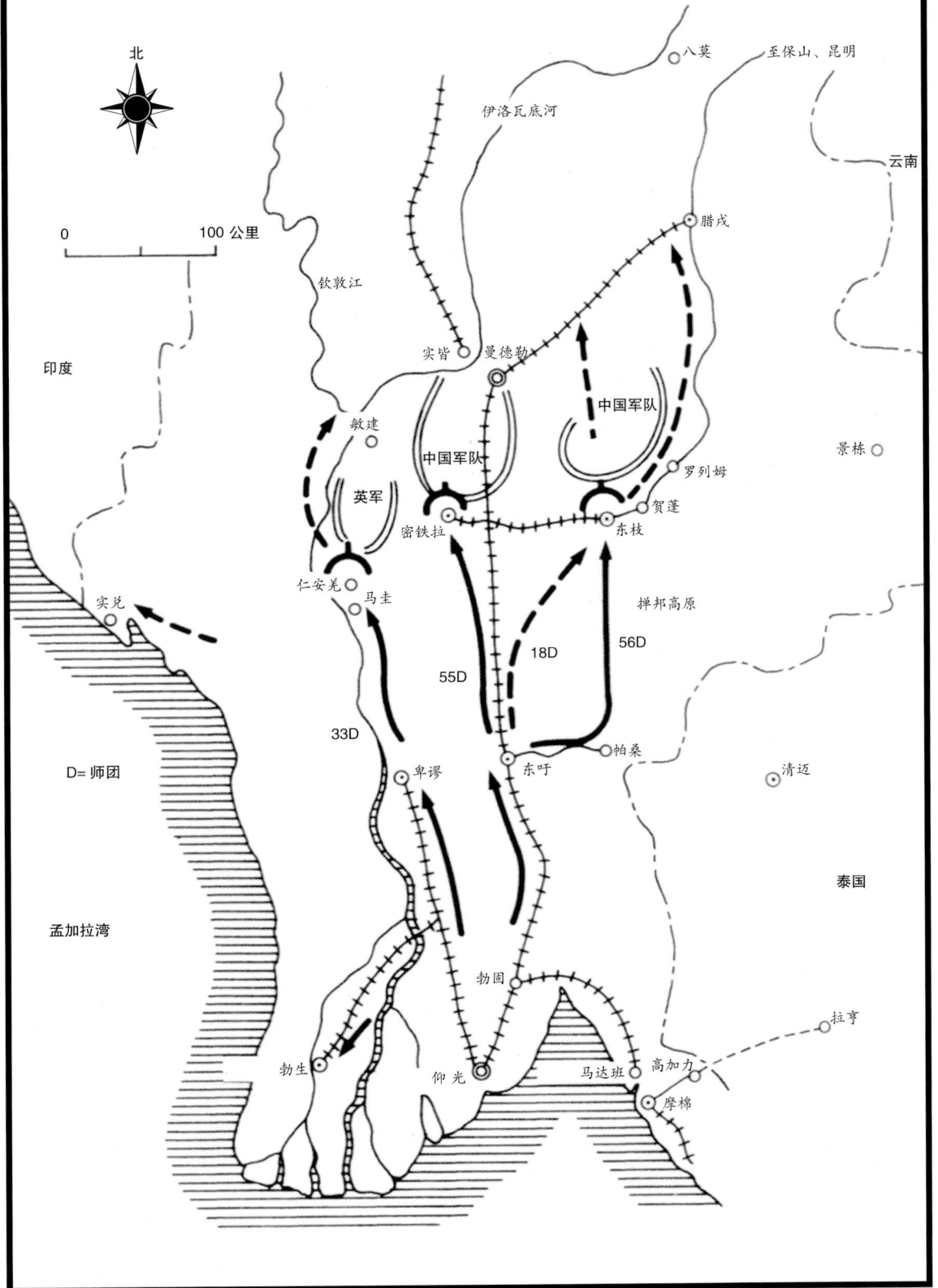

北

0   100 公里

八莫

至保山、昆明

云南

伊洛瓦底河

钦敦江

印度

腊戍

实皆 ○—◎ 曼德勒

中国军队

敏建

景栋

中国军队

英军

罗列姆

密铁拉

贺蓬

东枝

仁安羌

马圭

实兑

掸邦高原

D= 师团

55D

18D

56D

33D

卑谬

帕桑

东吁

清迈

孟加拉湾

泰国

勃固

拉亨

勃生

仰光

马达班

高加力

摩棉

从腊戌突进密支那

步兵第148联队（隶属第56师团）

——缅甸作战，1942年3月～5月

通称号：龙6736　成立地点：久留米　成立时间：1940年9月27日拜授军旗　作战时的联队长：松本喜六

截断中国远征军的退路

步兵第148联队于1940年9月在久留米成立，编入在此前两个月编成的由渡边正夫中将指挥的第56师团。在太平洋战争爆发时，第56师团在第25军编成下准备参加马来亚、新加坡作战，但是该师团并未实际参战，因为第25军的作战比预想得要顺利。1942年3月，第56师团和同属第25军的第18师团一道被调往缅甸，增援第15军。第56师团从日本途经新加坡开赴缅甸，在新加坡中转时该师团得到一批卡车的补充，因此下属的多个部队都提高了机动能力。第56师团于3月24日在仰光登陆，在随后的进军中，这批新增的卡车发挥了巨大的作用。

第15军计划出动4个师团从缅甸南部北上，在曼德勒围剿经由云南进入缅甸的约9万中国远征军。第56师团的任务是从仰光以北约200公里的东吁东进，然后再转向北上，攻占500公里外的腊戌。腊戌位于曼德勒东北约150公里处，一旦控制

■ 左图和下图均为日军占领八莫后拍摄的照片，日军在此地缴获了大批西方援助中国的军事物资。

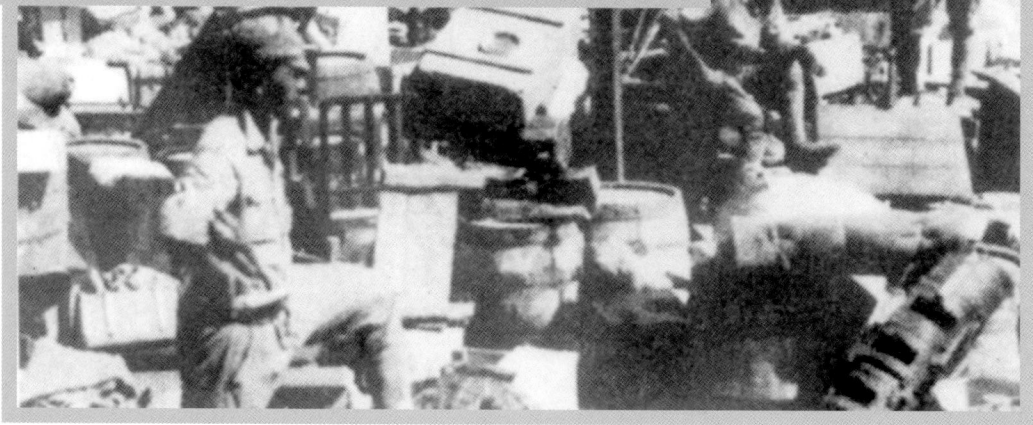

该地，就等于截断了中国远征军撤往云南的通道。第56师团将下属部队分成先遣队和三个主力梯队向腊戌进军，而步兵第148联队作为师团的第一梯队于4月3日从东吁出发。

向密支那前进

步兵第148联队由东吁向东行军约70公里后再次北上，不久遭遇一场激战。4月15日，松本联队长命第3大队追上先遣队，另外派出川村茂中尉指挥的一个中队渡过前方的河流，以截断中国远征军的退路，在完成上述配置后于4月16日凌晨向中国远征军发起攻击。

第3大队在科马卑北方5公里的兹切与中国远征军第55师主力展开激烈的遭遇战，给中国军队造成巨大伤亡。先行的川村中队确保了兹河大桥，之后相继攻击从兹切撤退的中国守军和前来增援的其他中国军队，将他们全部击退。4月18日，松本联队长率领第一梯队主力北上攻占了下一处要地垒固。

松本联队主力从垒固北方迂回截断中国远征军的退路，协助师团主力在山林中击败了中国远征军第55师。此后，直至腊戌的进攻都很顺利，日军部队乘坐卡车追击已处于崩溃边缘的中国远征军，没有经历太过艰难的战斗。即使是在要地腊戌，中国远征军的抵抗也并不激烈。4月29日，松本联队与以往一样，派出部分兵力绕到中国远征军的背后截断其退路后再开始攻击，战斗数小时后，中国远征军开始撤退，松本联队转入追击，与师团主力一起进入腊戌。

占领腊戌之后，第56师团仍有余力，渡边正夫师团长向第15军司令部提出攻占腊戌以北150公里的八莫，然后继续向北推进130公里，占领缅北重镇密支那，那里是贯穿缅甸南北的铁路干线的北端终点，距离起点仰光有1200公里之遥。日军如果控制了密支那，那么从缅甸中部北撤的中国远征军余部只能选择穿过地形险峻的胡康河谷向印度的阿

■ 图为1942年5月在缅甸北部沿着山地公路开进的日军车队，第56师团利用新补充的汽车快速推进。

萨姆州撤退。

第56师团尚未得到第15军司令部的许可就开始进击。松本联队一面追击溃逃的中国远征军，一面进军密支那。此时中国远征军早已失去了有效的指挥，难以组织抵抗。5月6日，松本联队进

至密支那附近的伊洛瓦底江渡口，中国远征军在此丢弃约300辆卡车和众多弹药物资，仅有20多辆卡车得以渡河北撤。5月7日，松本联队渡过伊洛瓦底江，扫荡了残留在密支那的少数中国军队，在很短的时间里就完全占领该地。

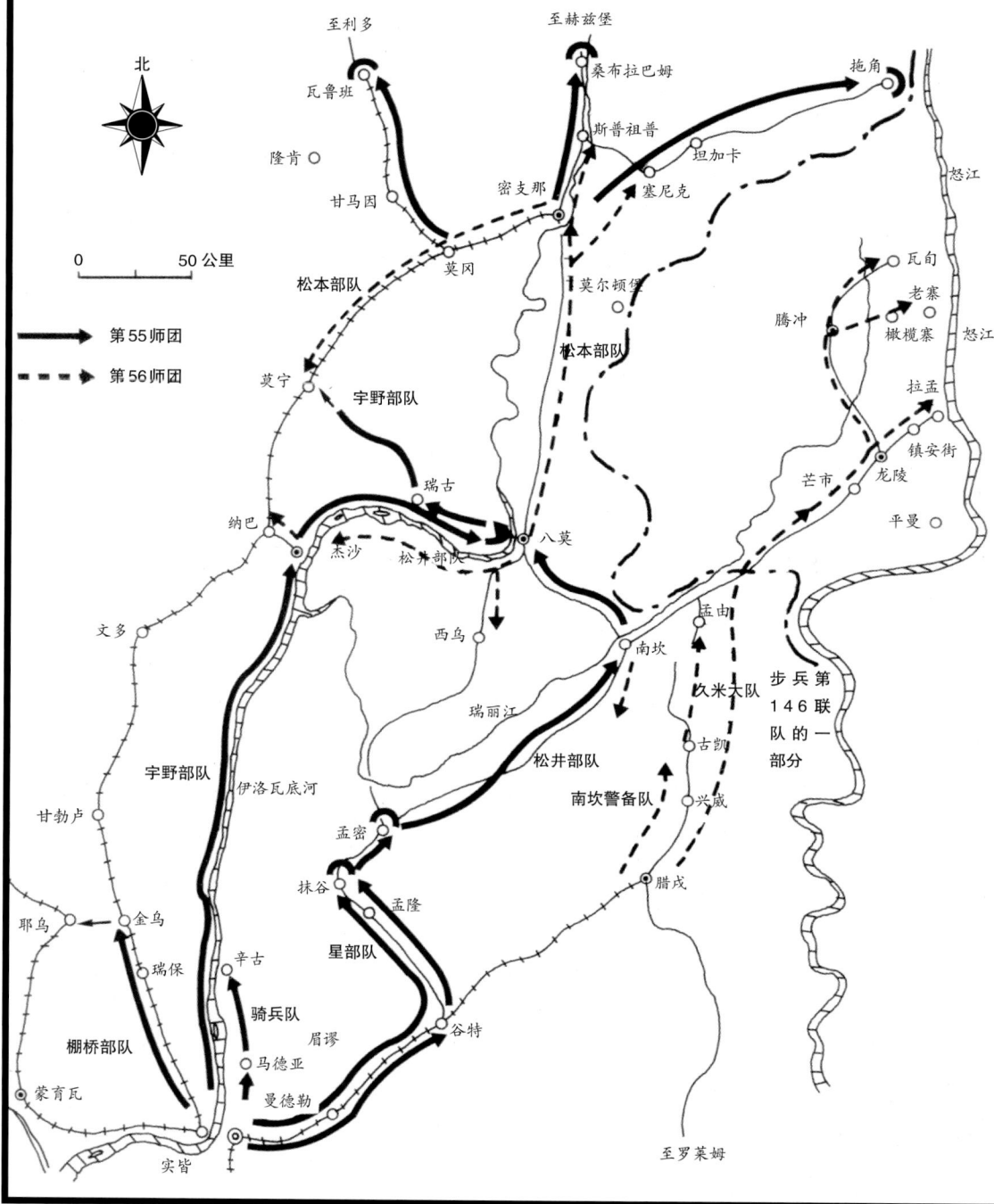

第55、56师团在缅甸北部的作战 1942年5月

南方进攻作战战地写真集

■ 图为在1942年2月的新加坡作战中，位于武吉知马高地附近的英军油库被炮火击中，燃起冲天大火。

■ 图为1942年2月新加坡沦陷后，日军部队在城内街道上耀武扬威地列队行进。

■ 1942年12月8日，就在日军奇袭珍珠港的同时，日军航空兵部队从台湾出发，对菲律宾的克拉克空军基地实施了远程空袭，一举摧毁了驻菲美军的航空力量，上图为日军飞机轰炸克拉克基地时拍摄的照片。

■ 上图是在马来作战中沿公路开进的日军汽车纵队，左图是在马来前线中碾过路障的日军九七式重型坦克。在马来亚、新加坡作战中，日军调动了较多数量的机械化装备，进行了一次日军战史上少有的机械化作战。

■ 在战争中深受荼毒的永远是普通民众，向来以残暴著称的日军更是四处制造人间惨剧，上图为遭到日军炮火屠戮的老弱妇孺。

■ 1941年12月，日军第14军登陆菲律宾北部，随后长驱直入，迅速占领了马尼拉，下图为正向马尼拉开进的日军坦克部队。

■ 1941年12月22日，日本第14军在菲律宾北部仁牙因湾登陆，开始进攻作战。上图为第14军司令官本间雅晴中将在副官的搀扶下登上海岸。

■ 1942年1月2日，日军未经战斗就占领了马尼拉。左图为日军进占后的马尼拉街景，图中悬挂的英文横幅意为"不设防城市"，美菲军主力放弃了马尼拉，退往巴丹半岛固守待援。

■ 上图是1942年5月初，最后坚守在科雷吉多尔岛的美菲军部队向日军投降，这标志着日军完全占领了菲律宾。

■ 上图为1942年初，一队在巴丹半岛被俘的美菲军士兵在日军士兵的押解下从开往前线的日军坦克旁边经过，巴丹半岛于4月初失守。

■ 1942年2月，日军在完成对马来亚、新加坡的占领后开始入侵缅甸，于3月8日攻占仰光，下图为日军在仰光市政厅前欢呼胜利。

■ 图为1942年3月仰光沦陷后，一支日军部队队列开进仰光城区。对于日军而言占领仰光只是缅甸战役的序幕，他们还要向北推进。

■ 上图为1942年3月进入仰光的日军部队，图中可见大量英军丢弃的车辆和物资。

■ 右中图为日本第15军司令官饭田祥二郎中将（右）与缅甸独立运动领袖巴莫在一起。

■ 下图为协助日军进攻英军的缅甸独立义勇军。

■1942年8月到1943年2月的瓜达尔卡纳尔岛争夺战是太平洋战争的转折性战役，日军在此战之后由攻转守，图为瓜岛海岸的航拍照片。

攻防的逆转

瓜岛反击的急先锋

步兵第28联队（隶属一木支队）

——瓜达尔卡纳尔岛攻防战，1942年8月

通称号：熊9208　成立地点：旭川　成立时间：1900年12月22日　作战时的联队长：一木清直

对夜战的盲目自信

1942年8月7日，美国海军陆战队第1师在所罗门群岛东南部的瓜达尔卡纳尔岛（以下简称瓜岛——编者注）登陆，占领岛上即将完工的日军机场，同时以一部兵力占领瓜岛北面的图拉吉岛。日军大本营仍乐观地判断美军在1943年中期之前不会发动正式的反攻作战，因此对于瓜岛作战最初并未给予太多关注，仅派出两个支队（一木支队和川口支队）增援进行莫尔兹比作战的第17军，以期夺回瓜岛和图拉吉岛。

奉命夺回瓜岛的一木支队以步兵第28联队的一个大队（4个步兵中队、1个机关枪中队、1个步兵炮小队）为基干，加强了联队炮、速射炮、独立速射炮各1个中队和1个工兵中队以及通信队，由第28联队长一木清直大佐指挥，虽然没有编入正式的炮兵单位，但并不缺乏重武器。一木支队原本的任务是登陆中途岛，由于1942年6月中途岛海战的失利，登陆作战取消，该支队随后滞留在关岛，正准备调回国内，恰逢瓜岛战役爆发，遂转用于所罗门前线，作为日军反攻瓜岛的先锋。

8月12日，一木支队在特鲁克岛编入第17军序列，两天后接到军司令部下达的作战命令："与海军协同，务必迅速夺回并确保瓜岛机场，在占领瓜岛一角后等待增援部队的到来，在此前编成

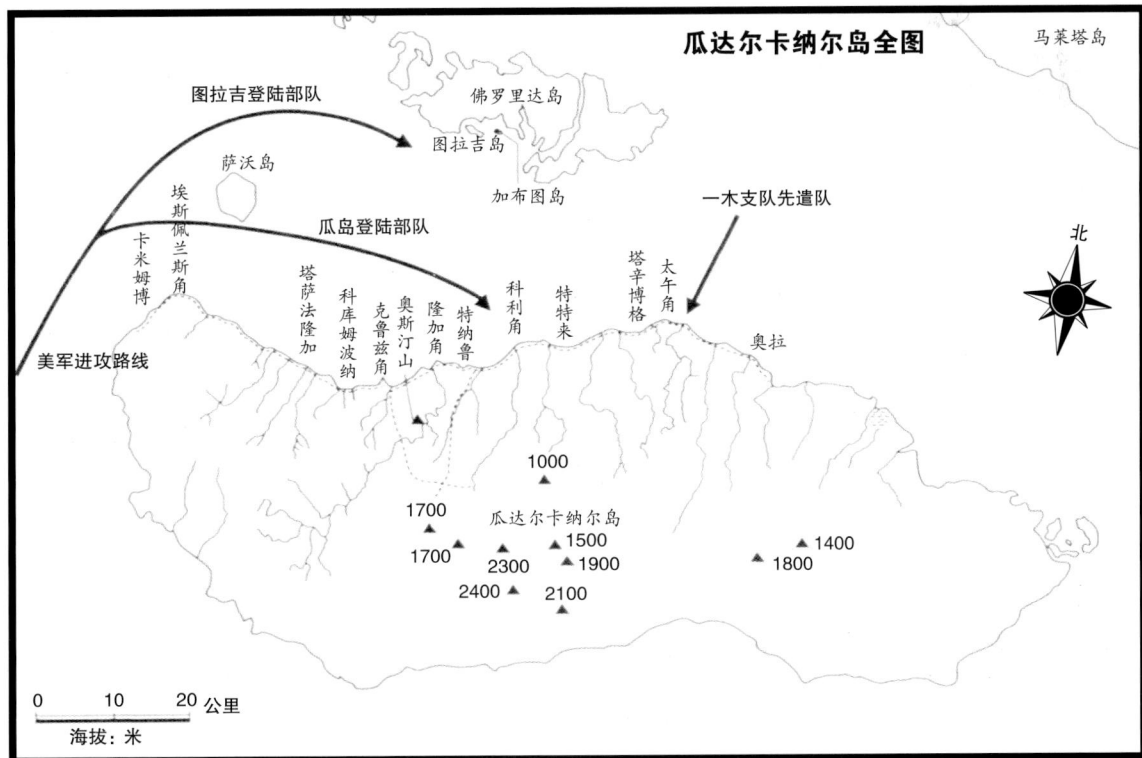

瓜达尔卡纳尔岛全图

先遣队（900人）分乘6艘驱逐舰进军瓜岛。"这道命令要求先遣队登陆后等待增援，但一木大佐向来骄狂，轻视美军的战斗力，决心登陆后率领先遣队先行发起攻击，夺回机场。

8月18日夜，一木支队的第一梯队（900人）在瓜岛太午角登陆。先遣队包括支队本部（163人）、第1大队本部（23人）、第1～4中队的大部（每个中队各105人）和1个工兵分队（50人），携带8挺重机枪和2门步兵炮。从编制构成看，支队各步兵中队的三分之一兵力、联队炮、速射炮、独立速射炮各1个中队和辎重队包括大多数重武器，都留在第二梯队登陆。

一木清直在登陆后决定不等待第二梯队到达就先行发起攻击。一木此前曾长期担任陆军步兵学校教官，又曾在中国战场作战，熟悉实战指挥，他认为凭借日本陆军擅长的夜袭近战战法能够轻松击溃平日养尊处优、意志薄弱的美军士兵。实际上，一木清直的想法不限于他本人，而是当时日本陆军中颇为普遍的观念，对于白刃冲锋的迷信在日军中是根深蒂固的，尤其是日军当时并没有掌握登陆美军的准确兵力，认为只是少量侦察部队，更加助长了一木大佐的狂妄情绪。

遭遇迎头痛击

一木支队先遣队登陆后立即向机场前进。8月19日下午，一木接到报告，先前派往伊鲁河的4个侦察小队与美军约1个连遭遇，发生交火，于是派出第1中队前往救援，但不久又得知侦察队全部战死。侦察小队的覆灭对一木支队来说是一个重大警告，但一木大佐仍然按照原计划继续前进，并在20日10时下达攻击命令："今日深夜行军、侦察、战斗一并进行，一举抢占第11设营队周围地区，而后攻击机场方向。""行军、侦察、战斗一并进行"高度浓缩了一木支队对敌情的判断和基本战斗方针，充满了轻狂冒进的味道。

20日18时，一木支队从雷贡出发，于20时到达泰纳鲁河边，然后向伊鲁河前进。22时30分，在距伊鲁河右岸约100米处，日军尖兵与美军前哨接触，在将美军逐退后尖兵到达伊鲁河右岸。一木清直在伊鲁河河口附近发现可渡河的沙洲，于是部署部分兵力从正面攻击，主力则从沙洲渡河实施迂回攻击。当时美军陆战队第1师在隆加河至伊鲁河之间的右翼配置了陆战第1团，在隆加河至克昆部落的左翼配置了陆战第5团，左右两翼阵地从海岸向南延伸至丛林地带边缘，一木支队攻击的是陆战

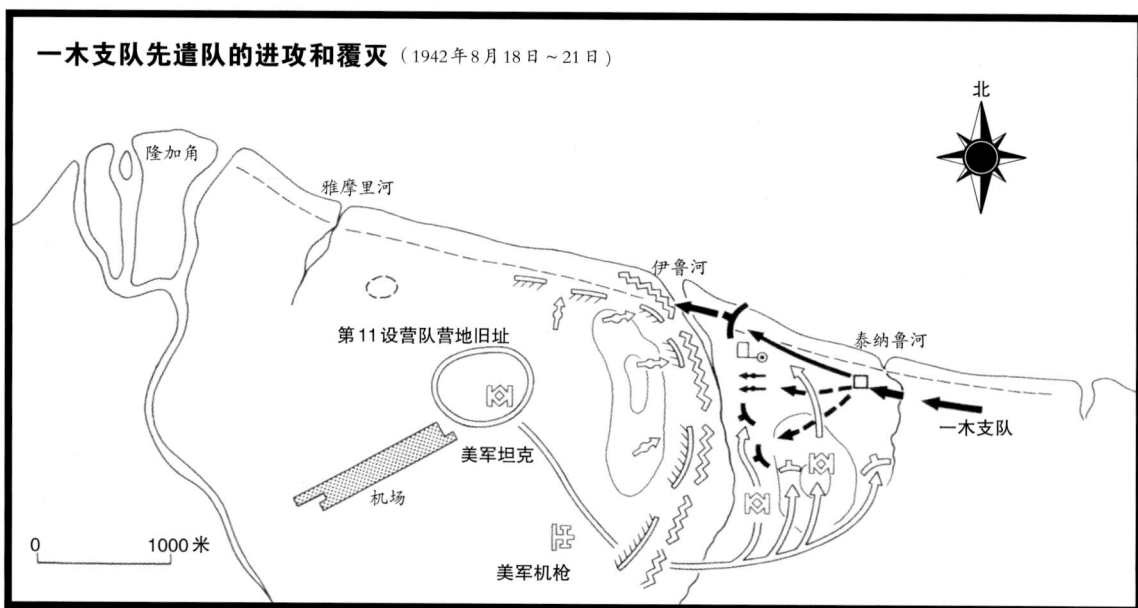

一木支队先遣队的进攻和覆灭（1942年8月18日～21日）

隆加角

雅摩里河

伊鲁河

泰纳鲁河

北

第11设营队营地旧址

美军坦克

机场

一木支队

0   1000米

美军机枪

第1团第2营的防御阵地。美军在主阵地前方设置了铁丝网和掩护阵地，布置了密集的交叉火力，并安排了多个观察哨监视日军的动向。在过去两周里美军一直在加固阵地，而手头缺乏重武器的一支木支队先遣队对此一无所知，迎头撞上美军的坚固防御阵地。美军桥头堡阵地的

■ 上图为沿瓜岛海岸行进的日军部队，一木支队于8月18日登岛。

弱点在其南侧正面，那里是覆盖着浓密雨林的丘陵地带，地形起伏不平，视界不良，虽然美军在此设立了警戒线，并设定了火炮封锁区域，但依然存在漏洞。后来，日军对于美军南侧防线的强度一直没有准确的判断，导致其攻击计划屡屡失败。无论如何，美军在8月中旬前全力巩固防御。

21日凌晨，一木支队主力开始突击，正准备越过沙洲时遭到美军从左前实施的猛烈射击，只有少数士兵越过铁丝网，大部分人都倒在沙洲上。一木清直派机关枪中队、步兵炮小队支援，但在美军有组织的火力网面前战况越发恶化。9时，

美军从一木支队的右侧后方开始反击。战至下午，美军投入坦克持续突击，日军陷入崩溃。15时，濒临绝境的一木支队长在烧毁军旗后自杀身亡。

自信满满的一木支队为自己的骄狂付出了代价，但先遣队的覆灭只是瓜岛决战的序幕。日军从这场战斗吸取了诸多教训，但并没将其真正运用于之后的作战中。一木支队战死777人，负伤约30人。数日后，第17军才得知这一惨况。8月29日，一木支队第二梯队登陆太午角，与第一梯队残部编为熊大队，由支队副官水野锐士少佐指挥，跟随后续增援的川口支队作战。

■ 上图为1942年8月21日战斗后美军拍摄的战场照片。海滩上有很多战死日军的尸体，一木支队先遣队遭美军反击后全军覆灭。

丛林地狱中的困境

步兵第124联队（隶属川口支队）

——瓜岛争夺战，1942年9月

通称号：烈8906　成立地点：福冈　成立时间：1937年9月　作战时的联队长：冈明之助

驰援瓜岛的川口支队

1941年12月，在金兰湾集结的第35旅团以步兵第124联队为基干组成川口支队，由旅团长川口清健少将指挥，在开战后脱离第18师团建制，参加进攻婆罗洲岛的作战，后来又转战宿务岛、棉兰老岛等菲律宾南部地区。川口支队虽然是以第35旅团为基础，但其编制内的步兵第114联队随师团主力开赴缅甸，只剩下步兵第124联队和旅团司令部而已，充其量只能算半个旅团。步兵第124联队由联队本部、3个步兵大队（各4个中队）、步兵炮、速射炮、机关枪各1个大队（各4个中队）和通信队等编成。步兵第124联队是在北九州组建的部队，素以精兵自诩，加上开战以来连战连捷，因此士气十分高涨。在美军登陆瓜岛后，川口支队自帕劳出发，前往增援所罗门前线。

1942年8月20日，川口支队在特鲁克集结，但在以何种运输方式登岛的问题上第17军司令部和川口支队长发生了意见分歧，前者主张以驱逐舰为主的高速舰艇运输部队，而川口少将认为驱逐舰无法运载重武器，主张乘坐运输船前往瓜岛，再由登陆艇转运上岛。由于运输方式的不同，川口支队分成两部分分别在美军占领的隆加地区两侧登陆。川口少将率领的支队主力（第124联队第1、3大队）和熊大队（一木支队残部）在美军阵地以东的太午角集结，由第124联队长冈明之助大佐率本联队第2大队在美军阵地西北集结。

川口支队长率部于8月31日在太午角登陆，并等待部队集结，他计划在9月7日向瓜岛机场外围实施攻击。9月4日，青叶支队（步兵第4联队）的第2大队也在太午角登陆。9月11日，青叶支队第3大队在瓜岛西北卡米姆博登陆，与冈明大佐的第124联队第2大队会合。

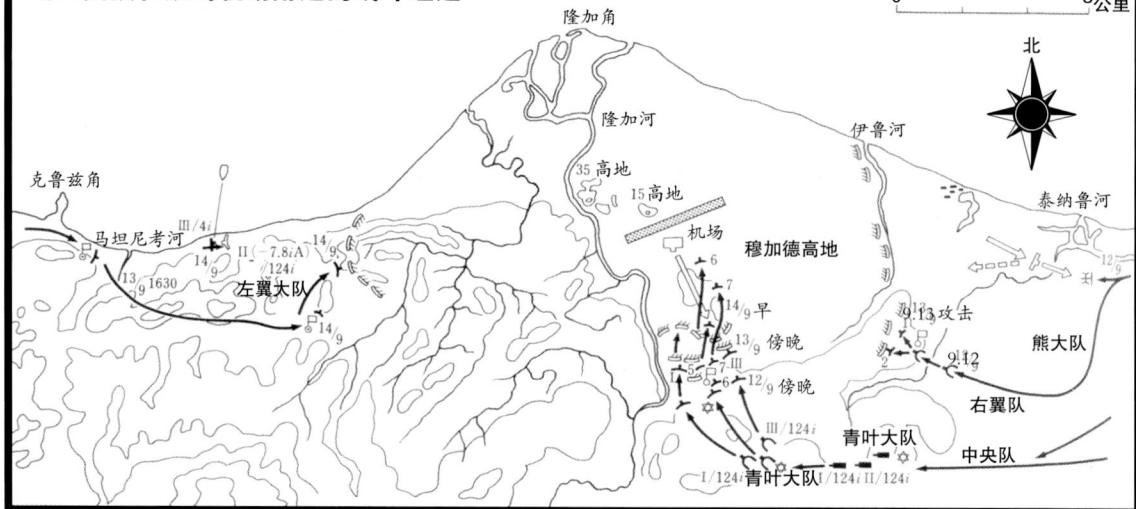

川口支队在瓜岛机场附近的战斗经过

■ 图为在1942年9月川口支队向机场实施第一次总攻击时，被美军炮火击毁的日军迫击炮。由于缺乏重武器，协同不利，日军攻击失败。

穆加德高地会战

　　川口支队长企图"以主力从美军背后攻击，趁美军混乱加之歼灭"，并将部队做如下部署。

　　右翼队：熊大队

　　中央队：第一线右翼　第124联队第3大队

　　　　　　第一线左翼　第124联队第1大队

　　　　　　第二线　青叶支队第2大队

　　左翼队：第124联队第2大队

　　川口支队长命令各部按照如下计划行动："10日凌晨迂回至南方密林地带，13日12时前完成攻击准备，18时开始攻击，19时一同展开夜袭，14日拂晓前击溃美军。"具体来说，熊大队从伊鲁河

河口以南攻击位于河流左岸的美军后方，中央队从机场以南2公里处夺取机场外围要点，左翼队沿海岸攻击机场西侧的桥梁。川口支队的计划从态势看极为有利，但是各部能否克服地形困难按时机动到位存在疑问，同时如何克制美军的火力优势也是个问题。此外，川口原计划在12日傍晚开始攻击，后来又改为13日傍晚，最后根据第17军的指示又恢复为12日傍晚。

　　要穿越人迹罕至的丛林地带，川口支队各部均要面临极大的困难，可以说该支队6000多名官兵在岛上遭遇的第一个敌人就是丛林，结果各部队抵达预定攻击发起位置时已经是13日黎明，原

定12日的夜袭已经不可能了，于是川口支队长决定9月13日发起进攻，在10时20分发布命令："第一线各队于20时展开夜袭，歼灭美军。"各部队根据命令着手进行攻击准备，按时发起进攻。

右翼队进入伊鲁河左岸地区，企图沿海岸突击，结果遭到美军火力阻击，攻击受挫，水野大队长战死。中央队右翼一线部队于13日天亮后遭到美军的猛烈炮击，第9、11中队长阵亡，夜袭也以失败告终。中央队左翼一线部队向穆加德高地西侧发起攻击，国生大队长亲自挥刀上阵，率部突破美军第一道防线，但在美军第二道防线前方遭到猛烈的炮火覆盖，国生大队长当场毙命，攻势瓦解，日军难以确保已经占领的阵地，被迫退入丛林。作为中央队二线部队的青叶支队第2大队也发起了攻击，突破穆加德高地美军主阵地的前沿，其中左翼第5中队突入美军二线阵地，后续跟进的第6中队甚至进至机场东南角，但就在此时接到支队长停止攻击的命令。左翼队的第124联

队第2大队在多拉高地以北与美军遭遇，虽然突入美军阵地一角，但随即遭遇猛烈炮火袭击，前进受阻。天亮后，左翼队也奉命撤退。从海岸方向展开攻击的青叶支队第3大队在马坦尼考河右岸2公里处遭美军猛烈射击，攻击受挫。

被第17军寄予厚望的川口支队向瓜岛机场实施的第一次总攻击最后以失败而告终。这次作战的失利充分暴露出日军重装备的缺乏，对于地形的错误判断，各攻击部队间的协同失调，兵力分散，而且由于缺乏准确的情报，日军对于美军的实力和防御部署没有明确的判断。实际上，上述这些缺陷不仅限于瓜岛战场，而是贯穿于整个太平洋战争。

之后，由于补给短缺，川口支队饱受饥饿的威胁，战斗力急剧下降。身在瓜岛的步兵第124联队在与美军战斗的同时，也在与饥饿对抗。蒙受重大损失的步兵第124联队于1943年2月撤离瓜岛，之后在拉包尔重组后编入第31师团，后被调往缅甸前线，参加了惨烈的英帕尔作战。

■ 图为瓜岛战役期间日军在密林中向前线运输补给品，在丧失制空权的情况下，岛上日军的补给遭遇极大困难，饥饿成为最大的敌人。

马坦尼考河生死斗

步兵第4联队（隶属第2师团）

——瓜岛攻防战，1942年10月

通称号： 勇1301　**成立地点：** 仙台　**成立时间：** 1875年9月9日拜授军旗　**作战时的联队长：** 中熊直正

美军的先发制人

一木支队惨败后，第17军将夺回瓜岛的希望置于川口支队肩上，不料该支队的反攻也以失败告终，其残部转移到马坦尼考河左岸地区。另一方面，以中熊直正大佐率领的步兵第4联队为主力的青叶支队也投入到瓜岛前线，支队主力于1942年10月上旬在瓜岛西北的卡米姆博湾登陆，先前归属川口支队指挥的第4联队第2、3大队也随之归建。

第17军决定于10月中旬增调第2师团主力登岛，实施更大规模的攻击。9月末，攻击计划制定完成，拟以第2师团主力从马坦尼考河正面突击机场。10月4日，第2师团长丸山政男中将下达命令："占领马坦尼考河右岸的重要线路，侦察敌情地形的同时为压制机场的炮击部队及主力炮兵部队的展开提供掩护。"10月6日，那须部队（由青叶支队改称，以步兵第4联队为基干，由那须弓雄少将指挥——编者注）又在马坦尼考河前线与川口支队的步兵第124联队完成换防。

10月7日午后，那须部队长命令中熊联队在8日拂晓前将战线推进到马坦尼考河右岸1公里处。但是，10月7日清晨，美军陆战队第1师在炮兵支援下，以5个营的兵力向马坦尼考河右岸地区发起进攻，步兵第4联队与美军展开激战。

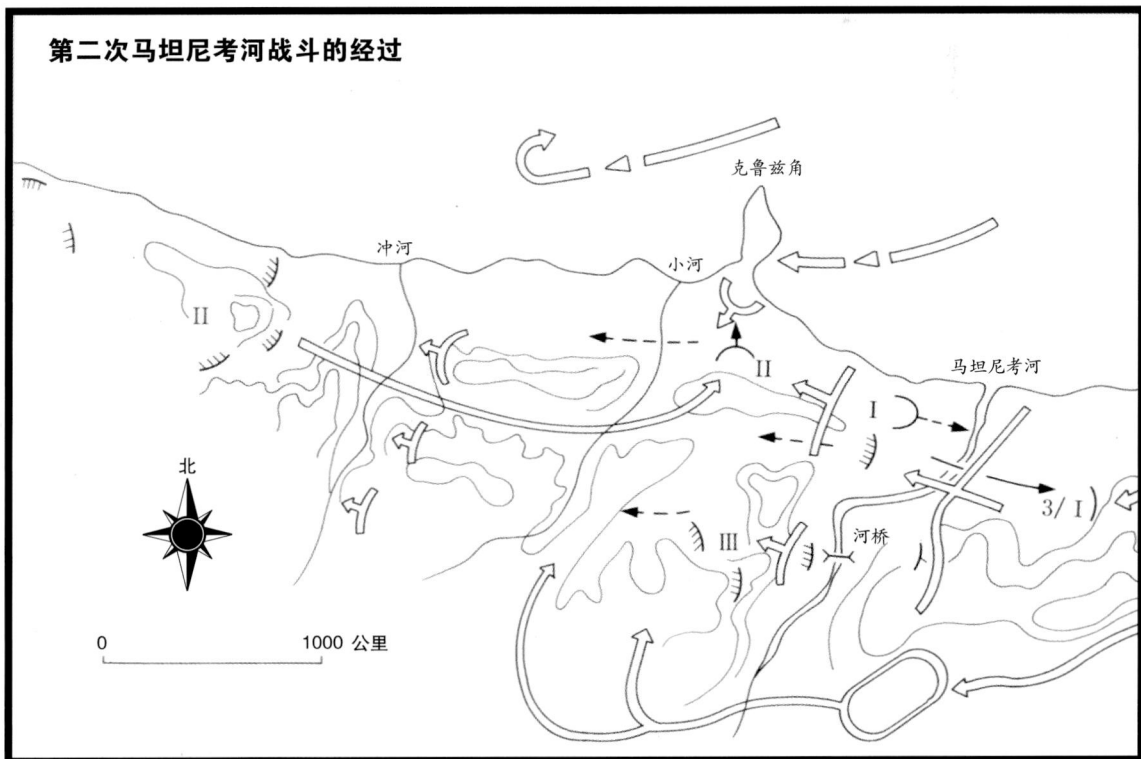

第二次马坦尼考河战斗的经过

这次攻击由陆战队第1师师长范德格里夫特中将直接指挥，意在粉碎日军攻击机场周边阵地的企图。

中熊联队长决意在8日夜间围剿美军，命第1大队固守阵地，第2大队从马坦尼考河上游河桥附近攻击美军左翼。命令下达1小时后，日军接

■ 图为从空中拍摄的马坦尼考河河口的照片，这条川流于密林中的河流是日美两军对垒的前沿，在河流两岸爆发了激烈的战斗。

到20艘美军登陆艇在克鲁兹角附近沿海岸航行的报告，第2大队转而向海岸开进警戒，但美军并未实施登陆，掉头返航了。在此期间，突降暴雨，第1大队在马坦尼考河两岸，随后赶到的第3大队在上游河桥附近都与美军发生了激烈交战，蒙受惨重伤亡。10月8日傍晚，美军一部在克鲁兹角登陆。中熊联队长再次命令第2大队展开反击。10月9日，美军全线推进，在克鲁兹角正面作战的第2大队侧后方暴露在危险之中。中熊联队长

命令第2大队向第1大队后方转移集结，但第1大队也抵挡不住美军的猛攻退至马坦尼考河左岸。就这样向来以善战著称的步兵第4联队不仅未能完成师团长的命令，反而丢失了马坦尼考河右岸地区的前沿阵地，这意味着日军失去预定进攻发起地域和炮兵展开地域，这对计划在马坦尼考河正面发动的攻势的第17军造成了很大影响。在围绕马坦尼考河的激战中，步兵第4联队战死159人，负伤138人。

■ 图为马坦尼考河河口东岸的日军坦克残骸。这些坦克属于日军第2师团的坦克分队，它们是在10月23日的战斗中被美军击毁的。

粮弹两缺的持久战

步兵第16联队（隶属第2师团）

——瓜岛争夺战，1942年10月

通称号：勇1302 **成立地点**：新发田 **成立时间**：1883年8月15日 **作战时的联队长**：堺吉嗣

联队长殒命阵前

1942年10月下旬，第2师团对亨德森机场发动孤注一掷的夜袭以失败收场。步兵第16联队在这次夜袭中作为左翼攻击队的后续部队突入美军阵地一角，但遭受重大伤亡，攻击受挫，联队长广安寿郎大佐也在这场战斗中被打死，由堺吉嗣大佐接任。第2师团放弃了总攻击，命师团主力在马坦尼考河上游附近集结，接着转移到马坦尼考河西岸地区待命。步兵第16联队残部忍饥挨饿，沿着泥泞的道路穿过密林撤退，于11月10日在怀特河东岸地区集结。

此时，掌握战场主动权的美军开始沿着海岸向日军正面展开攻势。步兵第16联队编入第38师团伊东武夫少将指挥的伊东部队，奉命阻击美军攻势。但是，美军从11月12日开始撤退，于13日退回到马坦尼考河一线，步兵第16联队立即将前沿推进到克鲁兹角以南地区。

12月3日，第17军命令第2师团返回一线阵地，配置在第38师团左翼。与此同时，步兵第16联队脱离伊东部队，与步兵第4联队一起回归第2师团建制，但配置地点不变。

到1942年年底，瓜岛日军的补给已经极端困

多弗河附近的战斗经过

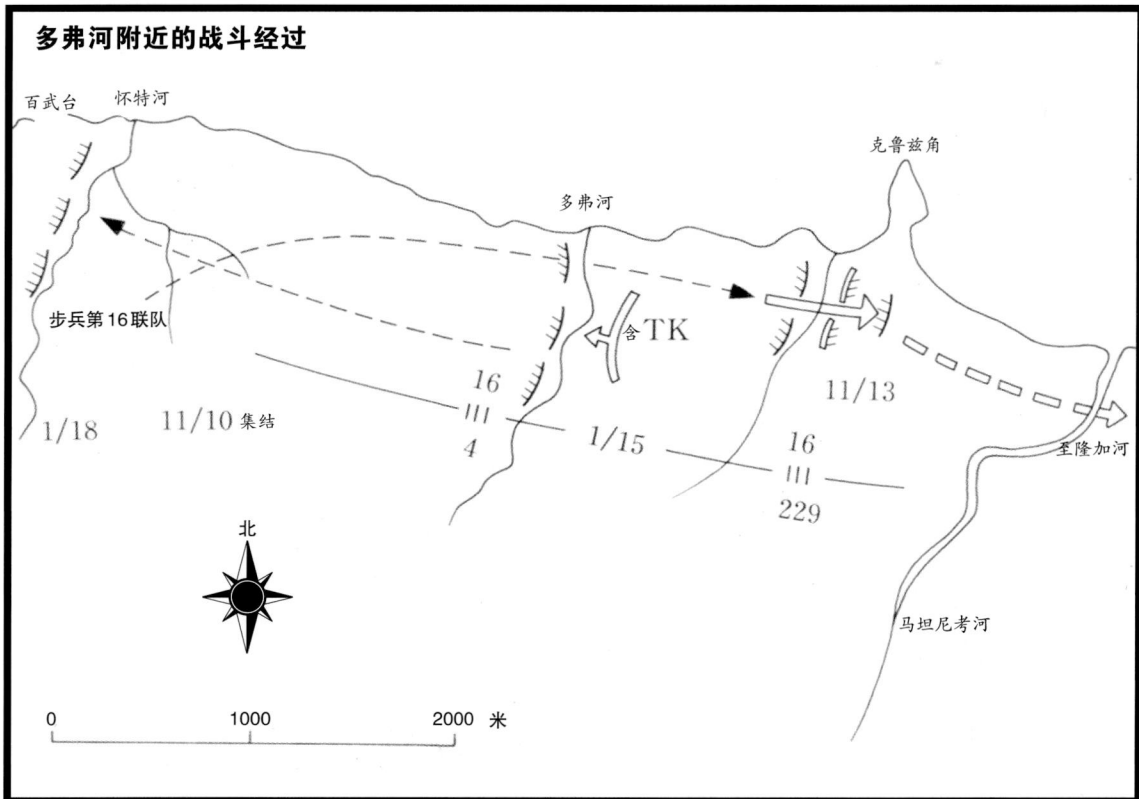

■ 上图为设在瓜岛密林中的日本第17军司令部。在瓜岛战役高潮阶段，第17军司令官百武晴吉中将亲自上岛指挥，但也未能最终挽回败局，日军于1943年2月被迫撤离瓜岛。

难，口粮配给只有定量的十分之一，一线部队的粮食补给完全中断。此时，步兵第16联队包含军官在内还有600余人，勉强能够编成一个大队，即使活着的人中还有一半以上还忍受着疟疾的折磨，联队配备的重火器也损失过半。与此同时，瓜岛美军已经增兵至3个师50000余人，补给充足，与日军形成鲜明对比。

1942年12月上旬，美军不时向日军发动试探性进攻，但从1943年1月开始转入正式的反攻。1月15日，美军坦克在步兵第16联队正面发起攻击，攻入部分阵地。缺乏反坦克武器的日军士兵只能躲在战壕里等待美军步兵靠近后才用轻武器进行射击。由于饥饿、疾病和过度疲劳，再加上兵力不足，步兵第16联队的战斗力已经极为虚弱。丸山师团长意识到这样下去整个师团将陷于覆灭，遂令师团向西撤退。美军并不急于追击，日军才得以从容后撤，在1月18日早晨退到百武台主阵地的步兵第16联队仅剩80人。

1942年12月31日，日军大本营最后决定从瓜岛撤军，但是步兵第16联队直到1943年1月19日才得知撤退的消息，并接到命令于23日日落后从百武台阵地撤出，这意味该联队要以疲敝之师在

22日顶住美军一整天，这是不可能完成的任务。师团参谋深知步兵第16联队已是山穷水尽，于是向上级申请，该联队才在千钧一发之际成功撤离，于2月4日作为师团第二批撤退部队离开了瓜岛。至此，步兵第16联队在瓜岛战斗了4个多月。

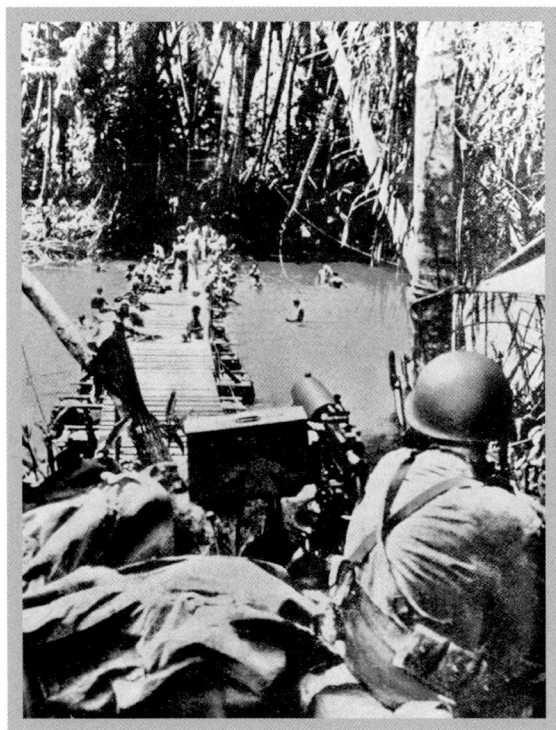

■ 上图为在瓜岛与日军对峙的美军部队在河流中修建桥梁，到1942年底美军已经增兵至5万人。

赌命的夜袭总攻击

步兵第29联队（隶属第2师团）

——瓜岛争夺战，1942年10月

通称号： 勇1308　**成立地点：** 会津若松　**成立时间：** 1898年3月24日　**作战时的联队长：** 古宫正次郎

雨夜中的总攻

在川口支队的攻击失败后，夺回瓜岛的希望就寄托在第2师团的身上，该师团主力于9月下旬到10月上旬分批登岛。鉴于一木支队、川口支队的教训，第2师团最初计划采取正面强攻，但是师团及下属各部在前往瓜岛途中遭遇美军空袭，蒙受相当损失，最后还是采用与川口支队相同的迂回战法。

按照攻击计划，第2师团将部队分为左右两翼及预备队三部分，每部分均以一个步兵联队为基干。攻击部队经奥斯丁山南麓迂回到隆加河上游地区，然后以日军传统的夜袭战术向亨德森机场发起攻击。在总攻中担任左翼攻击队主力的步兵第29联队于10月6日登岛，11日在科库姆波纳加入由那须弓雄少将指挥的左翼攻击队。第2师团最初定于10月22日开始攻击，后来改为10月24日。日军各部队开始穿越人迹罕至的丛林地带，向机场南侧迂回前进，其过程十分艰难。步兵第29联队忍受常人无法想象的饥饿和困苦，终于在24日下午抵达穆加德高地南侧，随后接到命令于"17时开始突击"，于是又冒着突降的暴雨继续向美军防线前沿推进。

但是，雷电交加的暴雨直到夜幕降临也没有停歇，能见度的降低导致密林中的日军难以辨

别方向，队形混乱，不得不变更攻击部署。步兵第29联队将第1大队配置在右翼第一线，第3大队配置在左翼第一线，并将进攻重点置于第3大队正面。22时30分，第3大队的尖兵中队与美军接触，中队长带头发起冲锋，但占据有利地形的美军以交叉火力和炮火覆盖挫败了日军的进攻。随后跟进的第9中队也遭到前所未有的防御火力，全队溃散。

第二次总攻击的失败

古宫联队长看到第一线的突击受挫，决定利用火力支援再次发起突击。10月25日凌晨4时，古宫联队长亲率第3机关枪中队和作为预备队的第7中队杀入美军阵地，但是突击部队同样被美军炽烈的火力打散，联队长本人以及联队军旗均

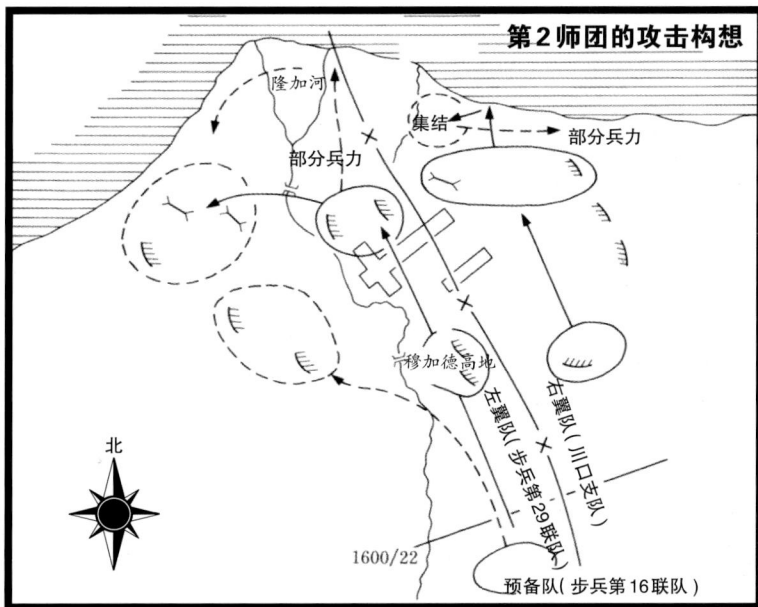

第2师团的攻击构想

隆加河

集结

部分兵力

部分兵力

穆加德高地

左翼队（步兵第29联队）

右翼队（川口支队）

北

1600/22

预备队（步兵第16联队）

在混战中下落不明，于是在日后产生了有关军旗遗失的问题。另一方面，右翼第一线的第1大队在暴雨中迷失了方向，进军路线向右侧严重偏离，在听到枪炮声后才得知第3大队已经发起攻击，急忙向前推进，不料遭到美军攻击而蒙受巨大损失，最终未能形成有效突击。第2师团的第一次夜袭惨淡收场。

10月25日，新抵达的步兵第6联队加强到师团的左翼，并在夜间发动了第二次夜袭，但是遭到了比前夜更为猛烈的防御火力，攻击再次失败。10月26日6时30分，丸山师团长下令停止攻击，以重整阵势。步兵第29联队在两天的战斗中战死552人，负伤479人，已经无力继续进攻。

此后，第2师团开始艰难的撤退。步兵第29联队继续在瓜岛坚持作战，直到1943年2月4日才撤离。

太平洋战争初期的美军战区划分

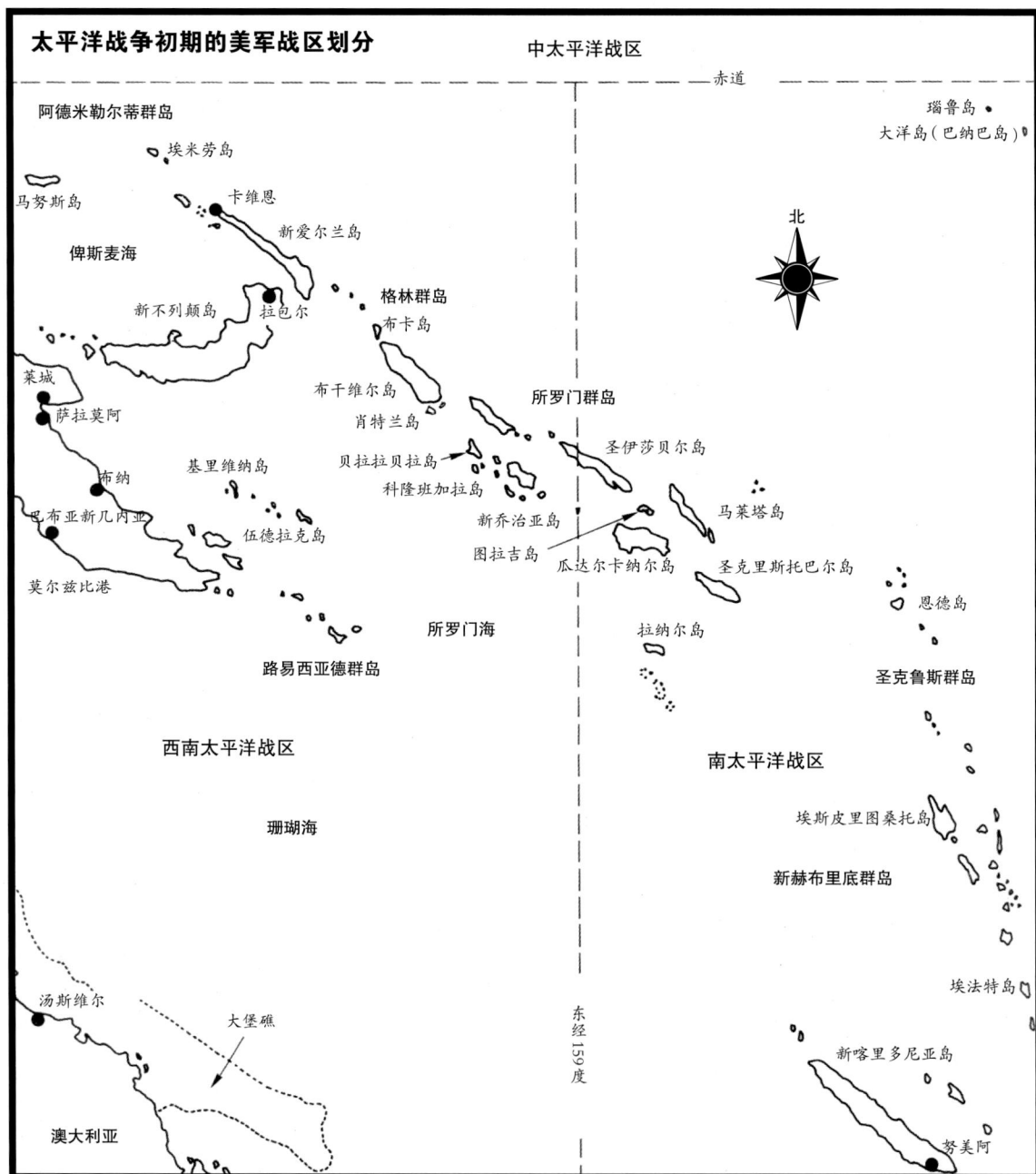

中太平洋战区

赤道

瑙鲁岛

大洋岛（巴纳巴岛）

阿德米勒尔蒂群岛

埃米劳岛

马努斯岛

卡维恩

新爱尔兰岛

俾斯麦海

北

格林群岛

拉包尔

布卡岛

新不列颠岛

布干维尔岛

所罗门群岛

莱城

肖特兰岛

圣伊莎贝尔岛

萨拉莫阿

贝拉拉贝拉岛

布纳

基里维纳岛

科隆班加拉岛

马莱塔岛

巴布亚新几内亚

新乔治亚岛

圣克里斯托巴尔岛

伍德拉克岛

图拉吉岛

莫尔兹比港

瓜达尔卡纳尔岛

恩德岛

拉纳尔岛

所罗门海

路易西亚德群岛

圣克鲁斯群岛

西南太平洋战区

南太平洋战区

珊瑚海

埃斯皮里图桑托岛

新赫布里底群岛

汤斯维尔

大堡礁

东经159度

埃法特岛

新喀里多尼亚岛

努美阿

澳大利亚

向着莫尔兹比挺进

步兵第144联队（隶属南海支队）

——莫尔兹比港作战，1942年8月

通称号：壮8417　**成立地点：**高知　**成立时间：**1940年9月27日　**作战时的联队长：**楠濑正雄

从 FS 作战到 MO 作战

在太平洋战争开战之初，以步兵第144联队为基干的南海支队在堀井富太郎少将指挥下与海军协同占领了关岛，接着于1942年1月末占领新不列颠岛的拉包尔。之后，南海支队又接到登陆新几内亚东部的任务，攻占莱城、萨拉莫阿，如果可能还将占领莫尔兹比港。为此，南海支队在拉包尔着手进行作战准备。3月上旬，堀江正少佐指挥的步兵第144联队第2大队与海军陆战队合力占领了莱城和萨拉莫阿。5月4日，南海支队主力从海路向莫尔兹比港开进，但由于在5月7、8日爆发的珊瑚海海战中日军未能获胜，作战中止，

南海支队折返拉包尔。

另一方面，在战争第一阶段攻占南方资源要地的目标基本达成后，日军大本营为了孤立澳大利亚，企图截断美澳之间的联系。简而言之，就是攻占夏威夷和澳大利亚之间的新喀里多尼亚、斐济和萨摩亚，切断美澳间的海空交通线，此项行动被称为 FS 作战。5月18日，日本陆军编成由百武晴吉中将任司令官的第17军，负责执行 FS 作战，南海支队和青叶支队一同编入该军序列。然而，日本海军在6月5日的中途岛海战中惨败，大本营决定将 FS 作战推迟两个月，同时制定了由陆路攻占莫尔兹比港的计划。原本在 FS 作战

■ 莫尔兹比是新几内亚东部的重要港口，是澳大利亚北部的防御前哨。图为盟军部署在莫尔兹比港附近的高射炮阵地。

中负责攻占新喀里多尼亚的南海支队再度奉命执行进攻莫尔兹比港的任务，称之为 MO 作战。

南海支队从一开始就对从陆路攻占莫尔兹比港的补给问题表示担忧，但是第 17 军根据大本营的要求下令研究陆路作战，并向南海支队下达了执行 MO 作战的命令。此次作战需要翻越新几内亚岛中部海拔 3000 米的欧文·斯坦利山脉，直抵莫尔兹比城下，全程约 360 公里，沿途地形险峻，丛林密布。从 1942 年 7 月到 1943 年 5 月，步兵第 144 联队就在新几内亚东部进行了一场从进攻到退却直至死守的漫长作战。

沿着丛林小道进退

MO 作战以南海支队派横山先遣队登陆揭幕，横山先遣队包括横山与助大佐指挥的独立工兵第 15 联队和步兵第 144 联队第 1 大队。7 月 21 日，横山先遣队在东新几内亚北岸的戈纳登陆，然后向莫尔兹比港前进，在 8 月 10 日两次击退了澳军 1 个营的反击，占领了科科达，接着又驱逐了驻守奇拉、德尼基的澳军，于 23 日接近伊苏拉瓦的澳军阵地，当地驻有澳军 1 个营又 2 个连，另外还有 1 个旅正在增援的路上。莫尔兹比守军以 3 个步兵旅为基干，约 22000 人，盟军还计划增兵 1 个师又 1 个旅。8 月 7 日，美军在瓜岛登陆，面对战局变化，日军仍执意按照既定计划实施 MO 作战。

8 月 19 日，南海支队主力在巴萨布阿登陆，于 24 日抵达科科达，两天后步兵第 41 联队也到达该地。堀井支队长解除了先遣队的任务，命令步兵第 144 联队向科科达至伊苏拉瓦一线发起进攻，该联队第 2 大队向澳军右侧后方迂回。面对日军的猛烈攻击，澳军 4 个营顽强抵抗了一周时间，直到 8 月 31 日，日军才通过手榴弹肉搏最后攻占

布纳 – 科科达 – 莫尔兹比港沿线的重要地点

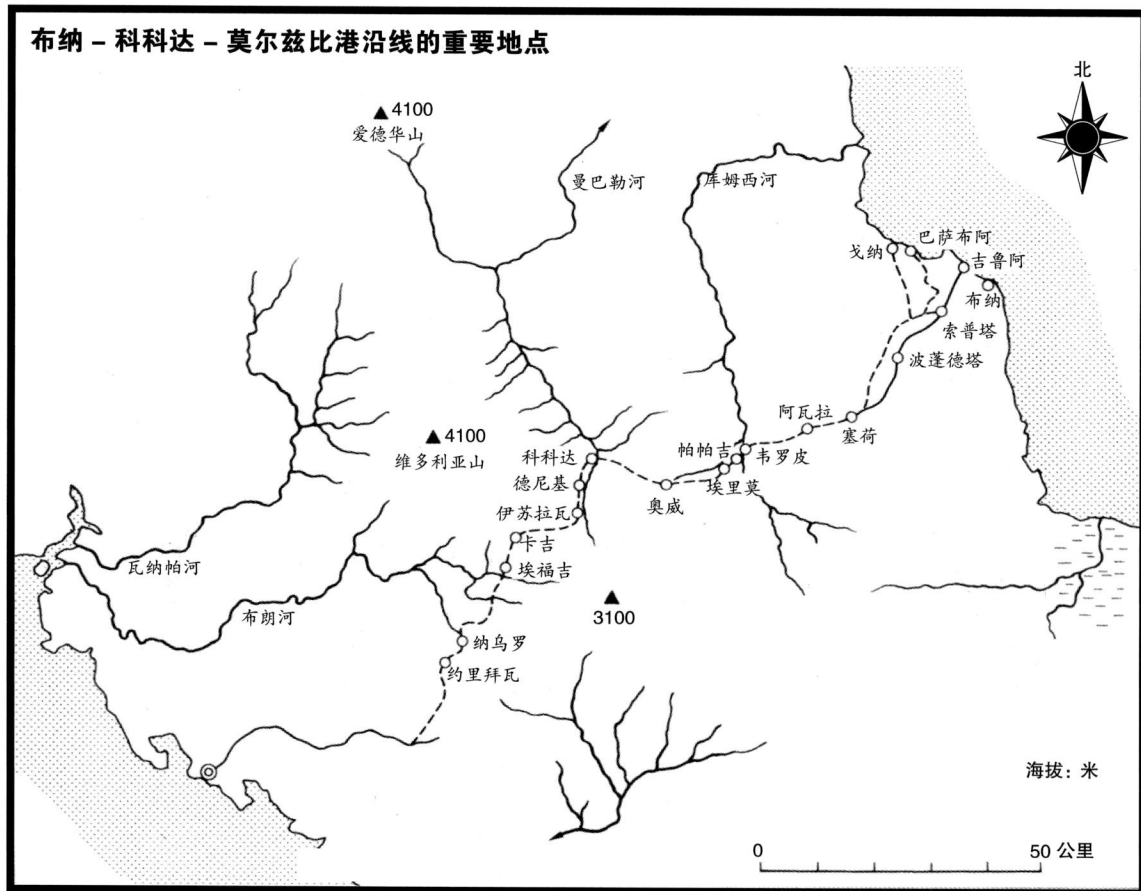

■ 图为从空中俯瞰莫尔兹比港。在1942年9月中旬日军南海支队进至距离莫尔兹比仅50公里处后，战局变化而撤退。

了伊苏拉瓦，这是日本陆军在南太平洋前线首次遭遇野战攻坚，在战斗中步兵第144联队因为死伤和疾病损失了三分之一的兵力。此后，步兵第144联队和步兵第41联队交替追击澳军，一面驱逐伊欧拉、卡吉等地的守军，一面继续前进。9月7日，步兵第144联队攻击了埃福吉以南的澳军阵地，达成突破后逼近约里拜瓦，尽管澳军在此地部署了2个旅又5个营设防，但第144联队从13日至16日傍晚苦战三天，占领了约里拜瓦。此时，日军官兵已经可以从山顶俯瞰莫尔兹比港，步兵第144联队距离目标仅有50公里。

就在此时，负责所罗门和东新几内亚作战的第17军因为两次瓜岛反击行动均告失败，在兵力和补给上无法继续维持两方面的攻势，决定倾注全力夺回瓜岛，暂停对莫尔兹比的进攻。9月23日，第17军命令南海支队撤退，确保伊苏拉瓦作为再次进攻的出击据点，同时在布纳、吉鲁阿等地构建防御阵地。9月24日，步兵第144联队以第3大队为后卫，以第2大队占领山脊附近的阵地，开

始了艰难的撤退。当时，一线部队早已断粮，伤病满营，战斗力虚弱。南海支队主力于10月4日在科科达集结，但第2大队仍在山脊上与追击的澳军激战。15日，第1大队前往增援，22日，第3大队也投入了阻击战，残酷的拉锯战一直持续到28日。从恰普后撤的步兵第144联队经由伊苏拉瓦、德尼基在科科达集结。

从1943年1月上旬开始，盟军在新几内亚东部大举反攻，南海支队残部收缩防线于靠近海岸的布纳、巴萨布亚、吉鲁阿等地负隅顽抗。面对攻势强大的盟军，步兵第144联队进行了惨烈的防御战，甚至出现了伤病员集体自杀的惨剧。在此期间，接替楠濑大佐担任步兵第144联队长的山本重省大佐在布纳战死，由吉田章雄大佐接任。1943年3月，日军阵地接连失守，南海支队残部在曼巴勒集结，后于5月5日撤回拉包尔。根据《步兵第144联队战记》记载，该联队从日本出发时有3500人，在作战期间补充了1150人，合计4650人，其中3264人命丧新几内亚，生还1386人。

在莱城前线的挫败

步兵第66联队（隶属第51师团）

——莱城、萨拉莫阿战役，1943年7月～9月

通称号：基2802　成立地点：宇都宫　成立时间：1908年5月8日　作战时的联队长：荒木胜利

坚守东新几内亚

1943年年初，日军从瓜岛撤退后，为了阻止盟军后续发动的反攻，由安达二十三中将指挥的第18军决定以第20、40、51师团确保新几内亚东部北岸的要点。第20、40师团成功抵达前线，但中野英光中将的第51师团主力在3月中旬经丹皮尔海峡海运莱城途中遭遇美军空袭，损失惨重。战斗力剧减的第51师团收容由布纳、瓦乌两地撤退的日军部队进行重整，负责确保莱城和萨拉莫阿。5月底，步兵第66联队抵达莱城，进而从陆路行军至萨拉莫阿，加入第51师团，于6月下旬在木博附近击溃接近的澳军部队。

6月底，美军1个团在萨拉莫阿南侧的拿骚湾登陆。第51师团在兵力和补给均不足的状况下，在博杜比、木博、拿骚三个方向迎击美军。受到美军登陆的鼓舞，澳军也积极发动攻势，向日军施加压力。7月下旬，步兵第66联队第1、2、3大队分别在博杜比、科妙屯、波伊希与盟军展开激

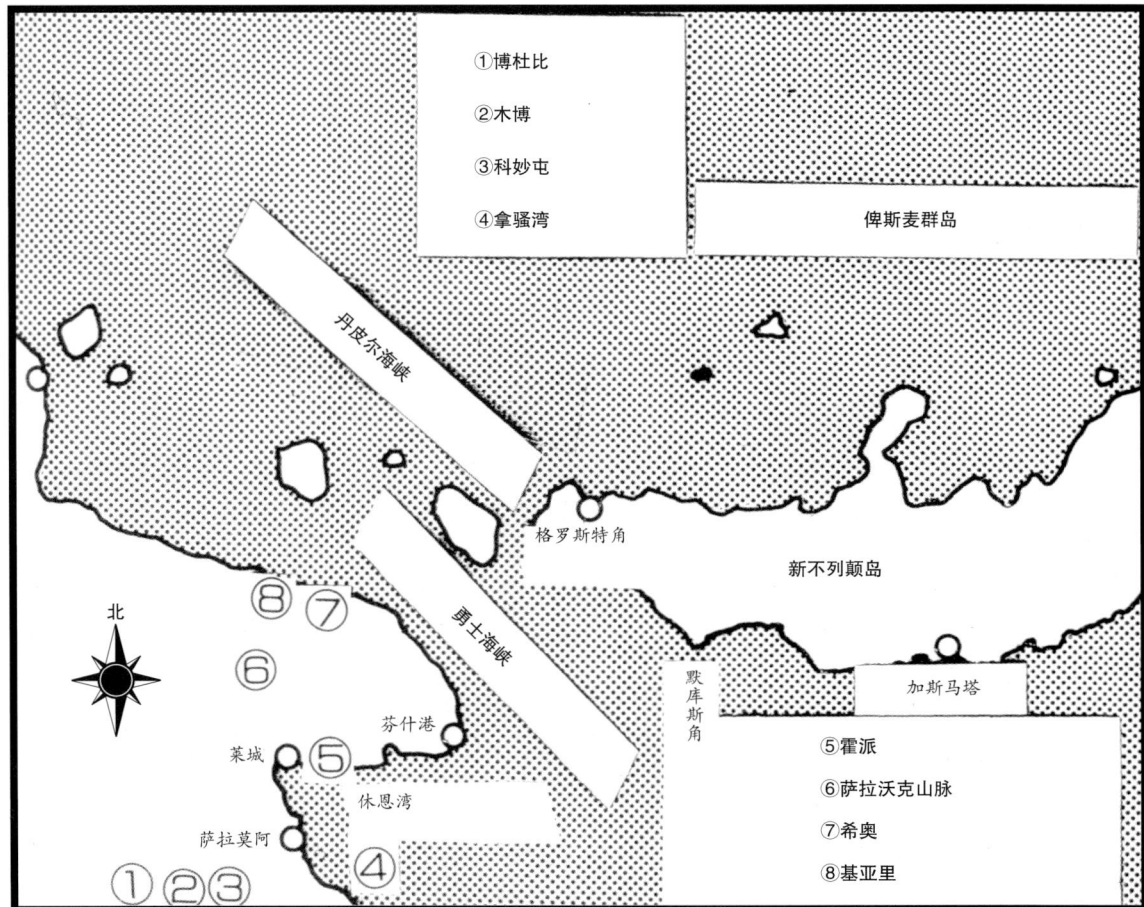

①博杜比
②木博
③科妙屯
④拿骚湾

俾斯麦群岛

丹皮尔海峡

格罗斯特角

新不列颠岛

勇士海峡

北

默库斯角

加斯马塔

芬什港

莱城

休恩湾

萨拉莫阿

⑤霍派
⑥萨拉沃克山脉
⑦希奥
⑧基亚里

烈的攻防战。8月中旬，由于盟军攻势猛烈，步兵第66联队各大队被迫从当面阵地撤退，向萨拉莫阿收缩防线，并对部队进行了重组，担负萨拉莫阿核心阵地左翼的防御任务，顽强抵抗盟军的进攻。

9月4日，澳军第9师在莱城以西40公里的霍波伊登陆，澳军第7师在莱城西北约30公里的纳扎布附近空降，直接威胁到莱城的侧后，使得第51师团陷入腹

■ 图为1943年8月在萨拉莫阿前线与日军作战的澳军部队。

背受敌的困境。中野师团长最初决心要在萨拉莫阿坚守到底，由于战局恶化，他不得已根据第23军的命令放弃萨拉莫阿，率部向莱城撤退。为之后的转移做准备。9月14日，第51师团各部奇迹般地从萨拉莫阿撤退。就在日军向莱城集结之际，澳军对莱城的攻势也日趋猛烈，当地日军守备队已经近乎绝望，只有等待最后时刻的到来。

眼看莱城行将不保，第51师团再次接到从莱城撤退的命令，中野师团长命主力越过萨拉沃克山脉前往基亚里，这就是著名的萨拉沃克山翻越

行动。9月14日，步兵第66联队作为师团的第二梯队开始向海拔4500米的高山前进，经过26天的艰难跋涉，于10月10日抵达基亚里，全程约400公里，抵达目的地时，第66联队仅剩联队长以下500余名官兵。

12月上旬，步兵第66联队以第3大队为基干编成混成大队，作为师团直属部队，随主力转移到帕劳重整。在恢复战斗力后，步兵第66联队于1944年2月再次开赴新几内亚前线，在艾塔佩迎战美澳联军。

■ 图为1943年9月澳军部队开进莱城。这座城市在经历了残酷的战斗后几乎被夷为平地。

海陆夹击下的苦战

步兵第78联队（隶属中井支队）

——莱城撤退作战，1943年9月～1944年3月

通称号：朝2053　成立地点：龙山　成立时间：1916年4月18日　作战时的联队长：松本松次郎

中井支队的转战

1943年9月，为了掩护第51师团从莱城撤退，步兵第78联队作为中井支队的主力在卡亚皮特与澳军展开激战，将澳军牵制在马卡姆河谷一带。随后，第78联队在10月到12月间转战菲尼斯特雷岭一线，先后在斯利纳姆·古伦博和科塞瓦与进攻的澳军交战，护卫第18军的侧后，并在科塞瓦击退了澳军，这是日军在南太平洋前线少见的捷报。

1944年1月2日，美军1个团在赛多尔附近登陆，恰如在防守新几内亚东部北岸的第18军战线中央打入了一个楔子。1月13日，迫于战局不利，第18军下令部队实施转移作战，其要点有二：一是中野集团（以第20、51师团为基干）向马当转移，二是中井支队负责在中野集团转移时进行掩护和收容。当时，第18军的第20师团正陆续在希奥附近集结，中井支队在拉穆河上游与从纳扎布来袭的澳军对峙，第41师团正准备前往马当集结。

顺利完成掩护任务

以步兵第78联队的2个大队为基干的中井支队在赛多尔以西海岸地区担负中野集团转移时的掩护任务。中井支队决定派主力进驻比利亚乌、阿萨，其余兵力占领敏迪里、埃里马之间的海岸要点，以迎击美军的登陆。1月17日，支队司令

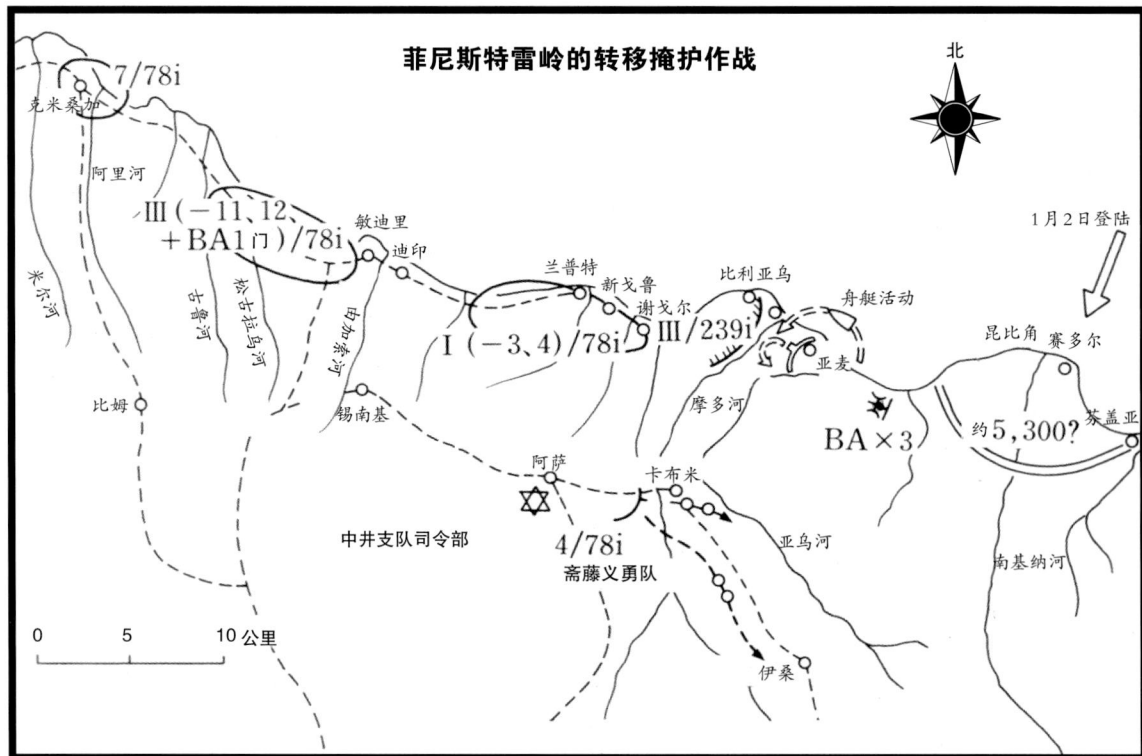

菲尼斯特雷岭的转移掩护作战

部推进到阿萨，为中野集团占领转移途中的收容阵地，同时还对集团移转路线进行侦察，做好引导联络的准备以及屯集物资。中野集团从1月23日开始分为甲、乙两路转移，大概于2月中旬前抵达新的集结地域。在此期间，中井支队为了集团转移的顺利进行，将收容阵地推进到阿萨以西7公里的卡布米、辛达马，并击退了驻守上述两地的美军。2月下旬，中井支队在埃里马集结。

另一方面，在中井支队转移后，由步兵第78联队长松本大佐率领的松本支队派出半个大队的兵力继续在菲尼斯特雷岭一线进行后卫作战。他们要面对的是从纳扎布方向而来的澳军第7师。澳军2个旅在空军和炮兵支援下对松本支队的阵地发起猛攻，日军以顽强的战斗迟滞了澳军的进攻，使得第18军的转移行动顺利进行。在战斗中，日军官兵利用地形与澳军展开近身战斗，使得澳军的空地火力优势无从发挥。3月2日，松本支队在第41师团之后奉命转移。

■ 上图为遭到盟军轰炸的莱城日军机场。盟军完全掌握了制空权。

■ 下图为1944年1月在莱城西北赛多尔海岸登陆的美军部队。

在恶战中折损过半

步兵第237联队（隶属第41师团）

——艾塔佩之战，1944年7月~8月

通称号：河3564　成立地点：水户　成立时间：1939年9月13日　作战时的联队长：奈良正彦

霍兰迪亚之争

在日军大本营确定"绝对国防圈"之后，孤立在新几内亚的第18军从1944年4月开始以霍兰迪亚为中心重新构建防御阵地。但是，由于汗萨、韦瓦克之间的塞皮克沼泽的阻拦，第18军向西转移阵地的行动进展迟缓。

1944年4月22日，美军在艾塔佩、霍兰迪亚两地登陆。第18军立即做出反应，制定了"猛号"作战计划，以主力部队攻击艾塔佩，然后夺回霍兰迪亚，攻击时间预定于6月中旬。真野五郎中将指挥的第41师团派出步兵第237联队由韦瓦克向东进至马当，然后转向西运动，前往汗萨集结。由于美军登陆，第41师团再次奉命进驻韦瓦克，

在饱尝艰辛的行军后于5月下旬终于到达韦瓦克。

艾塔佩作战的主战场是位于艾塔佩以东30公里的杰纽穆尔河沿岸地区。当时，艾塔佩登陆场的美军部队已经增强到2个师又2个团，而杰纽穆尔河并非其主阵地，而是前沿掩护阵地。根据日军作战计划，第41师团被置于进攻正面的右翼，而步兵第237联队作为一线部队于7月10日夜间进入出发阵地，将第1、2、3大队纵向配置，依次发起攻击，冒着美军的猛烈炮火成功渡河，突破了杰纽穆尔河左岸的美军阵地。7月12日，重整旗鼓的步兵第237联队派出第1、2大队分别向杰纽穆尔河以西方约5公里的美军阵地发起进攻，但第1大队在实施战斗侦察时，在千贝尔南侧与美军遭

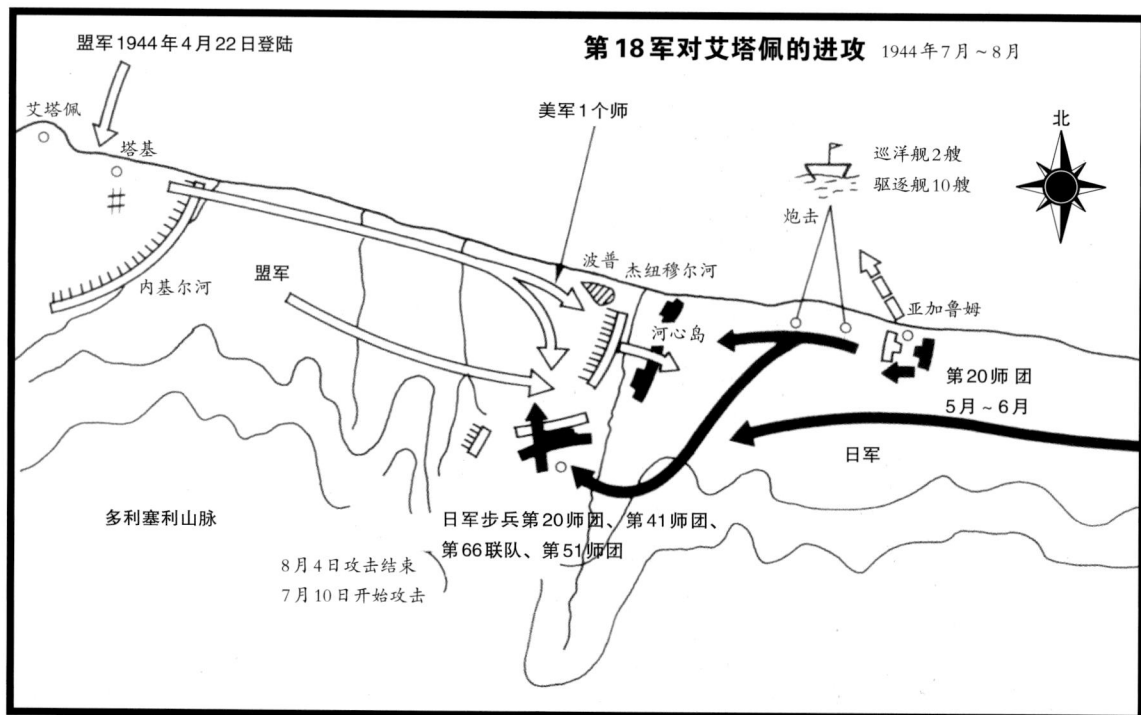

第18军对艾塔佩的进攻　1944年7月~8月

盟军1944年4月22日登陆

艾塔佩
塔基
内基尔河
盟军
多利塞利山脉

8月4日攻击结束
7月10日开始攻击

美军1个师

波普　杰纽穆尔河
河心岛

日军步兵第20师团、第41师团、
第66联队、第51师团

巡洋舰2艘
驱逐舰10艘
炮击

亚加鲁姆

第20师团
5月~6月

日军

北

■ 图为一辆在霍兰迪亚岸边被击毁的日军舟艇。由于没有制空权，日军就连小规模的补给运输也难以躲过盟军的攻击。

遇，未能按计划展开攻击，第2大队的进攻也因为美军的炮火袭扰而受挫。因此，步兵第237联队决定在次日再度攻击。然而，美军在13日先发制人，投入1个师的兵力转入反攻，意图将日军逐回杰纽穆尔河以东地区。步兵第237联队在美军的攻击下被孤立在杰纽穆尔河左岸。战至16、17日，第237联队主力和步兵第239联队第1大队在渡河点发动反击，最终又以失败告终。此后，步兵第237联队在河流左岸的部队彻底陷入困境。

7月22日夜，步兵第237联队第1、3大队再次在渡河点向美军发起攻击，结果伤亡惨重，第1大队全军覆灭。被截断退路的第237联队只能向南方山地转移。8月1日，步兵第237联队残部到达阿法以南第20师团的防区，此时联队的战斗力剧减，几乎所有中队都损失过半，个别中队甚至全灭。在此期间，第41师团停止了第二次杰纽穆尔河渡河作战，第18军主力在阿法实施总攻击失利后，安达司令官于8月4日下令停止"猛号"作战。

■ 图为1944年初在新几内亚北岸行军的日军部队，日军第18军计划以霍兰迪亚为中心重建防御地域，但由于美军登陆而落空。

布纳战役战地写真集

■ 左图为日军在布纳构筑的阵地，战壕内满是日军的尸体；下中图为在布纳前线作战的盟军坦克；下图是战后在布纳海滩拍摄的照片，可见残骸和尸体。

■ 上图为澳大利亚士兵在清除一处日军掩蔽部，手榴弹爆炸产生的烟雾尚未散去，在地上躺着一具近乎赤裸的日军尸体。

■ 左图为一名受伤的澳军士兵在新几内亚土著的搀扶下前往野战医院接受治疗。

■ 上图为盟军士兵为负伤的日军士兵喂水。这些日本士兵是在布纳附近的戈纳因负伤而成为盟军的俘虏。

■ 下图为美军士兵在布纳以西萨纳南达的日军阵地上清剿残敌，他们经过极为艰苦的战斗才攻克这一坚固据点。

■ 图为所罗门群岛中布干维尔岛上的活火山，在太平洋战争期间，日美两军曾在这座岛屿上展开了激战。

退入国防圈

激战托罗基纳滩头

步兵第23联队（隶属第6师团）

——第一次托罗基纳作战，1943年11月

通称号：明9019　成立地点：都城　成立时间：1885年8月17日　作战时的联队长：滨之上利秋

1942年11月，由神田正种中将指挥的第6师团由中国战场调往所罗门前线，编入第17军序列，担负布干维尔岛的防御任务。作为第6师团的基干部队，步兵第23联队于1943年1月21日在布干维尔岛南部的埃莱本塔登陆。布干维尔岛位于所罗门群岛北端，被日军视为防卫拉包尔的屏障和前哨，因此将素以精悍著称的第6师团布防于此。在登陆后，步兵第23联队负责守卫托罗基纳角以南的西地区，联队本部设在摩西坎塔，第1

大队部署在马瓦莱卡附近的海岸地区，从科隆班加拉岛撤退的第3大队则在马瓦莱卡周边地区重整，但第2大队被调往布干维尔岛以西的舒瓦瑟尔岛，因而，第23联队实际上只有2个大队。

1943年11月1日，美国海军陆战队第3师在托罗基纳角以西登陆，在此防守的步兵第23联队第2中队立即实施反击。虽然日军声称击沉4艘美军登陆艇，击伤10艘，但第2中队全部被美军消灭。神田师团长立即命令作为西地区警备队的步

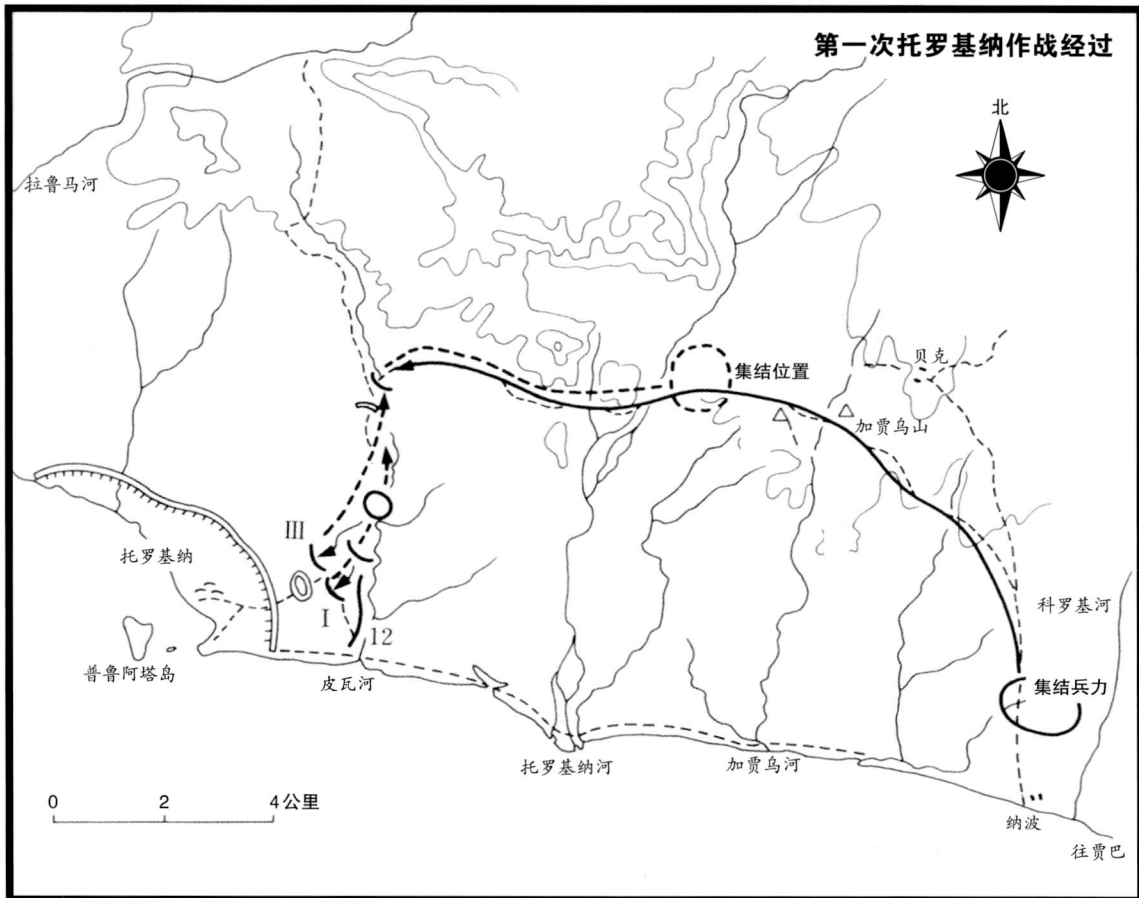

第一次托罗基纳作战经过

兵第23联队调集主力实施反击。

11月6日下午，滨之上联队长命第1、3大队向滩头推进，于7日早晨到达皮瓦河，并与美军侦察部队接触。另一方面，第8方面军为配合这次反击，计划同时进行反登陆。其实，第23联队也制定了相同的计划，准备由第12中队执行。然而，这两个反登陆计划最后均以失败告终。11月8日8时，滨之上联队长命第1大队开始攻击，但在美军猛烈的火力和密林的阻碍下难以取得进展，于是联队长命令第3大队增援第1大队右翼，战况依然胶着。入夜后两个大队原地宿营，准备次日再战。根据美军资料，在11月9日步兵第23联队攻击了美军桥头堡前方1公里的前哨阵地，但美军迅速派出增援部队确保阵地不失，即使号称精强的都城联队使出浑身解数也未能扭转战局，进攻失利。

11月9日8时30分，步兵第23联队重整旗鼓，再次猛攻。美军以迫击炮集中射击，并以1个营的兵力奋

起反击。9时30分，遭遇美军火力压制的步兵第23联队一线各部陷入危急状态，联队长下令退到美军火炮射程之外重整后再行攻击。于是，第23联队退到托罗基纳河右岸地区，大多数部队在傍晚时分撤到集结地。然而，美军趁势将桥头堡向内陆扩展，阵地纵深由8公里扩大到10公里，从而对日军第二次托罗基纳作战产生了重大影响。

■ 上图为1943年11月1日，美军陆战第3师在布干维尔岛西岸托罗基纳角登陆后缴获的日军物资。

■ 下图为在托罗基纳桥头堡，美军士兵在察看一名阵亡日军的尸体。步兵第23联队的反击作战以失败告终。

不计伤亡的反击战

步兵第45联队（隶属第6师团）

——第二次托罗基纳作战，1944年3月

通称号：明9020　成立地点：鹿儿岛　成立时间：1898年3月24日　作战时的联队长：真方勋

日军图谋再战

　　1943年11月，步兵第23联队对托罗基纳美军桥头堡的第一次反击失利后，第6师团决定在周密的准备后举全师团之力再度发起进攻，于是在随后三个月里日军展开了频繁的侦察，部队的集结和展开、临战训练、积聚补给品和开辟进攻道路等准备工作都按计划进行。此外，第8方面军和第17军为想方设法增援第6师团，以确保反击成功。

　　在日军积极备战的同时，固守托罗基纳桥头堡的美军部队也得到了加强，包括第23、37步兵

■ 图为1944年3月部署在托罗基纳桥头堡中的美军M4中型坦克。在随后的战斗中美军坦克面对缺乏反坦克武器的日军发挥了重要作用。

师以及大量炮兵部队和支援部队在内，兵力已经达到62000人。美军不断强化防御阵地，利用地形在主防线前方建立了掩护阵地，并设置了铁丝网障碍带，此外还布设了反步兵地雷，在前沿地带还安装了探照灯以防日军夜袭。总而言之，第6师团即将挑战的是如同刺猬一般的坚固阵地。

1944年3月上旬，第6师团制定了第二次托罗基纳作战计划，即从三个方向攻击美军桥头堡阵地，牟田部队（以步兵第13联队的2个大队为基干）从600高地前方发起进攻，岩佐

部队（以步兵第23联队的4个大队为基干）从800高地北侧实施突击，真方支队（以第45联队的2个大队为基干）则从机场北侧发起攻击，主攻部队为岩佐部队。

难挡的美军坦克

3月8日，日军以岩佐部队的攻击拉开了第二次托罗基纳作战的序幕，接着牟田部队也在3月10日投入攻击。最初，这两支部队进展顺利，牟

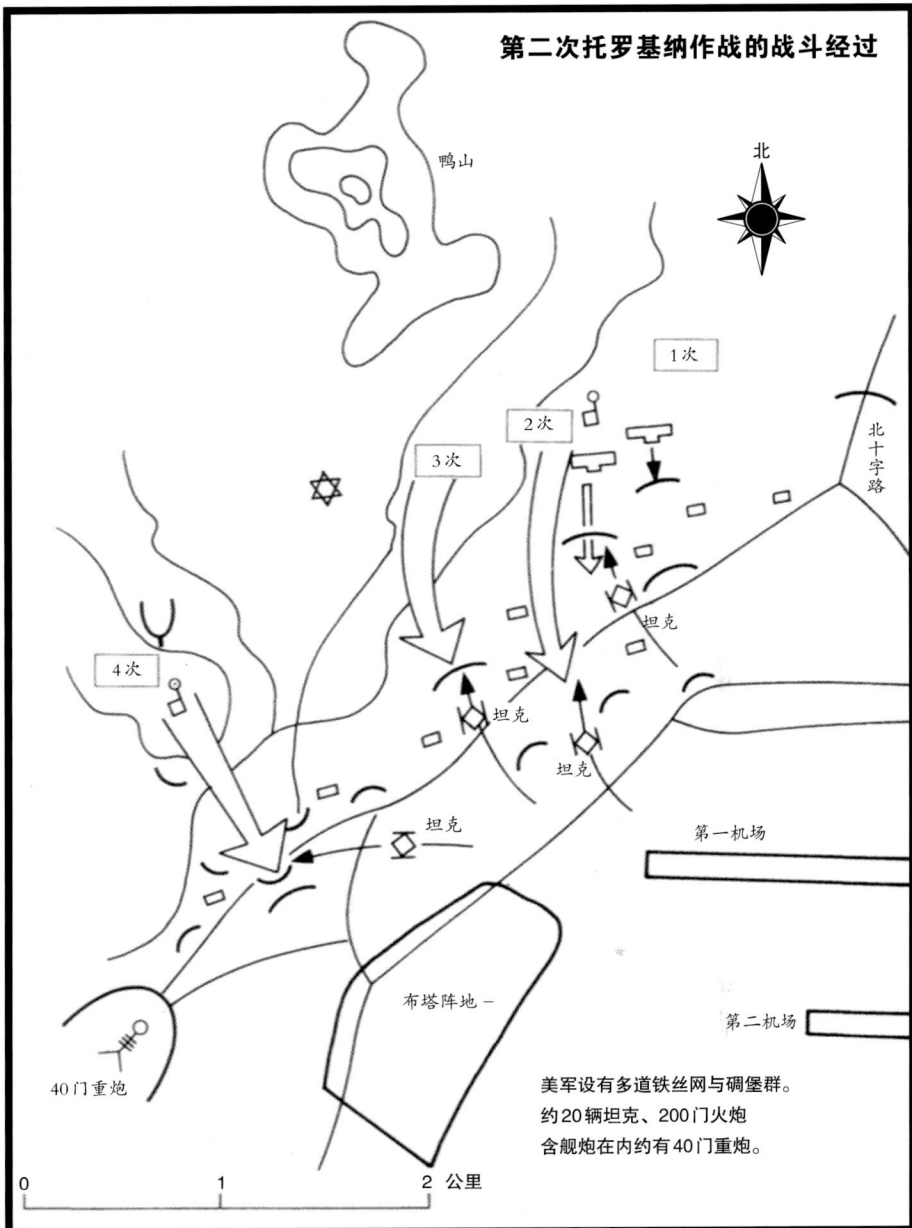

第二次托罗基纳作战的战斗经过

鸭山　北　1次　2次　3次　4次　北十字路　坦克　坦克　坦克　坦克　第一机场　第二机场　布塔阵地一　40门重炮

美军设有多道铁丝网与碉堡群。
约20辆坦克、200门火炮
含舰炮在内约有40门重炮。

0　1　2 公里

田部队夺取了600高地，并屡屡击退美军的反击，岩佐部队也突入美军在800高地的主阵地一角。在与美军激战四日后迫于对方的火力优势而撤退，双方都付出了惨重的伤亡。

最后，以步兵第45联队为基干的真方支队也开始攻击，其面对的是负责桥头堡西半部防守的美军第37步兵师。步兵第45联队连续展开4次攻击，都无功而返，究其原因在于日美双方的火力优劣差别过大，美军在防御时能够得到坦克、火炮、

舰炮及飞机在内的海陆空三位一体的强大火力支援，而且美军士兵的斗志也极其高昂。在第45联队的四次攻击之中，最成功的是12日开始的第一次攻击，第1大队、第3大队突破了美军一线阵地，并占领其掩护阵地。13日一早，在得到步兵第53联队第3大队的增援后，真方支队几乎突击至通向美军预备阵地的岔口，但是美军坦克的出现粉碎了日军的进攻。在13日当天，步兵第45联队在美军坦克的反击下被迫退回进攻发起位置，充分暴露了日军缺乏反坦克能力的弱点。

3月15日，第6师团长鉴于前线战况的变化，决定将攻击重点转移至真方支队的正面，将岩佐部队调往真方支队的后方，其实在制定攻击计划之初就有人提出应由真方支队担任主攻，之后由于补给方面的问题而未被接受。

徒劳的四次总攻击

在3月15日的第二次攻击中，步兵第45联队将攻击方向稍微转向南面，第1、3大队齐头并进，在夜色掩护下发起攻击，突入美军阵地纵深约百米，主攻的第1大队已经逼近机场附近，但在天明后被美军击退。午后，美军再次投入坦克实施反击，迫使日军一退再退。此时，步兵第45联队的兵力已经损失近半。

经过重整后，步兵第45联队于3月16日到17日夜间实施了第三次攻击，并将主攻方向进一步偏向南方，首先由第3大队发起进攻，突破美军前沿并确保正面后，第1大队超越第3大队向美军阵地纵深推进。尽管第3大队成功突破了美军一线阵地，但在天亮后美军连续实施了三次反击，第3大队拼力死战，包括大队长在内半数人员战死，才

■ 图为一群美军陆战队突击营的士兵们在托罗基纳桥头堡合影留念。在1944年3月，美军凭借优势火力和高昂斗志击退了日军的进攻。

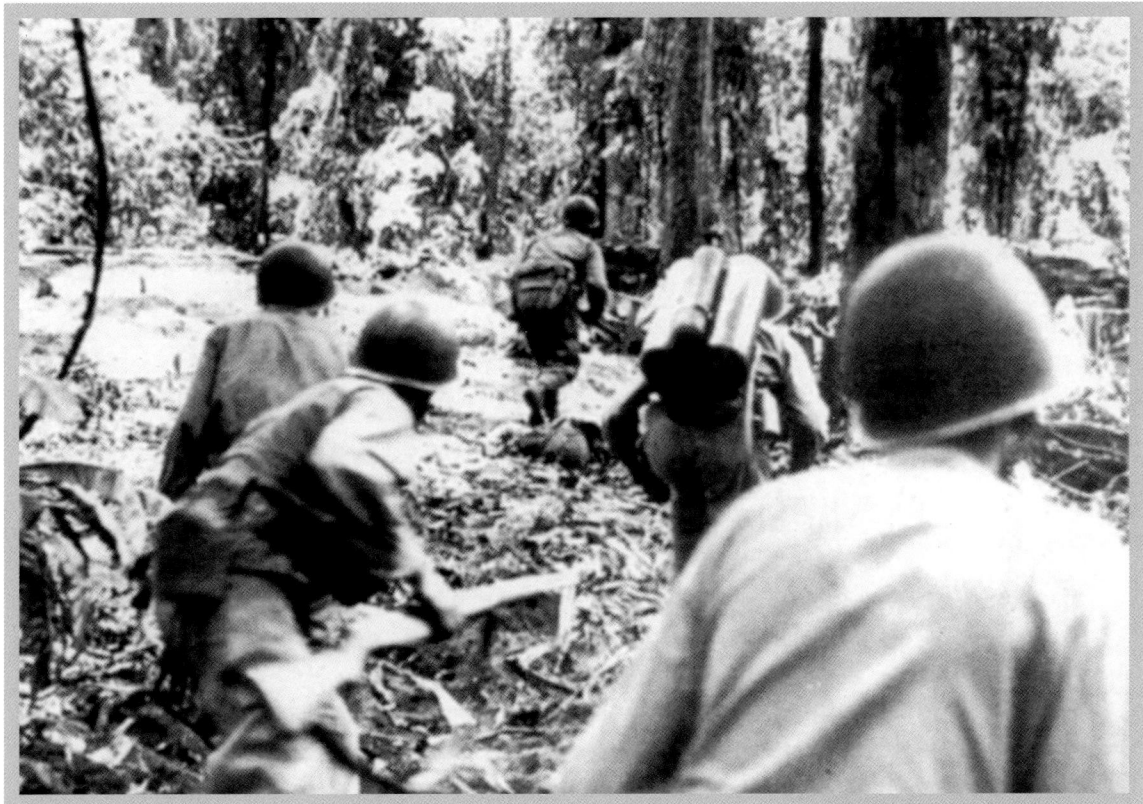

■ 图为在布干维尔岛的丛林中与日军作战的美军步兵。其中可以看到有人携带火焰喷射器，美军使用这种武器攻击日军的坚固碉堡工事。

勉强守住了铁丝网障碍带后方的部分前沿据点。真方联队长计划趁美军火力组织尚未恢复的机会派出步兵第53联队第3大队进行突击，但就在这时接到师团司令部的命令，要求步兵第45联队退回进攻出发位置，待周密准备后再行攻击。

3月24日，日军开始了第四次攻击，这是第6师团在第二次托罗基纳作战中实施的最后一击。牟田部队和岩佐部队在各自的正面仅留一个大队，其余部队均调往主攻方向，第6师团集中了9个步兵大队实施全力进攻，而进攻主力仍然是步兵第45联队，刚刚抵达前线该联队第2大队成为主要突击力量。根据作战计划，第45联队第1、3大队负责掩护第2大队右翼，第81联队第2大队掩护其左翼，第45联队的左翼是第54联队第3大队，二线部队为第13联队主力，师团预备队为第23联队主力。

处于第一线的步兵第45联队于3月23日傍晚开始行动，在24日凌晨接近美军阵地，第2大队通过突袭夺取美军掩护阵地后继续向纵深突击，最初进展顺利。然而，天亮后美军对突破口进行了猛烈的炮击和轰炸，随后又出动坦克实施反击，第2大队两翼的第1、3大队和第81联队第2大队在美军的密集火力下损失很大，战斗力剧减，而遭到正面攻击的第2大队竟然全体阵亡，无一生还，其最后的战斗经过也无从得知。

连续四次攻击未果后，第6师团长犹豫是否继续发动攻势，深知前线部队困境的第17军司令官向第8方面军建议停止攻击。3月25日，第6师团接到退出战斗、转移重整的命令。在拥有强大优势的美军面前，号称"日本陆军最强师团"的第6师团损兵折将，不得不放弃攻击。在第二次托罗基纳作战中，步兵第45联队共有2787人参战，其中战死988人，负伤1186人，其战损率达78%，在第6师团各步兵联队中损失最为惨重。

困守在新不列颠岛

步兵第53联队（隶属松田支队）

——格罗斯特角作战，1943年12月～1944年1月

通称号：月7384　**成立地点**：鸟取　**成立时间**：1938年7月16日　**作战时的联队长**：角谷弘毅

1943年9月，隶属于第17师团的步兵第53联队由中国战场调往南太平洋前线，登陆新不列颠岛的拉包尔。10月，联队主力（欠第3大队）被调往该岛西端的格罗斯特角，编入由第4船舶团司令官松田严少将指挥的松田支队。格罗斯特角正对着丹皮尔海峡，与新几内亚岛隔海相望，是与驻新几内亚日军进行联系的重要前沿据点。驻守格罗斯特角的日军守备部队除了松田支队和第65旅团（以步兵第141联队为基干）外，还有防空、船舶工兵等部队。松田支队将格罗斯特角分为左右两个防区，由步兵第53联队第1大队负责防守左地区，船舶工兵第1联队负责防守右地区，步兵

第53联队第2大队作为支队预备队。

步兵第53联队第1大队的防御正面约有30公里，如何以一个大队的兵力守住如此漫长的防线，角谷联队长为此苦恼不已，只能将防区又细分为左中右三个小地区，分兵驻防，并将防御重点置于右小地区正面。就在后续部队陆续抵达、第53联队的防御准备刚有头绪之际，美军于12月15日在默库斯角登陆。12月26日晨，在猛烈的海空火力掩护下，美国海军陆战队第1师开始在格罗斯特角登陆，以1个营的兵力在中小地区正面的塔瓦莱登陆，师主力在西里马特角西侧的船舶工兵第1联队的防御正面实施突袭登陆。

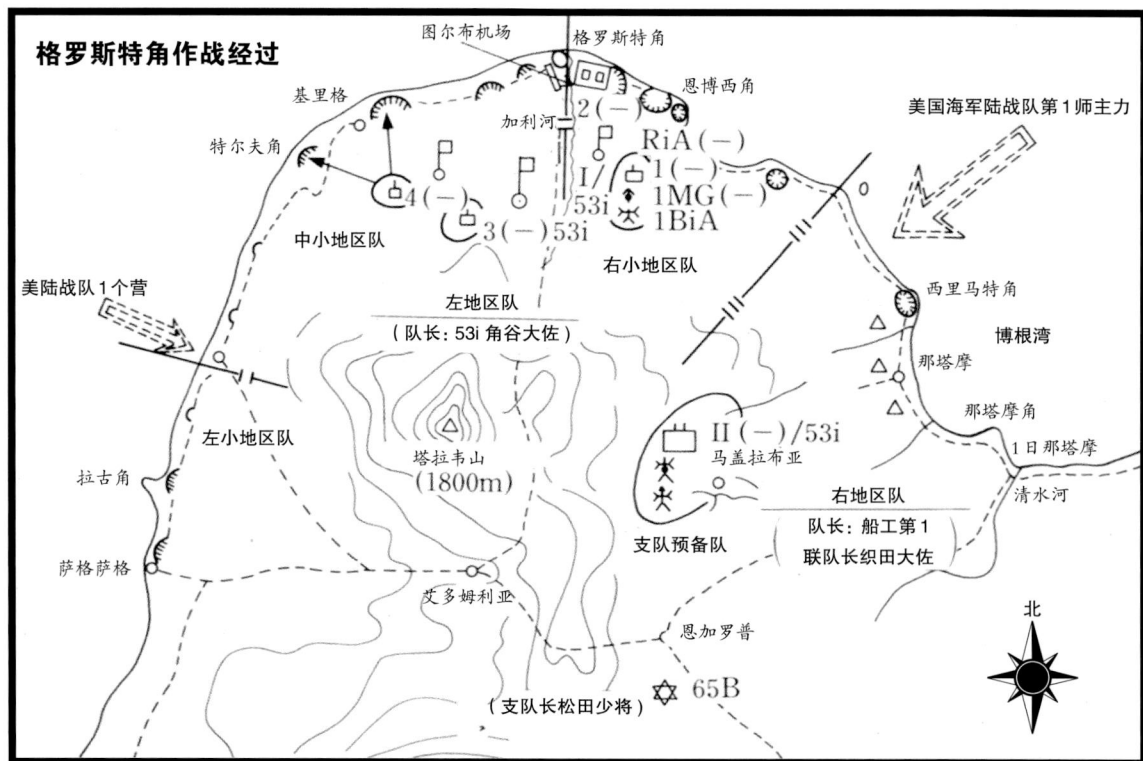

格罗斯特角作战经过

松田支队长决定对那塔摩的美军登陆场实施反击，命令作为左地区队的步兵第53联队第1大队和作为预备队的该联队第2大队投入战斗，同时急调驻布辛格的步兵第141联队增援。第2大队率先发起反击，但面对拥有飞机、坦克和迫击炮支援的美军难以达成作战目标。经过26、27日两天的苦战，该大队攻击受挫，损失惨重，残部编入第141联队，在那塔摩附近的山林中继续与美军激战。另一方面，步兵第53联队第1大队的第3、4中队被塔瓦莱的美军所牵制，因此仅有第1中队奉命向那塔摩方向进攻，而且直到28日才投入战斗，并与进攻格罗斯特角机场的美军主力遭遇，尽管拼力死战也未能阻止美军占领机场，第1大队只能退到机场南侧高地坚守。此外，在塔瓦莱方向的第3、4中队于29日发起的夜袭也未能成功，士兵几乎全部战死。

之后，步兵第53联队继续与美军进行毫无希望的战斗直至1944年1月上旬，于1月10日退至马盖拉布亚集结，在掩护支队主力转移后于1月29日撤离清水河右岸，开始向200公里外的拉包尔转移。在格罗斯特角战斗中，第53联队有2300人参战，战死或病死1100人，战损率达50%。

■ 上图为一艘满载各种物资的美军大型登陆舰驶向新不列颠岛。与美军源源不断的补给相比，日军的补给时断时续甚至完全断绝。

■ 下图为在格罗斯特角的战斗中，一名美国海军陆战队员用冲锋枪攻击潜伏在掩体内的日军士兵。

在新几内亚的煎熬

步兵第224联队（隶属第36师团）

——萨米作战，1944年1月

通称号：雪3525　**成立地点**：山形　**成立时间**：1939年3月23日　**作战时的联队长**：松山宗右卫门

1943年10月底，为了加强新几内亚西部的防御，日军大本营将驻中国东北的第2军调往太平洋前线，属于该军序列的由田上八郎中将指挥的第36师团于1944年1月19日在新几内亚西部北岸的萨米登陆，并着手建立防御阵地。田上师团长将步兵第224联队配置在麦芬地区、将步兵第223联队配置在麦芬以西的八纮山地区，一面进行防御准备，一面推进当地机场的修建工程。

1944年4月下旬，美军在霍兰迪亚登陆。5月6日，步兵第224联队奉命增援霍兰迪亚方面。萨米距离霍兰迪亚约300公里，沿途均暴露在美军飞机的航程范围内，随时都有遭遇空袭的危险。步兵第224联队一路上砍树开路，穿过雨林向目标挺进。但在5月17日，美军一个团在多姆、阿莱列地区登陆，另有一个营在瓦克德岛登陆。以步兵第224联队第9中队为基干的瓦克德守备队孤军奋战，于5月19日全部战死。

美军登陆后，步兵第224联队奉命折返，第2大队于18日拂晓向多姆发起反击，由于准备仓促，攻击失败。在考察了前线态势后，田上师团长决心以主力从多尔河右岸的南侧山地实施迂回攻击，步兵第224联队的目标是多尔河一线，而步兵第223联队的目标是阿莱列。

5月21日，美军一个团增援阿莱列桥头堡阵地。5月25日19时40分，步兵第224联队派出第2、3大队发起攻击，一线部队在暗夜中突入美军阵地，

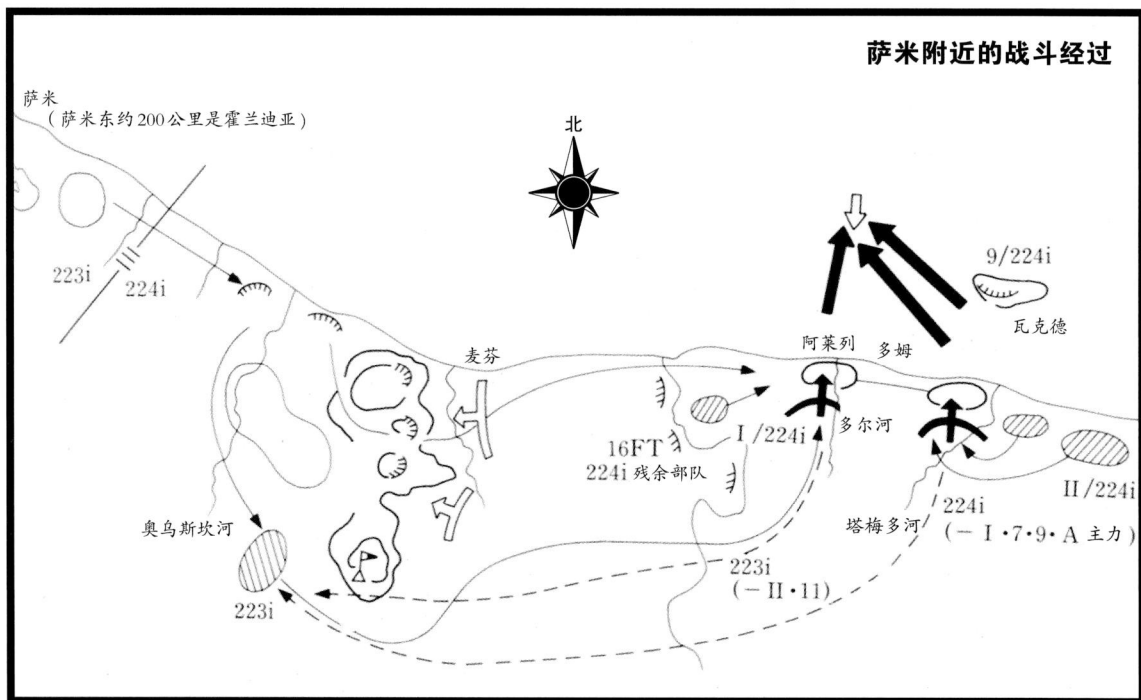

萨米附近的战斗经过

萨米
（萨米东约200公里是霍兰迪亚）

北

223i　224i

9/224i

瓦克德

麦芬

阿莱列　多姆

16FT
224i 残余部队

I /224i

多尔河

II /224i

奥乌斯坎河

塔梅多河

224i
（－I·7·9·A 主力）

223i

223i
（－II·11）

经过一小时的激战将美军逼退到海岸附近，约600名美军士兵向东西两侧溃逃，还有一部分人乘船逃往海上，对于日军来说这是一次难得的小胜。另一方面，步兵第223联队也在5月30日夜间进行攻击，趁美军不备发起突袭，也取得了一些战果。

　　然而，尽管日军反击得手，但第36师团在萨米地区陷入危机。该师团在麦芬地区的部队是由步兵第224联队余部组成的斋藤部队，多是伤病员，此外就是从事机场建设的工程部队，兵力薄弱。5月23日，新近登陆的美军一个团向麦芬地区发起攻击，斋藤部队抵挡不住美军的攻击而撤退。5月24日麦芬被美军占领，日军

残部被迫退入麦芬附近的山地。在此之后，步兵第224、223联队的余部继续在麦芬和阿列莱周边地区进行艰苦的战斗。

　　美军于5月29日开始撤退，日军顺势收复了麦芬地区。6月10日，第36师团在麦芬河以西地区重新建立了防御阵地，并在萨米周边的山地继续持久作战。

■ 本页的两幅照片是1944年5月中旬在瓦克德拍摄的。美军士兵在几乎被炮火夷平的椰林中谨慎地向日军阵地推进。

比亚克岛的绞肉机

步兵第222联队（隶属第2军）

——比亚克岛之战，1944年5月～7月

通称号：雪3523　成立地点：弘前　成立时间：1939年3月23日　作战时的联队长：葛目直幸

比亚克守备队

步兵第222联队隶属于第36师团，在1944年调往太平洋前线时该联队并未跟随师团主力进驻新几内亚西部，而是成为第2军的直辖部队，被派往战略位置重要的比亚克岛驻防。该岛位于新几内亚北部，东西长130公里，南北宽50公里，岛上有适宜修建机场的良好地形，是建立航空作战基地的绝佳地点，因此被日军称为"澳北的天王山"，他们认为这座岛屿"抵得上10艘航空母舰"。当然，美军也不会忽视这座岛屿的价值。在以步兵第222联队为基干的比亚克支队抵达前，岛上已

经有包括海军防空部队在内约5800人的部队，在步兵第222联队登陆后守备兵力增加到13000人，不过其中真正具备作战能力的仅该联队的3500人和一个高射炮中队约100人而已。

步兵第222联队登陆后立即进行防御准备和机场建设工程。该联队第1大队被部署在伯斯尼克以东地区，在机场一带配置了第2大队，在伯斯尼克地区则配置了第3大队，海军部队则负责机场地区的防空。不过，在1944年5月2日，日军大本营已将萨米和比亚克岛都排除在需要绝对确保的要地范围之外。

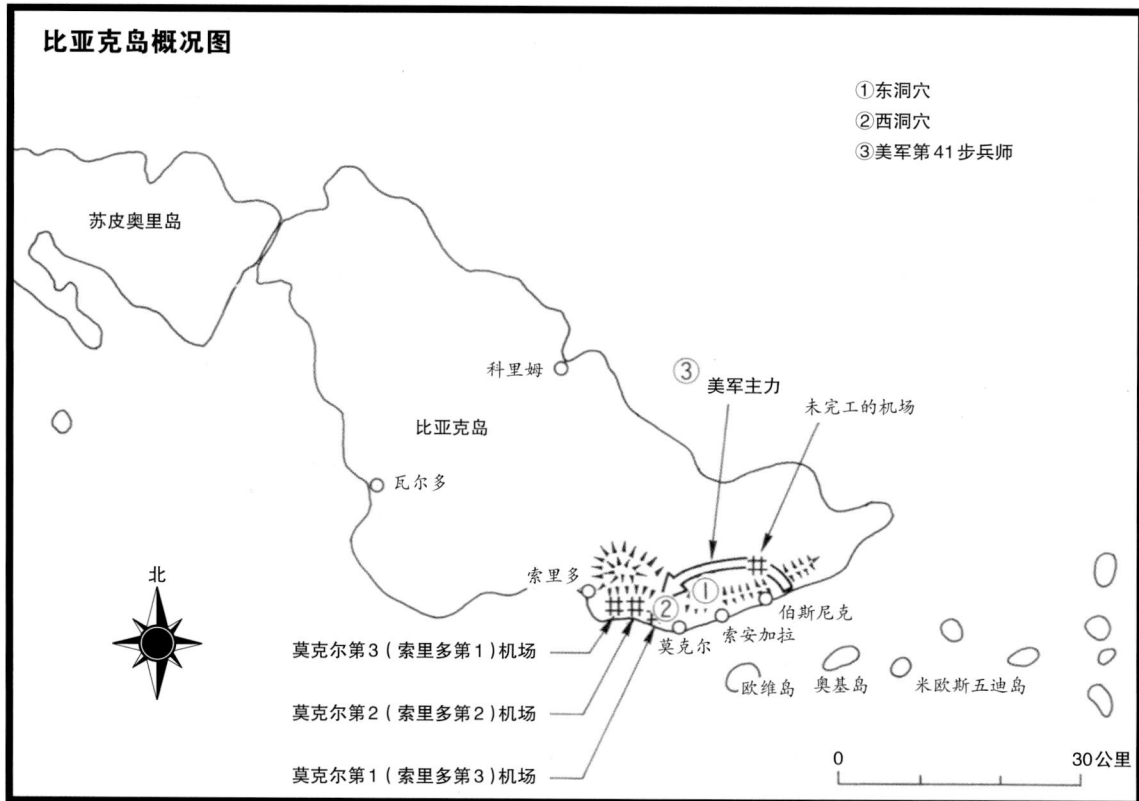

比亚克岛概况图

①东洞穴
②西洞穴
③美军第41步兵师

苏皮奥里岛

科里姆

比亚克岛

瓦尔多

③ 美军主力

未完工的机场

北

索里多

伯斯尼克
索安加拉

莫克尔第3（索里多第1）机场

莫克尔

莫克尔第2（索里多第2）机场

欧维岛　奥基岛　米欧斯五迪岛

莫克尔第1（索里多第3）机场

0　　　　　　30公里

在洞穴中持久作战

1944年4月下旬，美军进攻霍兰迪亚。5月17日，第36师团主力驻守的萨米地区也遭到美军攻击。5月27日，美军第41步兵师在比亚克岛东南部的伯斯尼克附近登陆。

日军比亚克支队冒着美军的猛烈炮击对登陆场展开反击。5月29日，第222联队第2、3大队将美军2个营包围在索安加拉至伯斯尼克之间的海岸悬崖下，将其逼退至伯斯尼克地区。6月2日，第1大队向伯斯尼克以北的美军发起夜袭，战斗异常激烈，第1大队参加攻击的300名官兵最后只剩80人生还。6月8日，第2大队夜袭机场地区，包括大队长在内的多数官兵伤亡。在连日苦战后，比亚克支队损失颇大，战斗力急剧下降，而且补给也陷入困境。面对实力强大的美军，日军残部只能退入利用沿海洞穴构筑的防御阵地与美军进行持久战斗。

6月9日，一直在前沿四处奔走、指挥战斗的葛目联队长进入西洞穴，步兵第222联队各部队剩余人员也陆续向该地周边转移。其间，南方军曾

■ 图为比亚克战役中美军士兵在检查日军部队曾经藏身的洞穴。

于5月29日下令调派一个旅团增援比亚克岛，但于6月3日又取消了这一计划。6月19日凌晨，美军3个团开始清剿作战，陷入美军重围的比亚克支队残部于21日夜撤出西洞穴。此后，支队集合残存兵力转入内陆地区继续顽抗，为了阻止美军使用机场进行了多次战斗。7月2日，葛目大佐自杀，至此日军在比亚克岛上有组织的战斗宣告结束，战后被美军俘虏的步兵第222联队的幸存者仅有83人。

■ 图为1944年6月间，美军步兵在坦克的支援下在比亚克岛上清剿残余的日军，步兵第222联队在岛上进行了两个多月的抵抗。

布干维尔岛战役战地写真集

■ 1943年11月1日美军在布干维尔岛西南岸的托罗基纳角登陆，拉开了布干维尔岛战役的序幕。上图为美军登陆船队准备向滩头冲击。

■ 下图为成功登陆托罗基纳角后向内陆挺进的美军部队，他们是属于美国海军陆战队第3师的陆战队员。

■ 上图为1943年11月美军设在托罗基纳桥头堡阵地上的前线指挥所,一名军官在通电话,旁边的士兵们正在警戒。

■ 下图为陆战队第3师师长艾伦 · 特内奇少将在托罗基纳前线视察,并向官兵们发表讲话,盛赞他们出色的战斗表现。

■ 上图为在布干维尔岛的密林中谨慎前进的美军部队，日军常常会利用丛林的掩护发起奇袭，给美军造成伤亡。

■ 下图为在托罗基纳前线，美军士兵匍匐在地上以躲避日军的射击，日军第6师团屡次向美军桥头堡实施反击，均告失败。

■ 上图为设在丛林中的美军炮兵阵地正对前沿实施火力支援。图中的105毫米榴弹炮以大仰角实施射击，表明日军已经逼近前沿。

■ 下图为在托罗基纳前线一座利用沙袋构建的急救站内，美军军医为伤员做手术。在与日军的反复搏斗中美军也遭受了相当的伤亡。

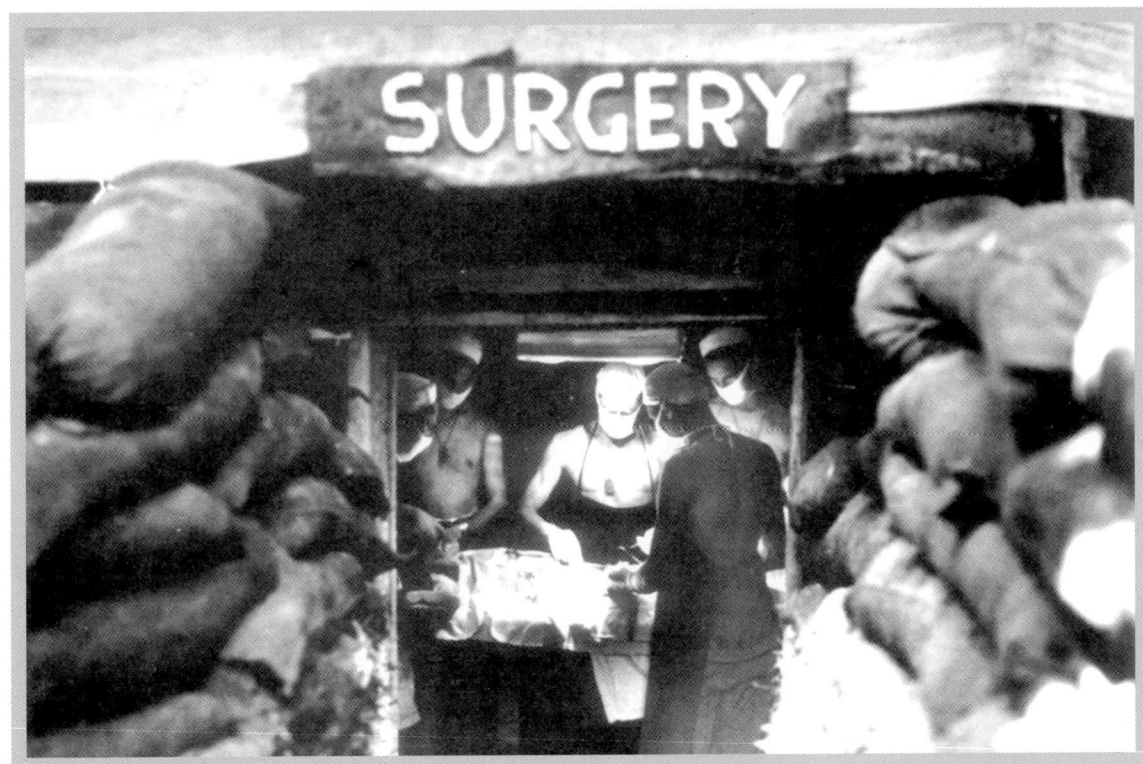

■ 上图为在日军实施夜袭后的清晨，美军士兵在 M4 中型坦克的掩护下实施反击，并清剿残余的日军。

■ 下图为在布干维尔岛上被击毙的日本士兵。在整个布干维尔岛战役中约有 2 万名日军死亡，其中大多数死于饥饿和疾病。

缅甸防御战

■ 图为一架坠毁在缅甸密铁拉机场的美军飞机。
这座机场是盟军地面部队从日军手中夺取的。

损兵三成的前哨战

步兵第213联队（隶属第33师团）

——第一次实兑作战，1943年1月~2月

通称号：弓6822　成立地点：水户　成立时间：1939年3月23日拜授军旗　作战时的联队长：宫胁幸助

挺进印缅边境

步兵第213联队在组建之初就进驻中国汉口，在太平洋战争初期随第33师团隶属于第15军，参加了缅甸作战，由南向北推进，逼迫英印军向印度撤退。当时，由砂子田长太郎少佐指挥的第213联队第2大队派出一个中队和半个机关枪中队前往缅甸西海岸的实兑，于5月4日占领该地。在攻占缅甸后，第2大队主力也进驻实兑。

1942年10月，英印军发起攻势以期夺回实兑。实兑与仰光的直线距离约500公里，离印度边境约150公里，而距离建有机场的吉大港有250公里，这里是日军进攻印度的最佳前卫基地。而且，日军也将航空部队派驻于此。反过来说，盟军如果反攻缅甸，实兑也是第一个跳板。第33师团虽然将宫胁支队（以步兵第213联队为基干）部署在实兑，但鉴于西北80公里的布迪当、孟都一线存在防御空白，又命令部队在实兑岛集结，只留一部分兵力在拉代当和贡丹。英印军利用日军兵力不足，防御空虚，于1942年12月间解放了玛育半岛。

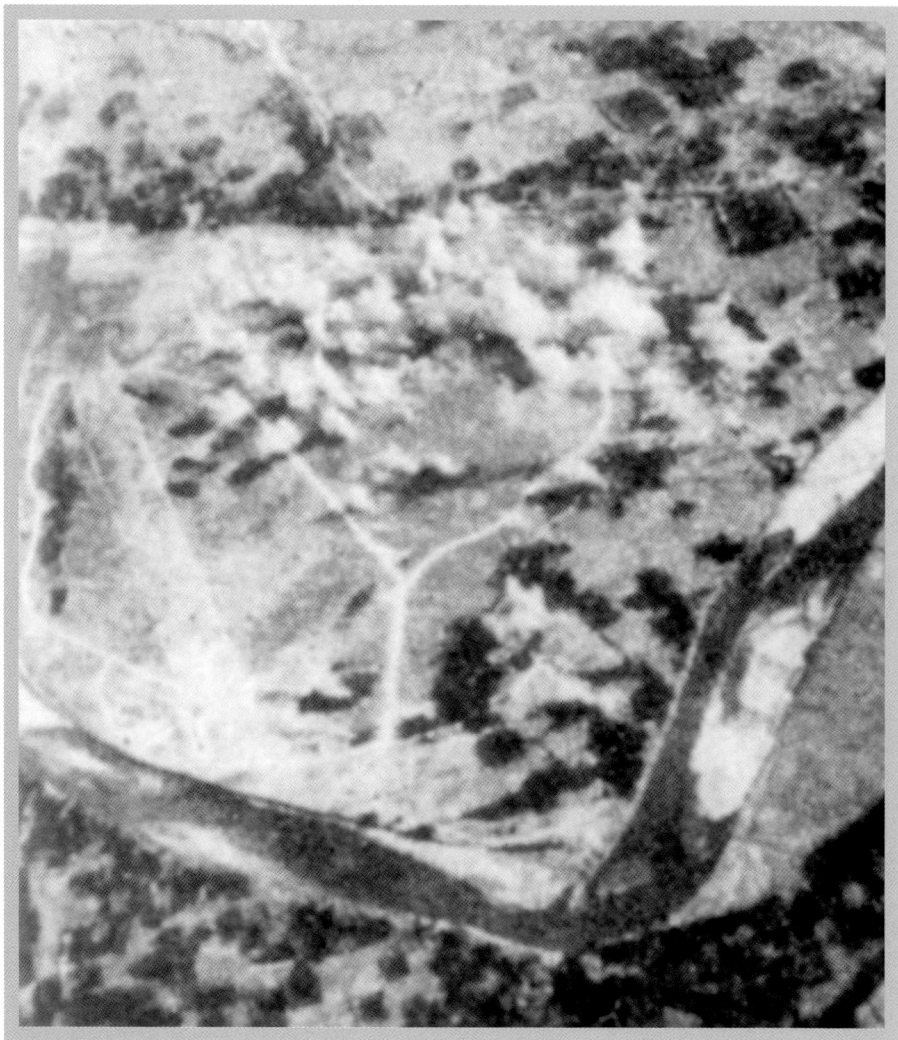

■ 图为驻实兑的日军陆军航空队轰炸印度东部的多哈扎里机场。

坚守实兑前哨

1943年1月中旬，英印军推进到拉代当、贡丹附近，并向驻实兑的日军守备队发起攻击，盟军炮兵每小时向日军阵地发射500发炮弹，在退潮后以坦克沿着沙滩发起进攻，日军的战壕被破坏，只能用燃烧瓶、反坦克地雷还击。

为了巩固实兑的防御，第15军命令第55师团前往增援，但是该师团需要从缅甸北部向南部转移，计划从卑谬一带横穿若开山脉，在抵达孟加拉湾海岸后乘船前往实兑，这需要花费许多时间，步兵第213联队必须在第55师团赶到之前坚守实兑。为了夺回玛育半岛，步兵第213联队第1大队长有延严少佐率部由木各具出击，组成有延支队向西翻越若开山脉前往百力瓦，增援实兑。

1943年1月末，英印军再度向同贝克发起攻击。第213联队长宫胁幸助立即率领伊藤新作少佐的第3大队赶往该地，而附近的拉代当由第213联队第1大队驻守，接受第55师团第112联队长棚桥真作大佐的指挥。很快，拥有30辆坦克的英印军自西而来，这次攻势持续达10日，但最终被日军击退。坚守同贝克的第213联队第3大队伤亡

不小，伊藤大队长战死，该大队因此获得第15军颁发的战功奖状。在第一次实兑作战中，步兵第213联队作为前哨发挥了重要作用，坚持到第55师团主力抵达。此后，日军指示有延支队继续执行夺回玛育半岛的任务。在第一次实兑作战中，步兵第213联队投入兵力2300人，其中三成在战斗中伤亡。

日军对实兑的增援作战

后续乏力的包围战

步兵第112联队（隶属第55师团）

——第二次实兑作战，1944年2月～5月

通称号：壮8415　成立地点：丸龟　成立时间：1940年9月27日拜授军旗　作战时的联队长：棚桥真作

兴泽亚包围圈

1944年2月，日军谋划的英帕尔作战已经迫在眉睫，在实兑至玛育半岛一线展开的第55师团奉命消灭当面的英印军部队，从旁协助即将开始的英帕尔作战。步兵第112联队作为第55师团步兵团长樱井德太郎少将指挥的樱井部队的主力，于2月3日从布迪当附近开始进攻，在攻占通古巴沙后折返，随后从侧面攻击英印军。

日军的进攻取得了成功，第7英印师退入一处名为兴泽亚的小盆地，步兵第112联队于2月7日从四面包围了这个东西宽约1.5公里、南北长约3公里的盆地。虽然该师约有5000兵力、坦克100余辆、卡车500余辆，但日军认为连续包围攻击一周后，第7英印师必会举旗投降。

无力阻止空中补给

尽管步兵第112联队屡次发起攻击，英印部队不仅毫无投降的迹象，反而愈战愈勇，通过反击将

■ 图为在玛育半岛山区作战的日军，摄于1944年2月第二次实兑作战初期。尽管日军曾一度包围英印军，但由于补给困难，未能围歼。

日军击退。同时，盟军部队发挥空中优势，利用飞机向被围部队空投补给物资，不仅仅是武器弹药，就连被服、寝具、刮胡刀、肥皂、牙刷等日常用品也都一应俱全。反观步兵第112联队，每发起一次攻击就会增加人员伤亡，补给也是每况愈下。2月16日，第112联队的3个大队一起向盆地发起突击，枪炮声整夜不息，战斗十分激烈，但却没有取得什么效果，徒增很多伤亡。步兵第112联队出击时只携带了供4天作战的弹药和粮食，之后就再没有得到后方的补给，只能通过对周边乡村的搜掠获取粮食，但也难以维系，到2月20日完全断粮。与此同时，英军的解围部队日益逼近，炮弹不断落在日军阵地上。

鉴于无法达成围歼，樱井少将命令在包围圈上放开一个缺口，引诱第7英印师突围，然后在运动中加以消灭。然后，补给断绝、伤病满营的步兵第112联队早已失去了实施进攻的能力，于是棚桥联队长违抗上级命令，擅自带领残余部队撤退。樱井少将为了防止战线崩溃，也不得不下令中止作战。

在兴泽亚包围战中，日军可以说完全输给了英印军的空中补给，被围的英印军部队通过空投得到充分的给养，得以坚持作战，而实施包围的日军却

粮弹不继，难以达成围歼。在日军退却后，英军趁势反击，夺取了布迪当。

1944年3月中旬，英印军替换了前线部队。第55师团长认为这是个好时机，命令全面攻击，但第28军司令官樱井省三中将认为这将很快耗尽师团的战斗力，下令停止攻击。之后，棚桥联队长被撤职并被调回本土。在此次作战中，步兵第112联队有2452人被击毙。

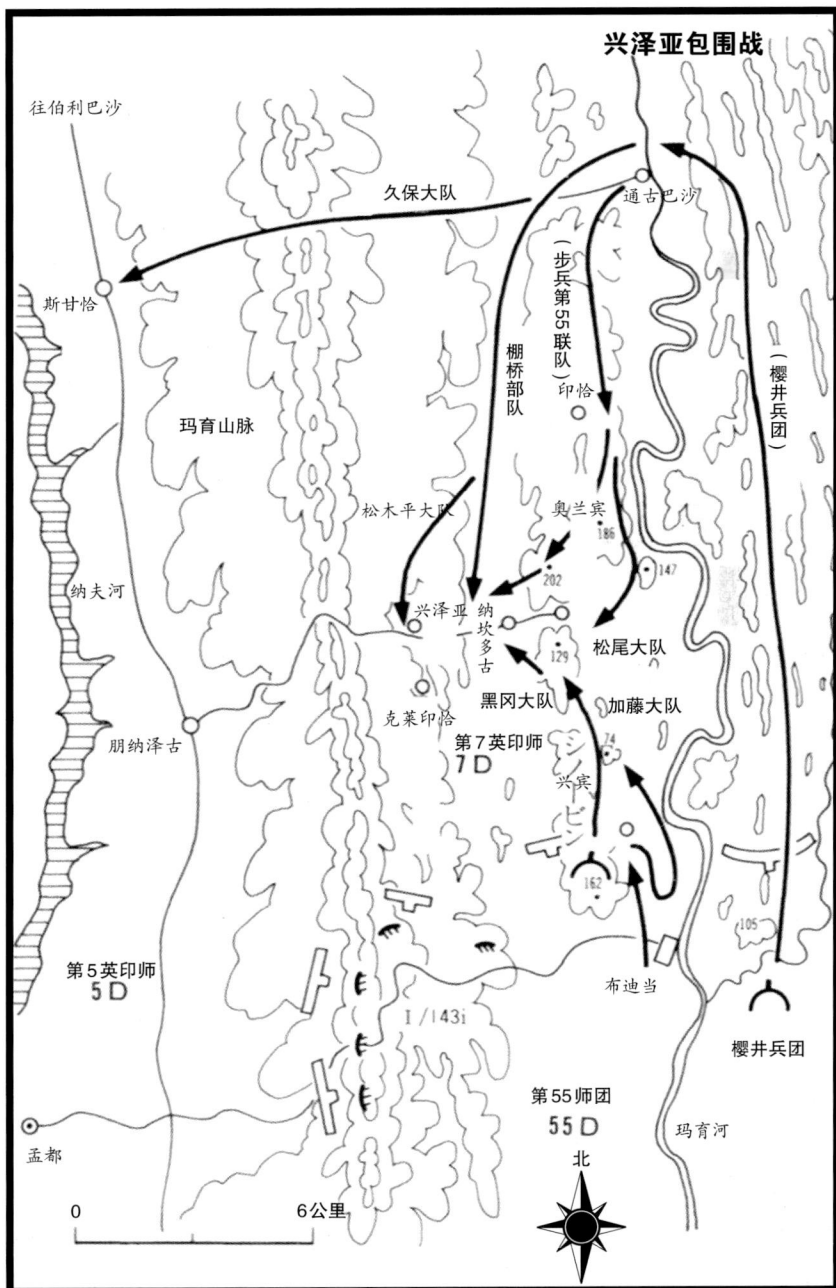

兴泽亚包围战

僵持在科希马前线

步兵第58联队（隶属第31师团）

——英帕尔作战，1944年3月～7月

通称号：烈10352　成立地点：高田　成立时间：1905年6月8日拜授军旗　作战时的联队长：福永转

进攻科希马

步兵第58联队组建于1905年，后来在宇垣裁军中被裁撤，1937年9月在高田重建，隶属于第13师团，开赴中国战场作战。1943年7月，由福永转大佐指挥的步兵第58联队转隶于佐藤幸德中将指挥的第31师团，被调往缅甸前线，参加了1944年初的科希马－英帕尔作战，因为常常在最前线冲锋陷阵而赢得了好狠斗勇的名声。在作战失败后，第58联队又作为后卫掩护主力撤退，甚至一度失去了消息。

在1944年3月开始的英帕尔作战中，第31师团的目标是占领科希马，步兵第58联队为该师团的左翼突击部队，在第31步兵团长宫崎繁三郎少将指挥下于3月15日在钦敦江上游渡河，于21日消灭了驻乌克鲁尔的英印军，在26日深夜占领了桑夏克，然而在这场战斗中却发生了一点意外。桑夏克位于第15师团的作战区域中。比宫崎部队稍迟到达桑夏克前线的第15师团右翼突击队要求一同攻击桑夏克，但被宫崎少将一口拒绝，自行率部占领了此地。虽然作为宫崎部队来说，是在乌克鲁尔取胜后顺势向桑夏克发起进攻，但宫崎拒绝与友军共同作战的做法并不妥当。

■ 图为1944年3月在英帕尔地区涉水行军的日军部队。日军第15军希望通过此次作战打开入侵印度的通道。

僵持达两个月

尽管在机动性和补给能力上均处于劣势，且经历战斗、受到损耗后，日军依然顽强地保持攻势。在桑夏克一战中，宫崎部队伤亡达500人，然而在未得到补充的情况下就直接北上科希马。4月5日夜，位于左翼的第3大队在岛之江又次郎少佐的指挥下突入科希马西南的高地并发回"占领科希马"的电报。此时，宫崎少将由于急于扫荡剩余英军而错误地部署了兵力，使得守军获得时间加强防御，由此双方在科希马前线陷入持续达两个月的对峙局面。

■ 图为科希马前线一处遭到英军猛烈火炮覆盖的日军阵地。

第15军司令官牟田口廉也中将认为战局没有进展在于佐藤师团长的怠慢，于是在4月17日将第31师团主力宫崎部队调入第15师团，下令占领科希马和英帕尔。就当时的战况而言，这是一道不可能执行的命令，但是身处后方安全地带的牟田口廉也在下令时并不考虑前线的实际情况。为了打破科希马前线的胶着状态，宫崎部队于4月23日发起夜袭，结果遭遇重大伤亡，甚至有4个中队无一生还。进入5月，英印军得到30辆坦克的支援，转入反攻，以期打通科希马至英帕尔的道路。英军以猛烈的炮火开路，有时甚至在一天内就发射炮弹10000余发。迫于压力，宫崎部队只能退至阿拉杜拉高地转入防守。

5月31日，佐藤师团长决定撤退，但留在阿拉杜拉高地的宫崎部队仍继续坚守。6月下旬，目睹英印军的众多坦克、卡车穿行在科希马和英帕尔之间的公路上，宫崎部队长痛苦地承认，过去一百多天苦战的成果已经化为乌有。

■ 1944年5月，英印军在科希马－英帕尔前线实施反攻，图为英军对日军阵地进行炮击后的情景，近处可见准备进攻的英军坦克的一角。

英帕尔的饥饿作战

步兵第138联队（隶属第31师团）

——英帕尔作战，1944年3月~7月

通称号：烈10353　成立地点：奈良　成立时间：1938年5月23日拜授军旗　作战时的联队长：鸟饲恒男

步兵第138联队组建于1938年，曾一度撤编，后于1943年3月在奈良重建，编入第31师团。当该师团编入在缅甸作战的第15军作战序列时，步兵第138联队正驻扎在泰国曼谷。1943年8月，步兵第138联队被调入缅甸，负责守备钦敦江东岸，并且可以随时渡河作战。

在1944年3月开始的英帕尔作战中，第31师团的任务是攻占科希马。根据作战计划，日军主力部队将在3月15日渡过钦敦江，但在此前两日，第31师团就从一线各大队中各自抽调一个中队先行秘密渡河。步兵第138联队的渡河地点在霍马林附近，位于整个日军进攻出发地域的北部。渡河后，第3大队长柴埼兵一少佐指挥的右翼突击队和鸟饲联队长指挥的中路突击队分别从南北两面进入若开山脉，而第31师团的左翼突击队是由步兵团长宫崎繁三郎少将指挥的以步兵第58联队为基干的部队。

4月5日夜，左翼突击队所属步兵第58联队第3大队

占领科希马郊外的要点，宫崎少将接到报告后当即断定正面的英印军已经崩溃，必须转入扫荡作战，并基于这一判断调整了兵力部署。然而，英

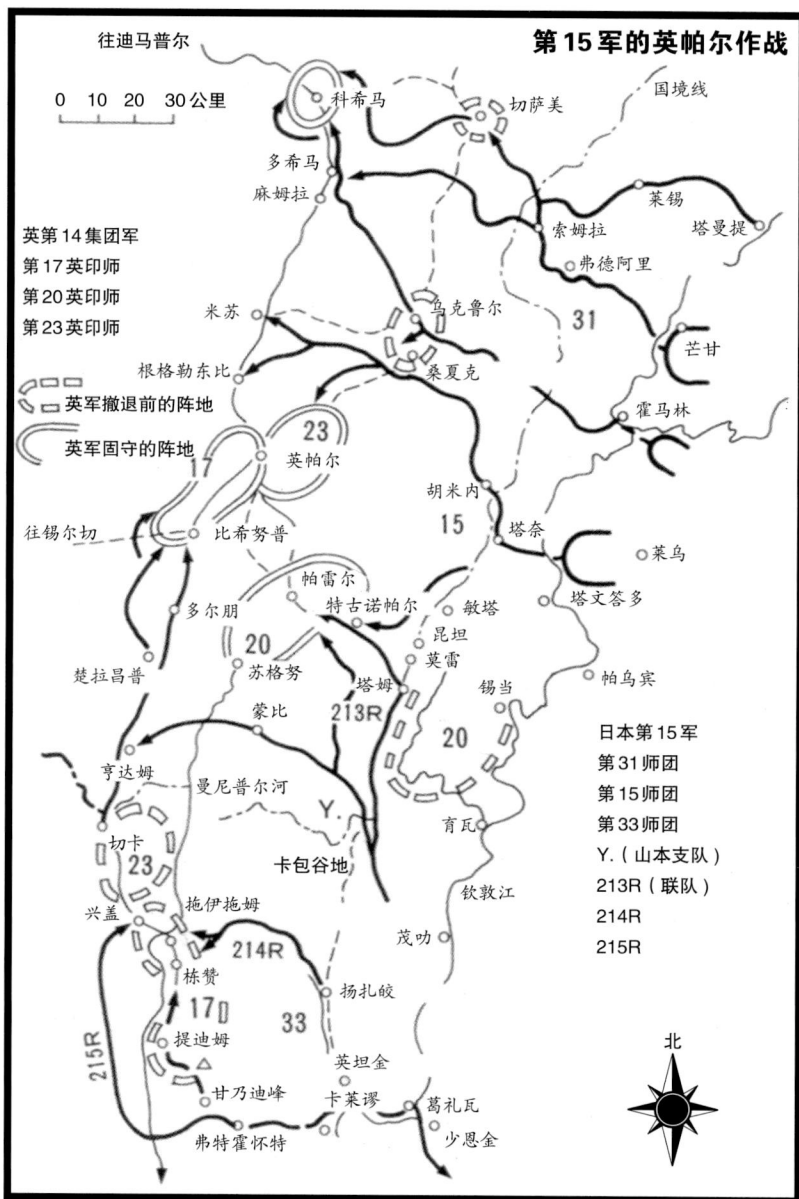

第15军的英帕尔作战

日本第15军
第31师团
第15师团
第33师团
Y.（山本支队）
213R（联队）
214R
215R

英第14集团军
第17英印师
第20英印师
第23英印师

英军撤退前的阵地
英军固守的阵地

印军向科希马增调了部队，并在该城西南三岔路口附近集结了3000余人的兵力，做好了迎击日军的准备。英军利用路口附近的10余座高地建立了坚固的防御阵地，日军用猴、犬、牛等动物名称命名这些高地，并屡屡发动夜袭，但换来的只有不断增加的伤亡。

步兵第138联队的突击队于4月7日前后进抵科希马周边地区。佐藤师团长命令师团主力攻击科希马三岔路口附近的高地，由此揭开了科希马消耗战的序幕。步兵第138联队在4月10日之后也多次向高地实施夜袭，同样遭到失败，柴埼大队长战死，部队战斗力急剧下降，最终未能攻下科希马的英印军阵地。

就在日军陷于复杂地形和英军坚固阵地之间进退两难之际，英印军从迪马普尔沿着公路干线向科希马前线增派援军和运送补给。与之形成鲜明对比的是，日军的补给状况却是每况愈下。在陆地上，英印军集中炮火向日军阵地猛轰；在空中，盟军的战斗机、轰炸机盘旋俯冲，狂轰滥炸，迫使日军官兵只能紧贴着地面躲避炮火。英军飞机还重点打击了日军脆弱的补给线，切断其后方交通线，日军前线部队每天都遭受损耗，却得不到补充，很快面临弹尽粮绝的困境。

佐藤师团长对于第15军的作战指导产生了疑问，最后自行决定下令撤退。据说鸟饲部队从科希马的英军仓库中缴获了足够的粮食，并没有为补给发愁，即使如此日军在科希马也没有取胜的希望。

■ 上图为科希马城外的一处三岔路口，在1944年3月到5月间日军与英军曾在此地激战。
■ 下图为遭到炮火破坏的科希马街市，在英帕尔作战中这座城镇是日军第31师团的目标。

苦斗后的无奈转进

步兵第51联队（隶属第15师团）
——英帕尔作战，1944年3月～7月

通称号： 祭7370 **成立地点：** 京都 **成立时间：** 1905年4月15日拜授军旗 **作战时的联队长：** 尾本喜三雄

步兵第51联队组建于1905年，在1925年的宇垣裁军中被撤销，后于1938年4月在京都重建，成为第15师团的基干联队。重建后的第51联队被派往中国华中战场作战，1943年6月调往泰国，于1944年3月在山内正文中将指挥的第15师团编成内参加了英帕尔作战。第51联队作为师团的左翼突击队于3月15日在塔文答多附近渡过钦敦江，进入险峻的敏塔米山脉，披荆斩棘向科希马、英帕尔进军。

在英帕尔作战期间，步兵第51联队无论兵员还是装备都不满编，下辖各中队仅有70人，编成2个小队，配置的自动武器和重火器也数量不足，战斗力较差。山内师团长在视察该联队后在日记中写道："真令人意外，这支部队的装备竟如此之少。"此外，第51联队因为在作战中大队长、中队长伤亡甚多而在军中闻名。

在进军途中，第51联队在卡包谷地缴获了1辆装甲车，但由于缺乏燃料并无太大用处。随后，该联队进入若开山区，于3月25日到达塞莱贡高地，乌克鲁尔至英帕尔的公路就从高地附近通过。3月31日，第51联队抵达科希马至英帕尔公路东侧的4950高地时遭到英印军的猛烈反击。在反复拉锯的高地争夺战中，英印军的火力不减反增。4月12日，在距离英帕尔仅有20公里的3833高地，双方爆发了激烈的攻防战，英印军不仅使用重火器集中轰击日军阵地，还派出飞机不断空袭。在交战

■ 图为日军在科希马至英帕尔的公路上设置路障，以阻止英军增援部队开往英帕尔前线，但他们最终未能阻止英军的行动。

中，第51联队大队长以下的军官战死大半，甚至出现了英军逼近师团司令部的紧急情况。尾本联队长向上级提出向4057高地转进（撤退）的意见，鉴于当前的战况，山内师团长也只能同意。第51联队在经历苦战的同时还受到阿米巴痢疾蔓延的困扰，一个中队的可战斗人员仅有二三十人，足见战斗力消耗的剧烈程度。4057高地从4月21日开始也受到英印军的攻击，日军又退到钦泰高地，此时第51联队已完全失去战斗能力。

不可思议的是，第15军牟田口廉也司令官于6月15日向已无进攻能力的第15师团下达了一道根本不可能执行的命令："攻击英帕尔，绝不让出科希马干道。"但

是，英印军早已获得战场主动权。6月22日，大量的英印军卡车通过科希马至英帕尔的公路，日军只能从远处观望，毫无办法，这一场面也意味着英帕尔作战的失败。

7月中旬，牟田口廉也终于下令全军撤退。然而，第51联队四周都是英印军部队，撤退谈何容易，最后只能解散部队，各自寻找退路，穿过沿途遍布尸骨的"白骨小道"向东行进，最后逆流渡过钦敦江，直到8月间第51联队才完成了撤退。在英帕尔作战中，第51联队死伤超过2100人。

■ 右图是在英帕尔的密林中穿行的日军，他们最终因为补给困难而撤退。

■ 下图为一群即将开赴英帕尔前线的日军士兵聚集在曼德勒的王宫前。

污血横流的盘山路

步兵第60联队（隶属第15师团）

——英帕尔作战，1944年3月～7月

通称号：祭7368　成立地点：京都　成立时间：1905年8月8日　作战时的联队长：松村弘

桑夏克之战

步兵第60联队和步兵第51联队一样是在1905年组建，后在宇垣裁军中遭到裁撤，又于1938年4月在名古屋重建，以京都地区为征兵补充地域。重建后的步兵第60联队归属第15师团，开赴华中战场作战，1943年随师团调往泰国，在第15军编成下参加了1944年3月的英帕尔作战。

步兵第60联队作为第15师团的右翼突击队于3月15日从温宾、韦马特附近渡过钦敦江，松村联队长亲率福岛银市少佐的第3大队向西进军，吉冈忠典少佐的第1大队和内堀次郎少佐的第2大队

各自择路进击。第60联队各大队排除小股英印军的袭扰，穿越若开山脉向预定攻击目标桑夏克挺进，但是隶属于第31师团的宫崎部队已经抢先向桑夏克发起进攻，并拒绝第60联队协同作战的要求。很快，第60联队接到命令："福岛大队在第31师团左侧展开，截断英印军的退路。"3月26日凌晨，福岛大队潜行到距离英印军阵地200米处，但被守军发现。英印军发射照明弹并猛烈开火，在僵持了一个白天后，英印军在26日夜间在猛烈炮击的掩护下主动撤退。3月27日凌晨4时30分，福岛大队突入桑夏克的英印军阵地时，只看到被

■ 图为英帕尔作战期间，两名日军士兵在科希马至英帕尔的公路上察看被击毁的英军卡车，日军企图切断这条重要的公路但未能成功。

■ 图为1944年4、5月间在科希马前线行军的英印军士兵。凭借顽强的坚守和持续的反击，英印军最终挫败了日军的攻势。

遗弃的兵器、弹药和粮食，而内堀大队在27日白天在桑夏克以南10公里处俘虏了100多名从桑夏克撤退的印度士兵。

切断公路的战斗

步兵第60联队占领桑夏克之后奉命继续向西开进，切断科希马至英帕尔之间的公路。虽然在地图上桑夏克距离公路的直线距离仅有5公里，但需要穿过险峻的山区，要在山路上行军一整天。4月1日，日军先头部队在4241高地附近与装备6辆坦克的英印军遭遇。日军使用掷弹筒发起攻击，命中坦克，随后英印军就撤退了，让日军感觉对手太过软弱。但是英军的作战方法与日军不同，他们通常在撤退后迅速集结有力部队发起反击。

4月7日凌晨，福岛大队派出第11中队担任前锋夜袭公路附近的根格勒东比阵地。与之前一样，

英印军在暂时撤退后很快就以坦克开路，以炮火掩护向日军阵地发起反击，第11中队在战斗中遭受重大伤亡，中队长以下49人战死，幸存者中还有3人重伤。在附近待命的其他部队也遭到英印军的攻击，包括军官在内有98人死伤，福岛大队的战斗力受到严重削弱。与之相似，内堀大队也陷入苦战，至4月19日几乎损失了所有可战斗人员。在一个月后的5月24日，在莱马特希尔前线作战的吉冈大队也丧失了作战能力，包括大队长在内伤亡过半。至此，步兵第60联队已经有2182人死伤，可以作战的兵力仅剩50人而已。

6月22日，步兵第60联队残部将最后的重机枪破坏后抛弃，踏上撤退之路。在过去三个月里以切断科希马至英帕尔公路为目标，第60联队与英印军进行了持续的战斗，最终丧失了全部战斗力，败退而归。

失误连连的围歼战

步兵第215联队（隶属第33师团）

——英帕尔作战，1944年3月~7月

通称号：弓6824　成立地点：高崎　成立时间：1939年3月23日拜授军旗　作战时的联队长：笹原政彦

在太平洋战争初期，步兵第215联队在柳田元三中将指挥的第33师团编成下参加了缅甸作战，在作战结束后负责缅甸西南部的警备。

1944年2月，步兵第215联队奉命参加英帕尔作战，隐蔽开进至卡莱谬以西钦岭、卡包高地的扬扎皎附近。由于距离预定目标较远。第215联队先于其他参战部队展开行动，于3月7日夜间作为第33师团左翼突击队在木阿尔宾地区渡过曼尼普尔河，然后沿着该河西岸的山道北上英帕尔，从而成为第一支突入印度境内的日军部队。与此同时，作为师团中路突击队的步兵第214联队从卡包山脉进军，经栋赞前往英帕尔。第33师团主力则沿曼尼普尔河东岸北上。然而，令日军没有料到的是，他们在栋赞遭遇了拥有1000多辆卡车和大量重火器的第17英印师主力。

笹原政彦大佐指挥的第215联队在曼尼普尔河之后没有遭遇英印军，按照预定路线继续前进，在3月12日清晨抵达兴盖以南1公里处，并在那里袭击了一处英印军补给基地，缴获了大量军需品，并与自东面而来的第214联队对栋赞形成了夹击之势。第215联队在13日傍晚切断了栋赞至英帕尔的公路，从而封闭了第17英印师的退路。根据英军战史记载，第17英印师在察觉日军的行动后本想从栋赞撤退，不料指挥官搞错了撤退时间，结果导致退路被第215联队切断而陷入包围。

然而，由于情报失误，第33师团司令部误以为第17英印师已经从栋赞撤退，因此将部队集结在谷地以东，没有进行围攻部署，使英印军部队

■ 图为英帕尔以南的钦岭。这里山高路险，人迹罕至，但是在日军的英帕尔作战计划中，第215联队要翻越这些山岭向英帕尔前进。

从最初的慌乱中恢复了镇定，重新组织兵力实施突围。3月18日，第17英印师在坦克部队的支援下发起反击，占据公路要点的第215联队首当其冲，遭遇猛烈的攻击，损失惨重，特别是第3大队伤亡甚大。3月22日、25日，师团司令部连续收到第215联队的"玉碎"电报，柳田师团长也被前线战况的急剧变化搞得手足失措，居然向第15军司令部提出"中止英帕尔作战"的意见，当然未获批准。在英印军的反击下，第215联队无法立足，只能暂时退却。第17英印师在给予日军重大打击后，于3月26日从栋赞撤到英帕尔，并在那里坚守到战役结束。

栋赞包围战是英帕尔作战中双方首次大规模交战，英军由于失误而陷入包围，但利用日军的错误判断及时调整部署，实施了成功的反击，最后突围撤退。实际上，日军在英帕尔作战的首次交锋中就失利了，而随着战役的深入，缺乏补给的日军将面临更为困难的态势，最终因为轻视后勤而遭遇惨败。

■ 上图为英帕尔作战中第33师团的士兵在密林中宿营。下图为日军士兵正向前线搬运扩音器，用于对英军中的印度士兵进行劝降。在英帕尔作战中，有不少印度人加入日军作战。

121

胜利幻象转瞬即逝

步兵第151联队（隶属第53师团）

——英帕尔作战，1944年3月~7月

通称号：安10022　成立地点：津　成立时间：1941年11月21日拜授军旗　作战时的联队长：桥本熊五郎

步兵第151联队是太平洋战争爆发前夕组建的新部队，后来一度被撤编，后于1943年12月重建，并入第53师团，准备投入南方战线。到1943年末时，战争局势对于日军愈发不利，特别是失去制空权后，通往南方的海运线受到严重威胁，船舶常常遭到盟军潜艇、飞机的攻击而沉没。1944年3月27日，第151联队从宇品港起航，于4月16日抵达新加坡。日军最初计划将第151联队部署到缅甸沿岸地区担任警备任务，后来因为英军突击队空降到缅甸日军后方，于是第151联队奉命前往清剿，该联队各大队于4月底、5月初从新加坡乘火车开赴缅甸，在抵达莫雷后该联队的第1大队首先投入作战。然而，到了5月中旬，鉴于英帕尔前线战况恶化，日军又命令第151联队立即增援英帕尔方向。

5月14日，第151联队的第2、3大队进抵通往英帕尔平原的关卡要道楚拉昌普，算是向英帕尔前线迈出了第一步，但随后的作战并不顺利，在乘车前往塞多途中遭遇英印军的袭击，汽车大多翻覆或损坏，日军只能冒雨徒步200公里赶往目的地。

由于连日暴雨导致山洪暴发，冲垮了沿途的桥梁，所有重武器只能依靠人力搬运，日军官兵极为疲劳，缅甸雨季的降临使得作战更加困难。

第151联队在英帕尔前线的首战是攻击比希努普外围阵地。原计划步兵第215联队将从侧翼

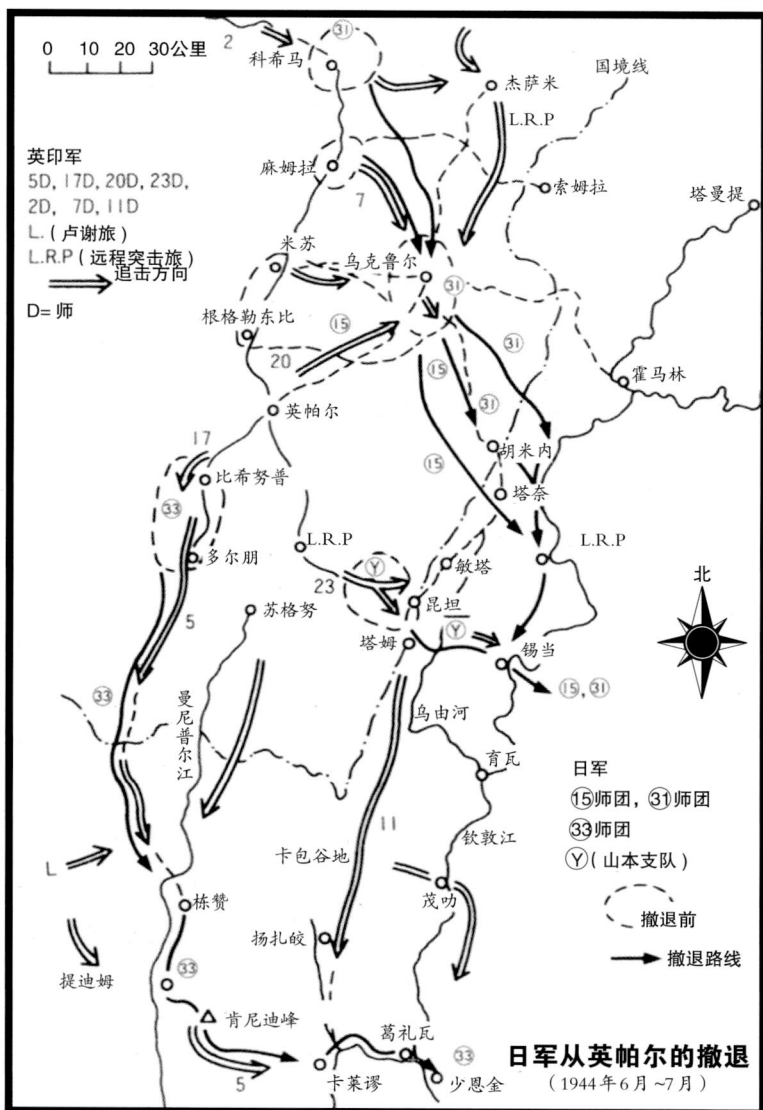

0　10　20　30公里

英印军
5D, 17D, 20D, 23D,
2D, 7D, 11D
L.（卢谢旅）
L.R.P（远程突击旅）
→ 追击方向
D= 师

北

日军
⑮师团，㉛师团
㉝师团
Ⓨ（山本支队）

----撤退前
→ 撤退路线

日军从英帕尔的撤退
（1944年6月~7月）

支援作战，但由于该部承担着防御任务，根本无暇顾及第151联队的战斗。6月21日10时50分，桥本联队长命令最先抵达前线的300名士兵发起进攻，到11时16分就占领了加兰贾卢附近的"林高地"，英印军未做积极抵抗就放弃阵地后撤了，战斗持续时间不到30分钟，这让占领阵地的日军士兵高声欢呼。然而，英印军通常会在日军进攻时先行撤退，然后再集结兵力实施反击，这是他们在英帕尔作战中惯用的战法，日军在占领阵地后要立即寻找掩蔽，准备迎击英军的反攻。然而，初次与英军交手的第151联队并不知晓英军的战术特点，在上阵前也没有得到上级司令部的

提醒。"林高地"很快就遭到不下50门英军火炮的集中射击，攻上高地的第3大队还在为轻松取胜而沾沾自喜，结果猝不及防，遭受重大损失，包括大队长仲芳夫少佐在内有205人阵亡，生还者仅30人。

就在第151联队先头部队在"林高地"受挫之时，徒步行军的联队主力及第53师团其他部队还在雨中向英帕尔前线开进，沿途总能遇到三三两两的掉队士兵向后方蹒跚而行，他们都是3月以来在英帕尔前线与英印军交战的日军部队的残兵败将。从他们的脸上第151联队的官兵们就能预见到自己即将面临的困难处境。

■ 图为在若干山区作战的英印军部队，他们刚刚攻占一座日军阵地。可见山上的树木植被都被炮火毁坏殆尽。

在死亡之谷的死守

步兵第55联队（隶属第18师团）

——胡康作战，1943年10月～1944年7月

通称号：菊8902　成立地点：大村　成立时间：1905年6月13日拜授军旗　作战时的联队长：山崎四郎

步兵第55联队在太平洋战争初期在第18师团编成下参加了缅甸作战，之后负责缅甸北部的守备任务，驻防胡康谷地，在当地语言中"胡康"意为死亡，这似乎也预示着该联队的黯淡未来。

1943年10月30日，在胡康谷地靠近印缅边境的一处日军据点遭到攻击，那里驻有步兵第56联队的一个中队，在该据点西南约40公里的塔罗，步兵第55联队的一个中队也同样受到攻击。发动攻击的是一年多前从缅北撤往印度的中国远征军，他们在印度接受了美式训练，用英美提供的武器重新武装起来，作战能力远胜往昔，改称中国驻印军，奉命在缅北发起攻势，在他们身后是一支庞大的工程部队，负责修建通往中国云南昆明的战略公路。驻印军将与在中国境内重新组建的远征军东西对进，收复缅北，打通滇缅公路。

接到警报后，步兵第55、56联队立即全力迎战，但两个联队总兵力不过4000余人，根本不是驻印军的对手。第55联队最初增援塔罗地区，甚至一度包围了驻印军一部，但得到盟军空中补给和猛烈空地火力支援的中国军队顽强坚守至援军抵达，挫败了日军的反击。迫于压力，第55、56联队只能一退再退，而驻印军则稳步推进，他们不仅可以从空中获得补给，而且装备了坦克和大量火炮，空中还有战斗机和轰炸机频繁炸射，以优势火力蹂躏日军。相比之下，第55、56联队不仅没有坦克一类的重型武器，连最基本的补给都难以保证，因为由温盖特将军指挥的英军突击队在日军后方空降，破坏了通往密支那的铁路线。

■ 图为1943年秋季向胡康谷地发起反攻的中国驻印军部队，他们本来是1942年赴缅参战的中国远征军余部，在作战失利后撤往印度接受整编。

更糟糕的是，当地的克钦族居民也加入盟军阵营开始袭击日军。尽管缅北遭到攻击，日军依然在1944年3月发动了英帕尔作战，在此期间第55、56联队在夏杜苏一带死守。

在粮弹两缺，甚至军靴都无法补充的困境下，第55、56联队进行了不休不眠的战斗，部队损耗

124

极大，疲惫不堪。战至1944年5月底，日军已经失去了胡康谷地中的大部分据点。6月初，第55、56联队被迫向甘马因撤退，无法带走的6门野炮和20门150毫米榴弹炮都被拆解后埋入地下，30名无法随军撤退的重伤员被迫自杀。残余日军砍树造筏，顺着孟拱河漂流而下，据说包括第55联队长山崎四郎大佐和第56联队长长久竹郎大佐在内的约半数日军撤到甘马因，重新建立防御阵地。

甘马因是日军在胡康谷地最后的据点，很快遭到追随而至的驻印军的攻击。第55、56联队残部在此地坚守了近20天后被迫再次撤退，目标是甘马因以南约30公里的沙貌。日军残部一面在雨中砍树开路，一面与追击的中国军队交战，经历三天苦战终于撤出谷地，至此长达8个月的胡康作战落

■ 图为英军突击队在缅甸日军后方对铁路线进行破坏。

下帷幕。第18师团在胡康谷地的战斗中约有3200人战死，1800人负伤，而伤员中也有很大一部分因为得不到医治而死亡。

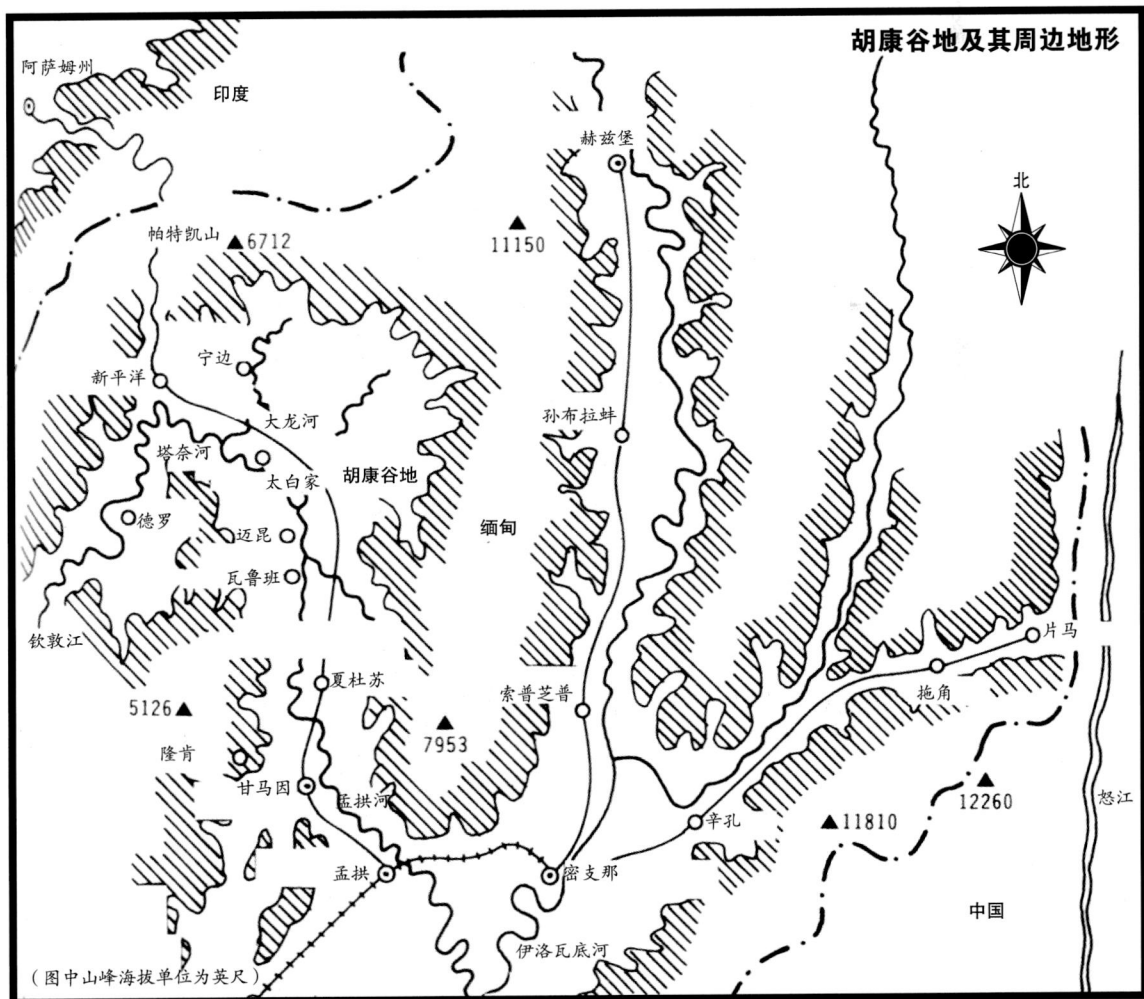

胡康谷地及其周边地形

阿萨姆州
印度
赫兹堡
帕特凯山 ▲6712
▲11150
北
宁边
新平洋
大龙河
孙布拉蚌
塔奈河
太白家
胡康谷地
德罗
迈昆
缅甸
瓦鲁班
钦敦江
片马
拖角
5126▲
夏杜苏
索普芝普
隆肯
7953▲
▲11810
12260
甘马因
孟拱河
辛孔
怒江
孟拱
密支那
中国
伊洛瓦底河

（图中山峰海拔单位为英尺）

怒江畔的三月鏖战

步兵第113联队（隶属第56师团）

——拉孟防御战，1944年7月～9月

通称号：龙6734　成立地点：福冈　成立时间：1938年5月23日拜授军旗　作战时的联队长：松井秀治

滇缅公路的中枢

　　拉孟位于中国云南省西南部，距离缅甸边境约100公里，怒江从其东侧川流而过，江上建有惠通桥沟通两岸。在太平洋战争爆发后，西方援助中国的物资在仰光卸船后通过铁路北运至腊戌，然后再通过卡车沿公路运往中国，经惠通桥抵达昆明。日军在1942年发动缅甸作战的目的之一就是切断滇缅公路，封闭英美援助中国的通道。1942年5月，日军追击败退的中国远征军，一路进至拉孟，中国军队为了阻断追兵炸毁了惠通桥。此后，中日两军隔着怒江对峙长达两年，而负责守备拉孟地区的日军部队就是隶属于第56师团的步兵第113联队。为了达到长期固守、阻止中国军队反攻的目的，日军在怒江西岸正对惠通桥头的松山上构筑了以地下坑道和地堡群为核心的坚固防御阵地，储备了大量物资，配置了相当数量的轻重武器，成为日后中国远征军反攻道路上最难啃的绊脚石。

　　1944年5月，为了配合驻印军在缅北发动的攻势，中国远征军在中国云南境内也发起反攻。步兵第113联队转战拉孟周边的腾冲、平戈一带。6月间，中国远征军渡过怒江，向拉孟方向发起主要攻势，第113联队主力无力回援，只有留在松山阵地上的少数部队独自对抗中国远征军的进攻。坚守松山的拉孟守备队有包括400余名步兵、360余名炮兵在内的约1200人，弹药给养储备充足，由野炮兵第56联队第3大队长金光惠次郎少佐指挥，第113联队副官真锅邦人大尉协助指挥。此外，第113联队军旗也随守备队留在松山阵地上。

■ 图为位于拉孟日军阵地前方的惠通桥，滇缅公路上的关键通道。

松山血战

　　1944年6月2日，中国远征军在密集的炮火掩护下渡过怒江向松山地区发动攻势，但遭遇日军超乎预期的顽抗。日军利用山高林密、地形复杂的战场特点，依托精心构筑的坑道工事，屡屡击退中国军队的进攻，并给中国军队造成严重的伤亡。但是，随着距离松山30公里的龙陵被中国军队攻占，拉孟守备队陷于孤立，补给断绝，仅偶尔有日军飞机前来空投弹药和药品。

　　在进攻受挫后，中国军队调整进攻部署，研究新的作战方法，逐步拔除日军据点，压缩日军

阵地，到8月初中国军队发动总攻时，松山阵地上的日军仅剩约200人，主阵地也仅有3个尚未被攻陷。尽管如此，攻防拉锯战依然持续了一个多月。最后，中国军队利用坑道爆破摧毁了日军主阵地。9月7日，金光守备队长战死，由真锅大尉接替指挥。9月8日，拉孟守备队烧毁军旗，除了负责向后方传递消息的木下昌己中尉等3人生还外，余下的80名日军官兵全部被中国军队消灭。至此，持续达三个月的松山攻防战结束，拉孟守备队全军覆灭，但中国远征军也有7700余人伤亡。

■ 图为1944年6月间向日军松山阵地发起进攻的中国远征军。

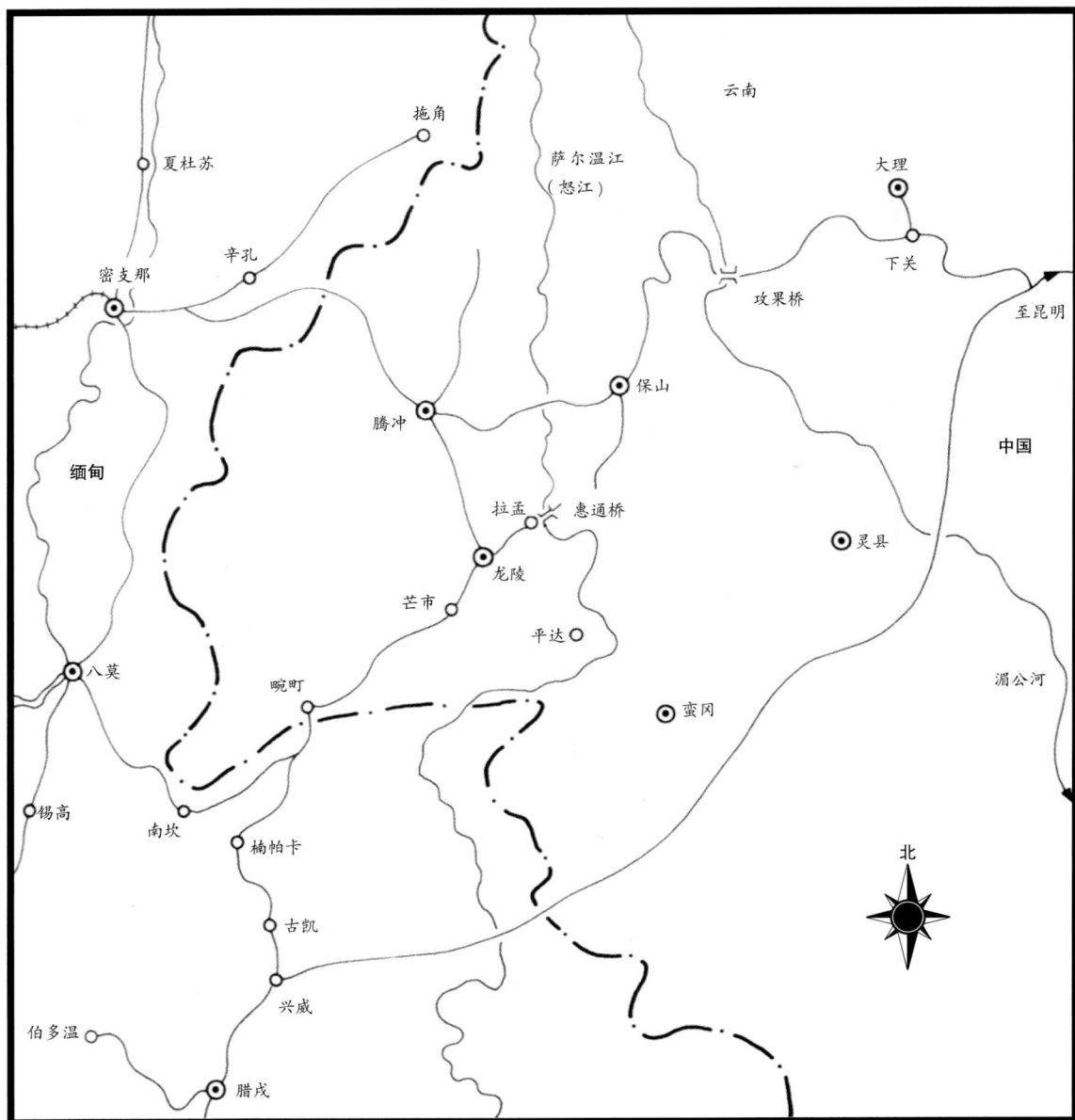

1944年末日军在缅甸战场的作战构想

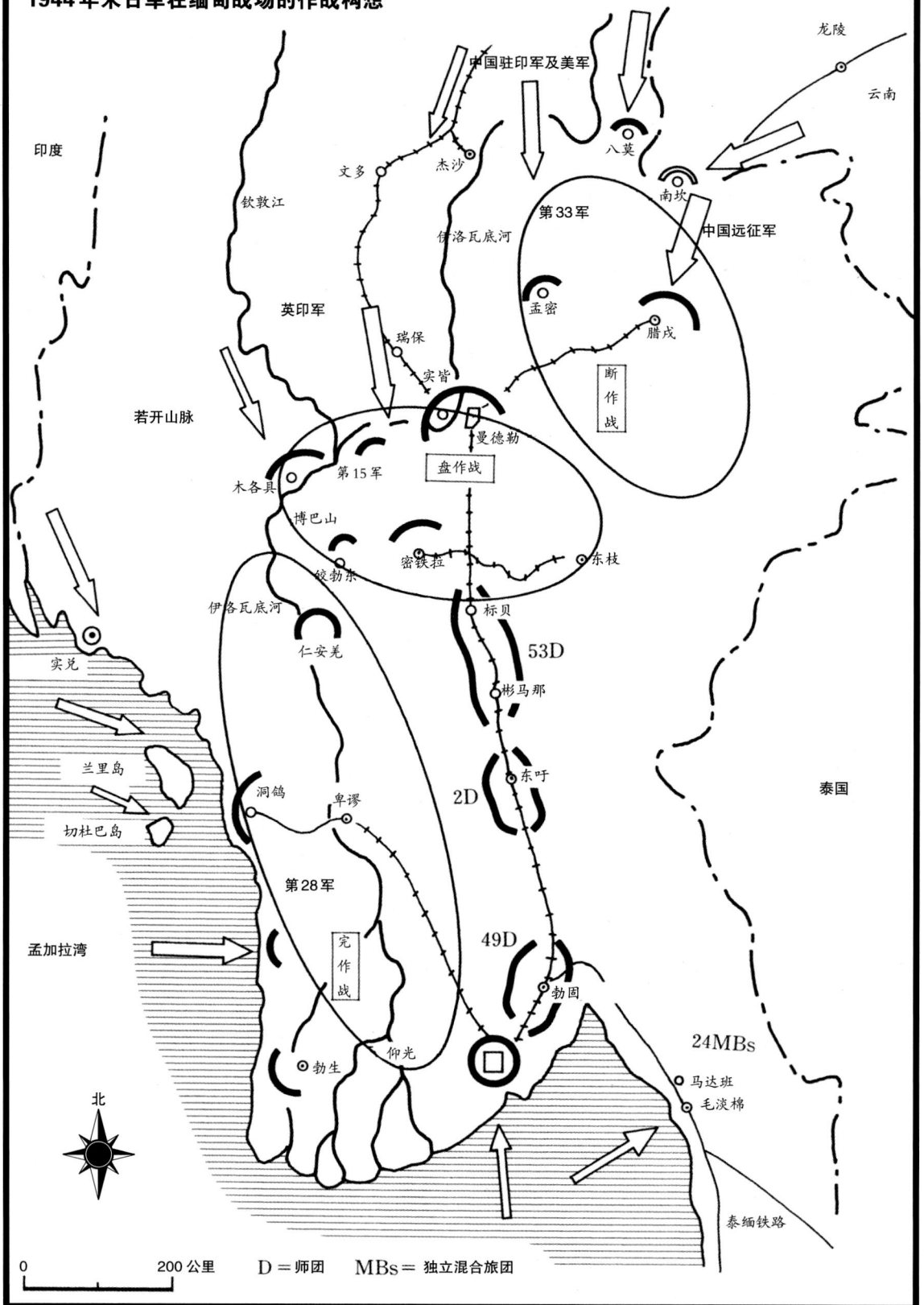

龙陵

云南

印度

中国驻印军及美军

文多

杰沙

八莫

钦敦江

伊洛瓦底河

南坎

中国远征军

第33军

英印军

瑞保

孟密

腊戍

实皆

断作战

若开山脉

曼德勒

盘作战

木各具

第15军

博巴山

皎勃东

密铁拉

东枝

标贝

伊洛瓦底河

53D

实兑

仁安羌

彬马那

兰里岛

2D

东吁

泰国

切杜巴岛

洞鸽

卑谬

第28军

49D

孟加拉湾

完作战

勃固

24MBs

勃生

仰光

马达班

毛淡棉

北

泰缅铁路

0   200公里   D = 师团   MBs = 独立混合旅团

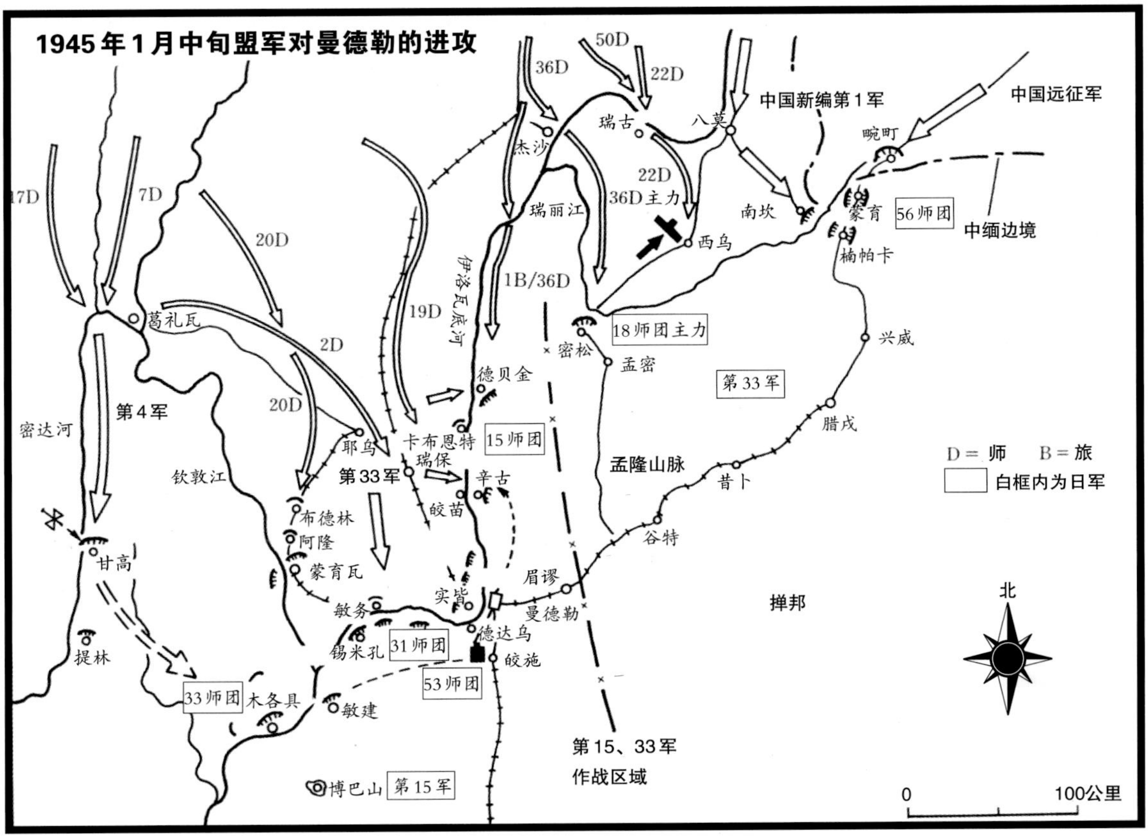

1945年1月中旬盟军对曼德勒的进攻

17D
7D
20D
2D
20D
19D
36D
50D
22D
22D
36D主力
1B/36D

中国新编第1军
中国远征军
中缅边境

葛礼瓦
密达河
钦敦江
第4军
耶乌
布德林
阿隆
蒙育瓦
敏务
第33军
卡布恩特
瑞保
皎苗
辛古
实皆
眉谬
曼德勒
德达乌
皎施
锡米孔
敏建
木各具
甘高
提林
德贝金
密松
孟密
孟隆山脉
瑞丽江
瑞古
杰沙
伊洛瓦底河
八莫
碗町
南坎
蒙育
楠帕卡
兴威
腊戌
昔卜
谷特
西乌
掸邦

15师团
18师团主力
第33军
56师团
31师团
53师团
33师团
第15军
博巴山
第15、33军
作战区域

北

D = 师   B = 旅
白框内为日军

0   100公里

■ 图为1944年年底准备渡过伊洛瓦底江的英军部队。渡江后他们将向曼德勒、密铁拉等地发起攻击。

军旗失落长官自决

步兵第106联队（隶属第49师团）

——密铁拉攻防战，1945年2月~3月

通称号：狼18702　成立地点：京城　成立时间：1944年6月拜授军旗　作战时的联队长：十时和彦

英军兵临密铁拉

1945年2月25日，日军得知渡过伊洛瓦底江的英军正向密铁拉进军，据称英军拥有2000余辆卡车和坦克。日军缅甸方面军为了在伊洛瓦底江一线阻止英军进攻而召开紧急作战会议，认为必须加强密铁拉的防御。然而，在密铁拉基本没有可以称得上是战斗部队的单位，当地的最高指挥官是第二野战运输司令官粕谷留吉少将，他匆忙将后方单位的人员召集起来，连同能够行动的伤员在内拼凑了约4000人的防御部队。与此同时，缅甸方面军还命令远在400公里外的第49师团主力增援密铁拉，并指定师团长竹原三郎中将接替粕谷少将指挥密铁拉的防御作战。

接到命令后，竹原师团长率步兵第106联队星夜兼程，北上密铁拉。同时，第49师团第168联队也从缅北南下增援，不过该部仅有400余人，勉强编成一个大队。但在日军援兵抵达前，密铁拉于3月1日被英军攻克。

遗失军旗的战斗

稍迟一步的第49师团及第18师团随即展开夺回密铁拉的作战，而步兵第106联队从该城南面发起攻击。3月5日，日军突击队在密铁拉以南40公里的标贝袭击了英军机场，据说成功炸毁了英军运输机。之后，第106联队在米亚、坎当、金尔、

■ 图为1945年3月向密铁拉开进的英军机械化纵队。凭借装备和数量优势，英军挫败了日军的反击。

托麻等密铁拉周边地区与英军展开持续交战，但仅凭步枪、手榴弹终究不敌得到坦克、火炮、飞机支援的英军部队吗，损耗严重。在坎当一战中第106联队第1大队就有240人战死，在攻击托麻的机场时第2大队有42人战死，在金尔夜袭中有106人战死，在托麻附近与英军坦克的交战中第1大队又有50人战死。3月22日夜，日军对密铁拉发起总攻，十时联队长拔刀率队从坎当出击，他已不抱生还的希望，当时就连辎重军官、军医等后方人员也都被抽调到战斗部队中担任小队长，

可见兵力之缺乏。当日军突击队隐蔽接近前沿时，英军照明弹照亮了战场，日军部队立即陷入猛烈的炮火覆盖下，被迫撤退，总攻宣告失败。在抵达密铁拉战场时，第106联队约有1900人，此时已经剧减至800人。

鉴于损失巨大，日军于3月28日停止了密铁拉反击战，但是为了阻止英军南下，日军继续节节抵抗。此时，原本依附于日军的缅甸军队也纷纷倒戈。4月8日，十时联队长因为在战斗中遗失军旗，被竹原师团长追究责任，最终自杀谢罪。

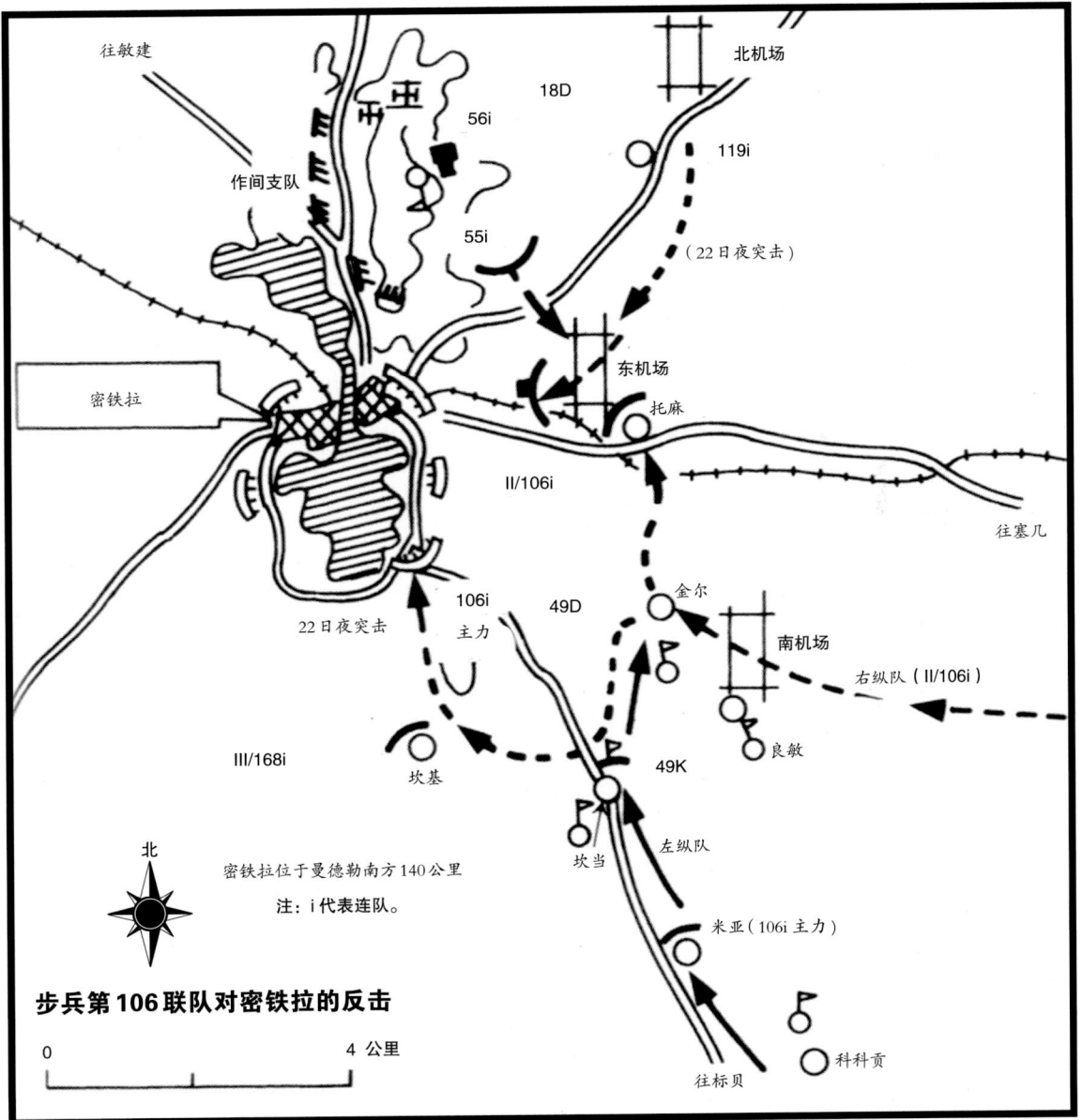

步兵第106联队对密铁拉的反击

在英军追击下撤退

步兵第154联队（隶属第54师团）

——锡当河渡河作战，1945年7月

通称号：兵10114　成立地点：冈山　成立时间：1940年9月27日拜授军旗　作战时的联队长：村山一马

从防守到撤退

步兵第154联队于1940年9月编成，1943年夏季随第54师团调往缅甸，成为缅甸方面军的直辖部队。从1943年9月至1944年2月，步兵第154联队一直在伊洛瓦底江口、切杜巴岛、甘高等地担负守备任务，除了第2大队在1944年初临时调配给第33师团参加英帕尔战役之外，第154联队直至1944年底都没有参加实战。

1945年1月，英印军向甘高发动进攻，第154联队与其展开了激战，但是面对装备有坦克和重炮的英印军，该联队只能通过夜袭、突袭等进行周旋。经过26天的艰难战斗，第154联队损失了包括第1大队队长在内的400余名官兵，被迫开始撤退。经过两个月的作战，第154联队于5月20日渡过伊洛瓦底江，以第1大队为基干编成木庭部队，编入混成第72旅团，继续与逼近的英印军交战。此时，自英帕尔作战开始就脱离联队主力的第2大队也回归建制。

渡过锡当河

在伊洛瓦底河东岸，自西向东依次是海拔4500米的勃固山脉、曼德勒、锡当河和海拔1000～1300米的掸邦高原。第154联队在勃固山中重新集结了队伍，全联队此时仅剩1000余人，

第54师团渡过锡当河的过程

154i 为步兵第154联队

0　　　20公里

而在1943年夏季从宇品港出发时有2900人，加上之后补充的人员约有3800人，在经历几个月的战斗后，第154联队已经损失了73.6%的人员。

面对步步紧逼的英印军，第54师团一面摆脱追击，一面向东撤退，首先要突破勃固山脉，然后渡过锡当河，直线距离大约120～130公里。第54师团从南到北分为木庭支队、胜部队和师团主力三路分头撤退，在更南面还有其他部队也以锡当河为目标翻越勃固山脉。7月21日至23日，木庭部队首先在东吁以南渡过了锡当河，尽管河面宽约200米，但日军事先在勃固山中制作的竹筏发挥了重要作用。为了躲避英印军的炮击和空袭，日军的渡河行动全部在夜间进行，他们预定在渡河后全速向掸邦高原开进，然后择路南下退往泰国。然而，撤退的日军受到饥饿和疾病的折磨，多数死于中途，最终未能到达泰国。

8月22日，第154联队在锡当河以东约10公里的一座小村庄内得知日本已经宣布投降的消息，于是就地烧毁军旗，等待英军前来受降。从1945年1月到8月间，第154联队损失了88%的人员。

■ 上图为1945年7月在锡当河前线，一名英军士兵在检查日军战俘，他们是在撤退过程中被俘获的。下图是在锡当河前线作战的英军炮兵部队，慑于英军的炮击和空袭，日军选择在夜间渡河。

缅北战役战地写真集

■ 上图为1943年秋季中国驻印军炮兵部队在胡康谷地与日军作战。他们头戴英式钢盔，但使用的是美制火炮。

■ 下图为中国驻印军的后勤部队行进在胡康谷地的山路上。沿途随处可见日军士兵的尸体，胡康作战持续达8个月之久。

■ 上图为中国驻印军的坦克部队在印度接受训练，他们驾驶的是美国提供的 M4 型"谢尔曼"中型坦克。

■ 下图为中国驻印军的坦克部队沿着胡康谷地向密支那挺进。这支部队装备的是美制 M5 型"斯图尔特"轻型坦克。

■ 上图是1944年夏季印缅战区美军最高指挥官史迪威中将视察在密支那前线作战的中美联军。下图是在密支那战役前夕进行作战训练的美军部队。中央小图为盟军占领下的密支那机场的门岗。

■ 上图为1944年夏季被炮火摧毁的拉孟地区的房屋，中日两军在此地激战三个月。右上小图为跨越怒江的惠通桥。

■ 下图为1944年底滇缅公路打通后，几名中国官员乘坐美军吉普车通过中缅边界，他们旁边的路牌指明中缅两国的方向。

■ 图为滇缅公路中位于中国贵州境内著名的"二十四道拐"路段，在抗战时期这条公路是中国接受援助物资的重要通道。

国防圈的崩溃

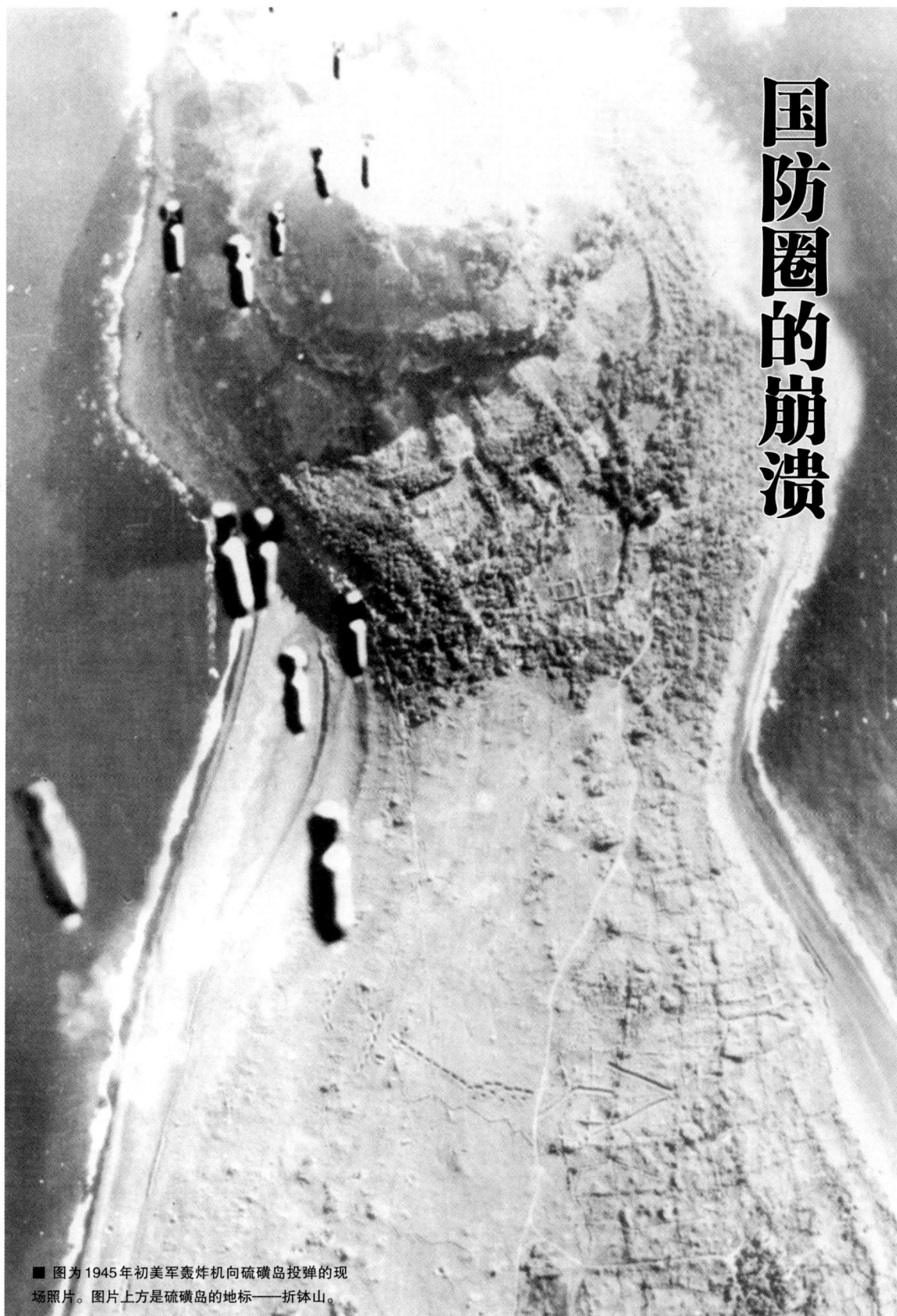

■ 图为1945年初美军轰炸机向硫磺岛投弹的现场照片。图片上方是硫磺岛的地标——折钵山。

塞班守备队的覆灭

步兵第136联队（隶属第43师团）

——塞班防御战，1944年6月～7月

通称号：誉11935　成立地点：岐阜　成立时间：1937年8月30日拜授军旗　作战时的联队长：小川雪松

绝对国防圈的要点

1943年9月25日，日军大本营制定新的作战方针，设定所谓的"绝对国防圈"，即以千岛群岛－小笠原群岛－马里亚纳群岛－西部新几内亚－巽他群岛－缅甸作为需要绝对确保的防卫线，并以此线为基础重新构建防御态势。

在"绝对国防圈"中，包括塞班岛、提尼安岛、关岛的马里亚纳群岛是最重要的区域，可以说是保卫日本本土的防波堤。日军大本营在此配置了小畑英良中将指挥的第31军，在各个岛屿上都部署重兵设防。负责防御关岛的是高品彪中将指挥的第29师团，负责防御塞班岛的是斋藤义次中将指挥的第43师团，岛上还有由南云忠一海军中将指挥的中部太平洋方面舰队旗下的海军部队。塞班岛守备队包括陆军部队约28000人和海军部队约15000人，共计约43000人。虽然兵力相当可观，但是以步兵第135、136联队为基干的第43师团在1944年5月中旬才登岛，距离美军登陆仅有一个月时间，因此海岸防御设施的修建及纵深防御阵地的建设都未能完成，作战准备并不充分。

另一方面，美军意图以马里亚纳群岛作为远程轰炸机B-29空袭日本本土的前进基地，因此势必要夺取塞班岛等重要岛屿。就在第43师团登陆塞班之时，尼米兹海军上将指挥的美国太平洋舰队也开始在马绍尔群岛集结。1944年6月6日，斯普鲁恩斯上将的第5舰队开始执行进攻马里亚纳群岛的"征粮者"行动，以15艘高速航空母舰和7艘新型战列舰为核心的第58特混舰队在马克·米切

尔海军中将指挥下率先出击，压制马里亚纳群岛的日军航空基地，随后由奇蒙德·凯利·特纳海军中将指挥的登陆舰队随后跟进，这支舰队拥有535艘运输船和两栖舰艇，运载了127000名登陆部队的士兵，他们将按照计划在塞班岛、提尼安岛和关岛登陆。

作战两日即溃灭

日军塞班守备队分成几个地区队分区防守，包括北地区队（步兵第135联队）、海军地区队（第55警备队、横须贺第1特别陆战队）、中地区队（步兵第136联队）、南地区队（混成第47旅团）和师团预备队（第136联队第3大队、步兵第40联队2个中队、战车第9联队），试图依托海岸防线抗击美军登陆。

6月11日，美军舰载机群猛烈空袭塞班岛，并延续到12日。6月13日，美军舰艇靠近塞班岛海岸，开始舰炮火力准备，海岸附近的城镇全部化为灰烬，日军在岸边设置的阵地也几乎被摧毁。6月15日，美军从黎明前就开始舰炮轰击，上午8时40分满载陆战队员的美军登陆艇开始抢滩登陆。美军选择的登陆地点是塞班西南海岸查兰卡诺亚附近的海滩。部署在岸边的日军火炮半数已经被毁，日军使用剩余的火炮以及部署在岛屿中央纵深阵地的火炮向登陆美军射击。负责防御从加拉班至查兰卡诺亚一带的步兵第136联队主力在美军登陆前的轰炸和炮击中已经死伤不少，剩下的士兵拿着轻武器进行抵抗，尽管给美军造成了相当的伤

■ 图为1944年6月15日聚集在塞班岛海滩上的美军陆战队队员。尽管遭到日军的顽强抵抗，美军仍然成功登陆并建立了桥头堡阵地。

亡，但仍然无法阻止美军在落日前建立了宽6.4公里、纵深1.6公里的桥头堡阵地。

防线遭到割裂的日军决定于6月15日夜至16日凌晨进行夜袭，以期恢复战线。作为师团预备队的第136联队第3大队（大队长野野村春雄大尉）、第9战车联队、第24步兵团都将参加夜袭。然而，停在近海的美军驱逐舰在夜间不断发射照明弹，将日军夜袭部队的行踪暴露无遗，随即遭到美军机枪、步兵和舰炮的猛烈射击，遭受惨重伤亡，步兵第136联队第3大队全部战死。6月16日夜间，不甘心失败的日军再次发起夜袭，步兵第136联队主力和坦克部队从美军的背后逼近，海军横须贺特别陆战队从加拉班方向进攻，结果又一次陷入美军的交叉火网之中，以惨败收场。第136联队第1大队（大队长福岛胜秀大尉）和第2大队（大队长安藤正博大尉）大部战死。

6月18日，日军放弃海岸防线，向塔波查山撤退，并建立纵深防线。在滩头站稳脚跟的美军也开始向内陆挺进，在塔波查山脚一带集结兵力，展开猛烈炮击。日军以步兵第135联队为主力负隅

抵抗，使得担负正面进攻的美军第27步兵师三天内未能前进一步，担任美军地面作战总指挥的霍兰多·史密斯陆战队中将以"欠缺进攻精神"为由撤销了第27步兵师师长拉尔夫·史密斯陆军少将的职务，引发了陆军和陆战队之间的纠纷。

另一方面，日本海军联合舰队发动"阿"号作战，小泽治三郎海军中将指挥的第1机动舰队向马里亚纳进军，在6月18日至19日于美军航母特混

■ 图为在滩头反击中被美军击毙的日军士兵和被击毁的日军坦克。

141

■ 图为1944年6月24日在加拉班前沿阵地向日军猛烈射击的美军重机枪，在失去滩头阵地后日军残部退往塔波查山继续抵抗。

舰队交战，即著名的马里亚纳海战。结果，日本舰队大败而归，彻底断绝了日军守住塞班的希望。

6月24日，日军大本营决定放弃塞班，并通知了第31军司令部。6月26日傍晚，塔波查山的日军阵地被美军攻克，日军残部向岛屿北部撤退。此时，步兵第136联队只剩300人，无法再展开有组织的战斗。7月7日凌晨3时30分，退到岛北的日军发起自杀冲锋，包括斋藤中将、南云中将在内的日军高级将领剖腹自杀，很多日本平民也在海边投崖自杀，据说自杀的日本人有8000～12000人。

7月21日，美军开始进攻关岛，7月24日又在提尼安岛登陆。8月3日，提尼安岛上日军有组织的抵抗最后停息。8月11日，马里亚纳地区日军最高指挥官小畑英良中将在关岛自杀，至此整个马里亚纳群岛均被美军占领。美军随后迅速修建了大型航空基地，供B-29轰炸日本本土使用。

■ 图为7月3日美军对塔波查山附近地区进行清剿作战，日军残余部队聚集在岛屿北部，并在7月7日凌晨向美军阵地发起自杀冲锋。

洞窟内的绝望抗击

步兵第2联队（隶属第14师团）

——佩莱利乌岛防御战，1944年9月～12月

通称号：照7746　成立地点：水户　成立时间：1874年12月19日拜授军旗　作战时的联队长：中川州男

关东军下南洋

1943年9月日军大本营设定所有"绝对国防圈"之后，决定从中国东北抽调关东军精锐部队派往太平洋诸岛，加强"绝对国防圈"的防御，第14师团就在此时被调往帕劳群岛。由井上贞卫中将指挥的第14师团总兵力为11797人，于1944年4月24日到达帕劳，在26日全军登陆后立即开始在各岛布防，步兵第2联队防御佩莱利乌岛，第59联队（欠第2大队）驻守安加尔岛，步兵第15联队作为师团直辖的机动部队在帕劳群岛主岛巴伯尔图阿普岛待命。

佩莱利乌岛是南北长约9公里、东西宽约3公里的小岛，附近的安加尔岛面积更小，在巴伯尔图阿普岛和佩莱利乌岛上修建有机场，在安加尔岛上也有适合修建机场的场地。当时，美军西南太平洋战区司令麦克阿瑟上将正在筹划登陆菲律宾莱特岛的攻势，而帕劳群岛位于菲律宾的正东面，如果置之不理，就意味着在美军登陆菲律宾时将放任日军的零战在上空飞舞。如果美军占领了帕劳群岛的机场，就可以作为支援菲律宾作战的航空基地，而美军瞄准了佩莱利乌岛作为攻击目标，计划在1944年9月15日登陆。因此佩莱利乌岛战役实际上是一场机场争夺战。

在洞穴中抵抗到底

在美军登陆之时，佩莱利乌岛上的日军守备部队总计有9838人，以中川州男大佐指挥的步兵第2联队为主力，还有步兵第15联队第3大队、独

■ 第2联队长兼佩莱利乌守备队长中川州男大佐。摄于中佐时期。

立步兵第346大队等单位，此外还有海军航空部队、设营队等海军单位，陆军部队有6192人，海军部队有3646人，由中川大佐统一指挥。在战役进行时，步兵第15联队第2大队作为增援部队从帕劳赶来，实施反登陆作战。

奉命进攻佩莱利乌的美军部队包括海军陆战队第1师和第81步兵师，共约40000余人，其中陆战队第1师自瓜岛战役以来屡经战阵，以勇当先锋、精锐善战而著称，在登陆前该师师长威廉·鲁佩图斯少将曾夸口说："这种小岛给我四天时间就可以攻克。"但美军没有料到，中川大佐指挥部队在短时间内将佩莱利乌岛全部要塞化，利用岛上随

■ 图为1944年9月15日在佩莱利乌岛滩头，一辆美军两栖装甲车被日军炮火击中瘫痪，反映了登陆战斗的激烈程度。

处可见的天然洞穴构筑了纵横交错、易守难攻的防御体系。

1944年9月15日晨，美军先遣部队开始向佩莱利乌岛海岸前进，美军选择的登陆地点是被日军称为西滨的南部海岸，日军在此设置了6座前沿阵地，步兵第2联队第2大队（西地区队）和步兵第15联队第3大队（南地区队）在此摆开迎击阵势。战斗爆发伊始，两军就在滩头展开肉搏战，海滩上陈尸遍地，血流成河。美军首批登陆部队遭到重大损失，伤亡在1000人以上，难以取得突破。美军判断当面日军防御较强，于是转移攻击方向，选择在西地区队和南地区队的接合部实施突击，最后取得成功，约一个团的美军成功登陆并建立了桥头堡阵地。

得知美军成功登陆的消息后，中川大佐下令实施"第一号反击计划"，从作为司令部直辖部队的第1大队中挑选精兵编成敢死队，配合师团战车队的17辆轻型坦克向美军滩头阵地发起反击。然而，一字排开的日军坦克在穿越机场跑道时被美军反坦克炮和火箭筒一辆接一辆地击毁，日军的第一次反击作战失败。

但是，佩莱利乌岛的日本守备队没有像塞班岛、关岛守军那样发动自杀性的"万岁冲锋"，他们彻底贯彻了"一发一杀、一人一杀"的作战方针，即"一颗子弹杀死一个美军，一名士兵杀死一个美军"。步兵第2联队小队长山中永少尉是从西滨阵地生还的少数军官之一，他回忆说："真正残酷的战斗持续一周左右。之后，我们白天就躲在洞穴阵地中，晚上才出来打游击。每次出去都有人牺牲，损失相当大，但我想美军的损失更大。"

■ 图为佩莱利乌岛上遭到美军攻击的日军碉堡，山上植被尽毁。

美军的确遭受了超出预期的伤亡，但是不断有增援部队赶到，而日军守备队则是后援断绝、补给匮乏，甚至连子弹都得不到补充，打一发少一发，其灭亡只是时间问题。10月29日从佩莱利乌岛发往帕劳师团司令部的密码电文内容如下："现在战斗人员约500人（含轻伤人员），士气越来越高昂。"31日的密码电文则报告说："兵器弹药（含海军部队）尚余步枪190支、步枪弹药10600发、轻机枪8挺、重机枪4挺、机枪弹药2800发、重掷弹筒1具、掷弹筒弹药20发、手榴弹500枚、燃烧瓶10个、坦克地雷20枚。"进入11月后，日美两军的战斗演变为在10～20米距离内展开的近身肉搏战。盘踞洞穴阵地中的日军只在夜间出动，反复进行突袭，而美军则利用火焰喷射器进行清剿。

到11月18日，美军登陆佩莱利乌岛已经两个月了，日军守备队仅剩约150人。11月22日晨，美军发起全面攻击，洞穴内的日军已经弹尽粮绝。中川大佐向师团司令部发送了准备玉碎的密码电文："考虑到通信随时可能中断，特报告最后处理事宜：1. 对军旗做妥善处置；2. 彻底销毁机密文件。在完成上述处理后连续发送'玉碎'信号。"

在随后两天里，第14师团司令部都没有收到第2联队的消息，直到24日10时30分接到关于守

■ 图为美军在佩莱利乌岛上用日军士兵的头骨制作的警示牌。

备队最后兵力状况的报告："地区队现有兵力约50人，重轻伤员70人，共计约120人。兵器所剩无几，步枪0支，步枪弹20发。"可见佩莱利乌岛上的日军已经丧失抵抗能力。1944年11月24日16时，师团司令部通信室终于收到来自佩莱利乌岛的"玉碎"信号。第2联队长中川大佐和第14师团派遣的参谋村井权治郎少将在洞穴中自杀身亡。

持续两月有余的佩莱利乌岛攻防战落下帷幕，包括第2联队在内有10695名日军官兵战死，被俘者仅202人，美军为攻占该岛付出了2336人阵亡、8450人负伤的高昂代价，是太平洋战争中最残酷的岛屿争夺战之一。

■ 图为在佩莱利乌战役中美军使用火焰喷射器攻击日军藏身的洞穴，这是最令日军恐惧的武器，对于清除坚固据点非常有效。

百无一生的殊死战

步兵第59联队（隶属第14师团）

——安加尔岛防御战，1944年9月～10月

通称号：照7768　成立地点：宇都宫　成立时间：1905年8月8日　作战时的联队长：江口八叶

众寡悬殊的对决

在美军登陆佩莱利乌岛的第三天，即1944年9月17日，该岛北面的安加尔岛也遭到美军攻击，由保罗·米勒少将率领的美军第81步兵师约21000人在安加尔岛抢滩登陆。安加尔岛的日军守备队以第14师团所属步兵第59联队第1大队为主力，总兵力不过1200人，由第1大队长后藤丑雄少佐指挥，除去步枪和机枪外，岛上日军的重武器仅有4门野炮和4门中型迫击炮而已。双方的兵力对比是18比1，对于日军而言这是绝无胜算的战斗。

以磷矿开采知名的安加尔岛位于帕劳群岛的南部，距离佩莱利乌岛11公里，南北长约4公里，东西宽约3公里，总面积约12平方公里，是比佩莱利乌岛更小的岛屿。最初，日军判断主战场无非是建有机场的佩莱利乌岛和巴伯尔图阿普岛，美军不会登陆安加尔岛。但是，美军认为安加尔岛有适于修建机场的场地，并在占领该岛后立即修建了两条跑道。

8月28日，安加尔岛的日军守备队将该岛的日本侨民和岛民（主要是老人、妇女和儿童）疏散到巴伯尔图阿普岛，并强迫征用的朝鲜劳工和岛民中的青壮年协助日军作战，约有180名岛民被迫留在岛上。

抱着赴死的觉悟

9月17日凌晨5时30分，安加尔岛上响起如同滚雷般的爆炸声，停在近海的10多艘美军舰艇

■ 图为1944年9月在安加尔岛上，美军炮兵紧张地装弹射击。尽管美军拥有兵力和火力的绝对优势，这场攻防战仍持续了一个多月。

■ 图为1944年9月19日，美军部队乘坐装甲车进入安加尔岛的中央村落。从残破的背景中可以感受到战斗的激烈程度。

一起开火，向海岸猛烈轰击。不久，成排的满载登陆部队的登陆艇向安加尔岛东岸和东北岸发起冲击。此时，在岛屿东岸正面迎击美军登陆的是步兵第59联队第1大队由岛武中尉指挥的第3中队，有165人，此外还有星野善次郎少尉指挥的工兵第1小队51人。在岛屿东北海岸担任防御任务的是佐藤光吉中尉指挥的第2中队的2个小队。双方的兵力差距一目了然，日军根本无力抵抗，美军迅速登陆并建立了桥头堡。虽然日军守备队进行了激烈的反击，但美军在17日日落前将两处登陆场的宽度由1000米扩展到1500米，并从东北海岸向内陆推进了800米。

后藤大队长判断登陆的美军约有2000人，决定在重整混乱的战线后发起夜袭，无论如何也要击退美军。暮色降临，以第3中队为基干的岛武队向东岸的美军发动突袭，以第2中队为基干的佐藤队则反击东北方向的美军。第3中队在野炮、迫击炮、掷弹筒的支援下与美军展开肉搏，战至凌晨5时将美军暂时击退到海岸附近。但是，天亮后美军出动10多辆中型坦克和两栖坦克，在舰载机的支援下实施反击，第3中队遭到美军海陆空立体火力的集中打击，岛武中队长战死，残余士兵也大部分在上午10时被消灭，第3中队全军覆灭。

遭到岛武队突击的美军是第321步兵团第1营B连，该连队也遭受了相当的伤亡，包括营长在内多名军官负伤，后送治疗，随后该连由团预备队G连接替，撤回后方休整。即使如此，安加尔守备队无法阻止21000名美军陆续不断地登陆。

生者寥寥无几

在舰炮和舰载机的支援下，美军2个步兵团在50辆中型坦克的配合下从东北海岸和东海岸的登陆场出发，向岛屿中心的村落突击，至19日晨占领预定目标。

此时，后藤少佐根据预定作战计划，命令守备队主力转移到安加尔岛西北部山地中，依托天然石洞构建的防御阵地继续抵抗，并改变战术，以小股部队实施袭扰，与美军展开近战。为了清除顽抗的日军，美军使用火焰喷射器对洞穴逐个进行攻击，到19日傍晚时，岛上日军只剩下一半。

尽管日军已经无力组织有力的抵抗，但安加尔岛上的战斗仍持续了一个月之久。10月19日晚间，步兵第59联队第1大队集结了最后130名士兵，由后藤大队长亲自带队实施了最后一次夜袭，其结果可想而知，包括后藤少佐在内的日军全部被美军击毙。在长达33天的战斗中，安加尔守备队与佩莱利乌守备队一样，没有进行无意义的"万岁冲锋"，他们并不期待获得粮食弹药的补给，抱着必死的觉悟抵抗到最后一刻。

这场持久战究竟有多残酷，从战后向美军投降的岛民身上可窥一斑。根据美军战史《向菲律宾靠近》记载，在9月24日战斗基本停息后，美军向岛上残存的日本兵发布劝降通告，有186名岛民向美军投降，其中150人因为长期饥饿、营养失调而十分虚弱。由此可知岛上日军的境况绝不会比岛民更好。实际上，在极度疲劳的情况下能拿起枪已经是极限了。根据日本方面的资料，从安加尔岛生还的日本兵有50人。而根据美军战史，有59名日军被俘，大半是在战斗中因意识模糊而被美军俘获，其他的日军官兵全部战死。另有记录美军此战阵亡260人、负伤1354人，伤亡人数超过了日军守备队的总数。

■ 上图为安加尔岛上的一座美军弹药库受到日军袭击后起火爆炸。

■ 下图为在美军在安加尔岛上进行清剿作战，日军的抵抗持续了一个多月。

折钵山下的杀戮场

步兵第145联队（隶属小笠原兵团）

——硫磺岛战役，1945年2月～3月

通称号：静11963　成立地点：鹿儿岛　成立时间：1938年拜授军旗　作战时的联队长：池田增雄

剑指硫磺岛

1945年2月19日，美军在小笠原群岛中的硫磺岛登陆，其目的是空袭日本本土的B-29轰炸机获得一处中转基地。虽然从理论上说B-29的航程足以保证在马里亚纳群岛和东京之间往返，但在作战中难免有飞机发生故障或被日军防空火力击伤，如果在硫磺岛上建立基地，受损飞机就可以紧急降落，从硫磺岛起飞的美军战斗机能为B-29全程护航，此外占领硫磺岛还会缩短日本本土对空袭的预警时间。

日军从1944年夏季开始加强硫磺岛的防御，先后调遣了约20000名陆海军部队加以固守，统编为小笠原兵团，其主力是由栗林忠道中将指挥的第109师团，该师团是1944年5月重建的，下辖6个独立步兵大队，而在1944年7月到10月间调来的步兵第145联队是唯一成建制登上硫磺岛的步兵联队，拥有兵力约3000人。

栗林中将制定的防御方针是依托地下工事持久抵抗，因此守岛部队利用硫磺岛的特殊地形修建了规模庞大的地下坑道防御阵地，一旦美军登陆就转入地下作战，其目的就是尽量拖住美军进军日本本土的脚步，并给美军造成尽可能大的伤亡。

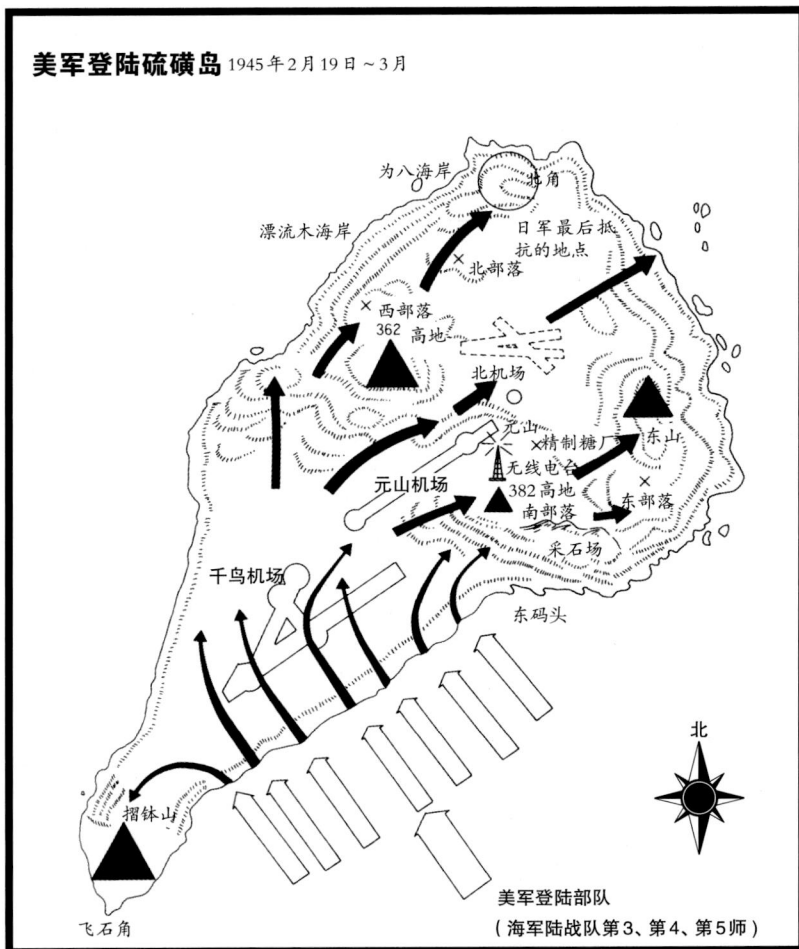

美军登陆硫磺岛 1945年2月19日～3月

埋骨火山灰

日军在硫磺岛上从南到北修建了3座机场，分别为千鸟、元山和北机场，适合登陆的地点在千鸟机场东南海岸，正如所日军预料的那样，美军正是选择此处登陆。千鸟机场由步兵第145联队第1大队负责防守。美军登陆的第

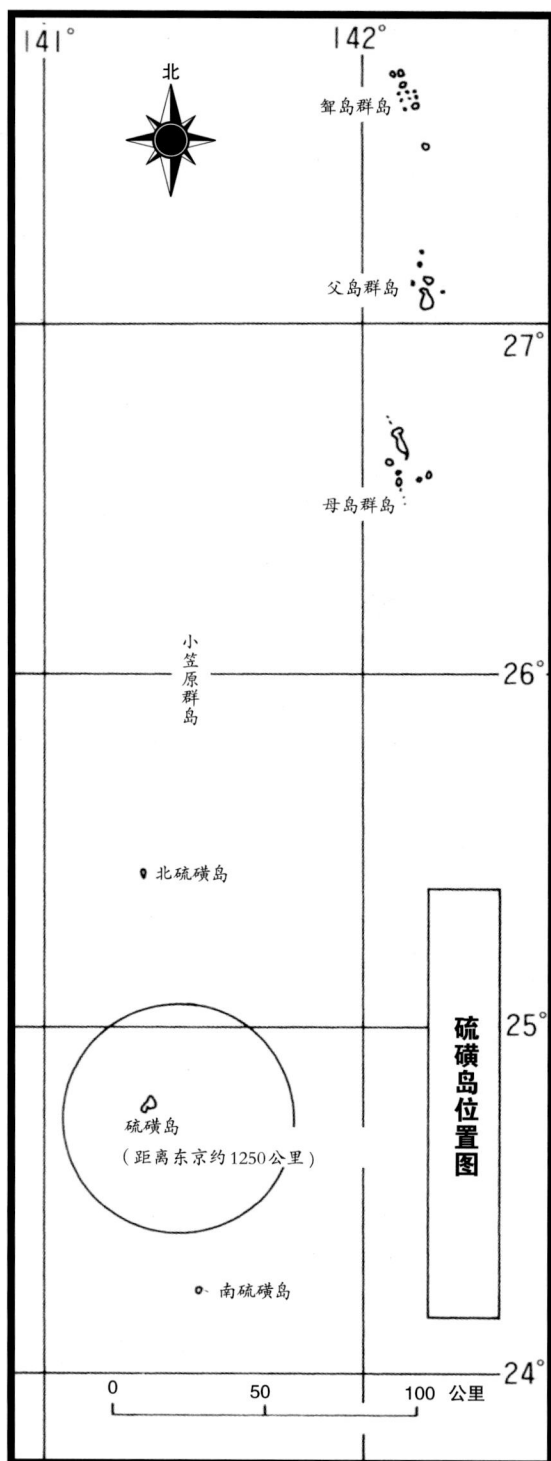

硫磺岛位置图

（距离东京约1250公里）

守卫元山阵地的海军部队，从2月25日开始日美两军在元山附近展开激战。在第3大队正面，美军以一个师的兵力在坦克支援下发起进攻，元山守备队以少量野炮、速射炮迎击，并在阵地周围埋设了地雷，在交战首日这些武器发挥了巨大作用。但是到了第二天，日军炮弹耗尽，对付坦克的唯一办法就是士兵怀抱炸药发起自杀式攻击。第3大队原有兵力700～800人，但仅仅几天的战斗就损失大半，个别中队仅剩几个人能够战斗，只能撤往后方休整。

位于后方的玉名山阵地由步兵第145联队第2大队防守，该大队数日来不断发起肉搏战和自杀攻击。美军随军记者记录了当时的情景："一名日本兵抱着炸药包不顾一切地向坦克跑去，在嗒嗒嗒的机枪声中倒下。同时，30名日本兵从前方30米的山间向我们的坦克发起突击。他们拿着装上刺刀的步枪一面射击一面前进，但很快一个接一个地倒在坦克炮和机枪前面。"

3月中旬，小笠原兵团迎来了最后的时刻。3月16日，美军陆战队第3师师长格雷夫斯·厄斯金少将指派一名被俘的日军士兵向池田联队长送去劝降书，这名日军战俘用了6个小时才找到联队本部所在的洞穴入口，而且还是偶然看到战友守在洞口才发现的。劝降书上写道："日军在硫磺岛展示的无所畏惧、不屈不挠的战斗精神值得我们全体人员的称赞。阁下指挥部队的战法实属罕见，我们并不想将被逼入绝境的勇猛部队打得体无完肤。"投降的期限为3月17日上午8时30分。

然而，池田联队长根本无意投降，早在3月14日就在洞内将军旗烧毁。3月17日，栗林中将向大本营拍发了最后的诀别电报，随后率部向美军发起冲锋，殒命阵前。美军将投降期限延长两天后发起进攻，用火焰喷射器攻击了第145联队本部所在的洞穴，接着又引爆了23公斤TNT炸药，将洞口封死。

二天，即2月20日，第1大队向靠近机场的美军发起夜袭。但是，想要尽可能拖延美军的栗林中将为了避免部队遭到歼灭，命令部队北上，于是美军轻松占领了千鸟机场。第145联队第3大队加入

■ 上图为从硫磺岛北部俯视战场，可以看到岛屿南端的折钵山，该山是硫磺岛的制高点，可以俯瞰全岛，也是日军的核心阵地之一。

■ 下图为硫磺岛战场上，美军喷火坦克向日军工事喷出火焰。由于日军深藏地下，美军只能对洞穴、坑道逐个进行搜索和清剿。

■ 图为 1945 年初日军占领下的菲律宾吕宋岛的克拉克基地。

菲律宾防御战

在塔克洛班桥头堡

步兵第33联队（隶属第16师团）

——莱特作战，1944年10月~12月

通称号：垣6558　**成立地点：**津　**成立时间：**1898年3月24日　**作战时的联队长：**铃木辰之助

出乎意料的激战

步兵第33联队是在1898年3月组建的老牌步兵联队，最初隶属于第3师团，参加了日俄战争和西伯利亚远征。在1925年的宇垣裁军中，第33联队转隶于第16师团，曾驻防中国东北。在全面侵华战争爆发后，第33联队开赴中国华中战场，先后参加了南京进攻作战、徐州会战和武汉会战等重大战役，后于1939年6月调回本土。

太平洋战争爆发后，步兵第33联队随第16师团参加了菲律宾作战，于1941年12月12日在吕宋岛南部的黎牙实比登陆，之后参加在巴丹半岛的战斗，之后主要在吕宋岛担任警备任务和从事反游击作战。1944年9月，第33联队被调往莱特岛，

种种迹象表明，由麦克阿瑟上将统率的美军部队即将在莱特岛登陆，从而拉开反攻菲律宾的序幕，一场决战不可避免。

10月16日，塔克洛班遭到美军舰载机群的轰炸，从18日开始抵达莱特岛近海的美军舰队也开始对塔克洛班展开轰击，到19日时火力进一步加强。19日下午，日军第16师团司令部撤退到塔克洛班西南12公里的圣达菲，并向在师团左翼第一线展开的第33联队下达作战命令："确保海岸区域，歼灭今夜之后登陆的美军。"

步兵第33联队长铃木辰之助大佐对这一命令感到十分为难，当时他手上仅有3个中队的兵力，联队的其他中队都分散部署在各地，第2中队在奥

■ 图为1944年10月中旬，美军对莱特岛塔克洛班海岸实施火力准备后，位于海岸附近密林中的一处日军阵地被击中，烟雾升腾。

153

尔莫克，第1中队在卡里加拉、第10中队则在阿布约湾以南地区，由于岛上菲律宾游击队非常活跃，要将分散的部队重新聚拢需要相当长的时间。日军大本营和上级司令部之前都判断美军的登陆地点在特鲁克，从未将塔克洛班列为美军可能登陆的地点，现在看来这个判断是错误的，步兵第33联队将迎来一场出乎意料的激战。

鏖战522高地

10月20日清晨，美军舰队对塔克洛班、特鲁克两地实施极为密集的舰炮射击，在火箭弹幕的掩护下，数百艘登陆艇冲上海岸线，涉水登陆的两栖坦克对残存的日军零星炮兵阵地进行了压制射击，登陆的美军使用步枪、冲锋枪、机枪和火焰喷射器扫荡日军阵地，并迅速向内陆挺进。

为了确保塔克洛班以南的522高地，铃木联队长率领3个中队与约6个团的美军展开战斗，双方兵力相差达18倍。当天傍晚，522高地就被美军夺取。为夺回这一高地，日军增派了步兵第20联队的2个中队（泉大队）前来支援，而第33联队残部利用高地上的坑道和洞穴继续坚持抵抗。但是，日军的一切顽抗都是徒劳的。美军以坦克为先导向塔克洛班以西的山麓地带推进，以精准的直瞄火力摧毁日军据点。日军的37毫米反坦克炮对于美军坦克毫无效果，日军士兵只能以肉搏战和小部队夜袭为美军制造麻烦，但多数以失败告终，交战双方在火力上的差距过于悬殊。

战至10月21日，第16师团司令部又退往更南面的达加米，麾下各联队也逐次向达加米附近地区撤退。10月27日，日军的战地报告记录了第16师团各联队的兵力状况："各队损耗率为：第33联队85%，第20联队40%，第9联队10%，剩余野炮4门。"在此之前的10月23日夜，铃木联队长烧掉军旗，率领数十人攻入522高地，无人生还。除了在塔克洛班全军覆灭的3个中队外，第33联队散布在其他地区的各中队也大多在27日前被歼，驻萨马岛的第3中队在岛上展开游击战，至1945年5月30日也全部战死。

■ 图为1944年10月20日清晨，美军登陆艇开始向莱特岛塔克洛班海岸开进，守卫这一地区的日军第33联队以劣势兵力对抗优势美军。

■ 上图为1944年10月23日，麦克阿瑟上将站在塔克洛班市政厅前，代表美国政府发表宣言，将行政权交还菲律宾人民。右图为聚集在市政厅前听取麦克阿瑟发表宣言的美军官兵和菲律宾民众。

兼程驰援决战之地

步兵第1联队（隶属第1师团）

——莱特作战，1944年10月～12月

通称号：玉5914　成立地点：东京　成立时间：1874年12月19日拜授军旗　作战时的联队长：扬田虎己

精强的援军

美军登陆莱特岛10天后的1944年11月1日，日军增援部队终于在莱特岛西岸的奥尔莫克登陆，为了实施预定的决战计划，日军派出了老牌劲旅第1师团，该师团下辖步兵第1、49、57联队和野炮兵第1联队，该师团的任务是推进到莱特岛北岸的卡里加拉地区，在那里与美军交战，如果战局有利，则向东岸的塔克洛班突击。

步兵第1联队在日本陆军数百个步兵联队中是历史最悠久的。它组建于1874年，之后作为番号排序第一位的步兵联队参加了明治维新之后的历次战争，包括西南战争、中日甲午战争、日俄战争直至侵华战争，许多日本陆军史上的知名将帅都曾担任过第1联队长，如乃木希典、东条英机、本间雅晴、牛岛满等。

步兵第1联队于1936年6月被调往中国东北，作为关东军的精锐部队以对苏作战的目标长年进行严格训练，保持着极高的战备水平。第1联队的士兵都是充满活力、战技纯熟的年轻现役兵，装备齐整，士气高昂，堪称精悍。

■ 图为1944年11月下旬，美军向莱特岛纵深推进，美军步兵在坦克支援下逐个拔除日军据点，他们将在莱蒙山遭遇日军第1师团的抵抗。

■ 图为1944年11月美军在莱特岛作战期间，使用火焰喷射器清除日军据点，第1联队通过在阵地周围纵火的方式加以应对。

刺刀难敌炮弹

11月2日下午，第1师团派出搜索联队，当日深夜，片冈董师团长率领各步兵联队开始北进，向预定战场开进。从奥尔莫克到卡里加拉的直线距离约30公里，但需要通过蜿蜒曲折的山路，实际行程更长。在第1师团开拔后不久，战局发生变化。11月3日上午，搜索联队遭遇美军的先遣队，在卡博坎发生交火，而且卡里加拉也已经被美军占领。日军指挥部判断美军即将翻越莱蒙山脊向奥尔莫克发起进攻，当前的局势与之前的战局判断相差甚远。第1师团立即调整部署，命令第57联队冒雨前往莱蒙山一线设防，第1联队奉命攀爬密林覆盖的皮纳山，向美军后方突击，但在中途又接到命令折返，在11月19日与师团主力在莱蒙山会合。

日美两军在莱蒙山一带展开了异常激烈的战斗，弹道交织、炮火连天，为了对付美军的火焰喷射器，日军在阵地周围的草地上浇上汽油点燃，阻止美军的靠近。第1、57联队奉命防守山顶主阵地，封锁穿过山脊的公路，以猛烈的火力阻止美军推进的步伐。当时在莱蒙山前线，美军投入了250门火炮进行支援，而日军仅有36门，火力差距非常悬殊，日军凭借多年苦练的近战技巧，利用地形与美军展开白刃战，才暂时挡住了美军的攻势，甚至在战斗初期还一度占据了优势。步兵第1联队在战斗中显示出精兵的本色，依托有利地形发扬火力和擅长近战的特点，顶住美军2个营的攻击直至23日，并迫使美军一个营撤出战场，但此后形势发生逆转。

美军向日军防守薄弱的左翼发起进攻。12月5日，美军2个师发起总攻。另一方面，美军于12月7日在奥尔莫克附近的伊皮尔实施登陆，经过四天战斗后轻松夺取奥尔莫克，切断了莱特岛上日军部队的补给线。第1师团在登陆莱特岛时仅携带了20天的口粮给养，到11月下旬就已经耗尽。粮弹两缺的各联队被围困在方圆仅1公里的阵地上，于12月21日夜被迫从莱蒙山撤退。

日军残部转移到莱特岛西部的坎奇伯特山一带，当时步兵第1联队可以作战的官兵仅剩142人，这个号称精强的头号联队仅参战两个月就损失殆尽。1945年1月，第1联队残部撤退到宿务岛，仅有联队长扬田虎己大佐以下72人而已。

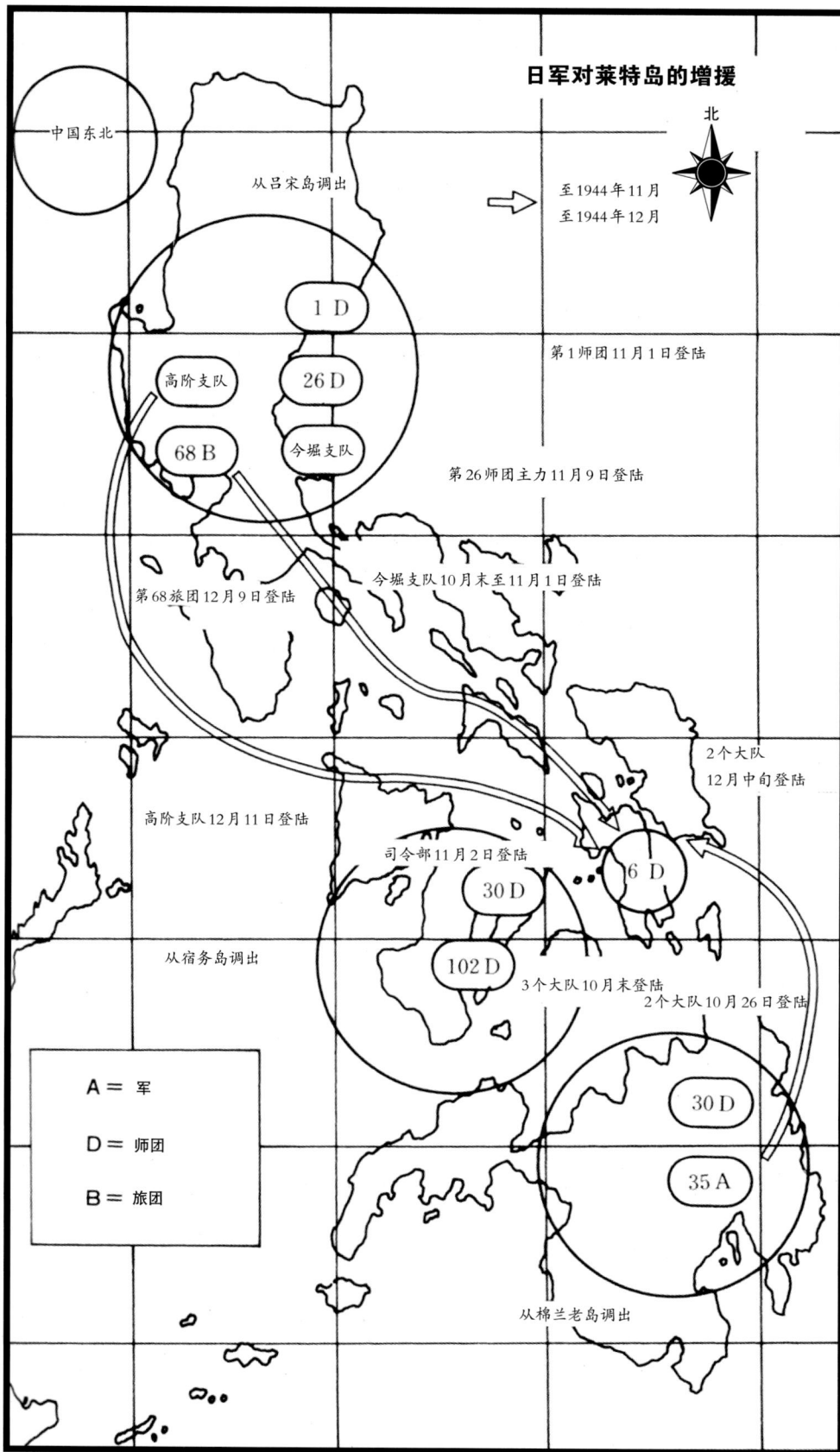

日军对莱特岛的增援

北

中国东北

从吕宋岛调出

至1944年11月
至1944年12月

1 D

26 D

第1师团11月1日登陆

高阶支队

68 B

今堀支队

第26师团主力11月9日登陆

第68旅团12月9日登陆

今堀支队10月末至11月1日登陆

高阶支队12月11日登陆

2个大队
12月中旬登陆

司令部11月2日登陆

30 D

6 D

从宿务岛调出

102 D

3个大队10月末登陆

2个大队10月26日登陆

A＝ 军

D＝ 师团

B＝ 旅团

30 D

35 A

从棉兰老岛调出

莱蒙山下折戟沉沙

步兵第49联队（隶属第1师团）

——莱特作战，1944年10月~12月

通称号：玉5915　成立地点：甲府　成立时间：1905年4月15日拜授军旗　作战时的联队长：小浦次郎、冈林谆吉

在卡博坎的反击

1944年2月，步兵第49联队的部分兵力从中国东北转移到关岛。同年11月1日，第49联队主力奉命登陆莱特岛奥尔莫克，约有兵力2500人，加上第1、57联队等部，第1师团总共有13000人增援莱特岛，归属第35军指挥。日军原计划在莱特岛北岸的卡里加拉作为预定战场，未料到美军推进迅速，两军在莱蒙山地区展开激战。

在莱蒙山以南6公里的加普兰，第1师团兵分三路向前线开进，第57联队向莱蒙山急行，第49联队前往东侧的552高地，第1联队则以莱蒙山右侧的皮纳山为目标，各联队的目标一致，即突袭美军的后方。但是，长年驻扎中国东北的第1师团并不了解莱特的气候和地形，穿越复杂的山地地形需要更长的时间，而且正值雨季，从11月8日开始来袭的台风引发暴雨，山路泥泞湿滑，行进艰难，以至于日军有时在一小时内仅能前进100米。第49联队的官兵排成纵队在山林中前行，其先头部队于11月14日登上552高地。

此时，第57联队已经莱蒙山正面与美军展开交战，遭到愈发猛烈的攻击而陷入苦战。在皮纳

■ 图为1944年11月初在莱特岛西岸奥尔莫克登陆的日军增援部队。为了反击美军的登陆，日军从菲律宾各地调集增援部队实施反击。

山阵地的第1联队在11月15日接到回防的命令：立即赶往支援莱蒙山正面战线。在此期间，位于后方的师团司令部接到第49联队发来的报告，称"第1大队将于16日，联队主力将于17日出发。"与当初的作战计划一样，第49联队将从552高地北进，攻击卡里加拉地区的美军据点。

美军没料到第49联队会从侧面发起进攻，在11月18、19日两天，该联队第1大队在卡博坎以西的激战中杀死了约100名美军，并摧毁一处炮兵阵地，封堵了美军的撤退路线，不少美军士兵只能跳入海中逃生。战至20日，美军伤亡人数上升到约400人。

激战两月终溃败

然而，日军的攻势已是强弩之末。11月21日，师团司令部下令第49联队突袭莱蒙山美军主力的侧后，使之陷入混乱。但是，第49联队在连日苦战后早已耗尽战力，第49联队长小浦次郎大佐下令退到后方的山地。

莱蒙山正面的日军已无回天之术。11月30日，美军占领了552高地，第49联队从附近的三瘤山发起反击，夺回了552高地。之后，仅有70名日军士兵留守在552高地上，另外60名士兵部署在三瘤山，余下的联队主力共计353名官兵，携带6挺重机枪、5挺轻机枪迅速转移，莱蒙山正面阵地已经岌岌可危。12月7日，第49联队主力抵达师团司令部。然而，此时战局已经没有任何转机。虽然师团长下令"誓死确保现有阵地"，但由于通讯不畅，未能全面传达到前线，部分部队甚至自行撤退。

迫于无奈，第35军于12月20日下令撤离战场，第49联队仅存的208人渡海撤到宿务岛，并在那里与美军继续作战，以小浦联队长为首的半数人员在与美军的激战中战死。

■ 图为1944年11月间在莱特岛战场上被击毙的日军士兵。包括第1师团在内的日军部队在岛上苦战两月，损失殆尽，残部撤往宿务岛。

关东军精锐的惨败

步兵第57联队（隶属第1师团）
——莱特作战，1944年10月～12月

通称号：玉5916　　成立地点：佐仓　　成立时间：1905年8月8日拜授军旗　　作战时的联队长：宫内良夫

莱蒙山正面的战斗

1944年10月20日在塔克洛班登陆的美军仅用了一周时间就控制了莱特岛东岸地区，但在向岛屿北部推进的过程中在莱蒙山与前来增援的日军第1师团遭遇，爆发激烈战斗，这是美军自登陆莱特岛以来首次陷入苦战。身为关东军精锐的步兵第57联队在此地多次击退美军2个师的进攻。

在参加莱特作战之前，步兵第57联队在中国东北驻扎长达7年时间，始终以苏联为目标积极备战，进行了高强度的训练。1944年，日军开始抽调关东军精锐加强太平洋前线的防御，第57联队第3大队首先被派往关岛，于同年8月美军登陆时

被消灭。第57联队主力约2500人则被调往菲律宾方向，先是在吕宋岛登陆，接着又被奉命增援莱特岛，于11月1日在奥尔莫克登陆。

经过10天的海上航渡，第57联队的官兵已是精疲力竭，而且常年在北方驻守的日军官兵对于热带潮湿炎热的气候环境也很不适应，在体力上严重损耗。在略作休整后，第57联队于11月3日凌晨2时从奥尔莫克出发前往莱特岛北岸的卡里加拉，由于官兵体力不支，每行军2公里就要休息10分钟。虽然第35军司令部事先告知"在到达卡里加拉前不会遭遇美军"，但事实并非如此。11月3日，先于师团主力出发的搜索联队就发来紧急

■ 图为1944年11月在莱特岛莱蒙山前线与日军作战的美军部队。他们在这里遭遇日军的精锐部队，经历了一个多月的苦战。

报告，在卡里加拉前方与美军爆发遭遇战。现在，对日军来说最紧要的事情就是在莱蒙山一线阻止美军的进攻。

根据师团司令部的命令，第57联队被配置于莱蒙山正面，联队主力于11月4日在莱蒙河南岸集结，不久山顶方向就响起密集的枪声，显然美军已经逼近，联队长官内良夫大佐于11月5日上午10时30分自行下令占领莱蒙山。第57联队不愧是精锐部队，在正午时分就控制了莱蒙山，此时满载士兵的美军卡车正排成长长的纵队沿着公路靠近，第57联队以机枪猛烈射击，使美军陷入混乱，蒙受了不小的损失。

负隅抵抗终徒劳

从11月5日开始，第57联队在莱蒙山与美军展开拉锯战。美军在莱蒙山西侧的丘陵上建立了机枪阵地，向日军左翼猛烈开火。为了将美军击退，日军于5日深夜发起夜袭，小队长平塚少尉战死，因此这座山丘被日军称为平塚山。

11月6日，第57联队以联队炮轰击平塚山，所谓的联队炮即75毫米四一式山炮，日军炮兵没有当地的地图，弹着点修正全凭经验，估计有30发炮弹在山顶附近爆炸，随后美军开始后撤。日军一部转入追击，结果遭到美军机枪和迫击炮的交叉射击，伤亡惨重。此外，第57联队还多次组织敢死队向美军据点实施突袭，挑起多次血战。但是，从11月中旬开始，战局对于日军日趋不利，第57联队与19日增援莱蒙山的第1联队苦苦支撑，但在美军的优势火力和兵力面前损耗与日俱增，战斗力持续下降。

12月13日，第57联队残部退到师团司令部所在地，在10天的撤退中日军官兵只能靠红薯充饥。在莱蒙山一战中第57联队损失约2000人，最后在1945年1月撤到宿务岛的人员仅有174人。

■ 图为1944年11月间在莱特岛的密林中进餐的日军士兵，由于补给线被切断，在莱蒙山一线作战的日军部队到11月底时基本断粮。

决战之梦随风飘散

步兵第5联队（隶属第8师团）

——莱特作战，1944年10月~12月

通称号：杉4715 **成立地点：**青森 **成立时间：**1878年12月29日拜授军旗 **作战时的联队长：**高阶於菟雄

梦幻的"决战"

1944年12月，日军在莱特岛战场败局已定，原计划在卡里加拉地区与美军的"决战"早成泡影，对岛屿东部机场的反击也一败涂地。12月11日，防守薄弱的西岸补给基地奥尔莫克也落入美军手中，就在当天傍晚，由吕宋赶来增援的步兵第5联队主力约2500人在莱特岛西岸的帕隆蓬登陆，参加了莱特战役最后阶段的作战。

步兵第5联队隶属于第8师团，也是日本陆军中的老牌联队，曾经参加过中日甲午战争和日俄战争，日本陆军历史上著名的"八甲田山雪中行军

遇难事件"就是在第5联队进行冬季行军训练时发生的。1902年1月，该联队210名官兵在青森县八甲田山进行雪地行军训练，由于准备不足、经验欠缺，遭遇酷寒天气，有199人被冻毙，仅11人生还，但这一悲剧为日军完善冬季作战准备提供了宝贵的经验。

第5联队自1937年7月开始就长期驻扎中国东北，训练有素，颇有战力。1944年9月，第5联队由中国东北南调至菲律宾吕宋岛，在美军登陆莱特岛后，以第5联队主力为基干，加上炮兵一个大队、工兵一个中队组成高阶支队，由第5联队长高

■ 图为1944年12月的莱特战役期间，美军士兵挺着上了刺刀的步枪穿过烟幕向日军阵地靠近。尽管败局已定，日军的抵抗依然非常激烈。

阶於菟雄大佐指挥，奉命增援莱特岛，参加预想的"决战"。然而，莱特岛周边地区的制空权、制海权完全掌握在美军手中，给日军部队的航渡造成极大困难。负责运送高阶支队的3艘运输船有2艘被美军击沉，第5联队尚未登陆就损失了过半兵力。自美军登陆莱特岛以来，日军的海上运输就像在悬崖上走钢丝绳一样。

负责指挥莱特岛守备部队的第35军司令部从奥尔莫克向北撤退至利朋高，手中剩余的兵力在前线正受到美军一个师的压迫。12月18日，从帕隆蓬出发的高阶联队长先行抵达第35军司令部，当即接到命令："以支队主力攻击巴伦西亚方向的美军。"军司令部此时正竭力集结从莱特各地撤退的残存部队，怀抱一丝希望在奥尔莫克以西继续与美军展开"会战"。

利朋高决死地

然而，美军的快速进攻彻底粉碎了日军进行"决战"的希望。12月19日，美军先遣队约200人突然袭击了在利朋高的第35军司令部。美军第77步兵师在当日上午击溃了第5联队的先遣队（第3大队），并向利朋高方向推进。12月20日，利朋高一线的日军遭到美军的猛烈攻击。在19日傍晚抵达利朋高前沿的第5联队主力与美军一个师正面交战，蒙受了近乎全灭的惨重损失。与此同时，美军部队沿着公路向西快速挺进，逼近高阶支队在帕隆蓬的桥头堡阵地，于23日占领马他高，这里仅有第5联队的少数兵力和2门野炮而已。不过，由于美军急于向其他方向开进，没有攻击帕隆蓬，使得第5联队残部在此坚守到1945年2月底。

随着莱特战役的惨败，日军决定将"决战战场"转移到吕宋岛。1944年12月25日，第35军下达了放弃莱特岛的命令，要求残留在岛上的日军部队"自活自战，永久抗战"。第5联队残部撤退到莱特岛西北部的山区，以躲避美军的扫荡。由于美军的海上封锁，该联队在1945年1月下旬撤离莱特岛的计划也无法实施，只能坐以待毙。1945年6月30日，第5联队残部失去了所有消息，当日高阶联队长率领残存的20多名士兵在烧掉军旗后消失在战场上。

■ 图为1944年12月的莱特战役期间，美军士兵在密林中依托树木与日军对峙。即使战役结束后仍有残余日军拒不投降，坚持作战。

布拉文机场的坟墓

独立步兵第13联队（隶属第26师团）
——莱特决战，1944年10月~12月

通称号：泉5316　**成立地点**：静冈　**成立时间**：1937年11月26日拜授军旗　**作战时的联队长**：斋藤次郎

和号作战

在太平洋战场的岛屿攻防战中，控制机场的一方将掌握主动权，这是自瓜岛战役以来被不断证明的战场铁律。在1944年年底的莱特战役中，机场的争夺也是日美两军战斗的焦点之一。美军在塔克洛班登陆之后，迅速占领了莱特岛东部的机场，并加以整修。1944年11月上旬，约有150架美军飞机进驻塔克洛班机场，另有约100架飞机部署在布拉文机场，为向内陆纵深挺进的美军地面部队提供空中支援，确保了战场制空权。针对这一情况，日军策划了和号作战，企图由陆海军发起联合攻势，夺回布拉文、圣巴布罗机场，而独立步兵第13联队就是参加此次作战的部队之一。

独立步兵第13联队是全面侵华战争爆发后组建的步兵联队，隶属于第26师团，曾长期在中国战场作战，后于1944年夏季奉命调往菲律宾，但在乘船前往马尼拉途中遭遇海难，该联队第1、2大队均损失了不少人员和装备，仅有第3大队保

持了兵力完整。在莱特战役爆发后，独立步兵第13联队作为增援部队于11月9日登陆莱特岛，但在航渡途中又遭美军轰炸，大部分兵器、弹药、粮食都沉入海底，该联队的士兵大多只剩下随身携带的步枪等少量装备，只有第3大队还保存有机枪，整个联队已经很难被当作一支战力充实的作战部队了。

11月13日，第3大队进入奥尔莫克以南的阿

■ 图为莱特战役期间布拉文机场的航拍照片，可以看到多架美军P-38战斗机的残骸。

165

尔布埃拉，随后进入广阔的森林中，以布拉文为目标向东行军，途中曾与美军发生小规模交火，于11月26日抵达马他古巴。与此同时，日本陆海军航空部队也向莱特岛东部的机场和舰船锚地展开频繁的空袭，甚至派出伞兵部队袭击了杜拉格机场，为即将展开的和号作战创造有利条件。12月3日，第26师团主力进入马他古巴以西的287高地，与独立第13联队第3大队会合。根据作战计划，从达加米撤退的第16师团残余兵力将南下，也参加对布拉文的攻击作战，但是日军指挥部将突击时间推迟一天的命令没有传达给第16师团。

无人生还的联队

第16师团组织的挺进队约1300人在12月5日深夜展开行动，袭击了布拉文北机场，使这里的美军一度陷入混乱。12月6日傍晚，高千穗空挺队的伞兵在布拉文上空实施了空降，独立步兵第13联队第3大队也组成40支敢死队发起夜袭，这样同时有三支日军部队杀入布拉文机场周边地区，一度形成了局部优势。然而，在天亮后美军第96步兵师赶来增援，发起猛烈的反击，与日军激战数日，各路日军均持续抵抗，并在12月10日夜间再次发起袭击，但无一达成目标。迫于美军的强大压力，兵力严重损耗的日军各部只能退出战斗，在布拉文以西地区集结，最后在12月28日接到"全军总撤退"的命令。由于日军的后方补给基地奥尔莫克已在12月11日被美军攻占，莱特战役对于日军来说已经毫无获胜的希望。

在独立步兵第13联队第3大队参加布拉文机场反击战的同时，该联队的第1、2大队和独立步兵第11联队一道在阿尔布埃拉以南的达姆兰与美军对峙，并在11月23、24日发起夜袭，一度击退当面的美军部队，但是遭到美军优势火力的杀伤，这两个连机枪都没有的大队损失了大部分兵力，之后也加入了总退却的行列中。

经过莱特岛的苦战之后，第26师团主力也所剩无几，残部陆续撤到莱特岛西部继续抵抗。1945年5月，独立步兵第13联队长斋藤次郎大佐战死，第26师团从马尼拉出发时有13000人，此时只剩20人，而独立步兵第13联队无一生还。

■ 图为在莱特岛前线向美军阵地猛烈开火的日军重机枪。独立步兵第13联队增援莱特岛时只有第3大队还保有机枪，其他大队仅有步枪。

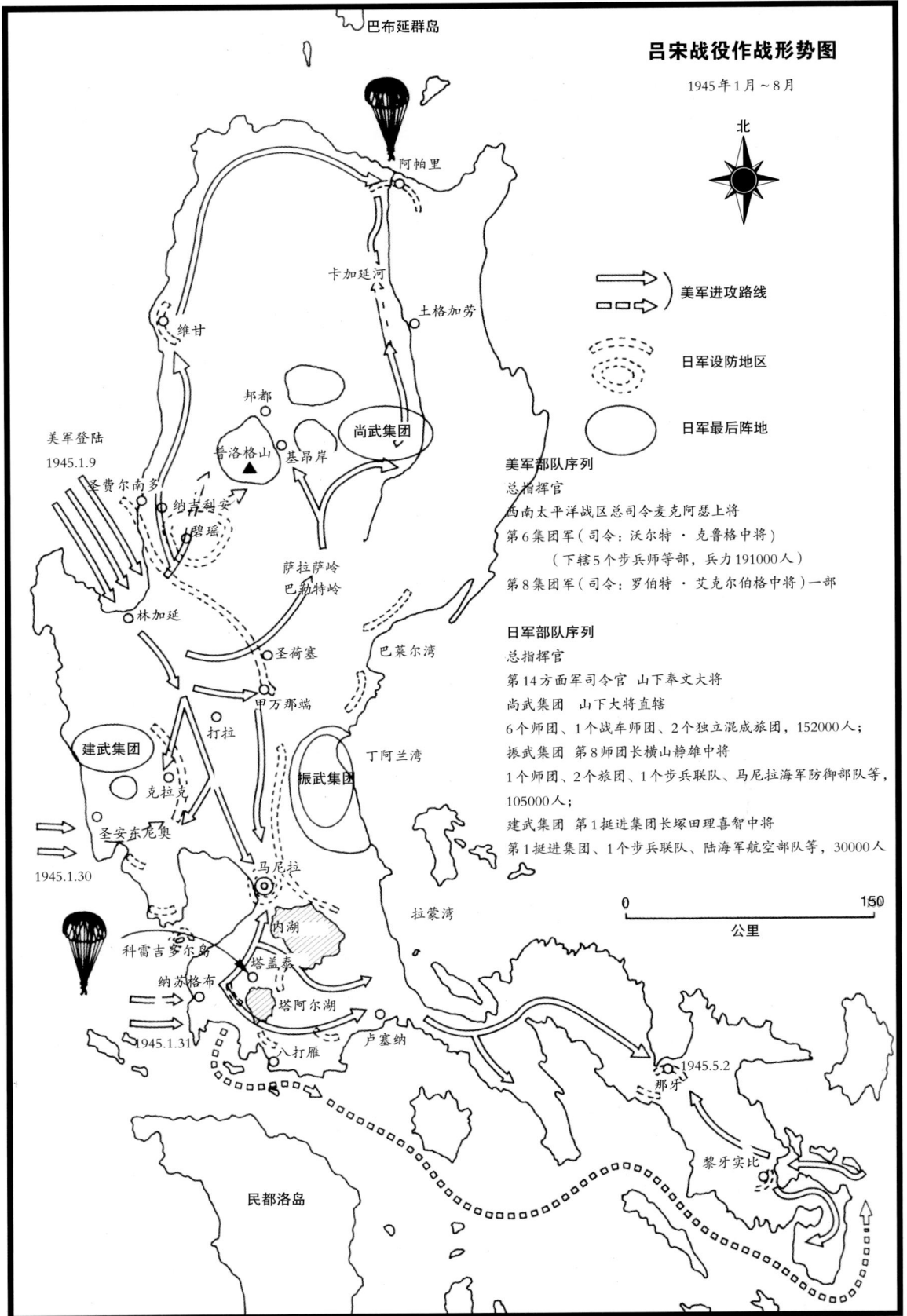

吕宋战役作战形势图

1945年1月～8月

北

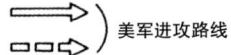 美军进攻路线

日军设防地区

日军最后阵地

美军部队序列
总指挥官
西南太平洋战区总司令麦克阿瑟上将
第6集团军（司令：沃尔特·克鲁格中将）
　　（下辖5个步兵师等部，兵力191000人）
第8集团军（司令：罗伯特·艾克尔伯格中将）一部

日军部队序列
总指挥官
第14方面军司令官 山下奉文大将
尚武集团 山下大将直辖
6个师团、1个战车师团、2个独立混成旅团，152000人；
振武集团 第8师团长横山静雄中将
1个师团、2个旅团、1个步兵联队、马尼拉海军防御部队等，105000人；
建武集团 第1挺进集团长塚田理喜智中将
第1挺进集团、1个步兵联队、陆海军航空部队等，30000人

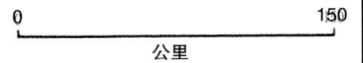

公里

虚张声势难免战败

步兵第17联队（隶属第8师团）

——吕宋作战，1945年1月~8月

通称号：杉4717　**成立地点：**秋田　**成立时间：**1886年8月17日拜授军旗　**作战时的联队长：**藤重正从

当美军于1945年1月9日在吕宋岛西北海岸林加延湾登陆之时，步兵第17联队正在马尼拉以南地区从事守备任务，具体来说就是塔阿尔湖以南巴拉延湾、八打雁湾的大片区域。

1943年9月，步兵第17联队从中国东北调到菲律宾吕宋岛，其所属的第8师团全部编入菲律宾防御部队中。在莱特战役之后，日军调整了吕宋岛的防御部署，决定由第17联队负责塔阿尔湖以南地区的防务，隶属于振武集团。日军指挥部考虑到美军主力不太可能在这一地区登陆，因此仅留置一个联队的兵力以防万一。但是，第17联队负责的防区东西长约100公里，南北宽约60公里，相比之下一个联队的兵力显得太过单薄。

为了避免让美军察觉兵力不足的弱点，日军玩起了空城计，设法将一个联队伪装成一个师团的规模，于是藤重联队长戴上中将领章冒充师团长公开露面，联队参谋们也挂上高级参谋的绥带，在联队长座车上挂起将旗，部队番号也改为藤兵团。这些伎俩主要是欺瞒当地居民和游击队，因为美军在登陆之前会从游击队和菲律宾民众当中收集情报，以确定登陆地点。第17联队的计谋最初取得了成功，但美军最终还是选择在其防区内登陆。第17联队的3个大队分别在纳苏格布、巴拉延湾、八打雁湾和塔亚巴斯湾各处布防，大队与大队之间相距遥远，彼此之间缺乏联系，基本上各自为战。

在美军登陆之前，第17联队的主要作战对象是抗日游击队。在美军登陆之后，菲律宾游击的活动就更加频繁了。1945年1月31日，美军在巴拉延湾以西的纳苏格布海岸登陆，同时在塔阿尔湖以北的塔盖泰实施空降，第17联队正式展开对美军的作战。此时，美军已经基本肃清了马尼拉周边地区的日军，并向马尼拉南

■ 图为1945年3月在八打雁地区作战的美军部队，他们的对手是日军步兵第17联队。

■ 图为在八打雁州利帕被日军残忍杀害的当地居民，日军企图通过这种暴行恐吓民众，打击抗日武装，第17联队也积极参与了此类行动。

马尼拉以南、以东地区的战斗

（守备部队＝振武集团）
1945年1月～8月

伊坡有伊坡水坝，为诺瓦利切斯蓄水池输水。这里是马尼拉市大半的给水源，也是日美两军攻防的焦点。另外，瓦瓦是振武集团的弹药、粮草的集聚地。

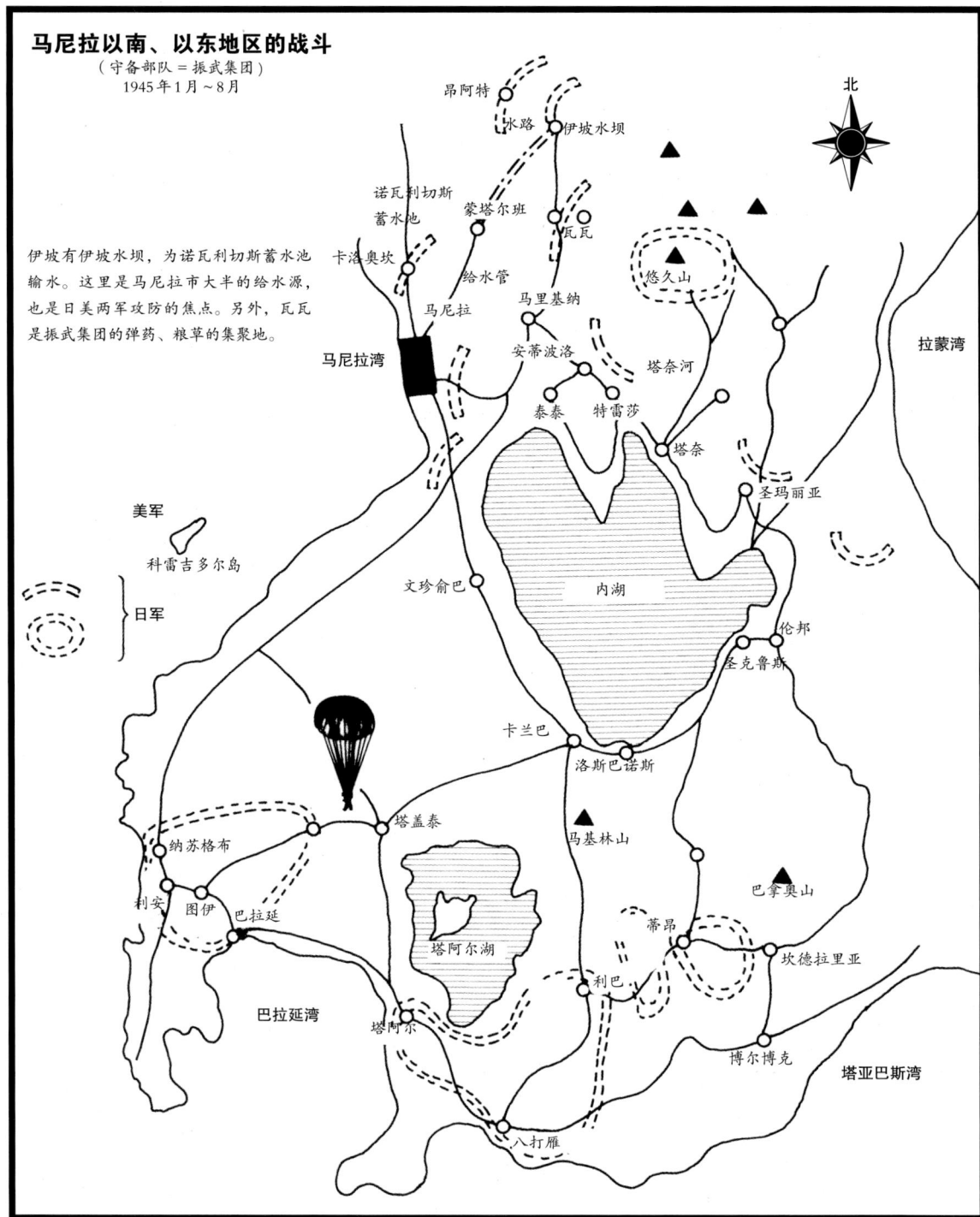

北

昂阿特
水路
伊坡水坝
诺瓦利切斯蓄水池
蒙塔尔班
瓦瓦
悠久山
卡洛奥坎
给水管
马里基纳
马尼拉
马尼拉湾
安蒂波洛
塔奈河
拉蒙湾
泰泰
特雷莎
塔奈
圣玛丽亚
美军
科雷吉多尔岛
日军
文珍俞巴
内湖
伦邦
圣克鲁斯
卡兰巴
洛斯巴诺斯
马基林山
巴拿奥山
塔盖泰
纳苏格布
蒂昂
坎德拉里亚
利安
图伊
巴拉延
塔阿尔湖
利巴
巴拉延湾
塔阿尔
博尔博克
塔亚巴斯湾
八打雁

面、东面扩大战果。战至3月中旬，八打雁失守，到了4月上旬，第17联队已经失去了所有阵地。1945年4月末，藤重联队长命令残存士兵向塔阿尔湖以东的巴拿奥山转移。7月1日，第17联队残部在靠近内湖的马基林山附近完成集结，但战斗的胜负已无悬念，第17联队残部在此地迎来了战争的结束。在吕宋战役中，第17联队有1423人战死，生还者为970人，而联队所属的振武集团阵亡率超过八成，相比之下，第17联队的生还者比例还是比较高的。

■ 上图及下图为1945年初美军在马尼拉以南地区拍摄的战地照片，上图是菲律宾平民协助美军后送伤员，下图为美军步兵依托简易工事向日军开火。日军第17联队在马尼拉以南地区与美军交战两个多月，到1945年4月时丢失了全部阵地。

在南吕宋的决死战

步兵第10联队（隶属第10师团）

——吕宋作战，1945年1月~8月

通称号：铁5548　**成立地点：**冈山　**成立时间：**1874年12月18日拜授军旗　**作战时的联队长：**冈山诚夫

组建于1874年的步兵第10联队是一支历史悠久的部队，曾参加过西南战争、中日甲午战争和日俄战争，从1931年开始参加侵华战争，先后在东北、热河地区作战，后来又参加了徐州会战和武汉会战，从1940年开始作为第10师团的基干联队驻扎在中国东北佳木斯，后于1944年7月再调防台湾。

1944年12月，第10联队主力奉命向吕宋转移，为了避开美军潜艇袭击，日军特意选择吕宋岛南部阿帕里以东60公里的偏僻海岸登陆，他们认为选择这一相对偏僻的地点可以卸下全部装备。然而，在这个没有港湾设施的海角登陆时，日军遭到美军的频繁空袭，仍然损失了一半的装备。尽管日军百般防备，但是第10师团在前往吕宋途中仍然遭受美军潜艇和飞机的沉重打击，成建制登陆的部队仅有步兵第10联队第3大队（大队长为内藤正治大尉），其余各部因为运输船被美军潜艇击沉而损失甚大，几乎失去了所有武器弹药，人员也死伤大半。在登陆后，日军从第30师团的补充人员中抽调从冈山县征召的补充兵重建了损失颇大的第10联队第2大队。第10联队的厄运并非个例，在同一时期调往吕宋岛的日军各师团

■ 图为1945年3月，美军在吕宋岛巴特勒前线的一座断崖上安放炸药，以摧毁建在崖上的日军工事。

■ 图为1945年春季，美军在巴特勒前线使用火焰喷射器攻击日军据点，日军第10联队在巴特勒苦战两个月，损失很大，被迫撤退。

均在劫难逃，不少部队因运输船沉没而损失，还有很多士兵被迫留在作为中转地的台湾。

1945年2月，重建的第10联队第2大队负责防守圣荷塞以北的高地，此时美军已经登陆吕宋岛一个月了。在阿帕里登陆的联队主力动作迟缓，最终抵达位于帕格帕克的防御阵地，不过当时尚未与美军发生接触，第10联队的主要任务是与抗日游击队作战。2月中旬，美军进入第2大队的防区，从2月17日至25日，美军对日军阵地进行了猛烈炮击，只有将日军火力完全压制后才派出步兵发起进攻，而且通常会以坦克为先导。缺乏反坦克武器的日军只能以自杀式攻击应对，第2大队

在此类"肉弹"攻击中全军覆没。与此同时，第10联队主力在巴勒特前线与美军交战。在3月上旬，美军第33步兵师用推土机在密林中开辟道路，将日军据点逐个清除。第10联队在经过两个月战斗后被迫撤退，据说当时还有648名官兵。

第10联队残部在补给断绝的情况下，努力摆脱美军的追击，向吕宋岛北部山区撤退，在茂密的丛林中藏身。在撤退途中不断有人因为饥饿和疾病而死去，数量远多于战斗损失。到1945年8月战争结束时，第10联队仅剩150人左右。据统计，连同补充兵在内，第10联队参加吕宋作战的人数为3162人，但最终能够回到日本仅有220人。

葬身在巴丹复仇地

步兵第39联队（隶属第10师团）

——吕宋作战，1945年1月～8月

通称号：铁5446　　**成立地点：**姬路　　**成立时间：**1898年3月24拜授军旗　　**作战时的联队长：**永吉实展

防守巴丹半岛

作为第10师团基干部队的步兵第39联队组建于1898年。在日俄战争的沙河会战中该联队因为向俄军大胆发动白刃冲锋而出名。第39联队在全面侵华战争爆发后曾赴中国华北作战，参加过徐州会战，从1940年开始驻防中国东北佳木斯。1944年7月随第10师团调防台湾。

1944年12月11日，第39联队奉命前往菲律宾马尼拉，由于美军的海空封锁，该联队下辖各大队和中队在航渡途中蒙受了相当的损失，很少有顺利抵达目的的。第39联队在抵达吕宋后，得到来自其他部队的一个大队的加强，兵力将近4000人。南方军总司令官寺内寿一大将最初打算将第39联队派往已经毫无取胜希望的莱特岛战场，这让负责菲律宾防务的第14方面军司令官山下奉文大将感到十分不解。经过一番争取后，寺内大将最后同意将第39联队留在吕宋，编入建武集团，参与吕宋岛的防御作战。

第39联队的新任务是防守巴丹半岛，在战争初期日美两军曾在此激战，这个地方更因为日军虐待战俘的"巴丹死亡行军"而闻名，现在反攻的美军要向日军讨还血债。进驻巴丹的第39联队得到了野炮兵和工兵各一个中队的加强，总兵力达到3800人，以联队长的名字命名为永吉支队。支

■ 图为1945年1月30日美军在巴丹半岛西岸的马里韦莱斯登陆，他们将遭遇日军步兵第39联队一部的抵抗。

■ 图为1945年春季在萨拉萨山前线作战的美军部队。第39联队第1大队在此地的战斗中全军覆灭。

人。没有遭到美军正面攻击的中守备队还保持了相当的实力，随后也放弃现有阵地，转移到纳蒂布山。

1945年4月中旬，美军开始对纳蒂布山展开攻击，他们以坦克和推土机为先锋，坦克以直瞄射击方式压制日军火力点，推土机则负责清除日军布设的障碍物和茂盛的植被，为步兵在难以通行的战场上开辟通道。同时，位于战线后方的美军炮兵还对日军阵地实施不间断的火力压制，山谷间不断有炮弹落下。日军士兵躲在散兵坑内向美军射击，但是步枪、机枪和掷弹筒都奈何不了美军坦克。在夜间，日军则组织敢死队发动夜袭，尽管美军不擅长夜战，因此蒙受了一定的损失，但是他们以炽烈的火力给进攻者造成了毁灭性的伤亡，此类夜袭除了损耗兵力外毫无意义。这种绝望的战斗持续到5月中旬，虽然第39联队隶属于建武集团，但早就与上级司令部失去了联系，始终孤军作战。第39联队最终没能阻止美军向马尼拉推进，自身也死亡大半，仅有280人生还。

队本部设在半岛一侧的迪纳卢皮汉，所辖兵力分为两个守备队，北守备队主力驻奥隆加坡，中守备队主力则在巴加克设防，但是第39联队第1大队并未进驻巴丹，而是跟随第10师团主力行动。

纳蒂布山阻击战

1945年1月30日，美军开始在巴丹半岛的奥隆加坡，计划在建立桥头堡阵地后向马尼拉方向推进。担负奥隆加坡正面防御的永吉支队北守备队立即展开迎击，但是日军没有坦克，也缺乏有效的反坦克武器，好不容易在密林内构筑的防御阵地在美军坦克的炮击和碾压下显得不堪一击。当美军坦克出现在前线时，日军士兵除了抱起炸药包进行"肉弹"攻击外别无他法。在一番抵抗后，损失巨大的北守备队败下阵来，残存兵力向纳蒂布山东侧山腰撤退，其可以作战的人员仅剩150

脱离联队主力行动的第1大队奉命与第10师团主力会合，但在乘船转移途中遭受美军潜艇袭击，仅有半数人员约550人抵达目的地，后来在萨拉萨前线与美军作战，也没有逃脱丧师败战的结局，到战争结束时仅有8人幸存。

敢死队的白刃肉搏

步兵第64联队（隶属第23师团）

——吕宋作战，1945年1月~8月

通称号： 旭1111　**成立地点：** 熊本　**成立时间：** 1905年8月8日拜授军旗　**作战时的联队长：** 中岛正清

徒有人数的联队

在1905年8月组建的步兵第64联队曾是在宇垣裁军中被裁撤的联队之一，后于1938年7月重建，作为第23师团的基干部队驻防中国东北，参加了1939年夏季的诺门罕战役，遭到苏军的毁灭性打击，以至于被迫焚烧军旗，联队长山县光武大佐自杀。诺门罕战役后，第64联队继续作为关东军的一部分驻守中国东北海拉尔。

1944年11月，第23师团被调往菲律宾，编入山下奉文大将指挥的第14方面军。第64联队于11月12日在门司港登船出航，11月15日船队遭遇美军潜艇袭击，"吉备丸"号运输船沉没，包括第64联队长中井春一中佐以下1300多名官兵葬身大

海。此后，由中岛正清中佐接任联队长。第64联队余部直到1944年12月初才抵达吕宋岛，之后陆续得到补充，兵力规模最终达到6200人，是第23师团中人数最多的步兵联队，不过战斗力并不是与人数成正比。虽然该联队人员超编，但是在运输过程中损失的武器、弹药却没有得到充分补充，实际战斗力相当有限。

第23师团作为尚武集团的一部分被部署在吕宋岛西北海岸林加延湾正面，那里正是美军后来的登陆地点。第23师团将三个步兵联队沿海岸一字排开，自北向南分别是第64联队、第71联队和第72联队。第64联队是第23师团的右翼部队，其阵地位置在独立混成第58旅团南侧。

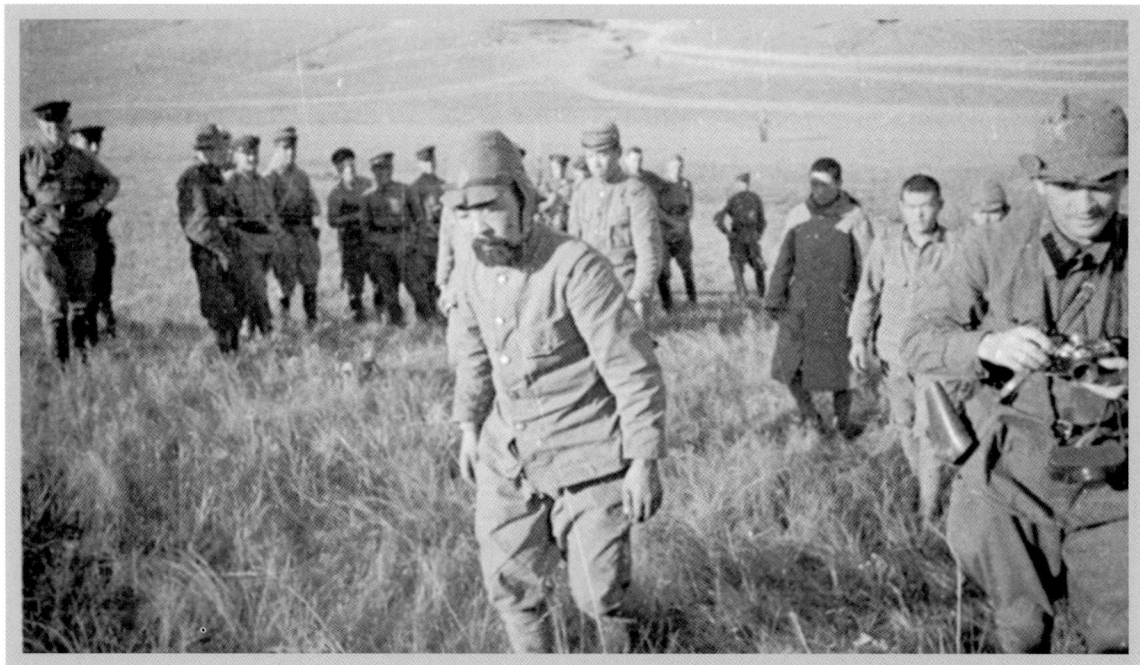

■ 图为在1939年夏季的诺门罕战役中被苏军俘虏的日军士兵。步兵第64联队在此役中近乎覆灭，军旗被迫焚毁，联队长自杀。

踏上消亡末路

1945年1月9日，美军在林加延湾登陆，第64联队开始了自诺门罕战役以来最艰难的战斗。面对拥有兵力、火力优势，并得到海空支援的美军部队，第64联队进行了非常激烈的抵抗，特别是在1944年12月下旬进驻圣法比安附近阵地的第7中队给美军造成了不小的麻烦。在1月9日到11日之间，第7中队宣称击毁了美军3辆坦克、击落1架飞机，还摧毁了6处物资堆积点，曾一度迫使美军后撤，但是第7中队自身也损失过半。美军在当地菲律宾游击队的帮助下继续发动进攻，逐步压缩、突破和撕裂日军的防线。

战至1月底，弹药告罄的第64联队只能再向锡松方向撤退，在美军部队突入阵地时，日军士兵只能以血肉之躯向美军坦克发起自杀冲锋。在林加延湾阵地相继失守后，第64联队开始向吕宋北部的碧瑶撤退，在途中他们竭力寻找机会袭击小股的美军部队，攻击美军的后方单位或宿营地，居然偶有得手。比如在特温皮克斯，第64联队曾伏击了一支美军部队，迫使其撤退，之后又在普戈实施了逆袭，宣称击毁美军数辆坦克，摧毁了几座营地，杀伤了相当数量的美军官兵。第64联队在发动袭击时得到了1个工兵中队的支援。不过，这些局部小胜根本无法扭转日军在战场上的颓势。

1945年4月中旬，第64联队残部转移到卡尔贡山地区，此时该联队第5中队已经全体战死，而且粮食、弹药都极端匮乏，每人每天的口粮仅有50克大米。4月16日，第14方面军司令部撤离碧瑶，第64联队奉命在碧瑶附近进行后卫作战，迟滞美军的推进步伐，为司令部安全撤离争取时间。

此后，第64联队又先后在卡特纳山、普洛格山和卡巴延进行毫无希望的战斗。在1945年7月末，第64联队一部还在阿奇山与菲律宾游击队进行了拉锯战，最后在那里迎来了战争结束。此时这支曾经兵力超过6000人的联队仅剩700余人，伤亡率接近九成。

■ 图为1945年1月10日美军开进圣法比安，第64联队第7中队在此地与美军激战多日。

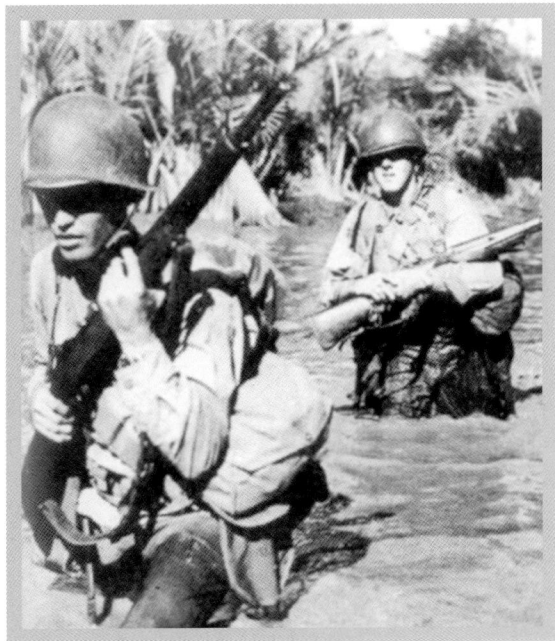

■ 图为1945年1月在林加延湾前线涉水前进的美军士兵，他们在登陆后遭遇包括第64联队在内的日军部队的激烈抵抗。

步兵第64、71、72联队在林加延湾的作战

（1945年1月~8月）

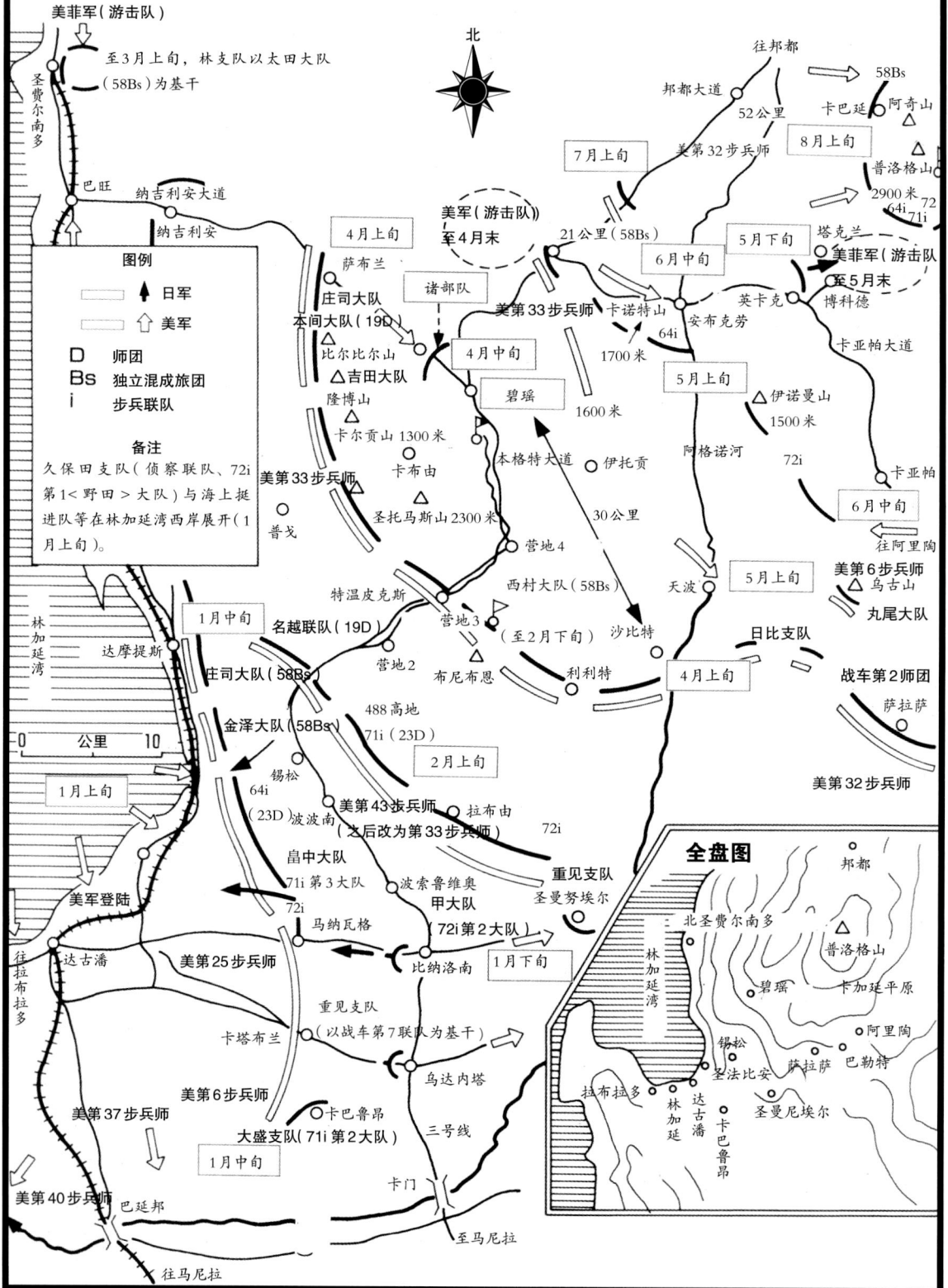

北

美菲军（游击队）

至3月上旬，林支队以太田大队
（58Bs）为基干

圣费尔南多

巴旺

纳吉利安大道

纳吉利安

往邦都

邦都大道

52公里

美第32步兵师

58Bs

卡巴延

阿奇山

8月上旬

普洛格山

2900米 72
64i 71i

7月上旬

21公里（58Bs）

美军（游击队）

至4月末

5月下旬

塔克兰

美菲军（游击队）

至5月末

博科德

图例

日军

美军

D　师团
Bs　独立混成旅团
i　步兵联队

备注

久保田支队（侦察联队、72i
第1＜野田＞大队）与海上挺
进队等在林加延湾西岸展开（1
月上旬）。

4月上旬

萨布兰

庄司大队

本间大队（19D）

比尔比尔山

吉田大队

隆博山

卡尔贡山 1300米

卡布由

圣托马斯山 2300米

普戈

诸部队

4月中旬

碧瑶

美第33步兵师

卡诺特山

64i

1700米

本格特大道

伊托贡

1600米

30公里

6月中旬

安布克劳

阿格诺河

6月中旬

5月上旬

伊诺曼山

1500米

72i

卡亚帕大道

卡亚帕

往阿里陶

美第6步兵师

乌古山

丸尾大队

战车第2师团

萨拉萨

美第32步兵师

特温皮克斯

名越联队（19D）

庄司大队（58Bs）

金泽大队（58Bs）

锡松

64i
（23D）波波南

畠中大队

71i 第3大队

72i

马纳瓦格

达古潘

美第25步兵师

卡塔布兰

美第6步兵师

美第37步兵师

大盛支队（71i 第2大队）

1月中旬

营地4

西村大队（58Bs）

（至2月下旬）沙比特

天波

日比支队

5月上旬

4月上旬

营地3

布尼布恩

利利特

营地2

488高地

71i（23D）

2月上旬

美第43步兵师

拉布由

（之后改为第33步兵师）

72i

波索鲁维奥

甲大队

72i 第2大队

比纳洛南

1月下旬

重见支队
圣费努埃尔

重见支队
（以战车第7联队为基干）

乌达内塔

卡巴鲁昂

三号线

卡门

至马尼拉

美第40步兵师

巴延邦

往马尼拉

林加延湾

达摩提斯

1月中旬

1月上旬

美军登陆

往拉布拉多

全盘图

邦都

北圣费尔南多

普洛格山

碧瑶

卡加延平原

阿里陶

锡松

萨拉萨 巴勒特

圣法比安

达古潘

林加延

卡巴鲁昂

圣曼尼埃尔

拉布拉多

林加延湾

公里

五百人反击登陆场

步兵第71联队（隶属第23师团）

——吕宋作战，1945年1月~8月

通称号：旭1125　**成立地点：**鹿儿岛　**成立时间：**1908年5月8日拜授军旗　**作战时的联队长：**二木荣藏、林安男

大盛支队的战斗

步兵第71联队的历史与第64联队相似，都曾在宇垣裁军中遭裁撤，后于1938年4月重建，驻扎在中国东北，同样参加了1939年夏季的诺门罕战役并遭遇惨败，两任联队长一死一伤，军旗被焚毁。此后，第71联队长期驻扎在中国东北，直到1944年12月随第23师团转移到吕宋岛，被部署到林加延湾，在美军于1945年1月9日登陆时，联队主力位于美军登陆场正面的马那奥、卡巴鲁昂岭等地。

1945年1月14日，守卫在联队左翼卡巴鲁昂岭的大盛支队开始与美军交战，该支队约有800人，由大盛和夫大尉指挥。美军原计划三天占领该地，但在大盛支队的顽固抵抗下，战斗持续了整整一个月，美军的进攻步伐暂时受到阻滞，无法按照计划向马尼拉方向快速推进，甚至还有美军团级指挥官在战场上阵亡。部署在马那奥的第3大队于1月19日夜突击了圣法比安，那里靠近麦克阿瑟司令部所在的达古潘。第3大队约550人偷偷潜入，点燃了油罐，火烧美军营地，制造混乱，但随后遭到美军的猛烈反击，第3大队仅有36人返回。

弹药武器极度匮乏

第71联队长二木荣藏大佐在锡松以东的433高地部署了一个大队的兵力，在1月17日与美军陷入激战。美军在实施炮击后，出动步兵向日军阵地前进，双方开始近战。第71联队的联队炮向靠近前沿的美军实施火力急袭，将美军一个排击溃，并迫使美军一个连后退。让日军感到意外的是，美军非常罕见地发动了夜袭，但被第71联队击退，随后日军趁势攻击了美军的集结地。

1945年2月末，第23师团奉命向碧瑶转移，并在通往碧瑶的本格特公路上建立防御阵地，阻击美军的推进。3月初，美军沿公路进入第71联队守备的地段，美军除了用坦克、推土机开路外，还使用了凝固汽油弹。反观日军，只有轻机枪和手榴弹一类的轻武器与之对

■ 图为日军布置在林加延湾的重机枪阵地，第71联队在美军登陆之初就投入了战斗。

抗。日军组成 30 ～ 60 人的小部队向美军实施近身攻击，最终全部被美军消灭在阵地上。第 71 联队还有最后一门步兵炮，但仅剩 5 发炮弹，为了避免被美军缴获而拆解后埋入地下。部署在布尼布恩高地的 1 个大队在 3 月 9 日仅凭借 2 挺机枪的火力阻止了美军的进攻，迫使美军绕过高地迂回前进。

遁入密林群山

4 月 12 日，第 71 联队在圣托马斯山集结兵力，向美军发起反击。尽管很多士兵饱受饥饿和疾病的折磨，但日军仍像输红眼的赌徒一样发起猛攻。二木联队长也病倒了，由林安男大佐接替指挥。随着战况的演进，第 23 师团主力于 4 月 16 日开始后撤，以增援碧瑶以西的爱利森战线，但第 71 联队有约 200 人继续留在本格特公路上，他们受命死守到底，凡是后退者就地处决。

4 月 21 日，美军突破爱利森一线。第 71 联队主力在碧瑶西郊的日本人墓地一带使用手榴弹向 20 多辆美军坦克发起自杀攻击，美军则以火焰喷射器应战，参加自杀攻击的日军士兵仅有 4 人生还。此时，第 14 方面军司令部已于 4 月 16 日撤离碧瑶，第 71 联队直到 4 月 24 日才开始撤退。

与其他部队一样，第 71 联队也向普洛格山撤退，但没有进入山中的预设阵地，而是一路退到安布克劳才建立防御阵地。美军并没有尾随追击，日军眼前的对手只有以博科德为根据地的游击队，美军频繁向游击队空投武器和给养，在博科德还有一座小型机场，算得上是一座正式的兵站基地。第 71 联队在安布克劳停留了一个月，于 5 月下旬向博科德发起攻击，几乎没有遇到有力的抵抗，缴获了一批物资，随后向北进入游击区。此时的第 71 联队已经与上级失去联系，独立作战，他们一面警戒游击队的袭击，一面向深山撤退，尽量保存实力，通过挖红薯和抢水牛补充食物，以备持久作战。算上补充人员第 71 联队的总兵力为 5500 人，最后仅有 600 人生还。

■ 图为 1945 年春季在吕宋岛北部山区与日军作战的美军部队，包括第 71 联队在内的很多日军部队在吕宋战役后期都逃入深山。

■ 本页的三幅照片均拍摄于1945年1月9日美军在林加延湾圣法比安附近海岸登陆时。上图为1辆美军两栖汽车从1艘登陆艇旁驶过，向海岸前进，背景中能看到更多的登陆艇，中图为美军士兵登上海滩，下图是美军部队登岸后向圣法比安继续推进，日军已经在那里严阵以待。

怀抱炸药迎击坦克

步兵第72联队（隶属第23师团）

——吕宋作战，1945年1月～8月

通称号：旭1128　成立地点：都城　成立时间：1908年5月8日拜授军旗　作战时的联队长：中岛嘉树

失踪的野田大队

步兵第72联队也是经历宇垣裁军后于1938年4月重建的联队，在1939年作为第23师团的一部分参加了诺门罕战役，相比同师团的另外两个联队要走运一些，至少没有焚毁军旗。第72联队长期驻防中国东北，于1944年12月随第23师团调往菲律宾。第23师团在海拉尔留下3000人的留守部队，第72联队的3350名官兵乘船前往吕宋岛，途中遭遇美军潜艇袭击，约1000人丧生。

在登陆吕宋后，第72联队被部署在波索鲁维奥，开始构筑抗登陆阵地。在阵地尚未完工时，由野田敏夫大尉指挥的第1大队约900人接到调防林加延西海岸的拉布拉多。此前，中岛联队长曾向师团司令部强烈要求停止从第72联队抽调部队，

但师团司令部表示这是方面军司令部的命令，予以拒绝。野田大队与久保田尚平中佐指挥的搜索第23联队共同组成久保田支队，之后还有其他部队陆续加入，最后兵力达到2300人之多。在久保田支队中的野田大队是第72联队中最先与美军展开战斗的部队。

1945年1月9日，美军在林加延湾登陆，在之前的猛烈炮击中，拉布拉多的学校、教堂和很多建筑都化为灰烬。随后，美军在苏阿尔附近抢滩登陆，对久保田支队展开猛攻，而野田大队的阵地遭到美军坦克的正面进攻。日军竭力抵抗，坚持到1月末，虽然给美军造成了不小的伤亡，但自身也损伤颇大，补给不续，最后久保田支队残部只能化整为零，分散撤入林木茂盛的三描礼士山，

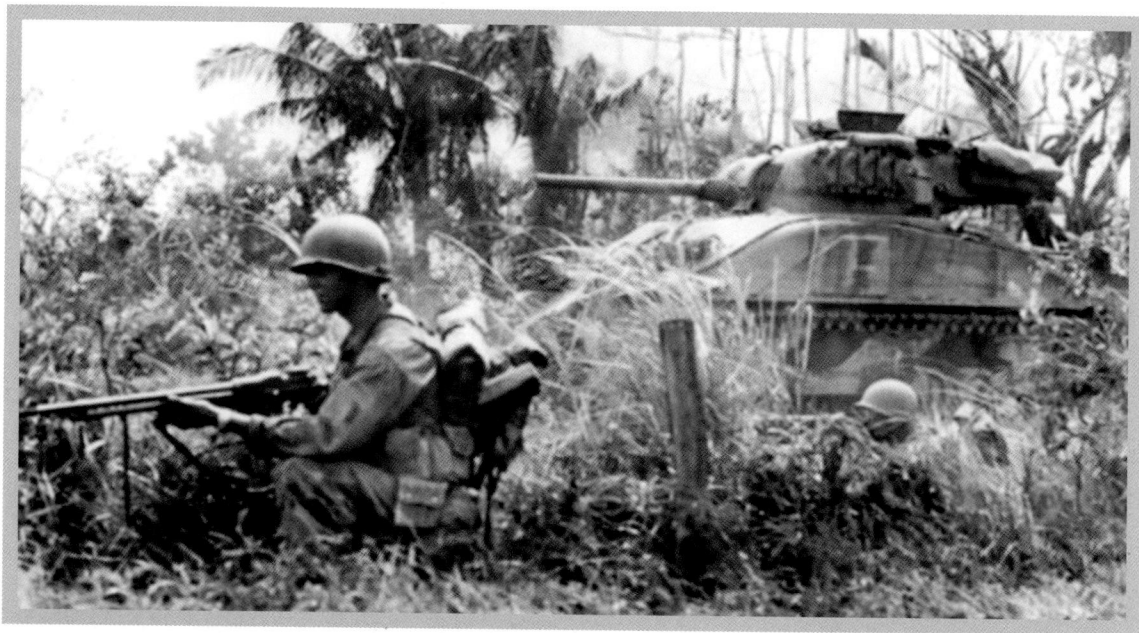

■ 图为1945年1月在林加延湾登陆的美军部队采用步坦协同战术向日军纵深地带推进，日军对于美军坦克的攻势难以做出有效的对抗。

每名士兵分配到5合大米（900克），各自寻路与建武集团的其他部队会合。但是，此后再也没有收到久保田支队或是野田大队的消息。

在波索鲁维奥的苦斗

在美军登陆当天，第72联队第8中队的盐月小队也投入了战斗，他们组成一支数十人的敢死队向麦克阿瑟临时指挥部所在的达古潘展开突袭，表面看来勇气可嘉，实际上是深陷重围后的无奈之举。盐月小队仅留下一名传令兵向后方报告，其余人员全部参加进攻，曾一度突入美军主阵地，但最后结局可想而知。

第72联队主力用了两周时间在波索鲁维奥修建了防御阵地。1月中旬，美军出现在阵地前沿，从1月17日开始爆发了激烈的攻防战。虽然第72联队配备了联队炮、大队炮、速射炮等多门火炮，但是这些武器在远距离上无法有效击毁美军坦克，只有在近距离射击才能有点效果，有2辆美军坦克在阵地前方被日军火炮击伤，失去行动能力。但是，少量日军火炮一旦暴露就会受到美军的火力压制，因此日军士兵只能分为数个小组，怀抱炸药包对美军坦克进行自杀攻击。在夜间，第72联队又组织敢死队，此时已经没有步兵、工兵、炮兵之类的区分，所有能拿枪的人都被派往前沿。为了应对日军的夜袭，拥有绝对火力优势的美军没有硬拼，有时会释放烟幕，有时会暂时撤退，看到美军乘坐卡车后撤，第72联队炮兵队

用为数不多的炮弹进行追击射击。

但是，即使部队斗志旺盛，如果没有补给也是枉然，况且第72联队主力也不想在第一线阵地上与美军死磕，需要保存实力以持久抵抗，因为吕宋岛的防御战并非保护菲律宾，而是为了保护日本本土，日军必须尽可能地拖住美军向日本进军的步伐，为本土进行决战准备争取时间。秉承持久作战的原则，第72联队在波索鲁维奥抵抗了一段时间后开始向二线阵地转移。

连续转进

第72联队的新阵地设在利利特，而美军则紧追不舍，即使在海拔1000米的山地中，美军也用推土机为坦克开辟进攻的通道。第72联队早已失去了所有火炮，只能以机枪应战，到最后只能使用刺刀展开肉搏战。

第72联队在利利特战斗了约一个月，随后向地形更为险峻的沙比特转移，在此地以东的萨拉萨山岭与美军持续激战，迟滞了美军对沙比特的

■ 图为美军炮兵对撤退中的日军部队实施夜间袭扰炮击，此类行动常给日军造成伤亡。

攻击。在与美军对峙期间，第72联队居然抽调人手在后方插秧种田。由于补给困难，第72联队和许多日军部队一样陷入粮荒，只能依靠菲律宾一年可以收获三次庄稼的气候条件自己种粮，解决补给问题。然而，第72联队未能等到收割的时节，于4月末再次踏上撤退之路，计划沿着阿格诺河北上，在伊诺曼山落脚。美军也继续展开追击，不时会有炮弹落到日军的行军队列中，造成伤亡。其他日军部队也相继撤退，边打边撤。有时为了掩护其他部队后撤，第72联队还会主动与美军交战，蒙受了很大的损失，甚至有的中队遭到全灭。

第72联队到达伊诺曼山后，在此停留了约一个月，这里也不是最后的阵地。为了支援其他部队，第72联队又向卡亚帕转进。当时正值雨季，日军士兵在瓢泼大雨中行军，体力消耗很大。日军预定的最后阵地在普洛格山，但并非全军都撤到这里，第72联队一部奉命转移到普洛格山西侧，主力则前往远离普洛格山的其他地区，第23师团司令部此时位于安布克劳。

工兵第23联队中队长落合秀正所著的《旭兵团的吕宋岛转战记》中记载："从6月末至7月初，师团到达最后的阵地——普洛格山，其海拔2900米，是菲律宾最高的山峰，被当地人称为'圣山'。步兵第64联队在西侧的最右翼展开，工兵联队在其左侧展开，南侧有步兵第71联队，东侧则是师团司令部和步兵第72联队。在东西两侧设有野战医院，但是美军经常利用游击队和空袭进行骚扰。"

进入普洛格山阵地的日军部队打算全体战死于此，因此在得知日本宣布投降时，第14方面军下辖各部队都感到非常意外。在吕宋作战期间，第72联队连同补充人员在内约有5300人参战，其中生还者仅为450人。

■ 图为几名在撤退途中掉队的日军士兵在被美军俘获后遭到围观，相比那些躲进深山老林、病饿而死的日军来说，他们已经算是幸运了。

吕宋战役战地写真集

■ 上图为1945年1月在林加延湾登陆期间，美军舰队向日军特攻飞机猛烈开火。为了阻止美军登陆，日军航空部队连续发动空袭。

■ 美军在林加延湾登陆后迅速建立了桥头堡阵地，并向内陆挺进。下图为美军第129步兵团设在滩头附近的前沿指挥所。

■ 在太平洋战争中，火焰喷射器对于日军士兵来说是远比飞机、大炮更为可怕的武器，图为吕宋战役中美军士兵使用火焰喷射器攻击日军。

■ 上图为1945年1月中旬在达莫提海岸附近，美军的一个机枪组向日军独立混成第58旅团据守的高地进行火力压制。

■ 下图为1945年1月美军向林加延湾海岸附近的卡巴鲁昂岭发起进攻，他们遭到日军步兵第71联队大盛支队的激烈抵抗。

■ 左图及下图均摄于美军在吕宋岛建立的战俘营，在各处战场被俘获的日军士兵被集中到战俘营中，在接受身体检查后入营接受监管，等待战争结束后遣返回国。

■ 在1945年的吕宋战役中，美军遭遇了太平洋战争中最大规模的坦克战，日军在吕宋岛部署了战车第2师团，归属尚武集团，但坦克总数不足100辆，无论是数量上还是质量上都不是美军坦克部队的对手。上图为1辆在战场上被击毁的九七式改中型坦克，摄于1945年1月31日，下图是在马尼拉克拉克机场附近被击毁的日军坦克，摄于1945年1月27日。

■ 美军登陆吕宋岛后第一个也是最终要的目标就是解放菲律宾首都马尼拉。尽管日军第14方面军已经决定放弃马尼拉，但是日本海军仍然主张坚守，并投入了约1万兵力与美军展开战斗，同时日军在马尼拉附近的克拉克基地也进行了抵抗。右图为克拉克机场西侧的日军阵地，下图美军向马尼拉进军途中，一群美军士兵和几名前来迎接解放者的菲律宾民众在路牌前兴高采烈地合影留念。

■ 上图为美军用于炮击马尼拉市区的240毫米榴弹炮。

■ 中图为日军部署在马尼拉海岸的120毫米岸炮。

■ 下图为1945年4月，美军对马尼拉以东的日军洞穴阵地进行扫荡，火焰喷射器在攻击此类阵地时作用显著。这一地区由日军振武集团负责守备。

■ 下图为1945年初马尼拉市区的航拍照片，可见大片城区建筑遭到战火破坏，左侧小图为日军在马尼拉市内进行纵火破坏的场面，浓烟直冲云霄。

■ 本页的三幅照片均拍摄于1945年年初美军攻占马尼拉期间，左上图是一具日军士兵的尸体倒挂在被击毁的卡车上，右上图是一名被美军俘获的日军士兵，下图是美菲军士兵注视着在自杀攻击中被击毙的日军。在马尼拉城区进行抵抗的日军部队基本没有重型武器，他们以轻武器对抗美军的坦克和重炮，最后大多以自杀攻击的方式结束了自己的生命。

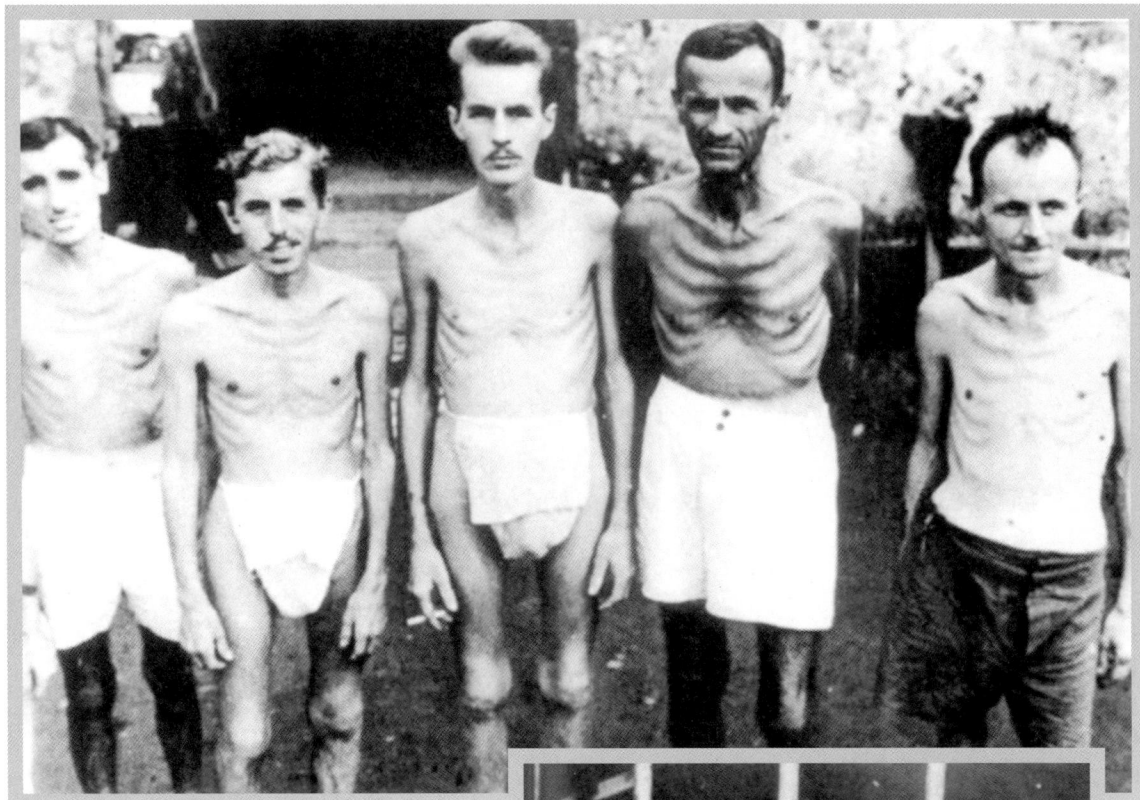

■ 上图为美军从日军战俘营中解救出来的美国人，他们长期受到非人的待遇，营养不良，瘦得皮包骨头。

■ 右图为美军在一处日军地牢内发现的菲律宾人的尸体，他们被日军怀疑为间谍而遭到关押，在地牢发生火灾时未能逃出而被活活闷死。

■ 本页的三幅照片均拍摄于被美军解放的马尼拉，上图及右图是美军士兵在城市的废墟中帮助菲律宾妇女，下图是战火平息后逃难的菲律宾人返回满目疮痍的家园。

■ 1945年4月，美军部队推进到吕宋北部的碧瑶。这座城市是日军在吕宋岛上最重要的防御据点，日军第14方面军司令部就位于这里，日美两军在碧瑶周边进行了激战，最终日军放弃碧瑶，退往更北面的深山。上图是美军炮兵部队使用105毫米榴弹炮射击碧瑶附近的日军阵地。下图是在碧瑶前线集结的美军坦克部队。

■ 上图为美军步兵伴随着一辆坦克歼击车沿着公路向碧瑶快速前进。

■ 右图是一些从碧瑶逃出来的菲律宾妇女儿童，尽管家园正在遭受炮火蹂躏，但能够摆脱日本人的残暴统治也是值得高兴的，她们将在美军占领碧瑶后重返家乡。

■ 本页的两幅照片为1945年春季在萨拉萨岭前线作战的美军炮兵部队的留影，上图是美军一辆 M7 型 105 毫米自行榴弹炮在向日军阵地射击，下图是一名美军炮兵观察员在草丛中使用炮队镜观察炮击效果。美军在萨拉萨岭的主要对手是日军第 10 师团的部队，日军在此地坚守了三个月，美军每隔 2～3 周就轮换一次前线部队，而日军几乎没有后援。

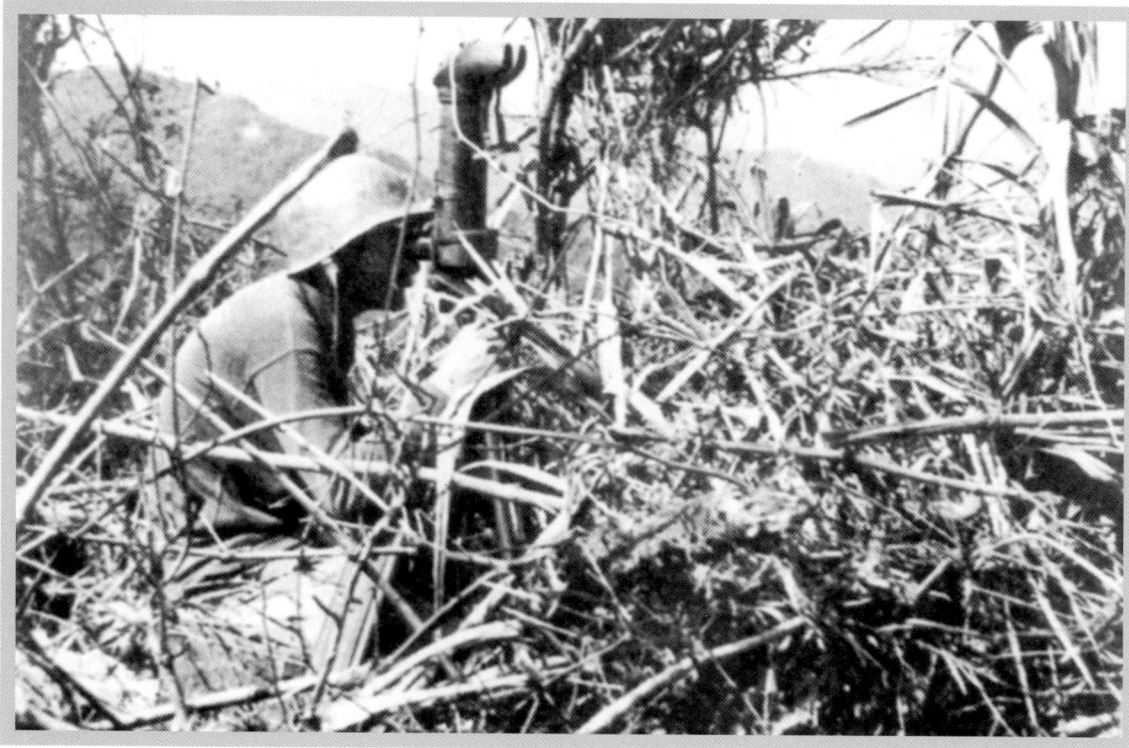

■ 右图为在萨拉萨岭战斗
中一名主动举白旗向美军投
降的日军士兵，这种行为在
日军中极为少见，即便是在
极端绝望的情况下大部分日
军士兵仍然拒绝投降。

■ 在吕宋战役后期，日军
部队退入普洛格山，坚持持
久抵抗。在1945年8月日
本天皇宣布投降后，第14
方面军司令山下奉文大将率
领残部缴械投降。下图为山
下奉文大将（左二）和日本
海军第13航空舰队司令大
河内传七中将（右二）在投
降后与美军人员的合影。

■ 照片中的山峰位于中国广西南宁附近。在1944年底日军在进行打通大陆交通线的一号作战时曾占领南宁。

深陷中国战场

中国大陆作战初期写真集

昭和12年7月7日の「盧溝橋事件」を報じる朝日新聞。左は北京城正門。

■ 上图为1937年7月7日日本《朝日新闻》报道"卢沟桥事变"的头版。原本是日军蓄意挑衅，新闻报道反诬中国军队制造事端。

■ 下图为在察哈尔作战中占领京郊八达岭的日军以长城为背景拍照。察哈尔省今属内蒙古自治区，察哈尔作战是日军侵占京津后继续扩大占领区的一次作战，主要作战力量为关东军。

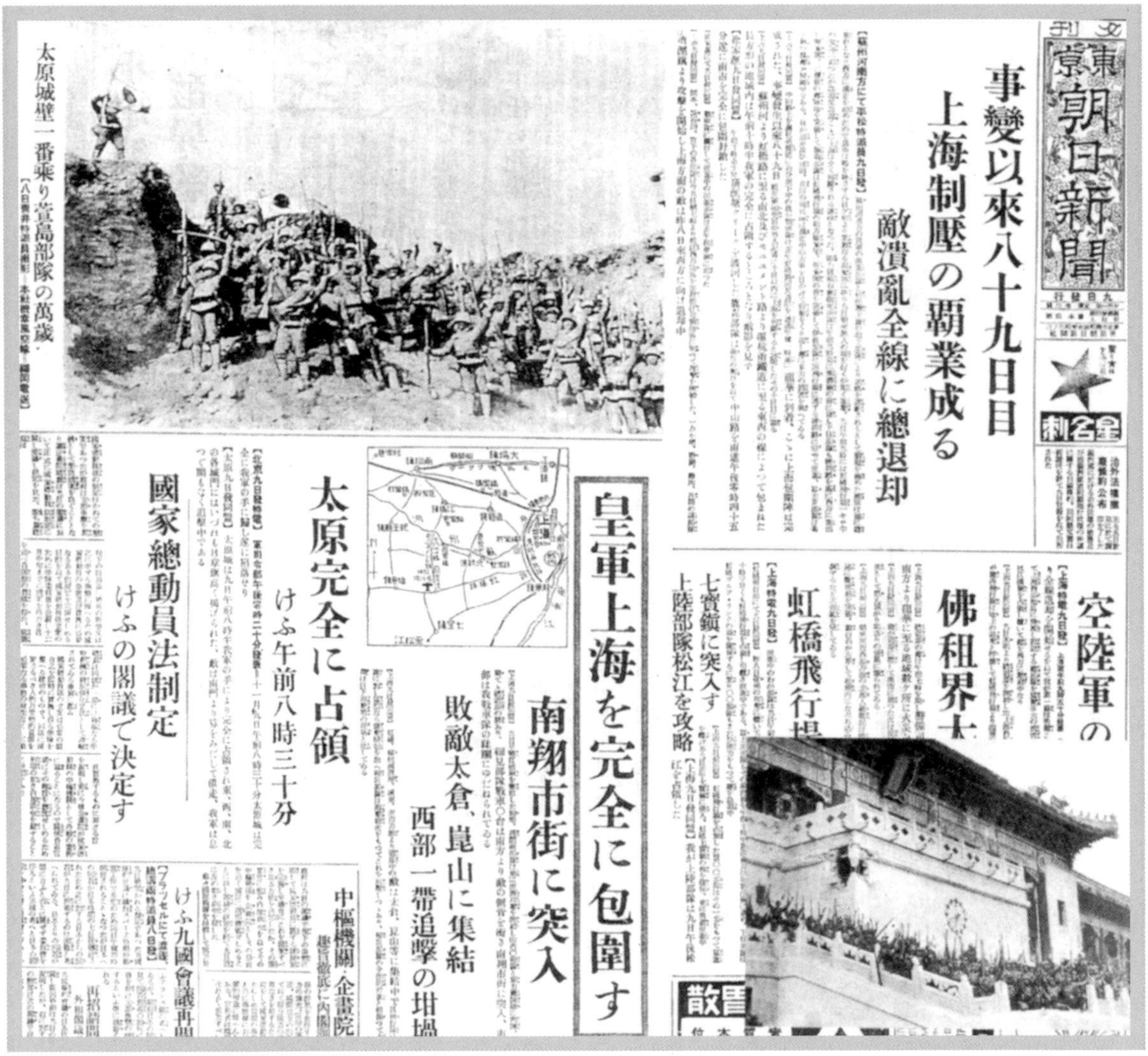

東京朝日新聞

事變以來八十九日目

上海制壓の覇業成る

敵潰亂全線に總退却

七寶鎭に突入す

上陸部隊松江を攻略

皇軍上海を完全に包圍す

南翔市街に突入

敗敵太倉、崑山に集結

西部一帯追撃の坩堝

太原完全に占領

けふ午前八時三十分

國家總動員法制定

けふの閣議で決定す

太原城壁一番乘り萱島部隊の萬歲

■ “卢沟桥事变”后，中国政府决心抗战。8月9日，上海发生日军闯入中方禁区被击毙的“大山事件”，由此引发了淞沪会战，中日军队激战三月，上海沦陷。与此同时，日军在华北方面入侵山西，占领太原。上图为《朝日新闻》对中国战场战事的报道，版面左上的小图为日军占领太原后在城垣上欢呼，右下小图为日军在上海市政府大楼上欢呼。本页下图为淞沪会战中日军在杭州湾登陆。

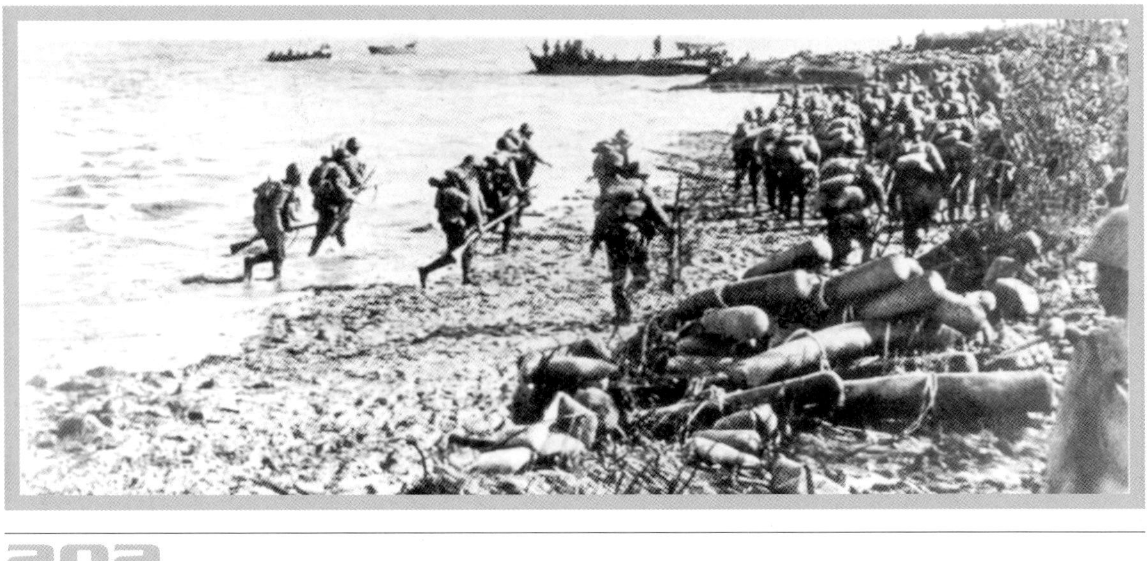

■ 1937年秋季，在淞沪会战进行的同时，日军在华北方面大举进攻，入侵河北、山东等地，上图为在石家庄地区作战的日军炮兵部队，右图为正向山东省会济南推进的日军部队。

■ 图为1937年11月淞沪会战结束后，日军追尾溃败的中国军队向南京方向进攻，日军士兵将火炮拆解，用驮畜和人力搬运。

観壮の式城入京南ふけ・嵐の歳萬

東京朝日新聞

夕刊第二

本日午後南京に於て撮影直に本社機空輪即夜速報

南京・福岡入城式　幸

■ 1937年12月13日，南京沦陷，上图为《朝日新闻》以大幅图片的形式报道日军在南京举行入城式，并在大标题下特别注明照片是通过飞机送回日本的。

■ 日军占领南京后，对中国战俘和平民进行了惨无人道的大屠杀，遇难者多达30万人，左图为在南京大屠杀中遇害的中国民众的尸体。

■ 图为 1937 年 12 月 12 日，日军士兵在遭到炮火破坏的南京城墙上高呼"万岁"。

寺内・畑両指揮官の曾見

け・ふ午前十一時撮影本社機空輸

東京朝日新聞

南北戰線・歷史的握手

将兵に御言葉を賜ふ

聖上徐州戰を御嘉賞

落陷漢武ぞ今・！歲萬・む進は旗章日

東京朝日新聞

外號

武漢完全占領

廣東省政府

廣東省政府民政廳

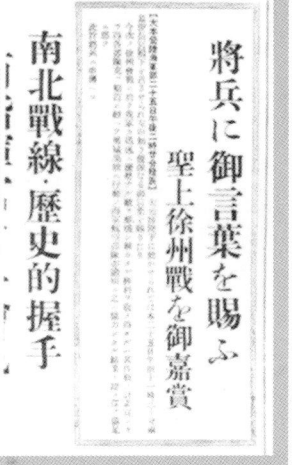

■ 在1938年，日军继续扩大攻势，占领了大片中国国土和多座重要城市，但始终未能达到压迫中国投降的目的。本页上图是《朝日新闻》对日军占领徐州的报道，头版图片是华中方面军司令畑俊六大将和华北方面军司令寺内寿一大将等日军军官举杯庆祝。本页中图为《朝日新闻》报道日军占领武汉。本页下图是占领广州的日军在广东省政府门前欢呼胜利。

■ 图为1939年3月，日军攻占南昌后在国民政府南昌行营门前举行仪式。在抗战进入相持阶段后，日军仍不时发动局部攻势，巩固占领区。

■ 图为1939年11月，日军占领海南岛后在街头举行阅兵式，占领海南岛是日军推行南进战略的重要步骤。

■ 上图为1939年11月，日军侵占广西省会南宁后，日军军官检阅部队。由于日军不断在华南地区攻城略地，直接威胁到西方国家在东南亚地区的殖民地，日本与西方的关系日趋紧张。

■ 1941年9月太平洋战争爆发前夕，驻武汉的日军第11军调集4个师团、12个步兵联队向湖南长沙发起进攻，第二次长沙会战爆发。左图为在湖南前线某日军联队宿营时的留影，图中用三支步枪支起来的物体就是联队军旗，日军用布将军旗包裹，还进行了伪装。

衡阳城下难越雷池

步兵第65联队（隶属第13师团）

——湘桂作战，1944年5月~1945年1月

通称号：镜　**成立地点**：会津若松　**成立时间**：1908年5月9日拜授军旗　**作战时的联队长**：伊藤义彦

1937年全面侵华战争爆发后，日军下达动员令，扩编部队，先前在宇垣裁军中遭到裁撤的步兵第65联队也以继承传统的理由重新组建，隶属于第13师团，由联队本部、3个步兵大队（每个大队由4个步兵中队、1个机枪中队和1个步兵炮小队组成）、1个速射炮中队、1个步兵炮中队、1个通信中队和1个驮马小队构成。重建的第65联队于1937年10月在上海登陆，此后长期在中国战场作战，先后参加了徐州会战、宜昌会战、第二次长沙会战等重大战役。

1944年春夏，日军发动以打通大陆交通线为目的的一号作战（中国方面称为豫湘桂会战），企图全面占领由北京直到广西桂林、柳州的铁路沿线地区，打通与东南亚占领区的交通线，以便将掠夺的战略物资从陆路运回本土，以维持战争需

要。一号作战的首轮攻势是华北方面军发动的京汉作战，打通北京至武汉的平汉铁路。随后驻武汉的华中方面军第11军奉命实施湘桂作战，打通武汉至广州的粤汉铁路。日军于6月18日占领长沙。6月20日，日军趁中国军队尚未完成防御部署，开始对湘南重镇衡阳发动攻势。自武汉南下的铁路线在衡阳分为通往广西的湘桂线和通往广州的粤汉线，是名副其实的交通要冲。让日军深感意外的是，中国军队在衡阳进行了最为顽强的抵抗，激战一月有余，先后打退日军两次进攻。

日军最初投入第68、116师团，未能攻占衡阳，于是增调第58、13师团发动第三次攻势。抵达湘江东岸的第13师团以山炮兵第19联队支援第68师团的进攻，同时第65联队在江岸展开，准备强行渡江。7月18日，第65联队留下部分兵力在廖田

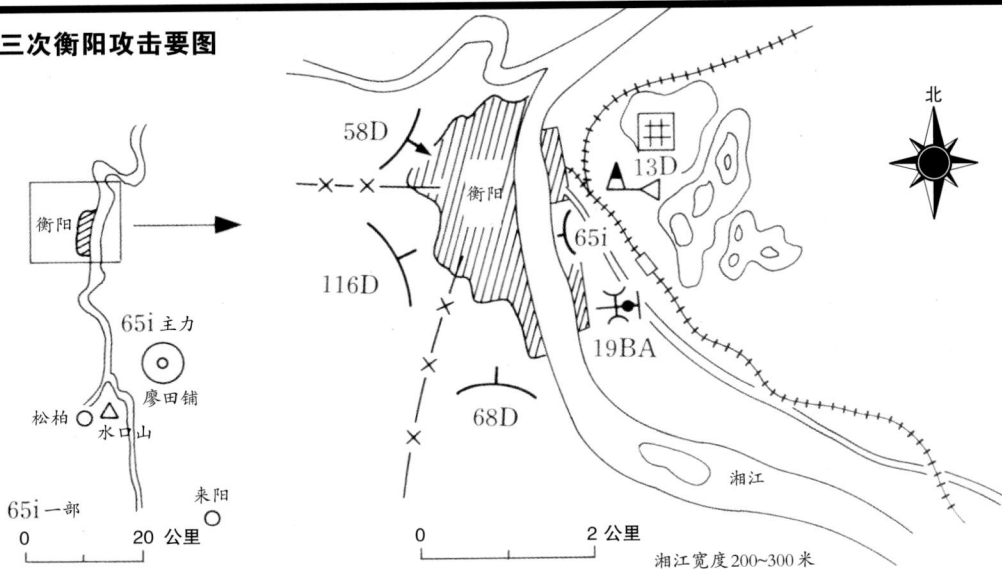

第三次衡阳攻击要图

铺和松柏警戒，随后进抵湘江东岸，负责监视机场、铁路，防止中国守军突围撤退。7月22日至25日间，第65联队步兵第3大队在辎重兵第13联队长的指挥下投入战斗，在24日攻击了中国军队第60师的阵地。25日清晨，伊藤联队长也亲率第2大队和炮兵第3大队向第60师发起攻击。

7月30日，第13师团长按照第11军的指令，命令第65联队长指挥步兵第2大队从正面强行渡江，并以炮兵部队主力实施火力掩护。8月2日夜，伊藤联队长与炮兵联队长、工兵中队长就火力支援和渡江的要点进行细节上的调整。3日，伊藤联队长向支援战斗的各部队长说明了攻击计划，由炮兵第3大队负责直接火力支援，第8中队作为联队的尖兵率先强渡，进攻时间为8月5日夜间。炮兵联队主力于8月4日夜间在江岸秘密展开，第65联队抱着必死的决心进行作战准备。但是，在8月5日晚21时，上级下达了中止作战的命令。此前第3师团在攻打常德时曾在渡河作战中损失惨重。第11军司令官经过深思熟虑后取消了第65联队的强渡作战。

8月8日，日军调整部署后向衡阳发动第三次攻势，并投入重炮部队对中国军队阵地实施猛烈轰击，在付出高昂代价后最终占领衡阳。此时距离首次进攻衡阳已经过去了42天。

■ 1944年6月16日，就在日军发动湘桂作战的同时，从四川成都附近机场起飞的美军B-29轰炸机空袭了日本北九州的八幡制铁所，这是B-29轰炸机首次空袭日本本土，这一事件极大鼓舞了中国军民的士气，重庆当天终日燃放爆竹以示庆祝，并在广播中反复报道空袭成功的消息。几乎与此同时，美军登陆塞班岛，其目的是为B-29空袭日本夺取前进基地，毕竟中国内地机场距离日本过于遥远，而从塞班出击则航程大幅缩短，轰炸机可以携带更多的炸弹，提高空袭威力。日军大本营最为担忧的事情就是本土遭到盟军的直接攻击，日军发动一号作战实际上也有摧毁美军在华航空基地，阻止美军空袭的目的，但随着塞班被美军占领，这一目的实际上已经落空了。上图为B-29轰炸八幡制铁所的现场照片。

■ 上图为1943年在印度受训的中国士兵在协助修建机场，B-29轰炸机将首先飞抵印度，然后飞越喜马拉雅山脉抵达四川成都附近的前进机场，从那里再起飞空袭日本本土。

■ 下图为1944年美军在塞班岛修建的大型航空基地的航拍照片，在跑道上整齐排列着上百架 B-29轰炸机。从1944年底开始，美军 B-29轰炸机群从塞班、提尼安和关岛起飞，对包括东京在内的日本本土各大城市进行了有计划的大规模空袭。

日夜不休侵袭柳州

步兵第34联队（隶属第3师团）

——湘桂作战，1944年5月～1945年1月

通称号：幸3704　　**成立地点：**岐阜　　**成立时间：**1908年5月8日拜授军旗　　**作战时的联队长：**二神力

不眠不休的强行军

　　1944年秋季，步兵第34联队在第3师团编成下参加了桂柳作战，作为湘桂作战的最后阶段，桂柳作战的目标是占领广西北部重镇桂林、柳州，打通湘桂线，摧毁桂柳地区的中美航空基地，同时粉碎集中在桂林地区的中国军队，而在实际作战中，日军最远推进到贵州的独山。当时，步兵第34联队由本部、3个步兵大队（每个大队有4个中队、1个机枪中队、1个步兵炮小队）、1个速射炮中队、1个步兵炮中队、1个通信中队和1个驮马小队构成。

　　第3师团决定首先进入平乐，控制桂柳方向。为了威胁驻桂林的中国军队，于10月28日之后尽

■图为1944年11月被日军占领的桂林北站，背景中是被日军轰炸摧毁的车站建筑。

快开始攻击，一面击败正面的中国守军，一面从永明、桃川沿富川－钟山－同安一线前进，之后占领平乐和荔浦。第3师团的进军部署分成右纵队（包括步兵第34联队、师团司令部、野炮兵第3联队、步兵第68联队）和左纵队（包括步兵第6联队、

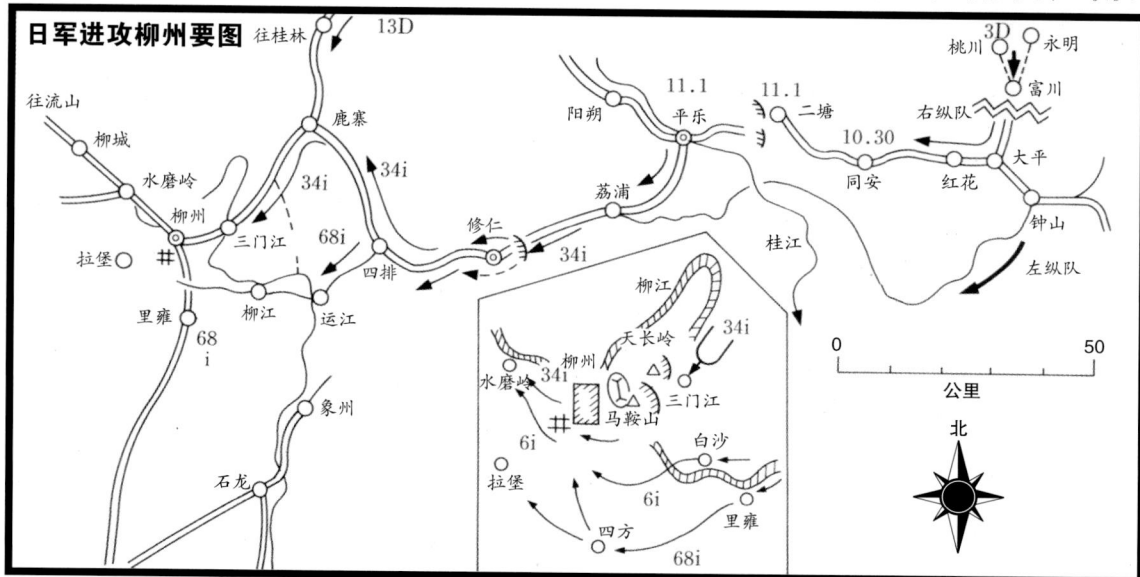

日军进攻柳州要图

骑兵第3联队、辎重兵第3联队）。日军于10月28日开始行动，两个纵队在排除小股中国军队的袭扰后一路马不停蹄地行军。11月1日，第34联队穿越险峻山地，以昼夜不眠不休的强行军赶到二塘，天刚亮就对该地区的中国军队实施攻击，当日23时，突击至平乐并占领该地，接着渡过桂江，派出部分兵力先行赶到荔浦，但在那里并没有发现中国军队的大部队。于是，第3师团自行决定突破修仁以西的关卡，先进入四排南北两侧，成功地截断了桂林、武宣两地中国军队的退路。

顶着重炮轰击推进

　　另一方面，中国军队很重视桂林正面的防御，将柳州方面的兵力抽调到桂林地区，这样导致柳州的防守变得薄弱。第11军鉴于第3、13师团推进迅速，决定变更作战计划，在攻击桂林的同时攻击柳州，将战果进一步扩大，于11月3日下令攻占柳州。

　　第34联队于11月4日拂晓在修仁以东地区与中国军队的大部队接触，后迂回到中国军队两翼后方发起攻击。中国军队于傍晚时分被迫向修仁方向退却。11月5日，第3师团为了攻占柳州，命令第34联队突破关卡后沿公路向三门江方向突进，命令第6联队从四排向西南进军，突击柳州以南地区，其他部队则跟在第34联队之后。

　　11月6日，第34联队在修仁以西遭遇中国军队的抵抗，经过一番苦战后击退中国军队，继续向鹿寨挺进。11月9日，第34联队在三门江渡过柳江，攻占柳州郊外的中国军队阵地，之后又向守卫天长岭的中国军队发起攻击，但遭遇顽强抵抗，中国军队部署在马鞍山附近的重炮对日军实施火力压制。第34联队第2大队在当日13时才最终突破了中国军队的一线阵地，接着又突击了马鞍山炮兵阵地，占领了柳州南部。

　　第3师团根据作战状况命令师团主力向流山方向追击撤退的中国军队。第34联队则在柳州南部扫荡残余的中国军队，在11月11日8时也转入追击作战。

■ 上图与下页两图均为1944年11月日军逼近桂林、柳州时，两地的中国百姓乘火车逃难的场面。

解除印支法军武装

步兵第62联队（隶属第21师团）

——明号作战，1945年3月

通称号：讨4234　成立地点：丸龟　成立时间：1938年7月14日拜授军旗　作战时的联队长：田副正信

骚动的法属印支

　　自从日军于1941年全面进占法属印度支那后，当地的法国殖民地驻军听命于维希政府，与日军保持合作，双方相安无事。1944年9月，随着维希政府被推翻，法属印度支那的法军部队开始显露出与日军对立的迹象。1945年2月28日，日本南方军命令土桥勇逸中将指挥的第38军执行武力镇压印度支那法国驻军的计划，被称之为"明号作战"。此次作战的目标是解除印支法军的武装，确保日军对印度支那的控制，考虑到印度支那地区的法国驻军兵力多达9万人，如果作战意图过早暴露，恐怕会爆发大规模战斗，徒增伤亡，因此日军拟定作战计划时的首要原则就是严密隐藏企图，以求达成作战的突然性。

　　为了达成作战目标，第38军做出如下兵力部署：在印支北部部署了第37师团、第21师团和第22师团；在印支中部部署了独立混成第34旅团；在印支南部部署了第2师团和独立混成第70旅团。预计作战时间为一个月，分为三个阶段，其中第一阶段为作战的最初三天，武力解除驻印支主要地区的法军部队的武装，这是最重要的阶段，余下两个阶段日军将清除零星的法军部队，并全面接管印度支那的法军军事设施。日军也考虑在动用武力之前进行必要的外交交涉，但在接触试探后发现对方接受的可能性相当低，于是转而全力进行隐秘准备。

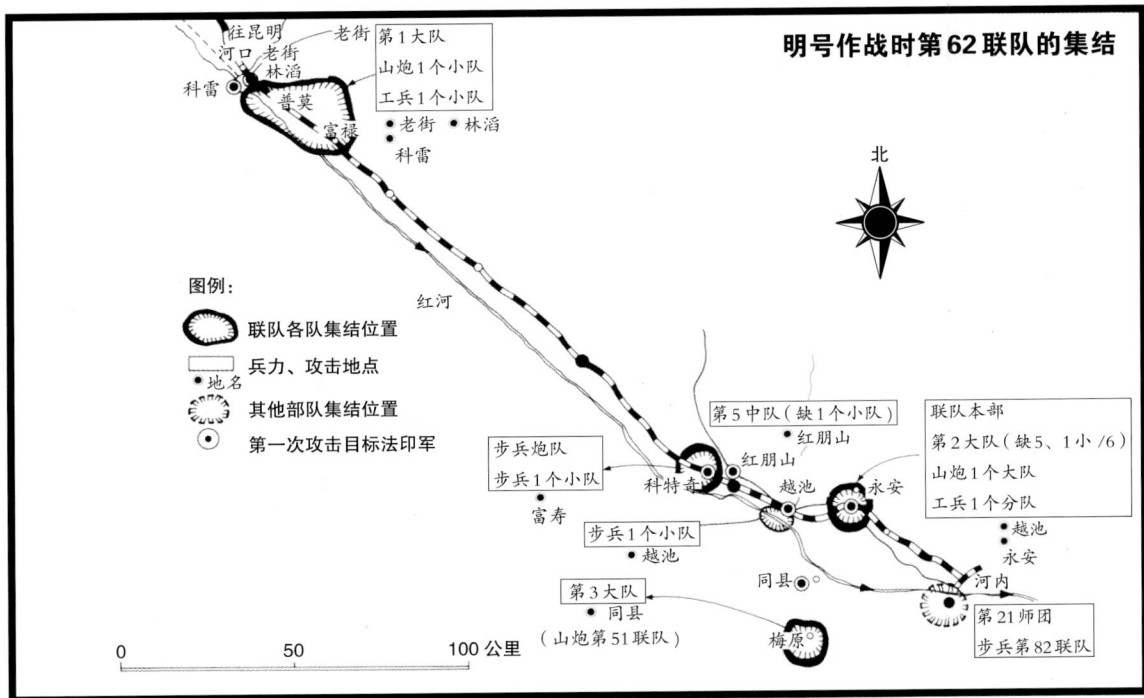

明号作战时第62联队的集结

图例：

- 联队各队集结位置
- 兵力、攻击地点
- 其他部队集结位置
- 第一次攻击目标法印军

第1大队 山炮1个小队 工兵1个小队　老街　林滔　科雷

第5中队（缺1个小队）　红朋山

步兵炮队 步兵1个小队　科特奇　富寿

步兵1个小队　越池

第3大队　同县（山炮第51联队）

联队本部 第2大队（缺5、1小/6） 山炮1个大队 工兵1个分队　越池　永安

第21师团 步兵第82联队

0　　　50　　　100公里

由三国直福中将指挥的第21师团将在红河以西的东京（殖民地时代河内为中心的印度支那北部的统称，与中国接壤）和河静以北的安南、老挝展开行动。该师团派遣步兵第62联队负责河内西北的永安、越池、富寿、老街、富禄的作战，步兵第38联队负责北部安南的行动，步兵第82联队处理河内周边的法军。第62联队从1945年2月上旬至3月上旬分别将下属的3个大队配置于老街、永安、越池、富寿地区以及梅原，展开必要的作战准备。

迅雷不及掩耳的行动

日军在动用武力之前，在西贡与法军高层进行了外交交涉。3月9日晚7时，日方提出要求，要求当晚10时给予答复，但直到超过时限法军仍没有回应。不久传来河内地区发生武装冲突的消息，土桥中将于晚间10时21分下令行动。

第62联队长命令联队主力第2大队包围河内以北永安、红朋、富寿地区的法军兵营。日军很快迫使驻贝特利兵营的法军指挥官贝洛克中校率500人投降。10日凌晨，第62联队第2大队又将科特奇附近的野战阵地上的法军消灭。12日，日军通过突袭又击溃了安沛兵营的法军2个连。第62联队第1大队于3月9日22时30分开始行动，在10日早上7时前占领了老街炮台和科雷炮台，俘虏了法军警备司令以下约650人。在三天时间里，第62联队以迅速的行动解除了行动范围内法国驻军的武装，该联队在明号作战中战死27人，负伤83人。此后，第62联队转移到印度支那西北山区进行扫荡作战。

另一方面，日军在法属印度支那中、南部的作战较为顺利，但是在北部，第82、225联队在攻击谅山、同登要塞时都受到了法军的顽强抵抗，经过一番苦战后才达成目标。

■ 图为战争期间法属印度支那地区的城镇街景，几位身穿越南传统服饰奥黛的年轻姑娘在水果摊前挑选水果。

■ 上图为20世纪40年代的西贡火车站。在车站前停着公共汽车和人力车，西贡是法属印度支那的首府。

■ 下图为二战时期的西贡港码头一角。在日军进占后，西贡港成为日本海军的前进基地。

张家口

古北口

北京

华北方面军司令部

大沽

井陉

太原

邯郸

济南

监汾

青岛

第13军司令部

洛阳

归德(商丘)

郑州

徐州

第6方面军司令部

鄲城

扬州

南京

镇江

嘉定

苏州

上海

当阳

应城

汉口

安庆

嘉兴

松江

荆州

咸宁

九江

杭州

慈溪

岳阳

湘阴

南昌

奉化

长沙

第6军司令部

湘潭

株州

永丰

衡阳

全州

郴州

中国派遣军总司令部

源潭

第23军司令部

广州

淡水

澎湖岛

台湾

佛山

番禺

海丰

香港

北

海南岛

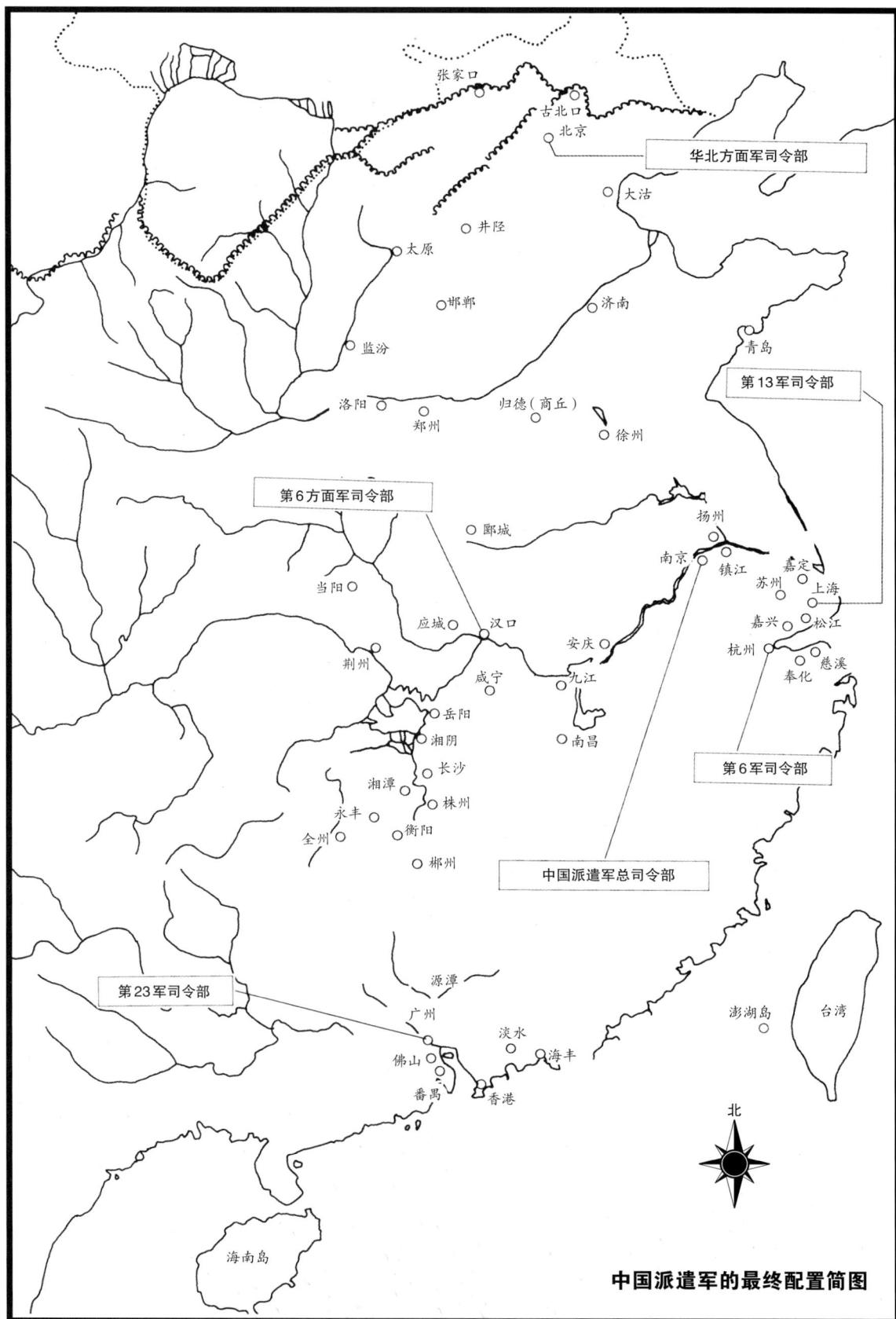

中国派遣军的最终配置简图

中国战场美军写真集

■ 上图为由罗伯特 ·B. 麦克卢尔少将率领的美军联络组与中国军官合影，该联络组被派往中国军队的第71军。右图是麦克卢尔少将在检阅第95师的中国士兵，摄于1945年3月。

■ 上图为1944年6月17日，安东尼·J. 海宁中尉（图中戴宽边遮阳帽者）正在指导中国士兵操作美制75毫米榴弹炮。

■ 下图为1944年6月16日，海宁中尉（左二）正在向中国士兵教授美制无线电台的操作方法。本页的两幅照片均摄于中国南部某地。

■ 上图为派驻独立第2旅的美军顾问理查德·D.魏格尔上尉(蹲者左)和爱德华·C.利巴上校(蹲者右)在检查该部装备的60毫米迫击炮。

■ 下图为独立第2旅的官兵举行分列式,接受部队长官及美军顾问的检阅。本页的两幅照片均摄于1945年6月7日。

■ 上图为1944年11月18日，一名美军士兵在教授中国妇女如何缝制野战服，对于美军来说这种手工作业相当原始。

■ 下图为中美联合军医院院长马里恩·马洪少校（最左端）和麦克卢尔少将（中央）与中国护士们的合影，摄于1945年3月。

■ 上图为两名美军士兵在指导中国士兵使用驮马运载弹药时绑扎固定的方法，摄于1944年10月2日。

■ 下图为一名美军士兵乘坐人力车出行，这种交通工具对于美军来说十分新奇，摄于1944年12月13日。

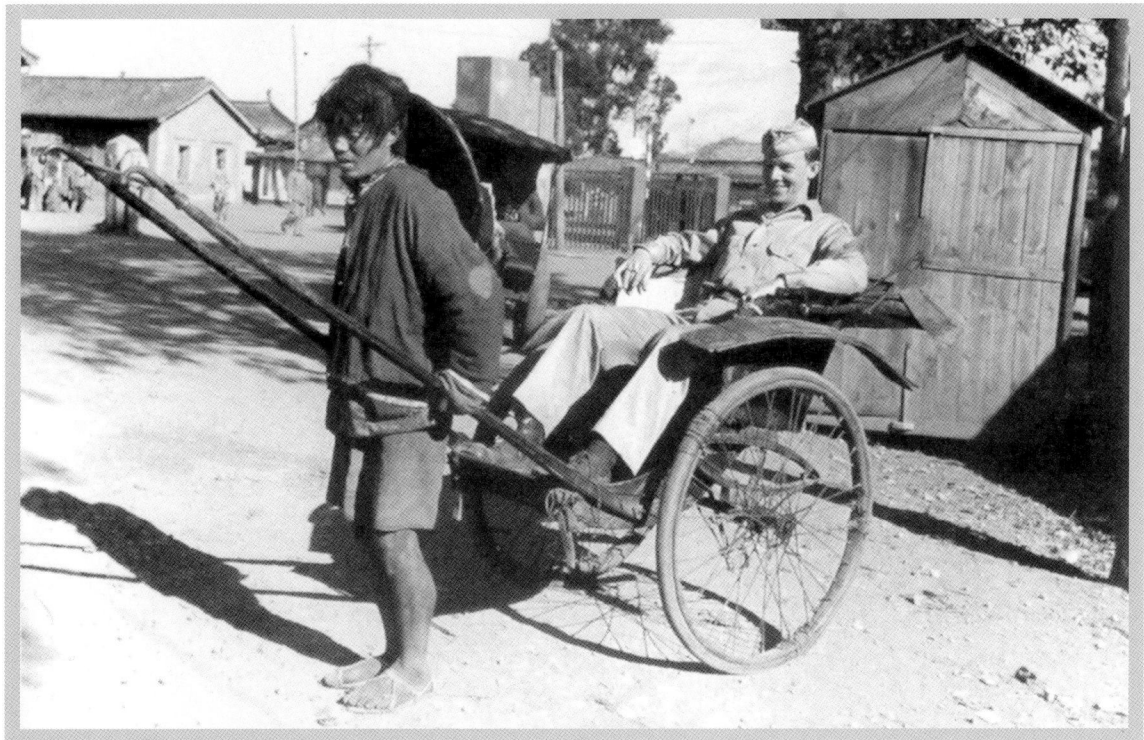

■ 上图为一名美军联络军官在指导中国士兵进行步枪射击，摄于1945年3月中国南部某地。

■ 下图为中国士兵和美国士兵进行拔河比赛，这也是军事训练的科目之一，摄于1945年7月4日。

■ 上图为1945年4月5日，中国战区美军作战部队总指挥麦克卢尔少将检阅一支接受美式训练的中国军队。

■ 下图为1945年2月12日，驻华美军补给部队总指挥官检阅中国部队。图中中国士兵头戴德式钢盔，这在战争后期非常罕见。

■ 上图为1944年6月21日，中国政府高层举办宴会欢迎美国特使亨利 · 华莱士。餐桌左侧左起第4人为国民政府军事委员会主席蒋介石，在他右手边就座的是蒋夫人宋美龄，在他左手边就座的是孙中山夫人宋庆龄。

■ 下图为1945年8月27日，美国特使帕特里克 · 赫尔利(右三)访问延安时与中国共产党领导人进行交谈，其中包括毛泽东(左二)、朱德(左一)和周恩来(右一)。在二战结束之际，美国政府与国共双方都保持联系，试图调解两者之间的冲突。

■ 上图为1945年7月21日，驻华美军陆军指挥官弗雷德里克·W.波伊尔准将在一次欢迎宴会上与两位中国女士合影。

■ 下图为1945年7月，负责补给物资管理的罗伯特·N.康斯中尉在打电话。他身边的两位年轻的中国姑娘是他的秘书。

■ 上图为1945年8月日本投降后，在天津的各国侨民和中国百姓一道在塘沽港热烈欢迎登陆的美军部队。

■ 下图为1945年9月美国海军陆战队第3师师长凯勒·E.罗基少将（左二）在天津接受日本驻军的投降。

■ 1945年4月1日，美军登陆冲绳岛，
图为美军坦克在上岸后向内陆纵深挺进。

最后的决战

在暴雨般的火力下

步兵第22联队（隶属第24师团）

——冲绳战役，1945年4月~6月

通称号：山3474　**成立地点：**松山　**成立时间：**1886年8月17日拜授军旗　**作战时的联队长：**吉田胜

寂静的海岸

1945年4月1日，美军在冲绳本岛的宜野湾登陆，那里靠近嘉手纳和读谷两座机场。美军第一批登陆部队有16000人。负责防守冲绳的是牛岛满中将指挥的第32军，以第24、62师团为主力，约有兵力86000人，其中包括海军部队10000人。第32军司令部设在冲绳南部古城首里附近的山中。

日军部队中战斗力最强的是第24师团，下辖步兵第22、32、89联队，其中第22联队是曾经参加过中日甲午战争和日俄战争的老牌劲旅，因为在旅顺围攻战中发动不计伤亡的自杀攻击而被称为"伊予の肉弹联队"。在战役开始时，第22联队被部署在后方的那霸，防御小禄机场和丰见城海岸。在首里以北担任正面防御的是第62师团，军炮兵队位于更遥远的后方。冲绳日军的作战策略是纵深防御、持久抵抗，为准备本土决战争取时间。因此在美军登陆时日军没有进行抵抗，只有第62师团派出小部队进行牵制，军属炮兵也被严格限制行动，处于后方的第22联队更是没有参战。

开赴第一线

美军登陆后向冲绳南部推进，在首里一线遭遇第62师团的激烈抵抗，进展迟缓。4月12日，第32军实施总攻，第22联队也首次被调往一线，军属炮兵队在这次总攻中发射了2500发炮弹，但进攻还是以失败告终。不熟悉前线地形的第22联队在寻找进攻路线时被美军用照明弹照亮，随后遭到炮火的集中攻击。

对日军夜袭深感棘手的美军用了4天时间将各种火炮推上前线，准备了大量炮弹。在4月19、20日，美军动用324门火炮，在40分钟内向日军阵地发射了19000发炮弹，那种恐怖场面被日军形容为"铁暴风"。不过，即使身处"铁暴风"之中，第22联队还是取得了一定的战绩，第3大队在嘉数高地攻防战中宣称给美军第105步兵团造成158人的伤亡，重创坦克22辆。第2大队还企图夺回前田东侧高地，但这些都是垂死挣扎而已。

玉碎真荣里

5月17日，美军第77步兵师攻击由第22联队负责防守的石岭阵地。美军后来在战斗报告中写道："日军步兵第22联队的少数残兵依然固守着山顶高地，这个联队已经徒有虚名。5月17日，经过石岭一战已将之全歼。"不过，第22联队并没有被完全消灭，据说在5月18日，美军坦克开进到第1大队的战壕前，正巧此时下起暴雨，美军坦克没有继续前进，而是右转离开，使得少数残兵得以撤退。第22联队最后防守的阵地是真荣里以东73高地的钟乳石洞。6月17日，美军在进攻中将石洞洞口炸塌，也把第22联队的残余人员埋入坟墓。

在此前一周，第22联队的军旗被送往第24师团司令部，于6月23日由雨宫巽师团长下令焚毁。同日，第32军司令官牛岛满中将、军参谋长长勇中将剖腹自杀，冲绳战役就此落幕。

■ 图为1945年4月1日，美军登陆部队登上冲绳海岸。由于日军采取纵深防御的战法，放弃了滩头阵地，美军登陆时没有遭遇抵抗。

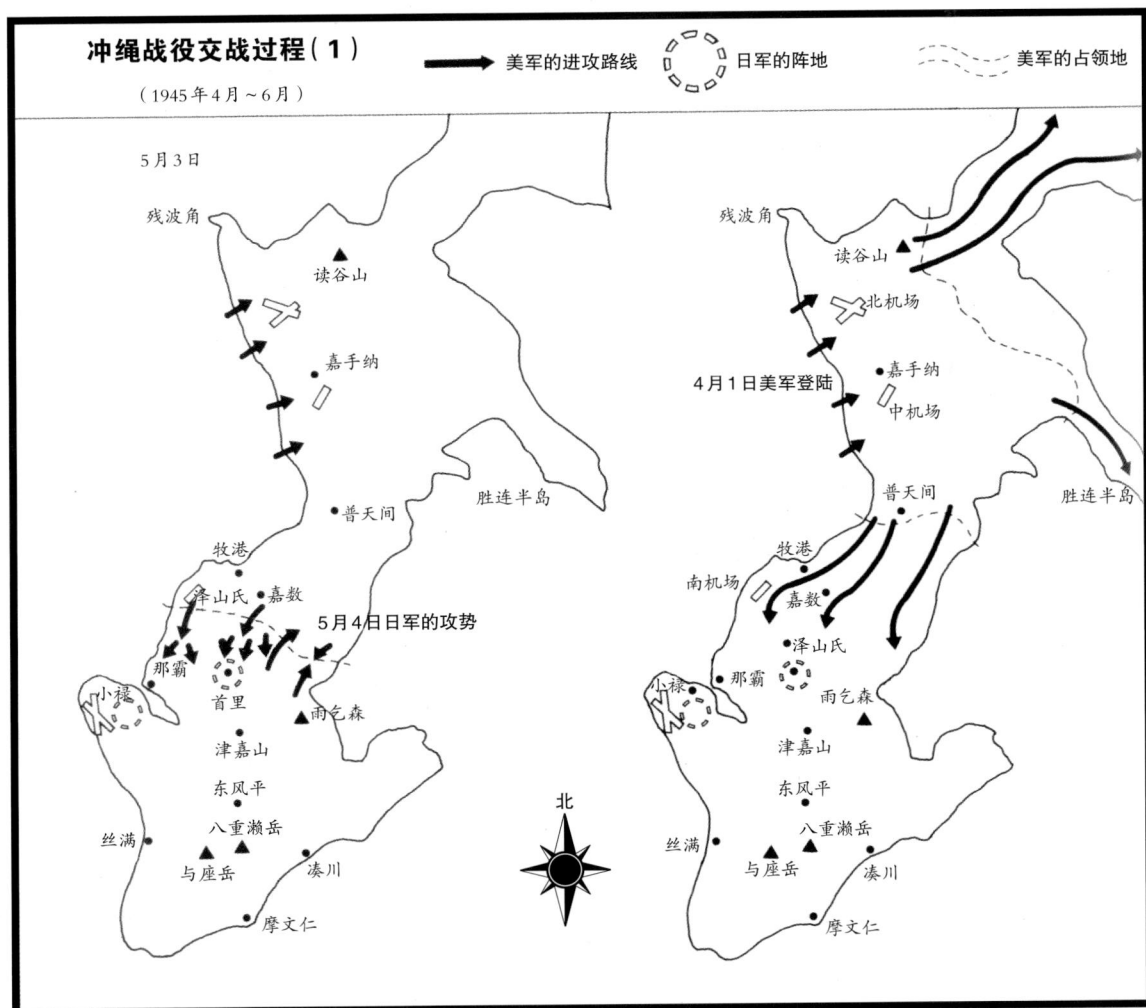

冲绳战役交战过程（1）

（1945年4月～6月）

美军的进攻路线　　日军的阵地　　美军的占领地

5月3日

残波角

读谷山

嘉手纳

普天间　　胜连半岛

牧港

泽山氏　嘉数

那霸　　5月4日日军的攻势

小禄　　首里

雨乞森

津嘉山

东风平

八重濑岳

丝满

与座岳　　凑川

摩文仁

北

残波角

读谷山

北机场

4月1日美军登陆

嘉手纳

中机场

普天间　　胜连半岛

牧港

南机场

嘉数

泽山氏

小禄　　那霸

雨乞森

津嘉山

东风平

八重濑岳

丝满

与座岳　　凑川

摩文仁

冲绳战役交战过程（2）

（1945年4月~6月）

美军的进攻路线

6月11日

残波角
读谷山
嘉手纳
胜连半岛
普天间
牧港
嘉数
泽山氏
那霸
首里
雨乞森
小禄
津嘉山
东风平
丝满
与座岳
八重濑岳
湊川
摩文仁

北

5月31日

残波角
读谷山
嘉手纳
胜连半岛
普天间
牧港
嘉数
泽山氏
那霸
首里
雨乞森
津嘉山
东风平
丝满
与座岳
八重濑岳
湊川
摩文仁

5月29日，日军从首里向主岛南部开始撤退

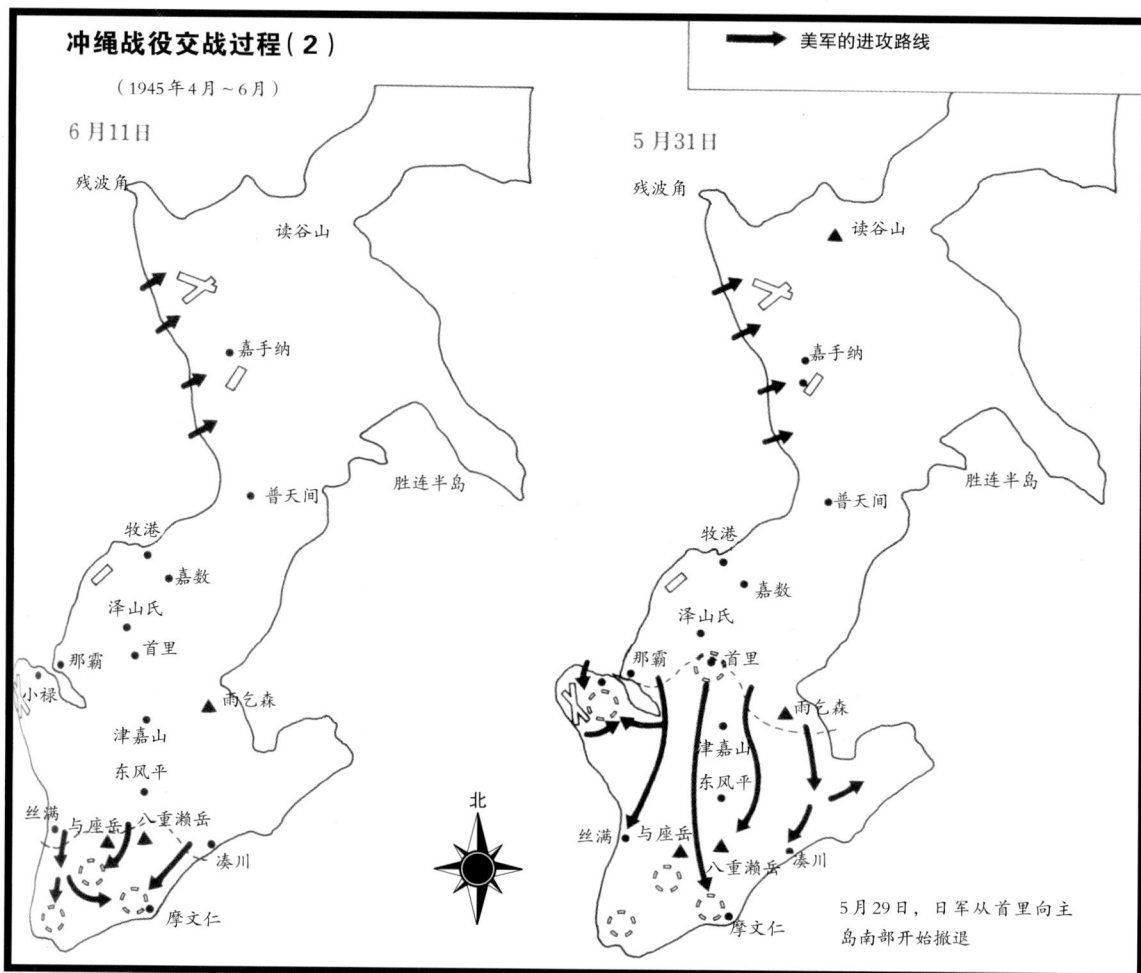

■ 左图为在冲绳战役中攻上日军阵地的美军士兵，从照片中可以看到阵地上的树木全部被炮火摧毁，只剩树桩，近处的两名美军士兵使用"巴祖卡"火箭筒进行瞄准，在冲绳战役中美军经常使用火箭筒清除日军据点。

■ 在冲绳战役后期，日军残部退守到冲绳岛南部的山地中，据守在洞穴阵地中做最后的抵抗。左上图是美军士兵站在山崖顶部向下方日军据守的山洞投掷手榴弹。右上图是日军占据的钟乳石洞内景，可见日军在洞内搭建了简易工事，步兵第22联队的最后阵地就是这副样子。

■ 下图是1945年6月底，美军部队对冲绳岛南部扫荡残敌，他们使用了从坦克、火炮到火箭筒、火焰喷射器等各种武器对日军可能躲藏的地点进行清理，令残余日军无处藏身。

朝日新聞

ソ聯 對日宣戰を布告

東西から國境を侵犯
滿洲國內へ攻擊開始
北滿北鮮へ分散空襲

我方、自衛の邀擊戰展開

調停の基礎を失ひ
米英蔣の提案受諾

ソ聯宣戰理由を通達

東宮大夫ご遜責男

ソ聯の宣戰布告文

對日戰鬪狀態放送

■ 上图为1945年8月10日，《朝日新闻》以头版报道了苏联对日宣战及向中国东北发动进攻的消息，日本失去了与盟国谈判的希望。

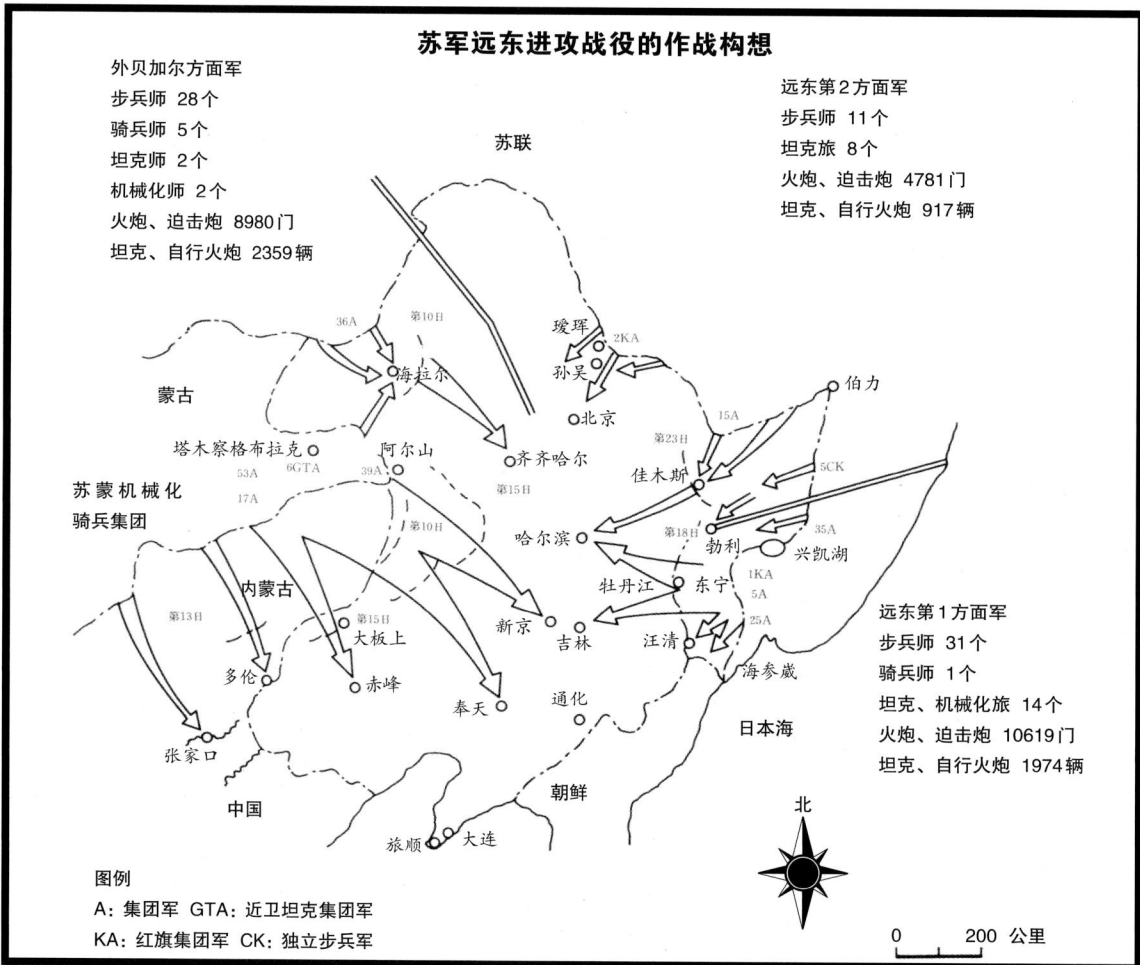

苏军远东进攻战役的作战构想

外贝加尔方面军
步兵师　28个
骑兵师　5个
坦克师　2个
机械化师　2个
火炮、迫击炮　8980门
坦克、自行火炮　2359辆

远东第2方面军
步兵师　11个
坦克旅　8个
火炮、迫击炮　4781门
坦克、自行火炮　917辆

远东第1方面军
步兵师　31个
骑兵师　1个
坦克、机械化旅　14个
火炮、迫击炮　10619门
坦克、自行火炮　1974辆

苏联
蒙古
塔木察格布拉克
苏蒙机械化骑兵集团
内蒙古
中国
朝鲜
日本海
北

海拉尔　齐齐哈尔　瑷珲　孙吴　北京　佳木斯　伯力　哈尔滨　勃利　兴凯湖　牡丹江　东宁　汪清　海参崴　阿尔山　新京　吉林　通化　奉天　大板上　赤峰　多伦　张家口　旅顺　大连

36A　第10日　2KA　15A　5CK　第23日　第18日　35A　1KA　5A　25A　53A　6GTA　39A　17A　第15日　第10日　第13日　第15日

图例
A：集团军　GTA：近卫坦克集团军
KA：红旗集团军　CK：独立步兵军

0　　　200 公里

在阿尔山迎击苏军

步兵第90联队（隶属第107师团）

——远东战役，1945年8月9~26日

通称号：凤20006　**成立地点**：弘前　**成立时间**：1942年1月27日　**作战时的联队长**：早田正义

从边境向新京撤退

步兵第90联队作为边境守备部队于1942年1月组建，驻防在中国东北西部边境线上的阿尔山地区。1944年6月，第90联队与第177、178联队共同编成第107师团，作为防守西部边境的唯一基干兵团配置在阿尔山正面。1945年7月，第107师团主力转移至阿尔山以东60公里的五叉沟，只留下第90联队继续防守在边境线上。

1945年8月9日，苏军第39集团军以9个步兵师、1个坦克师、2个坦克旅的优势兵力向孤立的第107师团发起了进攻。8月10日，第107师团下令向新京（今吉林长春）方向撤退。跟随第107师团主力行动的第90联队第3大队（大队长田端重士大尉，欠第7中队）为确保主力退路先行出发。8月12日，第3大队在王父庙以西50公里的大石寨附近遭到迂回埋伏的苏军袭击，一场混战之后第3大队约半数官兵战死。

在最前沿的第90联队主力虽然遭到猛烈炮击，但借助事先构筑的防御工事损失轻微，于8月12日受命向五叉沟转移。8月13日，在五叉沟以北20公里的牛汾台，殿后的第2大队（大队长田中正义少佐）奉命截击追赶的苏军，虽然暂时挡住了苏军的进攻，但除第5中队长外的所有的中队长、协同作战的炮兵中队长均战死，兵力损失殆尽。

■ 图为设置在中国东北满洲里的"满洲国"和苏联的边境分界石。在1945年8月苏军同时从阿尔山和满洲里方向发起攻击。

迟来的投降命令

第90联队主力（以第1大队及第7中队为基干）在五叉沟以东约30公里的西口附近与第107师团主力会合。在8月14、15日的战斗中，该联队曾一度阻止了从边境方向开来的苏军，为师团主力转移争取了时间。第107师团长安部孝一中将从东西两侧均被苏军迂回的形势分析，认为撤往北方的山区是唯一的出路。

为掩护师团主力北撤，第90联队继续进行后卫战斗，在付出沉重代价后完成任务，残部脱离战斗，并与师团主力重新会合。第107师团在派出搜索联队先行后，命令第90联队作为主力的前卫向东开进。8月25日，日军在西口以东150公里的号什台附近发

■ 右图为1945年8月，苏军士兵在清点缴获的日军武器弹药，下图为苏军接受一支日军辎重部队的投降。

现一支正在南下的苏军部队，第90联队和第177联队一道发起进攻并将其击溃。

号什台一战之后，苏军于8月26日向关东军总司令部提出请求，希望立即命令尚未接到投降消息的第107师团停止战斗。关东军通过空中搜索在齐齐哈尔西南约100公里的音德尔发现了第107师团，向其传达了停战命令，该师团残部随后向追击而至的苏军部队缴械投降。

牡丹江的决死反击

步兵第278联队（隶属第126师团）

——远东战役，1945年8月9~16日

通称号：英断15254　成立地点：中国东北　成立时间：1945年3月28日拜授军旗　作战时的联队长：山中肇

对苏军进行敢死突击

步兵第278联队于1945年3月编成，隶属于第126师团，该师团负责中国东北的东边境平阳、八面通的守备。第278联队第2大队（大队长花岛友治大尉）被配备在边境地区，联队主力在距离边境约60公里的自兴屯以西构建防御阵地。

■ 图为牡丹江以西60公里的横道河子火车站，步兵第278联队曾在此地与苏军激战。

苏军第5集团军和第1红旗集团军的18个步兵师、8个坦克旅于8月8日深夜越过边境向牡丹江方向发起进攻。花岛大尉命各中队集结，分成数队择路撤退，在途中损失相当大，只有部分兵力与第278联队主力会合。第126师团所属的第5军决定将该师团主力调到掖河附近，大约在牡丹江以东约40公里，位于守卫穆稜的第124师团的后方。第278联队将部分兵力派往掖河以东，联队主力（欠第2大队）于8月10日从自兴屯西侧阵地出发，经过急行军于12日傍晚赶到掖河，作为师团的中地区队配置在穆稜至牡丹江公路南侧的阵地上。8月14日，苏军集中兵力攻击第126师团左翼的第279联队，第278联队组织敢死队，在第1机枪中队长石原逸雄中尉的指挥下向苏军发起反击。

撤退命令未能送达

鉴于牡丹江的约6万名日本侨民基本安全疏散，且掖河阵地岌岌可危，第5军在得到第1方面军的认可后，下令部队向牡丹江以西约60公里的横道河子撤退。

8月15日，第278联队的阵地从早上开始就受到苏军不间断

239

的炮击。当天下午4时，为于联队左翼第一线第1大队的阵地被突破，苏军坦克从突破口向南突击，席卷阵地后方，第1大队各中队经过短暂的近身战斗后丧失战斗力。第278联队本部遭到苏军从北面发起的攻击，损失不断增加，最终在日落时分丢失了所有一线阵地。第278联队残部转移到二线阵地495高地西北侧。联队长山中大佐认为以损失严重的第1大队难以维持当前阵地，于是将战线收缩至495高地附近，以联队右翼损失较小的第3大队为主力继续坚持战斗。

8月16日零时，各部队遵照命令开始后撤。由于联队本部已经转移，第278联队未能接到第126师团的撤退命令，独自留在战场上。8月16日凌晨，在得知师团主力撤退的消息后，山中大佐坚持认为"若未收到明确的撤退命令一步也不会后退"。

苏军从16日清晨开始猛攻，战至正午时分第278联队被苏军包围，很快失去了战斗力。当日傍晚，山中大佐下令烧掉军旗，并指派第1大队长本间猛少佐指挥残部突围，之后与重伤的第3大队长植田善幸少佐一同自杀。本间少佐率领大约150人逃离了战场，但包含本间少佐在内的大多数人都在撤退途中战死了。

■ 上图为在吉林省东辽地区的日军军使前来与苏军商谈投降事宜。

■ 下图为1945年8月中旬，苏军坦克部队搭载着步兵跨越中苏国境，向日本关东军发起进攻。

淹没于钢铁洪流中

步兵第284联队（隶属第128师团）

——远东战役，1945年8月9~14日

通称号：英武15283　成立地点：中国东北　成立时间：1945年5月2日拜授军旗　作战时的联队长：松吉赴夫义

苏军坦克来袭

步兵第284联队于1945年4月编成，隶属于防守东宁地区的第128师团。1945年6月，第284联队留下高地视察班和第4中队负责边境警备，联队主力在距离边境约80公里的罗子沟修建阵地。东宁正面的苏军第25集团军原有1个步兵军和1个坦克旅，在远东战役开始前又增加了1个步兵军、1个坦克旅和1个机械化军，实力倍增。

1945年8月9日苏军开始进攻，第284联队第4中队奉命与联队主力会合。8月13日，该中队在鸡冠山阻击快速推进的苏军，死伤惨重，弹药也所剩无几，中队长山崎少尉率少数士兵突入苏军阵营，全部被击毙或受伤被俘。第4中队残余兵力撤出战斗，与联队主力会合。

苏军第17步兵军、第218坦克旅和第10机械化军向部署在主要公路两侧的第284联队主力发起攻击。8月13日，第284联队派遣第7中队长中西一行中尉指挥敢死队反扑鸡冠山阵地，未能成功。

联队长战死阵前

8月13日午后，苏军攻击第284联队一线中央由第3大队守卫的中间山阵地，该大队在福本留男大尉指挥下打退了苏军的进攻。8月14日凌晨2时，苏军发起夜袭，经过激烈战斗夺取了第3大队的阵地。第9中队长村上利一少尉奉命实施反击，但在出击时遇上浓雾并遭遇苏军，村上少尉等多人战死，反击作战失败。福本大尉与第284联队本部失去联系，率领残部转入游击作战。

在联队右翼第一线的第2大队在早川清三郎大尉指挥下防守光辉山阵地，暂时没有受到苏军的攻击，早川大尉对完胜山东南侧进行了侦察。14

■ 图为1945年8月的远东战役中，苏军坦克搭载着步兵冒着日军的炮火展开攻击。

日早晨，早川大尉指挥部队迎击苏军，但寡不敌众，早川大尉以下大部官兵战死。

联队左翼第一线由第1大队防守的轰山阵地在13日也没有受到攻击，大队长三上石藏大尉派出川村正三郎少尉指挥的第3中队转移到完胜山北侧。8月14日早上，苏军猛攻完胜山，第3中队伤亡过半，川村少尉指挥残部突袭苏军，大部战死。佐藤武中尉指挥的第1中队在14日下午增援完胜山阵地，不久也在苏军主力的攻击下遭到重创，包括佐藤中尉在内的大部分官兵战死。

第284联队将两翼兵力逐步集中至苏军主攻的完胜山正面，但都被苏军迅速击败，位于山顶的联队本部也在苏军的炮击下遭遇伤亡。松吉大佐命令少数官兵护送军旗撤往师团司令部所在的罗子沟，随后于下午4时亲

率残兵发起反击，包括松吉联队长在内的大部分日军官兵被苏军消灭，组建仅仅三个月的第284联队也就此覆灭。

■ 上图为被苏军从沈阳战俘营中解救出来的英军战俘与苏军军官合影，下图为一支日军守备部队向苏军缴械投降，一名苏军军官在一旁记录收缴的武器数量和种类。

尸骨漂在黑龙江上

步兵第269联队（隶属第123师团）

——远东战役，1945年8月9～17日

通称号：松风15203　　**成立地点：**中国东北　　**成立时间：**1945年4月5日拜授军旗　　**作战时的联队长：**后藤三平

步兵第269联队于1945年4月编成，隶属防守孙吴地区的第123师团，该师团的对手是苏军第2红旗集团军的3个步兵师和3个坦克旅。第269联队第1大队在村上实大尉指挥下在逊河以南的秋月山阵地设防，联队主力驻守在孙吴的主阵地上。日苏开战的8月9日，第269联队第1大队奉命推进到东面的胜武屯，第3大队主力在平间才次郎少佐指挥下向东推进到相模山阵地，联合沿江监视部队进行防御准备。

8月11日清晨，苏军主力部队开始横渡黑龙江，守卫相模山的平间少佐下令攻击渡河的苏军部队，并派遣第10中队占据胜武屯阵地以东的三角山，从那里观察苏军的进攻态势。8月13日，第3大队接到返回孙吴主阵地的命令，遂于当夜撤出阵地。8月14日凌晨4时，第3大队在通过胜武屯以南吴家窝堡后不久，在浓雾中与苏军大部队意外遭遇，陷入混战。天亮后，苏军部队重整阵势，在坦克支援下连续猛攻，包括平间少佐在内的多数军官战死，第3大队大部分官兵被打死或失踪。

第1大队根据8月9日的命令从秋月山阵地迅速赶往胜武屯阵地，在当天日落前完成防御部署。苏军在8月11日渡河的同时向日军阵地实施了激烈炮击，日军守备队也用105毫米炮反击。

8月12日，苏军包围了胜武屯阵地后加以猛

■ 驻扎在孙吴地区的步兵第269联队与苏军部队隔着黑龙江对峙。图为一艘日本海军巡逻舰在黑龙江上警戒。

攻，激烈的攻防战持续到13日。日军防线左侧河西山阵地的制高点被苏军夺取，驻守此地的第2中队伤亡惨重，160多名官兵仅剩30多人。中队长手岛芳雄少尉被迫率部撤退，企图与据守胜山主阵地的大队主力会合，但最终仅有手岛少尉等几个人成功突围，而主阵地同样被苏军铺天盖地的炮火所笼罩。苏军在包围攻击胜武屯阵地之时，又另寻小路迂回日军胜山阵地。村上大尉判断当前战况不利，于15日夜下令主力450人陆续撤退，前往孙吴主阵地。村上大尉等人在撤退途中得知战争结束的消息，但并未立即投降而是继续南下，最后在北安附近才被苏军解除武装。

由福田馨中尉指挥的第3中队位于胜山和河西山两阵地中间

后方的台阵地。8月10日，该中队配属师团挺进大队转移到秋月山后多次与苏军交战。在日本宣布投降后的8月17日，第3中队在向孙吴撤退途中遭到苏军的包围攻击，包括福田中尉在内的多数官兵死亡或失踪。

在苏军对孙吴日军主阵地展开攻击之前，战争就结束了，第269联队本部和第2大队向苏军缴械投降，除了小股部队出击外，第2大队基本上没有直接参加战斗。

■ 右图为苏军部队穿过中国东北的田野向日军发动进攻。下图为一群苏军官兵面对镜头展示一面被日军遗弃的日章旗。

冲绳战役战地写真集

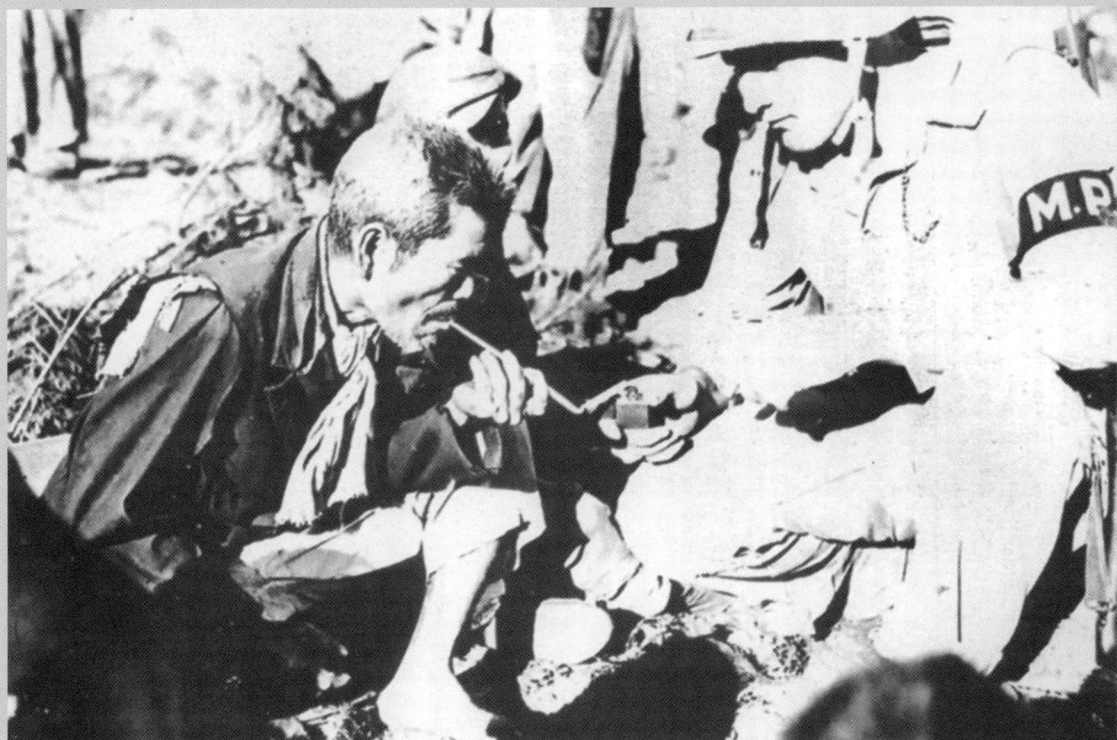

■ 上图及左图是在美军登陆冲绳的第二天，即1945年4月2日拍摄的。上图是一名美军宪兵为一位日本老人点烟。下图是一名美军士兵引领一名日本儿童远离未爆炸的炮弹。

■ 上图为冲绳战役初期，一名美军士兵帮助一名日本妇女和她的孩子离开藏身的洞穴，在美军登陆之初遇到的日本人几乎都是老弱妇孺。

■ 下图为冲绳居民来到美军设在嘉间原的收容所接受登记。在冲绳战役期间有大量冲绳平民被日军强征从事修建工事、运输或直接参战。

■ 上图为冲绳战役期间，一名骨瘦如柴的日本老妇接过美军士兵赠予的军用口粮。出于人道主义精神美军会对日本平民给予救助。

■ 下图为冲绳战役期间，美军卫生检疫人员正在日本平民的居所内采集蚊虫样本，作为预防疟疾的依据。

■ 上图为一名美军士兵在检查一名死去的日本从军护士的尸体，从她的身上取出用于自杀的手榴弹，由图可见这名护士还非常年轻。

■ 下图为两名美军士兵用担架将一名受伤的冲绳平民送往后方的收容所，在冲绳战役中有数以万计的平民死于战火。

■ 上图为一名美军士兵抱起一名在美军陆战队野战医院里降生的婴儿，他被美军士兵们称为"上帝之子"。

■ 下图为一名美军士兵带着三个从首里前线救出来的日本孩子从一辆两栖装甲车旁边走过，前往后方的安全地带。

炮兵联队、战车联队的作战历程

下篇

炮兵联队是日本陆军中地位仅次于步兵联队的基本战术兵团，是日军炮兵部队的基本编制单位。本章节将对太平洋战争期间日军各类炮兵联队的任务、编制和变迁进行简要介绍。

普通师团的炮兵联队

炮兵联队作为师团最重要的火力支柱主要从事炮击作战，原则上由炮兵联队长统一指挥，有时视情况需要也将部分兵力配属于第一线的步兵联队，在战斗中支援步兵、坦克的行动，压制敌方火力，破坏敌方阵地、装备和设施。常备师团的标准编制内都编有一个炮兵联队。

师团编制内的炮兵联队主要分为野炮兵联队和山炮兵联队两类。野炮兵联队主要装备骡马牵引的野炮，行动较为迅速，弹道低伸且射速较快，适于打击暴露或防护薄弱的目标，也可破坏障碍物。野炮兵联队编有3～4个大队，每个大队下辖3个中队，其中2个中队装备4门75毫米野炮，1个中队装备105毫米榴弹炮。有的野炮兵联队由1个野炮大队、1个105毫米榴弹炮大队和1个150毫米榴弹炮大队编成。

山炮兵联队主要装备的山炮在机动速度和射程上都略逊于野炮，其优点是弹道弯曲，适合在各种地形上展开，能够伴随一线步兵共同行动，尤其适于马拉野炮不便机动的地形上。山炮兵联队下辖3个大队，每个大队下辖3

■ 图为正在射击的改造三八式75毫米野炮，为三八式野炮的改良型，炮重1135公斤，射速8～10发／分，最大射程11600米，产量约500门。

表1. 太平洋战争期间日本陆军普通师团炮兵联队编成状况一览

	野炮兵联队			山炮兵联队			联队总数	师团数量
	新编	撤编	保有数量	新编	撤编	保有数量		
1941年1月			30			21	51	51
1942年末	0	0	30	1		22	52	58
1943年末	5	5	30	2	3	21	51	70
1944年末	12	4	38	5	1	25	63	99
1945年8月	24	0	62	6	0	31	93	169
备注	1. 未编有炮兵联队的师团数量 76（终战时） {.colspan}							

备注：
1. 未编有炮兵联队的师团数量　　　　　76（终战时）
 （1）编有炮兵队的师团　　　　　　　32
 （2）编有迫击炮队的师团　　　　　　18
 （3）编有火箭炮队的师团　　　　　　16
 （4）其他师团（第89、91、109师团）　3
 （5）海洋师团（炮兵大队配属步兵联队）　6
 （6）无炮兵部队的师团（第62师团）　1
2. 在1943年至1944年撤编的炮兵联队属于驻中国战场的师团或改编为海洋师团的师团。
3. 隶属于第26师团的独立野炮第11联队和隶属于第35师团的独立山炮兵第4联队包含于本表中。

个中队，每个中队装备4门75毫米山炮，部分中队也装备105毫米山炮。山炮兵联队机动时使用驮马或人力分解运输火炮，有时也用卡车牵引。

全面侵华战争爆发后，由于中国内陆地形复杂多变，日军组建了多支山炮兵联队，或将现有联队的野炮换装为山炮，山炮兵联队在整个炮兵联队中的比例达到40%，但到太平洋战争末期这一数字下降到30%。

1942年4月杜立特空袭东京后，日军为了提高防空能力，将火炮生产的重点转移到高射炮上，直接导致野战炮兵装备不足。在中国大陆战场上，1942年、1943年编成的师团中有不少都没有炮兵联队，连原有师团的炮兵联队也进行了缩编。在1944年日军发动一号作战时，从后方训练部队或关东军中抽调炮兵部队加强一线师团的火力。

在太平洋战争爆发时，日军每个师团都编有炮兵联队，到1945年时缺少炮兵联队的师团大多编入匆忙组建的师团炮兵队（3～4个中队）、师团迫击炮队（3个中队）或师团火箭炮队（3个中队），此类部队火力和射程均有不足。在本土决战准备阶段，部分主力师团在炮兵联队之外还编入迫击炮联队，以加强近战火力也算是一大特色。关于日本普通师团炮兵联队编成状况参见表1。

战车师团的机动炮兵联队

1942年6月，日本陆军组建了战车第1、2、3师团，每个战车师团内编有2个战车旅团（编有2个战车联队）、1个机动步兵联队和1个机动炮兵联队。日本陆军的机动炮兵联队采用三三制编制结构，联队下辖3个大队，每个大队下辖3个中队，其中2个大队装备24门九〇式75毫米野炮，每个中队装备4门；1个大队装备九一式105毫米榴弹炮12门，每个中队装备4门。机动炮兵联队总共装备36门火炮，全部采用卡车牵引，以满足跟随坦克部队协同作战的机动性要求。机动炮兵联队除了为师团作战提供火力支援外，有时还会将部分兵力配属给战车联队。太平洋战争末期，日本陆军计划为机动炮兵联队换装自行火炮，但未能实现。

日本陆军只组建了3个机动炮兵联队，在1944年组建的战车第4师团没有编入机动炮兵联队，但在每个战车联队内编有自行火炮中队，此外由师团司令部直辖1个机关炮队。日本陆军机动炮兵联队的编成情况参见表2。

表2. 战车师团机动炮兵联队编成状况

	机动炮兵联队	师团	备注
1941年1月	0	0	战车第4师团没有编入机动炮兵联队，但在所属各战车联队内编有自行火炮中队。
1942年末	3	3	
1945年8月	3	4	

骑炮兵联队

在日俄战争时期，为了给快速机动的骑兵部队提供伴随火力支援，日本陆军临时编成一个骑炮兵中队配属于秋山好古少将指挥的骑兵第1旅团，在战斗中发挥了突出作用。日俄战争结束后，骑炮兵部队成为常设部队，在鼎盛时期日本陆军的4个骑兵旅团均编有1个骑炮兵联队。但是，随着以坦克为主要装备的机械化部队的兴起，骑兵部队日趋没落，1941年11月骑兵第2旅团被解散，骑兵第1、3旅团在1942年被改编为战车第3师团，仅有骑兵第4旅团继续留在中国战场作战，该旅团下辖日本陆军仅存的骑炮兵联队。

骑炮兵联队担负骑兵旅团的火力支援任务，下辖2个骑兵炮中队（每个中队装备4门四一式75毫米骑炮）和1个机关炮中队。四一式骑炮是三八式野炮的轻量化改型，重量更轻，更便于机动。骑兵炮联队的编成状况参见表3。

表3. 骑兵旅团骑炮兵联队编成状况

	新编	撤编	保有数量	骑兵旅团数量
1941年11月			3	3
1942年末	0	1	2	2
1945年8月	0	1	1	1
备注	骑兵第2旅团因于1941年11月解散，在太平洋战争爆发时有骑兵第1、3、4旅团。			

独立野炮兵联队、独立山炮兵联队

独立野炮兵联队和独立山炮兵联队是直属于军级作战单位的独立炮兵部队，负责军作战区域内的火力支援任务或配属于一线师团。

独立野炮兵联队最初编有3个中队，每个中队装备4门由卡车牵引的九〇式野炮，共计12门。后期成立的联队编有2个大队、6个中队，每个大队内有2个中队装备4门三八式野炮，1个中队装备4门105毫米榴弹炮吗，共计24门。独立山炮兵联队编有2个大队、6个中队，每个中队装备4门九四式75毫米山炮，共计24门。

■ 图为日军于1935年列装的九四式75毫米山炮，炮重536公斤，最大射程8300米，最大射速可达15发／分，产量约为1500门。

■ 图为在中国内地山区艰难行进的四年式150毫米榴弹炮，该炮于1915年列装，炮重2797公斤，最大射程8800米，产量约280门。

　　独立山炮兵第3联队的1个大队被调往北千岛，由野战重炮兵第9联队的1个大队填补空缺，成为该联队的第2大队，下辖3个中队各装备4门四年式150毫米榴弹炮。这个大队后来在塞班岛全军覆灭。1945年，在本土决战准备期间，有4个独立山炮兵联队和4个独立野炮兵联队在组建后被改为机动打击师团的炮兵联队。这两种独立炮兵联队的编成状况可参见表4。

表4. 军属独立野炮兵、山炮兵联队编成状况

	独立野炮兵联队			独立山炮兵联队		
	新编	撤编	保有数	新编	撤编	保有数
1941年1月			2			5
1942年末	0	1	1	0	0	5
1943年末	1	0	2	1	0	6
1944年末	0	0	2	0	2	4
1945年8月	8	4	6	15	4	11
备注	1. 后编入师团的独立野炮兵第11联队、独立山炮兵第4联队也包含于本表。 2. 1942年末撤编的独立野炮兵第1联队成为战车第1师团的第1机动炮兵联队。 3. 1944年撤编的是独立山炮兵第1、10联队。 4. 1945年撤编的8个联队转为担负本土防卫任务的机动打击师团的炮兵联队，名称随之变更。					

野战重炮兵联队

　　野战重炮兵联队是装备150毫米榴弹炮或105毫米加农炮的独立炮兵部队，在此将装备150毫米炮的联队简称为甲部队，装备105毫米加农炮的联队简称为乙部队。野战重炮兵联队也是军直属炮兵部队，在作战时会以部分兵力配属重点区域的一线师团，联队主力作为军直属炮兵来运用。

　　甲部队有挽马牵引和卡车牵引两种类型。挽马牵引部队装备的是单炮架的三八式、四年式150毫米榴弹炮，每门炮由6匹马牵引，机动性较差，但弹道弯曲，炮弹威力大，主要射击山野炮死角内的目标或较为坚固的目标。卡车牵引部队装备九六式150毫米榴弹炮，射程更远，双炮架结构便于调整射向，射击精度更佳。乙部队装备一四年式、九二式105毫米加农炮，全部采用卡车牵引，火炮弹道低伸，射程较远，适于远距离炮战及其他远程火力支援任务。甲部队的编制为2个大队、6个中队，乙部队的编制为2个大队、4个中队，甲乙部队各中队均装备4门火炮，甲部

表5.1 野战重炮兵联队编成状况									
	甲部队			乙部队			总计		备注
	新编	撤编	保有数	新编	撤编	保有数	新编	撤编	保有数	
1941年1月			14			5			19	1. 甲部队装备150毫米榴弹炮。
1942年末	1	0	15	0	0	5	1	0	20	2. 乙部队装备105毫米加农炮。
1943年末	0	1	14	0	0	5	0	1	19	3. 独立野战重炮兵第15联队(乙)包含表中。
1944年末	5	0	19	2	1	6	7	1	25	4.1943年撤编的是野战重炮兵第25联队。
1945年8月	4	1	22	1	0	7	5	1	29	

队与乙部队的数量比例为3：1。

野战重炮兵联队主要负责远距离炮战、攻坚战、截断及扰乱交通线等任务，而且根据战局变化直接协助一线师团的作战。军直辖炮兵和师团炮兵的任务有两种，一种是打击战斗区域的目标，一种是打击上级指定的纵深目标，有时又不做区分，只是指示军直炮兵必须要达成的目标。

在太平洋战争初期，野战重炮兵联队在香港、马来、菲律宾等作战中发挥了威力。随着战局的推移，马匹的消耗逐步增大，很多联队都缺少马匹牵引火炮。在缅甸战场，野战重炮兵联队在发挥战斗力的同时损失也很大，因此在1944年野重第18联队改编成野重第9大队。1945年，野重第3联队分成野重第11大队(缅甸)和野重第13大队(帝汶岛)，这两个联队在改编和分割的同时也解散了。野战重炮兵联队的编成状况可参照表5。

表6. 要塞重炮兵联队、重炮兵联队编成状况					
	要塞重炮兵联队			重炮兵联队		
	新编	撤编	保有数	新编	撤编	保有数
1941年12月			22			5
1942年末	0	0	22	1	0	6
1943年末	0	0	22	0	0	6
1944年末	0	5	17	4	0	10
1945年8月	0	7	10	9	0	19

备注：
1. 舞鹤重炮兵联队计入要塞重炮兵联队。
2.1945年编成的独立重炮兵第13联队计入重炮兵联队。
3.1944年至1945年撤编的要塞重炮兵联队具体如下：编入旅团的联队9个(长崎、丰予、奄美大岛、中城湾、船湾、澎湖岛、基隆、高雄)；编入师团的联队1个(父岛)；编为独立野战部队的联队2个(罗津、永兴湾)；完全撤编的联队1个(旅顺)。
4. 在太平洋战争期间重炮兵联队实际新编部队数量为2个。

表5.2 1945年8月野战重炮兵联队的装备状况				
	火炮型号	部队数	火炮型号	部队数
甲部队	三八年式	2	一四年式	2
	四年式	7	九二式	5
	九六式	13		
共计		22	共计	7

要塞重炮兵联队、重炮兵联队

日本陆军将口径在150毫米以上的重型火炮(含150毫米加农炮，不含150毫米榴弹炮)称为重炮，区别于野战重炮。根据部署位置和作战目标的不同，重炮又分为海岸重炮和陆地重炮，前者又称为要塞重炮，主要部署在海岸要塞中，执行海防任务；后者又称为攻城重炮(后简称为重炮)，主要用于陆地战场，伴随野战部队行动，主要针对常规火炮难以摧毁的坚固目标实施火力打击。日本陆军根据和平时期的守备需要和战时动员计划组建了海岸重炮兵联队和攻城重炮兵联队。

海岸重炮兵联队于1941年改称要塞重炮兵联队，主要担负要塞防御任务，尤其是驻守于海岸要塞中担负海防重任，使用海岸重炮摧毁来袭敌舰，掩护沿海航运，确保国土安全，因此与海军保持着密切的联系。要塞重炮兵联队没有数字番号，而是以驻守的要塞名称命名。根据所属要塞规模的大小，要塞重炮兵联队有5种作战编制。在太平洋战争后期，出于防空和反潜的需要，要塞重炮兵联队也会装备射速较快的中小口径火炮。

在太平洋战争爆发时，日本陆军已经组建了22个要塞重炮兵联队。在1944年后，日军为了准备本土决战，将11个要塞重炮兵联队改编为重炮兵联队，编入野战部队，其中8个编入独立混成旅团、1个编入师团，担负防御正面的火力支援任务。驻旅顺的要塞重炮兵联队被完全解散。余下的要塞重炮兵联队为了防备美军登陆也将火炮转移到可能遭到攻击的地点，或将火炮向海岸推进。此外，要塞重炮兵联队还在宗谷海峡、对马海峡等交通要冲担任警备。

1939年，日本陆军将攻城重炮兵联队改称为重炮兵联队，在太平洋战争爆发时编有5个重炮兵联队。重炮兵联队与野战重炮兵联队一样属于军直属炮兵部队，负责远距离炮战、要塞攻坚战和其他远程火力支援任务。重炮兵联队装备的火炮主要包括150毫米加农炮、240毫米榴弹炮和305毫米榴弹炮。

根据动员计划，150毫米加农炮通常装备独立重炮兵大队，而在各重炮兵联队中仅有独立重炮兵第13联队装备此种火炮。150毫米加农炮射程远、威力大，因而主要用于远距离炮战和破坏坚固的军事设施。在太平洋战争初期的作战中及后期的冲绳作战中，装备150毫米加农炮的独立重炮兵部队表现十分活跃。

240毫米榴弹炮是重炮兵联队的主力火炮，弹道弯曲，具有全向射界，炮弹威力强大，不仅能够有效摧毁坚固的军事设施，而且可以给对手造成精神上的沉重打击。这种火炮的最大缺点是重量很大，机动困难，需要较长时间进行部署和准备。日军装备的240毫米榴弹炮有四五式和九六式两种型号，其中四五式榴弹炮为主要装备型号，九六式榴弹炮多装备独立重炮兵中队，曾在科雷吉多尔岛要塞攻坚战中有突出表现。

日本陆军装备的七年式305毫米榴弹炮分为长管和短管两种，虽然威力巨大，但相比240毫米榴弹炮更为笨重，作战准备更为耗时，而且射速缓慢，在攻势作战中尚可派上用场，在防御作战中则难以发挥作用，这在远东战役中装备该型火炮的东宁重炮兵联队的遭遇就是明证。要塞重炮兵联队和重炮兵联队的编成状况参见表6。

■ 图为日军的八九式150毫米加农炮，于1929年列装，炮重3390公斤，最大射程18100米，射速2发／分，产量约为150门。

炮兵情报联队

炮兵情报联队是日本陆军专门组建的炮兵支援单位，负责收集、分析与炮兵战斗直接相关的情报，为炮兵指挥官的战斗指挥和高级指挥机关的决策提供情报支持。炮兵情报联队通常配属于军直属炮兵指挥官，有时也直属于军司令部。

在第一次世界大战期间，火炮的射程和威力都大幅提高，同时飞机也开始运用于战场侦察，因此炮兵在选择阵地时更加注意隐蔽和对空伪装，但由此增加了在观察敌情和目标选定上的困难，需要专业情报分队为炮兵部队提供目标信息。日本陆军最早在1935年于战时编制中设立了炮兵情报班，并在1938年将其列为常设单位。并为扩大部队规模，在中国东北成立了2个炮兵情报联队。

炮兵情报联队由本部、测地中队、标定中队、音源中队组成。测地中队主要负责收集敌情、确定射击诸元；标定中队负责弹着观测和修正；音源中队最为特殊，其任务是通过测定敌方火炮声源确定其位置，利于己方火力实施反击。音源中队在前线以2公里间隔设置4～6个听音器，通过分析敌方火炮炮声到达各听音器的时间差判定敌火炮阵地位置。这种方法在视界不良的情况下尤为有效。此外，炮兵情报联队本部还设有气象、摄影、通信等专业班组，负责高空气象观测、航空拍照及照片判读等业务。在作战时炮兵情报联队还会与航空部队、无线电监听部队等密切协同。由于炮兵情报联队专业性强、配属设备较多，因此在战场机动和前沿展开时需要花费较多时间，如果没有充裕的准备时间，则很难完成正确的目标标定作业。

当然，师团所属炮兵联队也都有各自的观测

■ 图为一名日军炮兵观测员在使用炮队镜观察战场情况。为了避免暴露，观测员和炮队镜都进行了伪装。

分队，但规模较小，专业性不强，且观测范围有限，通常只负责师团作战范围内的目标标定。相比之下炮兵情报联队部门齐全、功能完善，具有在军作战正面进行远距离、大纵深的情报收集和目标测定能力，在效能上远超普通的炮兵观测分队。日本陆军总共组建了6个炮兵情报联队，在1945年8月时全部部署在日本本土。

气球联队

早在1877年的西南战争中，日本陆军就曾经进行过利用气球进行侦察的尝试，在日俄战争中又组建了临时气球队用于旅顺围攻战，在1907年建立了陆军气球队。自一战以来，日本陆军一直在研究气球的军事运用，最后在1936年成立了唯一的气球联队，并由航空兵转入炮兵。

气球联队负责在战场上空搜索、监视敌情、观测弹着和引导修正，升到空中的气球相当于一个小型观测站。不过，气球的弱点也很明显，容易暴露，易受天气影响，几乎没有防御能力可言，容易被飞机或防空武器击落。在诺门罕战役中就

表7. 炮兵情报联队（AN）、气球联队（FB）的编成			
	AN	FB	摘要
1941年1月	3	1	1. 表中数字代表部队数量。
1945年8月	6	1	2. 6个AN联队全部配置在本土。

■ 图为日军在战争后期开发的气球炸弹。在1944年到1945年间，气球联队释放9300余枚气球炸弹飘炸美国，但收效甚微。

发生过乘坐气球的观测员因为气球被击落而坠地身亡的情况。因此，使用气球观测的前提条件是掌握制空权。

在太平洋战争初期，气球联队曾参加了新加坡和巴丹半岛的作战。在战争末期的1944年，气球联队负责使用气球炸弹对美国本土实施越洋轰炸，部队规模扩大到2000人以上，编成三个大队，在福岛、千叶、茨城等地先后释放气球炸弹9300余枚，日方估计约有1000枚抵达美国，美方记录为285枚，其中仅有1枚造成人员伤亡，其余炸弹仅引发几处森林火灾，引起局部恐慌。

臼炮联队、迫击炮联队

日本陆军列装过90毫米和150毫米口径的臼炮，都是装备要塞部队的防御武器，而野战部队装备的臼炮只有九八式320毫米臼炮，这实际上是一种无身管的抛射武器，利用木制底座发射直径320毫米、重300公斤的有翼榴弹。

在20世纪30年代末，驻中国东北的关东军在进行对苏作战准备时，考虑到实施渡河作战时需要搭设大型浮桥用于运送重型火炮，耗时费力，为了保证前线部队能够得到不间断的重火力支援，要求研制一种便于机动的重型火炮。九八式臼炮结构简单，在拆解后可以由人力运输，于1938年被制式采用。日军将九八式臼炮视为秘密武器，于1942年组建了独立臼炮第1联队，专门装备这种武器，这也是日本陆军唯一的臼炮联队，其训练是在绝密情况下进行的。然而，九八式臼炮最终未能用于对苏作战，其初次投入实战是在太平洋战争初期的新加坡作战，最后一次出现在战场上则是在1945年的冲绳战役中。

在日本陆军中迫击炮属于步兵支援武器，装备迫击炮的作战单位最初属于步兵，后来转为化学兵，在陆军习志野学校接受训练，主要任务是使用迫击炮施放烟幕及使用毒气弹进行化学战。

■ 图为美军在冲绳战役中缴获的日军九八式臼炮。位于两位美军士兵中间是320毫米有翼榴弹，左侧士兵身后就是臼炮的发射台。

■ 图为美军士兵在试射缴获的日军九七式150毫米中型迫击炮。该型火炮有长身管型和短身管型，射速15发/分，最大射程3800米。

在太平洋战争末期的本土决战准备阶段，为了弥补炮兵部队的装备缺口，日本陆军将便于生产的迫击炮也作为炮兵武器加以运用，并专门组建了迫击炮联队，编入机动打击师团，加强一线的炮兵火力，在军工生产能力遭到严重破坏，火炮产量严重不足的情况下，这纯属无奈之举。日本陆军在1945年组建了8个迫击炮联队，每个联队编有2个大队、6个中队，每个中队装备6门120毫米迫击炮，共计36门迫击炮。在1945年7月时，原先负责迫击炮训练的习志野学校也改为野战炮兵学校。

高射炮联队、照空联队

高射炮兵的任务是通过迅速敏捷的指挥发现、锁定敌军飞机，使用高射炮等防空武器将敌机击落，确保己方部队、军事设施、重要建筑或地点等免受敌方空中打击。在日本陆军中，高射炮联队是高射炮兵的基本作战单位，隶属于军级以上的作战部队。日军将防空作战分为野战防空、要地防空、要塞防空和船舶防空四种类型，其中前三种主要由高射炮联队负责，而船舶防空由船舶炮兵部队负责。

在太平洋战争爆发前，日本陆军已经组建了23个高射炮联队。在1941年年底，有16个高射炮联队编入探照灯分队、测听分队后改称防空联队，但是在1944年4月所有防空联队又恢复高射炮联队的称呼，到战争结束时高射炮联队的数量达到36个。最初，高射炮联队的编制较小，每个联队下辖2个大队、4个中队，每个中队装备4门高射炮。1942年4月，杜立特空袭东京后，日军开始加强防空部队，高射炮联队的编制规模大幅扩大，每个中队装备的高射炮数量增加到6门，每个大队下辖的中队数量增加到6个，此外还增编了2个照空大队（探照灯大队），下辖3个照空中队和3个听音中队，战争后期还装备了电波标定机（雷达）。整个高射炮联队达到4个大队、18个中队的规模，装备高射炮多达72门！

高射炮联队在战争期间装备过多种型号的高射炮，其中最主要的型号是八八式75毫米野战高射炮，其易于机动，射击速度快，适合射击中低空的飞行目标，是高射炮联队的主力装备。但是，随着战争期间飞机性能的提升，八八式高射炮的

表8. 防空联队、高射炮联队、照空联队编成状况									
	防空联队			高射炮联队			总计		
	新编	撤编	保有数	新编	撤编	保有数	新编	撤编	保有数	备注
1941年末			16			7			23	1. 撤编一项包括1944年改称为高射炮联队的防空联队。
1942年末	2	0	18	3	0	10	5	0	28	2. 照空联队仅在1944年编成1个。
1943年末	6	1	24	0	3	7	6	3	31	3. 战争结束时,在本州、九州部署19个高射
1944年末	0	0	0	27	0	34	27	24	34	炮联队,隶属于高射第1~4师团。
1945年8月	0	1	0	2	0	36	2	0	36	

性能逐渐落伍,日军又开发了九九式88毫米高射炮,但在面对美军的四发重型轰炸机时仍显无力。在战争后期,为了应对美军B-29轰炸机的威胁,日本陆军列装了三式120毫米高射炮,射高可达14000米,可以使用电波标定机测定目标,但重量很大,难以移动,通常部署在固定阵地上。1945年,日军又装备了五式150毫米高射炮,射高提升到19000米,仅完成2门,配备给高射炮第112联队,部署在东京附近的久我山阵地上,据说在8月1日的战斗中用1发炮弹击落2架B-29。

日本陆军在1944年组建了唯一的照空联队,即探照灯联队,用于夜间防空中为高射炮部队搜索、照射目标,在必要情况下还可以协助夜间战斗机部队作战。照空联队的编制为3个大队、9个中队,总共装备37具探照灯,此外还装备电波标定机一型、三型各2台。防空/高射炮联队及照空联队的编成情况参见表8。

■ 图为被盟军缴获的日军八八式75毫米高射炮。该炮是二战时期日军的主力高炮,最大射速20发/分,最大射高9100米。

船舶炮兵相关联队

日本陆军拥有独立的船舶兵部队,负责管理、使用属于陆军的船舶舰艇,从事水路运输、警戒和登陆等任务。属于船舶兵的船舶炮兵部队编有船舶高射炮联队(后改称船舶炮兵联队)、船舶机关炮联队和船舶情报联队。船舶炮兵联队的主要任务是负责运输船队的防空反潜任务、港湾的防空任务和支援登陆作战。船舶机关炮联队通常部署在陆军征用的船只上,同样担负船队的防空、反潜任务。船舶情报联队负责收集、分析于运输行动相关的情报,比如气象、海流以及盟军潜艇、

飞机活动的信息。船舶炮兵相关联队的编成情况参见表9。

在太平洋战争期间,发展最快的是高射炮联队,到战争末期各联队在质量和数量上都有明显提高,此外在近战中能够发挥突袭效力的臼炮、火箭炮部队也得到发展,但常规的炮兵联队却呈现萎缩的趋势,以至于到战争末期出现大批没有炮兵联队的师团,现有的炮兵部队无论是数量上还是武器性能上都不甚理想。能称得上进步的是数量减少的野炮兵联队,部分实现了摩托化。

表9. 船舶炮兵相关联队编成状况		
	船舶炮兵联队	船舶机关炮联队	船舶情报联队
1941年1月	2	0	0
1944年末	0	0	1
1945年8月	2	2	1
备注	1. 表中数字代表部队数量。 2. 船舶高射炮联队于1942年7月改称船舶炮兵联队,表中直接使用更改后的名称。		

险峻山岭中的炮击

野战重炮兵第8联队（隶属第14军）

——第一次巴丹半岛作战，1942年1月~2月

通称号：幡12301　成立地点：东京　成立时间：1922年7月　作战时的联队长：高桥克巳

从中国东北到菲律宾

在关东军特别演习动员令下达后，驻扎在中国东北绥阳的野战重炮兵第8联队编入第14军战斗序列并转移到台湾。太平洋战争爆发后，该联队参加了菲律宾进攻作战，于1941年12月24日在林加延湾登陆，作为第14军直属炮兵展开行动。野战重炮兵第8联队由本部、2个大队、4个中队及其他支援单位组成，每个中队装备4门九二式105毫米加农炮，联队官兵总计1250人，所有火炮均由卡车牵引，属于机动性较好的摩托化部队。

在登陆后，野战重炮兵第8联队第1大队配属给第48师团，联队主力加入第14军直辖的上岛支队（以步兵第9联队为基干，后改称高桥支队），于1942年1月9日向南推进到迪纳卢皮汉。高桥支队原本要跟随第48师团参加巴丹半岛作战，但该师团后来被调入第16军序列，参加爪哇进攻作战，由第65旅团接替进攻巴丹半岛，高桥支队在尚未完成集结的情况下就接到了发起攻击的命令。

1月9日至18日，日军攻击马巴堂和阿布凯以西的美菲军前进阵地，野战重炮兵第8联队于1月9日夜间从迪纳卢皮汉东南地区推进到克利斯附近，担负警戒、支援任务，但当时并未发生炮战。

■ 图为1942年1月向巴丹半岛前线开进的日军炮兵部队。野战重炮兵第8联队参加了第一次巴丹作战，但复杂的地形限制了火力发挥。

1月10日，第8联队转移阵地，准备以炮火压制阿布凯以西的美菲军炮兵。1月13日傍晚，日军再次发起攻击，第8联队负责压制马巴堂以西的美菲军炮兵。由于战场地形不利于日军火炮射击，而美菲军炮兵依托隐蔽阵地并频繁更换开火位置，因此难以有效制压。1月14日，日军出动航空部队助战，在飞机的协助下第8联队完全压制了美菲军的2个炮兵阵地。1月17日，第8联队第1大队被调到马尼拉湾南部地区。

在萨马山阵地展开

日军于1月22日开始对美菲军的萨马山阵地展开进攻，并将攻击重点置于右翼，沿着山地走势向东南方压迫美菲军。从1月22日7时30分开始，第8联队进行了两个小时的火力准备，重点打击了右翼正面的美菲军阵地。在日军飞机的协助下，炮击取得了显著效果，美菲军开始后撤。

1月25日，日军开始追击撤退的美菲军，第8联队也以炮火遮断美菲军向阿布凯、巴朗牙方向撤退的路线，之后进驻阿布凯，继续为追击部队提供火力支援。1月28日，配属于第65旅团的炮兵部队被上调为第14军直辖部队，该旅团只能以步兵继续进攻，遭遇美菲军强大火力的阻止，日军只能停止前进，勉强维持现有的战线。

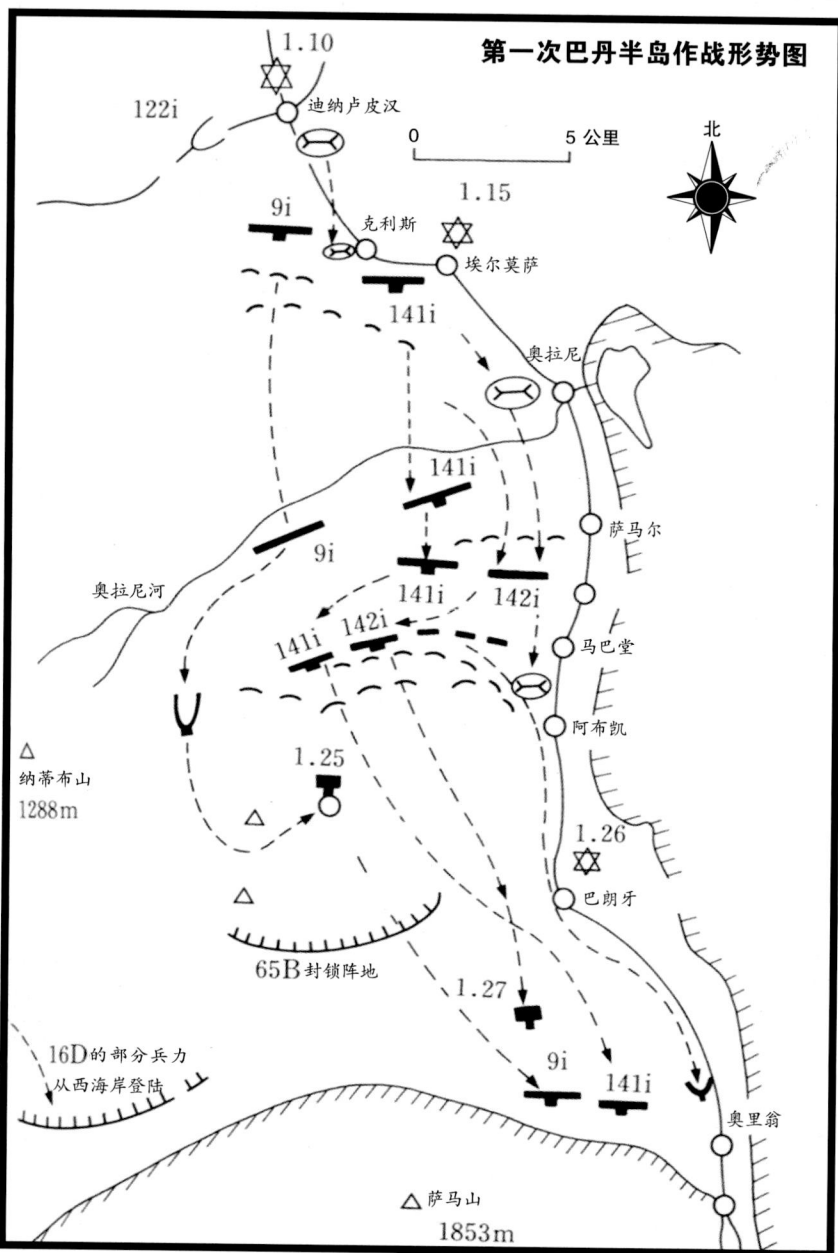

战至1月底，日军在萨马山阵地转入守势，以整顿部队、恢复战斗力，为下一次进攻做准备。第一次巴丹作战就此落幕，日军转入封锁作战。日军未能达成作战目标首先归因于第14军对巴丹半岛的美菲军兵力没有准确的掌握，而野炮兵第8联队在复杂险峻的地形中难以展开，也缺乏进行战场观测的适合地点，只有在飞机的协助下才能取得较好的射击效果。

挑战世界第一要塞

野战重炮兵第3联队（隶属第25军）

——新加坡进攻作战，1942年2月

通称号：林3766　成立地点：和歌山县深山　成立时间：1918年12月　作战时联队长：长屋朝生

弹药储备不足的进攻

在太平洋战争爆发后，野战重炮兵第3联队编入第25军，参加了马来进攻作战。野战重炮兵第3联队组建于1918年，当时下辖2个大队、6个中队，每个中队装备4门九六式150毫米榴弹炮，共有火炮24门，加上后勤支援部队，全联队共有官兵1773人。在此次攻击作战中，第25军编成军炮兵队，统一指挥军属炮兵部队，原本应由炮兵司令部派员担任军炮兵队长，由于人员不足，改由野战重炮兵第3联队长长屋朝生大佐兼任。第25军将第18师团、第5师团和近卫师团分别置于进攻线的右翼、中央和左翼，并加强了一线炮兵部队，其中独立野战重炮兵第21大队配属于第18师团，独立臼炮第14大队配属于第5师团，军直属炮兵分为左、中、右三个炮兵群，分别支援各个师团，负责作战区域内的炮战和对重要目标的压制破坏。由于各炮兵群没有炮兵情报联队的支援，因此由各炮兵群独自进行目标观测和校正。

1942年2月初，第25军已经推进到柔佛海峡北岸，准备对新加坡发起进攻。2月3日日落后，野战重炮兵第3联队进入阵地，于4日完成射击准备。日军原计划准备10个基数的炮弹（105毫米加农炮、150毫米榴弹炮的一个弹药基数为1门炮配备40发炮弹），但由于运输困难等原因，结果只准备了6～7个基数的弹药。日军的进攻目标是世界上首屈一指的新加坡要塞，配备了50余门大口径火炮，其中包括381毫米重型要塞炮，但在柔佛海峡正面仅有数门150毫米以上的火炮。

炮击武吉知马高地

根据炮兵司令部制定的炮击计划，军炮兵队于2月8日上午10时首先开始炮火准备，对海峡对岸的英军阵地进行有组织的压制射击，同时与英军炮兵展开炮战。从12时开始，各个师团所属炮兵部队也加入炮击行动。在此期间，英军炮兵也实施了猛烈的反击。在炮战过程中，来自独立气球第1中队的观测气球为日军炮兵提供了战场观测情报和弹着修正数据。日军的火力准备取得了较好的效果，有效压制了英军的防御火力，为日军后续的渡海作战创造了有利条件。

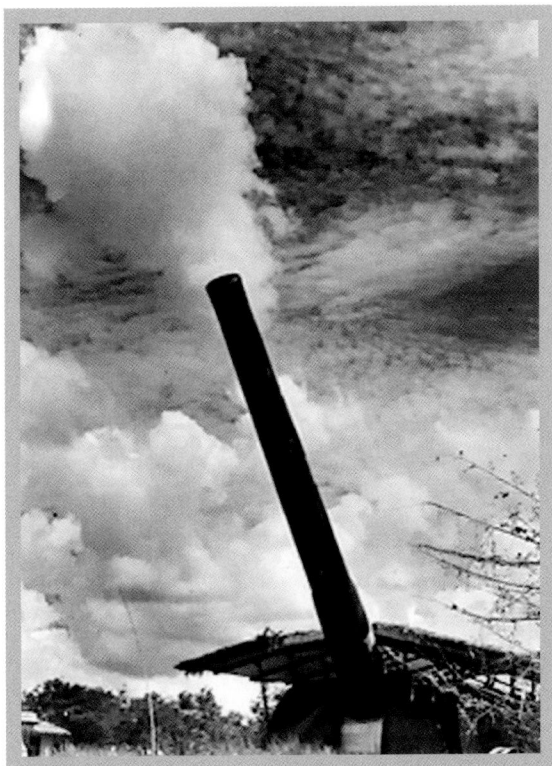

■ 图为新加坡要塞的一门381毫米重炮在进行射击。

2月9日零时，第5师团、第18师团成功渡过柔佛海峡，右翼及中央炮兵群的各大队根据各自炮兵群长制定的炮击计划为渡海部队实施火力支援。在2月9、10日两天内，各炮兵大队、中队的指挥部先行渡过海峡，在对岸建立前沿指挥所。野战重炮兵第3联队主力随后陆续抵达海峡南岸，于2月11日在武吉班让以西地区集结。在渡海后，军直炮兵的各炮兵群解散，各部队根据各自的任务实施作战。

为了协助第5、18师团进攻具有重要战术意义的武吉知马高地，野战重炮兵第3联队每天都要向高地周边的英军阵地猛烈开火。英军在武吉知马高地一线集结重兵，全力确保，同时抛出坦克部队在炮兵的掩护下实施反击，给日军造成不小的伤亡。在2月12日至13日的攻击中，数门英军大口径要塞炮从岌巴港方向对第5师团的侧翼实施了炮击，野战重炮兵第3联队第2大队立即组织火力实施反炮击，将英军火炮压制。

2月15日，第3联队奉命支援第5师团的进攻，该联队第1大队将阵地前推至武吉知马高地西南地区，第2大队则在高地东北方占据射击阵地，对英军阵地形成交叉射击态势。当日晚间19时，日军炮兵开始在步兵第9旅团正面战线实施火力准备，并从19时50分起为步兵突击提供火力支援。当日军步兵开始突击时，遭到英军的顽强抵抗，激战持续了一整夜，直到次日清晨日军才击溃了英军，占领了预定目标。在武吉知马高地被攻占后，日军控制了附近的水源地，最终迫使英军放弃抵抗，宣布投降，号称远东第一要塞的新加坡在日军严密组织的火力突袭和地面攻击下陷落了。

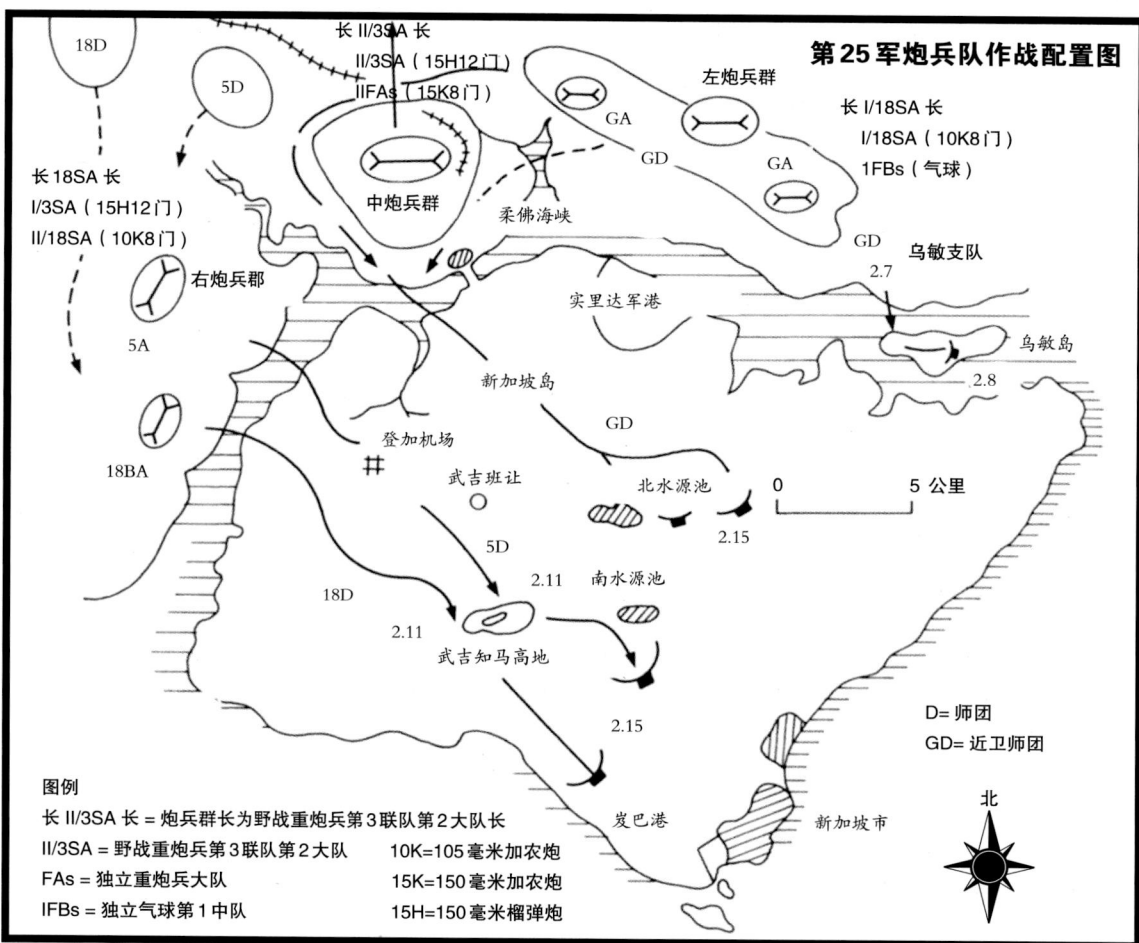

第25军炮兵队作战配置图

图例
长 II/3SA 长 = 炮兵群长为野战重炮兵第3联队第2大队长
II/3SA = 野战重炮兵第3联队第2大队   10K=105毫米加农炮
FAs = 独立重炮兵大队   15K=150毫米加农炮
IFBs = 独立气球第1中队   15H=150毫米榴弹炮

火力封锁马尼拉湾

重炮兵第1联队（隶属第14军）

——马尼拉湾要塞攻击战，1942年2月

通称号：敏9703　成立地点：下关　成立时间：1940年7月15日　作战时的联队长：早川方良

支援巴丹半岛作战

在太平洋战争爆发时，重炮兵第1联队编入第23军，参加了香港进攻作战，随后又转入第14军序列，参加了菲律宾进攻作战，但迟至1942年2月15日才抵达菲律宾，在马尼拉地区集结。重炮兵第1联队由本部、2个大队、4个中队组成，每个中队装备2门四五式240毫米榴弹炮，共有8门重炮，加上后勤部队，该联队共有官兵1200余人。为了加强部队的机动力，第3牵引车队也被配属于该联队，使之成为一支摩托化炮兵部队。

当时，日军对巴丹半岛的进攻作战遭遇困难，进展迟缓。为了打破僵局，日军决定以火力封锁位于马尼拉湾口埃尔弗赖莱岛、卡拉宝岛上的美军要塞，炮击进出马尼拉湾的美军舰船。从1942年1月下旬至2月中旬，日军派出近藤炮兵队在特尔特纳附近占领阵地并实施炮击，该炮兵队由独立重炮兵第9大队及野战重炮兵第8联队构成，装备2门150毫米加农炮和4门105毫米加农炮，由独立重炮兵第9大队指挥班长近藤少佐担任队长。为了加强炮击力度，日军又将刚抵达的重炮兵第1联队和独立重炮兵第2中队（装备2门九六式240毫米榴弹炮）也派往马尼拉湾口方向，这两支部队于2月20日组成早川炮兵队，由重炮兵第1联队长早川大佐担任队长，近藤炮兵队也归他指挥。早川炮兵队在马拉贡东以西地区展开，接替近藤炮兵队的任务，以主力对卡拉宝、埃尔弗赖莱两岛实施炮击，以部分兵力对美军舰船进行阻拦射击，同时对科雷吉多尔岛上的美军阵地实施炮火袭扰。

■ 图为美军在埃尔弗赖莱岛上修建的德拉姆炮台。实际上美军将整座小岛都用钢筋混凝土包裹起来，在岛上有两座双联装356毫米舰炮被安装在旋转装甲炮塔内，此外还有4门152毫米副炮和2门76毫米高射炮，号称"水泥战列舰"。

逐步压制美军炮台

重炮兵第1联队从马拉贡东以西的阵地向卡拉宝岛、埃尔弗赖莱岛展开射击，独立重炮兵第2中队则在特尔特纳以西地区占领阵地，以卡瓦略岛为目标实施炮击。这两支部队在2月17日前大致完成了射击准备，每门炮都配备了2个基数的弹药，日军计划在3月3日前将重炮兵第1联队的弹药储备增加到5个基数，独立重炮兵第2中队的弹药储备增加到3个基数。重炮兵第1联队对作战目标进行了分配，第1大队炮击埃尔弗赖莱岛，第2大队炮击卡拉宝岛，目标是破坏岛上的美军指挥系统和防御设施。独立重炮兵第2中队则以破坏埃尔弗赖莱岛的美军炮兵阵地为目标。近藤炮兵队除了继续执行先前的任务外，还要压制卡瓦略岛上的美军炮兵。计划使用的弹药数量为：重炮兵第1联队5个基数，独立重炮兵第2中队3个基数，近藤炮兵队由队长自行决定。

预定攻占卡拉宝、埃尔弗赖莱两岛的铃木支队（以1个步兵大队、1个炮兵中队为基干）奉命于3月25日开始攻击。3月15、16日，炮兵队开始炮火准备，破坏了美军部署在卡拉宝岛的4门152毫米岸炮、3门高射炮、1座高射机枪阵地，压制了岛上4门305毫米榴弹炮。在埃尔弗赖莱岛上，日军炮火破坏了美军安装在炮塔内的152毫米岸炮和部署在固定炮位内的105毫米岸炮以及高射炮，压制了2座装备356毫米重炮的炮塔。在卡瓦略岛上，日军炮兵破坏了美军的152毫米加农炮阵地，压制了装备305毫米炮和356毫米炮的炮台。3月17日，根据铃木支队长的要求，日军炮兵又对未能充分压制的美军炮台以及美军修复的炮兵阵地实施了补充炮击。在连续三天的炮击行动中，重炮兵第1联队消耗了1320发炮弹，其他部队消耗了1043发炮弹。但是，预定的登陆作战于3月19日取消，早川炮兵队则在3月22日解散，重炮兵第1联队随后被调往巴丹半岛方向，准备参加第二次巴丹进攻作战。

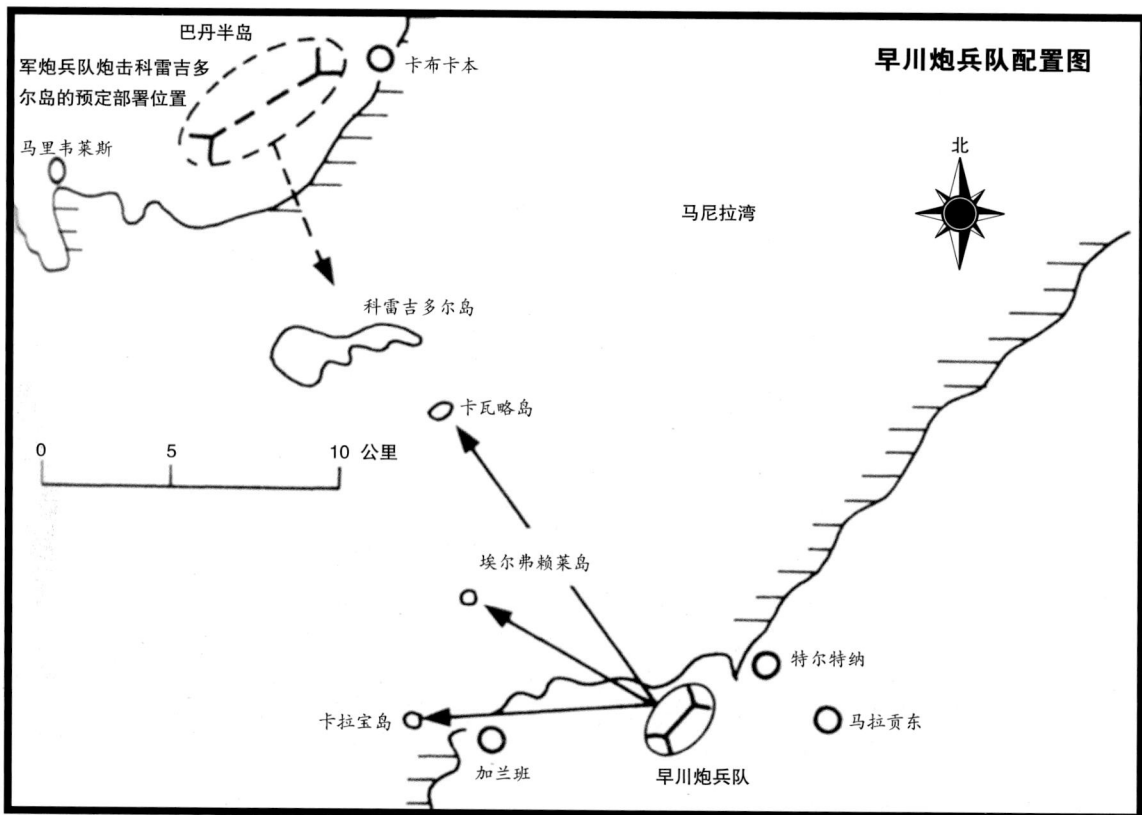

早川炮兵队配置图

炮兵总攻的指引者

炮兵情报第5联队（隶属第14军）

——第二次巴丹半岛作战，1942年4月

通称号： 断1030　　**成立地点：** 习志野　　**成立时间：** 1940年7月15日　　**作战时的联队长：** 竹村滋

锁定美菲军炮兵阵地

炮兵情报第5联队在编成后被调往中国华南地区进行高强度训练，在太平洋战争爆发后编入第23军，参加了香港进攻作战，之后又调入第14军，参加巴丹半岛作战。1942年3月25日，炮兵情报第5联队乘船从香港出发，于28日在菲律宾林加延湾登陆，30日在马尼拉地区完成集结。炮兵情报第5联队为摩托化部队，利用卡车实施机动，由本部、测地中队、标定中队和音源中队构成，共有官兵750人。

炮兵情报第5联队编入第14军直辖的第1炮兵队，军直炮兵包括野战重炮兵第1、8联队、重炮兵第1联队、独立重炮兵第9大队主力及其他重炮兵部队、气球中队等，由第1炮兵司令官指挥。在第二次巴丹半岛作战中，第1炮兵队所属各部队在纳蒂布山东南麓展开，其火力准备攻击范围将延伸至萨马山东西两侧的美菲军阵地。

在抵达前线后不久，炮兵司令官向炮兵情报第5联队下达了展开命令，由于此时距离预定于4月3日开始的进攻已经很近了，该联队没有充足的时间进行部署，对美菲军阵地无法进行详细的观测和目标标定，因此上级命令该联队以敌情侦察为主，尤其是确定美菲军炮兵阵地的位置，并进行有针对性的观测和标定。

■ 图为在第二次巴丹半岛作战中，日军火炮的密集炮击在山头形成大团的烟云。在此次作战中，日军集结了大约190门轻重火炮。

准备不足的齐射

炮兵情报第5联队本部于3月31日在布里特西北约2公里处展开，邻近军炮兵队司令部。测地中队在当天开始作业，依据三角测量法在军炮兵队观测所、军炮兵队展开区域和音源中队的听音哨配置区设置了基准点。为了使标定中队更好地开展作业，需要在美菲军炮兵阵地附近的萨马山、奥里翁山、利迈山设置必要的测角基准点。

标定中队派出2个小队在军炮兵队观测所附近重叠配置，1个小队配置在巴朗牙以南地区，各小队建立2个标定所，各标定所间隔2公里，但是这一配置方式难以获得良好的方位精确度。音源中队在巴朗牙西南方和东南方约5公里宽的正面配置4个听音哨，在巴朗牙西南方约3公里处配置了前进哨，而在巴朗牙西北配置了主哨。如上所述，炮兵情报第5联队在4月3日进攻开始前勉强完成了大致部署。根据现有的情报显示，美菲军拥有24门152毫米榴弹炮和23门轻型火炮，而且时常转移射击阵地。根据气球队的观测，美菲军炮兵在射击时缺乏观测手段，因此判断在战况紧急时难以发挥作用。4月3日日军开始攻击，战至4月9日美菲军宣布投降。

在第二次巴丹作战中，

第14军对炮兵部队的部署和准备重视不足，也无视炮兵司令官的意见，因此留给炮兵情报第5联队的准备时间非常短，再加上战斗在密林覆盖的山地地形上展开，对于观测和侦察都造成了困难。由于地形导致观察视野不良，因此音源标定成为锁定美菲军炮兵阵地最有效的手段，但由于准备时间仓促，配置不当导致精度不足，标定数据只作为炮兵射击的参考依据，未能发挥预定作用。

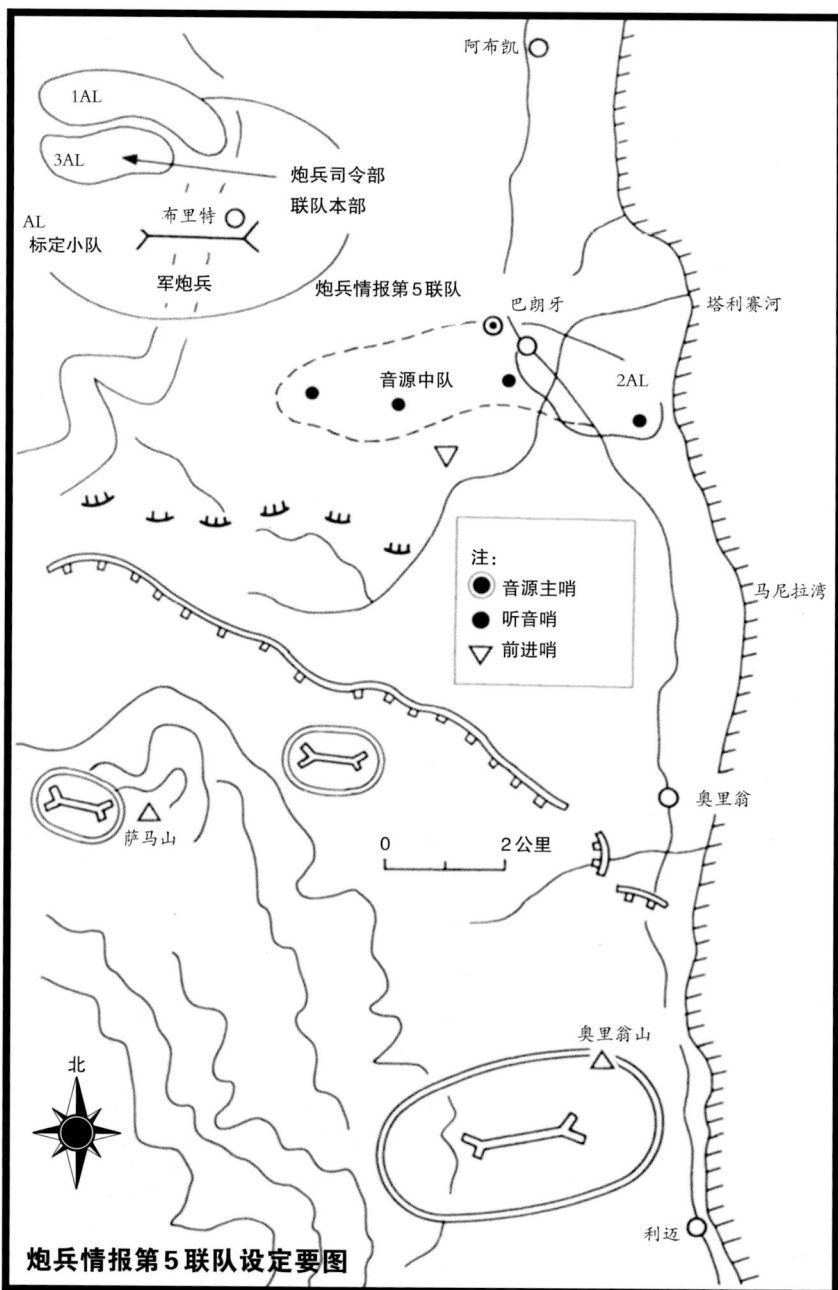

炮兵情报第5联队设定要图

注：
● 音源主哨
● 听音哨
▽ 前进哨

在常德城的废墟中

野炮兵第3联队（隶属第3师团）

——常德会战，1943年11月

通称号：幸3708　成立地点：名古屋　成立时间：1885年7月24日　作战时的联队长：村川武寿

炮兵联队长指挥步兵

野炮兵第3联队在侵华战争爆发后就随第3师团开赴中国大陆战场，参加了诸多作战行动，一直到战争结束。1943年11月，野炮兵第3联队在第11军编成下参加了进攻湖南重镇长沙的战斗，当时该联队编成为3个大队、9个中队，其中第1、2大队均编有3个野炮中队，装备75毫米野炮，第3大队为3个榴弹炮中队，装备105毫米榴弹炮，加上后勤分队，全联队拥有1600余名官兵。

守卫常德城的中国军队兵力为13000人，日军最初预定以第116师团攻占常德，于1943年11月下旬从北面发起攻击，但遭到中国守军的顽强抵抗，进攻受挫。于是日军增调第3、68师团，会同第116师团从西北方、南方和东方对常德城实施围攻，定于11月25日零时发起攻击。野炮兵第3联队第1大队配属于步兵第6联队，于11月24日从桃源以东地区向常德南面移动，于25日零时渡过沅江占领了部分城墙，但步兵第6联队长在战斗中被击毙，于是由野炮兵第3联队长村川临时接替指挥步兵第6联队，组成村川支队，由师团长直辖。野炮兵第3联队第2大队配属于步兵第34联队。11月26日，村川支队转入第116师团序列。之前另有任务的步兵第6联队第1大队回归联队建制后，村川支队于27日凌晨2时开始渡河，野炮兵第3联队第1大队为渡河行动提供密切支援。

零距离射击的巷战

日军判断中国军队之所以如此顽强的抵抗是担心被包围而没有退路。11月28日，第11军命令第116师团放开一条退路。15时，师团长命令村川支队"派遣部分兵力确保东门附近阵地，主力向北门转进，从北门攻击城内的中国军队"。此时，

■ 图为1943年12月初在常德城内进行巷战的日军士兵。在攻城战斗中野炮兵第3联队将火炮推进到前沿实施直瞄射击。

第6联队已经攻占了常德城一角，包括联队长在内的大批官兵战死，在即将突入城内之际却接到转移命令，士兵们肯定心有不甘，而且在中国军队阵地前进行转移会面临很大危险。尽管存在上述困难，村川支队长仍然下达了命令，计划在主力成功转移后，以部分兵力于29日在沅江以东占领阵地，确保要点。

村川支队主力于28日日落后出发，先头部队于次日进入北门附近阵地。在炮火支援下，步兵部队突入城内，与中国军队展开激烈的巷战。中国军队以当地民房构筑火力点，并在街道上设置了障碍物，依托工事进行了有组织的顽强抵抗，村川支队的步兵与守军展开逐屋争夺，炮兵也将火炮推进到前沿进行抵近射击，以支援步兵的进攻。战至12月2日，

■ 图为1943年秋季在湖南作战的日军野炮部队。

日军将残存的中国军队压缩到常德城西南角，于3日拂晓发起总攻，仅剩200多人的中国军队被迫突围。村川支队为了攻占常德付出了惨重伤亡。

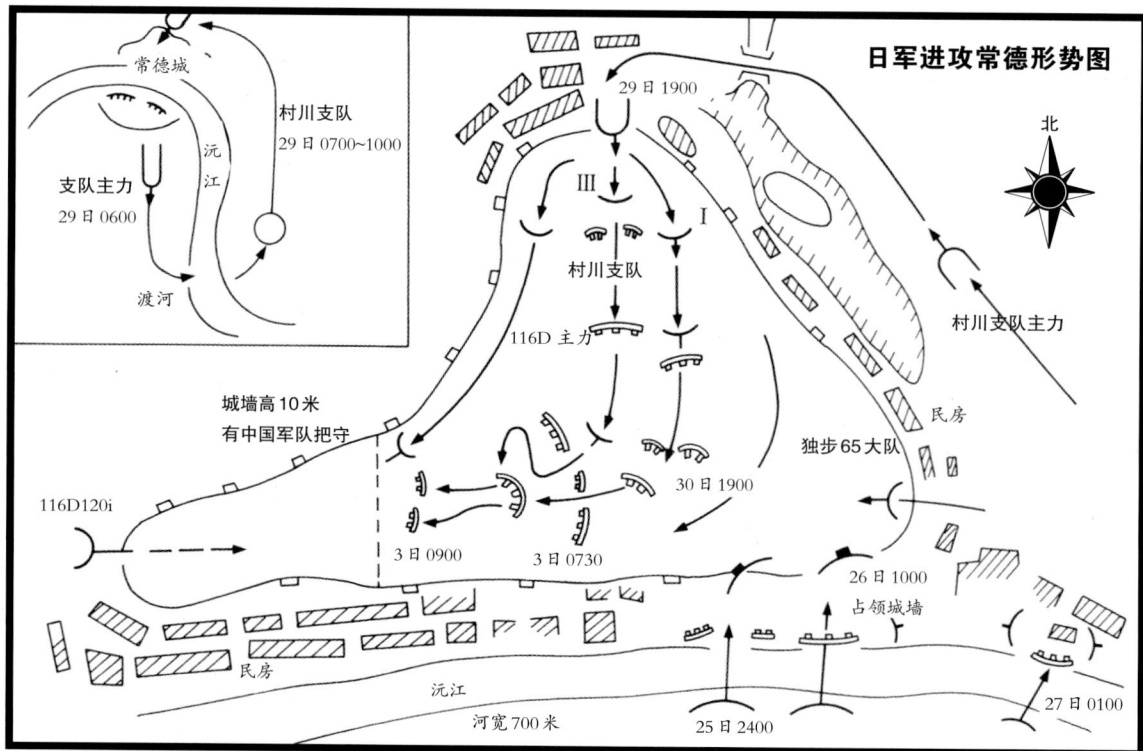

日军进攻常德形势图

身陷重围坚持战斗

山炮兵第18联队（隶属第18师团）

——胡康作战，1943年10月~1944年3月

通称号：菊8908　成立地点：中国广州　成立时间：1939年8月22日　作战时的联队长：比土平隆男

对抗坦克的唯一手段

山炮兵第18联队是1939年由野炮兵第12联队改编而成，编入第18师团作战序列。在太平洋战争爆发后，山炮兵第18联队随第18师团先后参加了马来进攻作战和缅甸进攻作战，从1942年夏季开始随师团主力在缅甸北部担任守备任务。1943年10月，中国驻印军会同英美盟军在缅北胡康河谷发起反攻作战，由此揭开了持续数月的胡康作战的序幕。为了确保第15军的后方安全以及即将开始的英帕尔作战，第18师团进行了持久的防御作战，山炮兵第18联队作为师团直属的炮兵部队也投入激烈的战斗。当时，山炮兵第18联队包括本部、3个大队和9个中队，其中第1、2大队装备

九四式75毫米山炮，第3大队装备改造三八式75毫米野炮，每个中队装备火炮3门，全联队共有火炮27门，加上后勤部队总共有官兵约2000人。

1944年2月17日，山炮兵第18联队从塔奈湖畔的防御阵地撤退，后退到迈昆，并在此占领阵地。第18师团炮兵队以该联队的3个大队和配属的野战重炮兵第21大队为基干兵力，依据防御部署制定了炮击作战计划。2月27日，盟军沿公路干线发起攻击，师团炮兵队根据计划开始炮击，以猛烈炮火击毁4辆盟军坦克，暂时阻止了盟军的推进。3月3日，盟军再次发起攻击，集结大量坦克沿主干道南下，在进入日军炮兵火力封锁区后再次遭到第18师团炮兵队的炮击，进攻再度受挫。

■ 图为1944年年初在缅北战场上作战的日军山炮部队。在胡康河谷作战中，山炮兵第18联队在防御战斗中发挥了突出作用。

但是，另一支盟军步坦混合部队于3月3日在迈昆以东渡过南彪河，并建立了桥头堡阵地，逼近第18师团的侧后，日军陷入被包围的险境。两军激战至3月7日，日军工兵队在密林中开辟出两条撤退道路，才使第18师团主力得以逃脱。

冒死突破盟军包围

在防御作战中，山炮兵第18联队第3大队由塔奈河畔的泰帕卡撤退到辛班，于3月2日接到师团司令部的命令，要求调派1个野炮中队协助一线的步兵大队，并将阵地推进到迈昆附近，但是从当时的战况看，这项命令实在过于轻率，有欠考虑。第3大队长为决定哪个中队执行这一艰难任务而苦恼，此时第7中队长主动请缨，并率部成功占据了预定阵地。然而，3月3日第7中队就被盟军包围。次日，得知前线战况的第3大队长为了救援第7中队，将后勤人员组织起来，组成突击队，亲自率领发起反击，突入盟军阵地，结果被击毙。

第7中队长得知援军靠近后也主动实施突围作战，沿着公路向主力靠拢，并将火炮推到前沿进行直瞄射击，最后成功突围，还带回了大队长的尸体和部分伤员。3月5日凌晨，根据大队长的遗命，后勤队长指挥驮马队抵达前沿炮兵阵地，将残存的2门火炮拖回主阵地。

山炮兵第18联队第2大队为了防备盟军从右翼突破，从迈昆附近南下，于深夜到达南彪河畔，沿主干道修建反坦克阵地。此时，美军第5307部队占领了渡河点并切断了日军的退路。步兵第56联队第2大队于3月4日凌晨将美军部队击退。在7日日军炮兵向迈昆和被盟军占领的瓦鲁班进行了持续一整天的炮击。8日午后，为了支援步兵攻击，第2大队向瓦鲁班猛烈射击，最终在傍晚时分占领了瓦鲁班。完成支援任务的第2大队则撤离阵地，沿工兵开辟的道路转移到后方的姜普金。该大队的第5中队作为收容部队断后，在与盟军交战后也沿着同样的道路撤退。

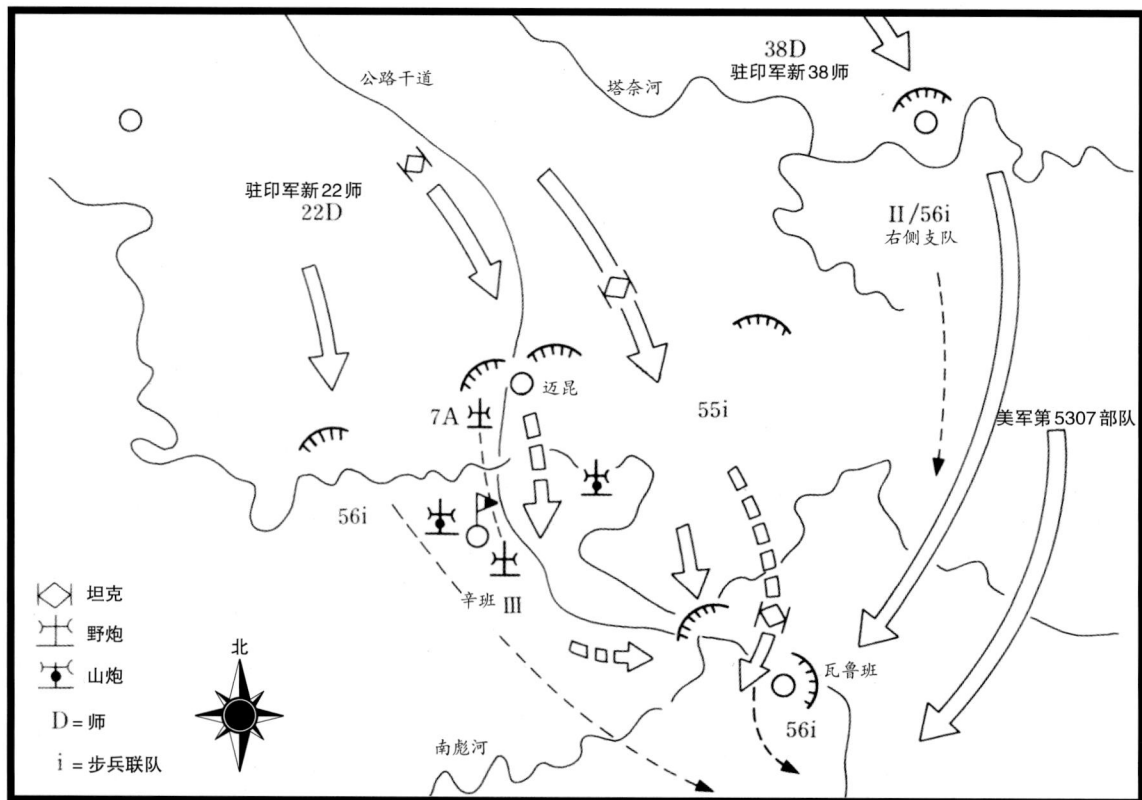

布干维尔岛的炮声

野炮兵第6联队（隶属第6师团）

——第二次托罗基纳作战，1944年3月

通称号：明9024　　成立地点：熊本　　成立时间：1884年5月24日　　作战时的联队长：斋藤晴雅、中村光平

以卵击石的反攻

野炮兵第6联队作为第6师团的直属炮兵部队在侵华战争爆发后开赴中国大陆战场，屡经战阵。1942年11月，由于所罗门方向战况恶化，第6师团由中国战场调往南太平洋前线，编入第17军。为了适应新的战场环境，野炮兵第6联队改编为山炮兵部队，但番号不变。1943年10月，野炮兵第6联队主力在布干维尔岛登陆，当时的编成包括本部、3个大队、9个中队，每个中队装备4门九四式75毫米山炮，另有6门预备火炮，全联队有2400余名官兵，但在航渡途中运输船队遭遇美军潜艇袭击，有400余人葬身海底。

11月1日，美军在托罗基纳角登陆，日军随即发起反击。在第一次托罗基纳作战中，由于日军兵力不足，缺乏增援，以失败告终。根据第17军的指示，以第6师团为主力的布干维尔岛守备队进行了两个月的准备，以实施第二次托罗基纳作战。为了第二次反击，野炮兵第6联队主力从每个

中队抽调2门山炮参战，每门炮配备100发炮弹，由人力携带炮弹，每人携带2发炮弹，总共有600余人参战。日军面对的美军桥头堡阵地设防严密、工事坚固，拥有2个师的兵力，炮兵火力是日军的20倍，另有航空、舰炮火力的支援，这完全是一次以卵击石的作战。

第6师团制定的攻击要领是"将美军牵制在东部、东南部之后，由真方支队从东北方突入，夺取机场"。参战的部队有真方支队、岩佐队、牟田队。由师团炮兵队提供支援火力，包括野炮兵第6联队主力（欠第2大队）和野战重炮兵第4联队的1个大队，攻击时间是1944年3月8

■ 图为美军部署托罗基纳角的高射炮。在日军发起第二次反击作战时，这些高射炮曾对日军炮兵阵地进行平射。

273

日。具体计划是在进攻日清晨，岩佐队、牟田队攻击800高地；3月10日清晨，牟田队主力2个大队攻击600高地；最后在3月12日清晨，由真方支队攻击美军机场。在炮兵支援方面，由野战重炮兵第4联队的1个大队（各中队配备40发炮弹）为直辖兵力，负责炮战，野炮兵第6联队主力由斋藤联队长直接指挥，负责为各攻击部队提供支援。

斋藤联队长战死

3月8日凌晨4时30分，日军开始炮火准备，日军炮兵没有进行试射就对美军阵地实施了火力突袭，在机场和物资堆积点腾起熊熊烈焰，这种突如其来的炮击在精神上给美军造成了相当大的打击。然而，由于弹药不足，日军一线炮兵火力显然达不到应有的效果。岩佐队、牟田队在向800高地进攻时遭到美军的密集炮击和飞机的猛烈轰炸，到晚上8时左右，亲临一线的斋藤联队长中弹身亡，设在山脊上的日军炮兵阵地也受到美军高

射炮的平射而遭到毁灭性的打击，人员、火炮均损失惨重。岩佐、牟田两队在800高地前也是尸横遍野，虽然在夜袭中夺取了高地一角，但在连日战斗后被迫撤退。担任主要火力支援任务的野炮兵第6联队第3大队在攻击开始后不久就遭到美军的炮击，战至3月17日所有的火炮均被破坏，在获得迫击炮的补充后配属给牟田队。

真方支队从3月12日清晨开始攻击，第17师团的3个步兵大队赶来增援，但其所处的战场地形平坦，便于美军坦克发挥威力，而且桥头堡东侧的战斗已经告一段落，美军将所有火炮都集中到真方支队的正面，给日军进攻部队以沉重打击，而日军炮兵在前几日的战斗中已经损耗严重，未能提供支援。3月13日，美军在坦克的支援下开始反击。第6师团组织残余部队在真方支队正面实施最后的攻击，但没有炮兵的支援，最后只能中止作战。在第二次托罗基纳作战中，野炮兵第6联队失去了40%的人员和所有参战火炮。

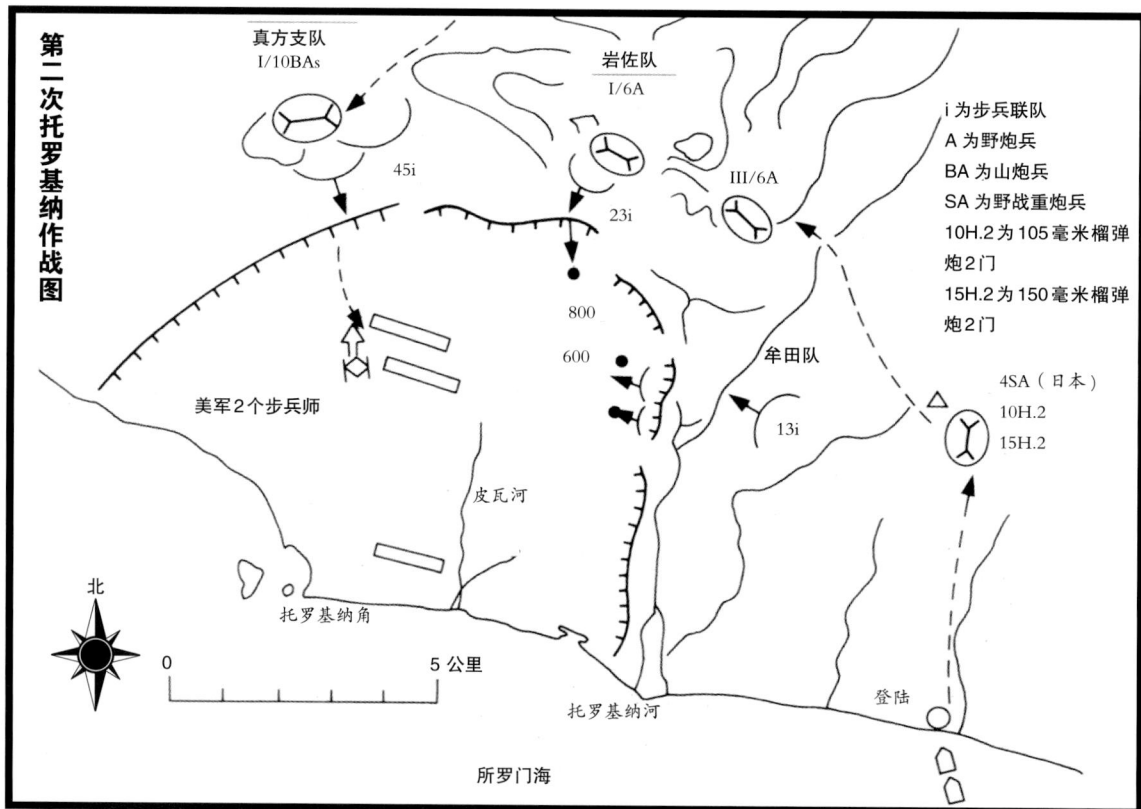

第二次托罗基纳作战图

真方支队
I/10BAs

岩佐队
I/6A

III/6A

i 为步兵联队
A 为野炮兵
BA 为山炮兵
SA 为野战重炮兵
10H.2 为105毫米榴弹炮2门
15H.2 为150毫米榴弹炮2门

45i

23i

800

600

牟田队

美军2个步兵师

13i

4SA（日本）
10H.2
15H.2

皮瓦河

北

0   5公里

托罗基纳角

托罗基纳河

登陆

所罗门海

炮火突袭洛阳城头

野战重炮兵第6联队（隶属第12军）

——京汉作战（豫湘桂会战），1944年5月

通称号：仁3504　成立地点：下关　成立时间：1918年12月　作战时的联队长：村上尚武

攻打古都洛阳

野战重炮兵第6联队在"卢沟桥事变"后进行了动员，随后开赴中国大陆战场，并在那里持续作战直到1945年战争结束。1944年初夏，日军华北方面军发动京汉作战，野战重炮兵第6联队参加了进攻洛阳的战斗，当时该联队的编成包括本部、2个大队、6个中队，每个中队装备4门四年式150毫米榴弹炮，全联队有官兵1700余人。由于缺乏挽马，该联队及下属各大队的后勤分队缺编。

1944年5月14日，华北方面军决定夺取洛阳，迅速将其封锁并适时发起攻击，由方面军直辖的菊兵团（包括第63师团、独立步兵第9旅团、瓦田部队、佐贺炮兵队等部）执行封锁任务，为此，从第12军调出野重第6联队列入菊兵团的指挥。

5月18日，野战重炮兵第6联队在洛河南岸地区集结，由于洛河涨水无法渡河，于是在洛阳西南的洛河南岸占领阵地。傍晚，菊兵团首先命野战重炮兵第6联队炮击上青宫，命令第63师团从19日凌晨准备突击。但中国军队以2个师的兵力依靠营庄、青宫、西马坡的坚固阵地进行抵抗，使得菊兵团的进攻迟迟没有进展。于是，华北方面军又从第12军抽调战车第3师团主力、第110师团的部分兵力加入菊兵团，由华北方面军司令官冈村宁次大将指挥整个作战。

破坏城外据点和反坦克壕

菊兵团决定5月21日早晨重新发起攻击，将进攻重点定为洛阳西北角，因此野战重炮兵第6联

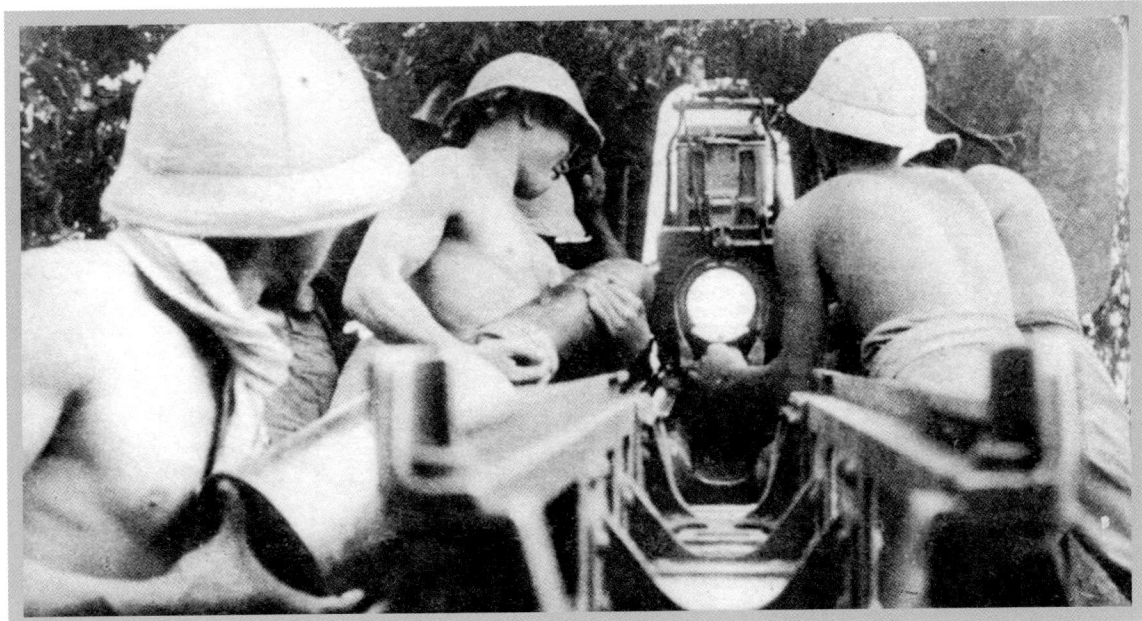

■ 图为1944年夏季在华北前线作战的日军重炮兵部队。在攻击洛阳的战斗中野战重炮兵第6联队担负了破坏城墙、支援步兵的任务。

队主力于20日渡过洛河，转移到洛阳西北地区，其第1大队在洛阳西北占领阵地支援攻击，以上青宫、西马坡的中国军队阵地为主要目标。20日夜晚，第63师团主力（配属有2个野炮大队）配置在洛阳东北方，战车第3师团主力和瓦田部队等配置在洛阳西北方，准备对洛阳西北角实施主要突击。野战重炮兵第6联队主力于20日夜将阵地推进到洛阳城北，协助第63师团，第2大队在西北地区支援战车师团，均于23日拂晓之前完成作战准备。

华北方面军司令官在23日零时在七里河建立指挥所，开始直接指挥菊兵团。日军以保护城内珍贵史迹为由向中国守军进行劝降，但未得到回应。23日13时，兵团炮兵队开始进行炮火准备，并随着一线部队的推进也向炮兵阵地前移，为步兵部队提供伴随火力支援。野战重炮兵第6联队第2大队在洛阳西北协助作战，将阵地推进到城墙西侧不远处，以直瞄火力摧毁坚固火力点，为突击部队开辟进攻道路，同时掩护步兵突破城外的反

坦克壕，使得日军步坦联合部队得以突入洛阳城内。日军于24日傍晚突破城墙一角，次日完全占领洛阳城，中国守军从洛阳东南角撤退。

日军从5月22日起举全军之力进攻洛阳，野战重炮兵第6联队在破坏城墙、支援一线步兵突击方面发挥了重要作用，最终千年古都洛阳于5月25日沦陷。

■ 图为一名日军炮兵在战斗间歇擦拭炮弹，摄于1944年华北战场。

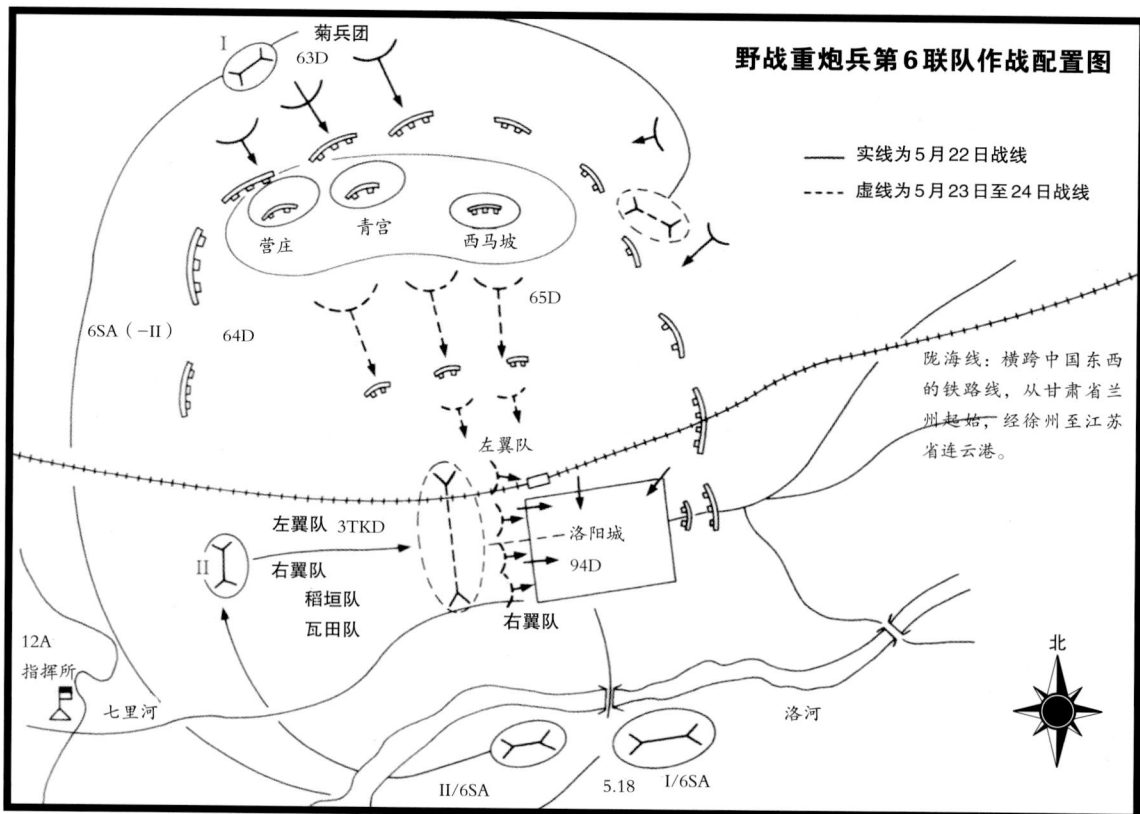

野战重炮兵第6联队作战配置图

塞班岛上激战至死

高射炮第25联队（隶属马里亚纳地区北集团）

——塞班岛防御战，1944年6月~7月

通称号：备2686 **成立地点：**满洲国牡丹江 **成立时间：**1942年4月14日 **作战时的联队长：**新穗实德

从中国东北至塞班

高射炮第25联队原隶属于关东军的第3军，驻扎在中国东北东部地区。1944年2月，该联队被派遣到中部太平洋方面，当时编有本部、3个大队、9个中队，其中包括6个高射炮中队和3个照空中队（探照灯中队），每个高射炮中队装备6门八八式75毫米高射炮，每门炮配备炮弹950发。在调动过程中，高射炮第25联队为了尽量避免因为盟军袭击而遭受损失，分为8个分遣队分批登船航渡，联队主力被部署在塞班岛，其他兵力被分散部署在莫特洛克群岛、普卢瓦特环礁、帕甘岛、特鲁克群岛等地，负责当地的对空防御。

在塞班岛登陆的联队主力包括3个高射炮中队和1个照空中队，另外加强了野战机关炮第44中队，其主阵地设在阿斯利多机场（今日的塞班国际机场）附近，另外在埠头地区也配置了防空阵地，各部队于3月下旬结束作战整备，之后与岛上的陆海军司令部及海军航空队建立通信联络，以期收集情报，便于迅速而准确地判断敌情，强化防空战斗的准备。高射炮第25联队长新穗实德中佐被任命为塞班防空队长。

1944年4月18日，美军8架B-24轰炸机对塞班岛港湾地区、阿斯利多机场进行了空袭，配置在加拉班周围阵地上的高射炮第1、2中队立即展开射击，但是未能击落1架B-24。4月23日，独立高射炮第43中队也被调到塞班，同样被置于新穗联队长的指挥下，在加拉班东北地区建立了防空阵地。

■ 图为被美军炮火摧毁的日军高射炮阵地，位于塞班阿斯利多机场东北，属于高射炮第25联队。图中可见一门被毁的75毫米高射炮。

5月14日，为了强化马里亚纳地区的防御，第43师团也奉命移防塞班岛，高射炮第25联队被配属于该师团。5月22日，高射炮第25联队由第31军直属部队转入马里亚纳地区北集团的作战序列，该集团由第43师团长斋藤义次中将担任集团长，此后塞班岛防空队改称为塞班陆军高射炮队，主力负责阿斯利多地区的防空任务，其余部队负责保护塞班岛港湾，高射炮队本部设在230.3高地。

高射炮平射坦克

从1944年6月11日开始，美军连续五天对塞班岛实施猛烈空袭，塞班陆军高射炮队投入了艰难的防空战斗，然而以4个中队的24门高射炮加上若干高射机关炮的火力，根本无法对数以百计的美军飞机构成威胁，日军防空阵地反而遭到美军航空火力的压制，死伤惨重，在美军登陆开始之前，高射炮队就遭受了约600人伤亡的损失，24门高射炮中有20门被击伤无法使用。每当空袭结束后，日军高射炮兵就忙于修理火炮、更换零件，以备随后到来的防空战斗。

6月15日，美军约2个师在塞班岛西侧的查兰卡诺亚海岸登陆，在建立了桥头堡阵地后于次日向海岸附近的丘陵地带展开攻击。在查兰卡诺亚东面，高射炮第6中队将火炮放平协助地面战斗，并击毁了6辆美军坦克，但最后陷入包围而覆灭。部署在附近的高射炮第2中队在阵地被美军突破后破坏了火炮撤退，幸存的51人逃入塔波查山。17日，塞班陆军高射炮队本部所在的230.3高地也被美军包围，经过苦战后残余人员奉命突围，向塔波查山北麓撤退。18日，在美军的猛烈攻击下，日军放弃了阿斯利多机场。

6月22日，美军开始攻击塔波查山，高射炮队尚有1个高射炮中队和1个机关炮中队，均被投入地面防御战。26日，集结在塔波查山的日军经过恶斗之后向塞班岛北部的塔纳帕格后撤，之后再无有组织的抵抗。7月9日塞班岛日军全军覆灭。

■ 图为1944年6月下旬，美军步兵和坦克部队在塞班岛的塔波查山展开扫荡作战，高射炮第25联队残部在山中进行了最后的抵抗。

埋骨新几内亚丛林

山炮兵第41联队（隶属第41师团）

——艾塔佩战役，1944年7月～8月

通称号：河3568　成立地点：宇都宫　成立时间：1939年6月30日　作战时的联队长：大野斌夫

在转移中消耗四成兵力

从1939年10月开始，山炮兵第41联队作为新编的第41师团的一部分开赴华北战场，在第1军编成内驻守中国陕西，进行了三年治安作战。1942年11月，第41师团奉命调往新几内亚前线，编入第8方面军序列，山炮兵第41联队也随之南调，其先头部队于1943年2月登陆新几内亚北岸的韦瓦克，之后根据命令向前线推进。在转移过程中，该联队屡遭美军空袭，补给线中断，还没有和盟军地面部队接触就已经陷入困境。在登陆之初，山炮兵第41联队由本部、3个大队、9个中队组成，每个中队装备3门九四式75毫米山炮，加上后勤单位约有2000多名官兵，但是在转移途中由于战斗伤亡等原因竟然损失近四成的兵力。

1944年4月20日，就在山炮兵第41联队从马当向韦瓦克转移途中，美军在艾塔佩、霍兰迪亚地区登陆，日军第41师团和第20师团奉命发起反击，共同消灭艾塔

佩正面的美军，但日军部队用了两个月时间才穿过新几内亚的密林和山地，完成了190公里的路程，其间频繁遭到美军的空袭，经历了千难万阻，总算抵达进攻位置。山炮兵第41联队也参加了这次艰难的行军，为了减轻负重，加快行军速度，每个中队仅携带1门山炮和50发炮弹。当日军部队在艾塔佩正面完成集结时，他们首先要面对的是在杰纽穆尔河左岸设防的美军2个团，杰纽穆尔河宽度约200米，水深虽然只有1米左右，但水流湍急，泅渡困难，形成一道天然障碍，增加了日军发起进攻的难度。

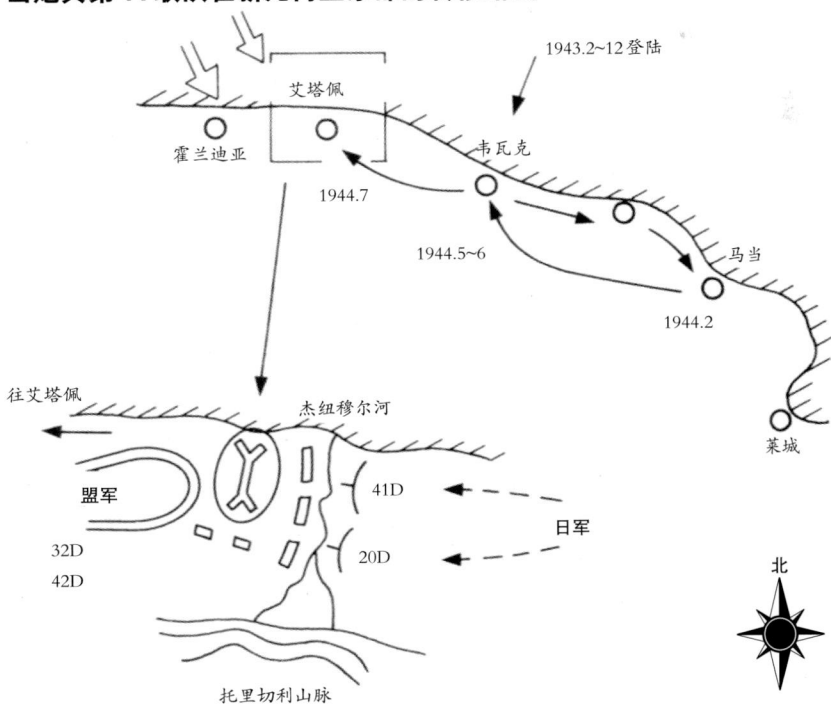

山炮兵第41联队在新几内亚东部的转移路线

艾塔佩阵前损失过半

第18军命令第41、20师团于7月10日夜开始攻击。山炮兵第41联队第1大队配属于步兵第237联队，大队长指挥1个步兵中队、步兵炮中队组成海岸搜索队，在战斗开始前寻找合适渡河的地点，并对左岸的美军阵地进行了侦察。7月10日深夜，在步兵联队主力开始渡河前，2个山炮中队对左岸的美军重武器阵地进行了压制射击，在炮火掩护下第237联队主力成功渡河。日军炮兵随即加强火力，并向美军阵地纵深进行延伸射击，迫使美军后退。7月11日晨，渡河的日军部队完成集结开始向东推进。13日拂晓，日军尖兵分队遭遇配备坦克的美军部队，山炮兵第41联队第1大队的山炮先发制人，使2辆美军坦克中弹失去行动能力，但美军的炮火更为猛烈，包括第1大队在内的日军部队损失惨重，陷入孤立状态。战至17日，第1大队所有火炮均被摧毁，大队长带领残余士兵与美军坦克进行近战，全部战死。日军的第一次攻击以失败告终。

7月下旬，日军重新集结兵力准备第二次攻击，山炮兵第41联队（欠第1大队）在杰纽穆尔河上游集结，于夜间将山炮运到河对岸。7月25日，日

■ 上图为在杰纽穆尔河岸边被美军击毙的日本士兵。日军两次反击艾塔佩均告失败。

军再次发起进攻，经过两个昼夜的苦战，终于将美军压迫到海岸地带，在此期间，山炮兵第41联队弹药消耗甚大，每门炮仅剩几发炮弹，最后将仅存的炮弹收集起来，对美军阵地进行集中射击，反而招致美军火炮更为猛烈的压制射击，所有的山炮均被摧毁。美军还出动观测机进行弹着修正，因此在射击精度上胜过日军炮兵。在美军的优势火力面前，日军的伤亡不断增加，第二次攻击也陷入停滞，没有取得成功。8月4日正午，山炮兵第41联队残部接到停止战斗的命令，于夜间撤退。

经过艾塔佩一战，山炮兵第41联队损失了过半兵力，全部火炮被毁，已经失去了作为炮兵部队的机能，之后改编为步兵部队，联队本部则由师团直辖。

■ 图为1944年7月，美军部署在艾塔佩前线的火炮阵地。无论是数量、性能，还是后勤供给，美军炮兵都远胜于日军炮兵。

对抗超级空中堡垒

高射炮第26联队（隶属第22野战高射炮队）

——鞍山防空战，1944年7月

通称号：强2687　成立地点：新京（长春）　成立时间：1942年4月14日

作战时的联队长：新伊地知季春大佐、加藤直太郎中佐

高不可及的 B-29

1942年4月在新京（今吉林长春）组建的高射炮第26联队由本部、3个大队、9个中队及材料厂等后勤支援部队组成，其中6个中队为高射炮中队，每个中队装备6门八八式75毫米野战高射炮，3个中队为照空中队（探照灯中队），全联队共有兵员1638人。在组建后，高射炮第26联队在1942年8月和10月间在净月潭实施了射击演习，于11月派出第5中队在鞍山地区展开，置于野战照空第1大队长的指挥下，负责保护鞍山制铁所的安全。同月，防空队司令部迁往奉天（今辽宁沈阳），高射炮第26联队主力奉命担负新京地区的防空任务，同时伪满军第3高射炮联队也归其指挥。

1944年3月28日，野战照空第1大队调往别处，高射炮第26联队则由新京转移到鞍山地区，接管了驻扎当地的伪满军高射炮部队、独立野战照空中队等防空单位，全面负责保护昭和制钢所、鞍山制铁所等重要工业设施。在6、7月间，高射炮第26联队又抽调兵力组建了机关炮部队、野战高射炮部队等作战单位。

1944年7月9日，美军出动约50架 B-29 远程轰炸机从成都近郊的机场起飞，空袭鞍山。当时，高射炮第26联队主力正在熊岳城进行实弹射击训练，留守在鞍山地区的防空部队利用目测对 B-29 进行射击，这是日军首次目睹这种巨型轰炸机的雄姿。由于 B-29 的尺寸超出日军的想象，日军观

■ 左图为在四川成都近郊修建机场的中国劳工，在背景中可见一架美军 C-47 运输机；下图是日本占领下的鞍山制铁所，在1944年7月到12月间，美军 B-29 机群对鞍山地区进行了多轮空袭。

■ 图为在高空飞行的美军 B-29"超级空中堡垒"轰炸机。其飞行高度在 10000 米以上，超过日军大部分防空武器的射程。

测员将美军飞机的飞行高度误判为 4000 米，实际上 B-29 处在 9000 米的高空中，结果 75 毫米高射炮的炮弹无一命中目标。B-29 如入无人之境，从容地瞄准投弹，昭和制钢所的焦炭工厂被炸弹击中，化为一片火海。

8 月间，高射炮第 26 联队列入鞍山飞行兵团长的指挥下。9 月 8、9 日，B-29 机群再次空袭鞍山。为了弥补 75 毫米高射炮射高不足的缺陷，日军事前在工厂周围准备了发烟材料，当 B-29 临空时就开始释放烟幕，以遮蔽目标，干扰美机轰炸，但效果不佳。9 月 26 日，鞍山又遭到了 B-29 的第三次空袭。

只能望天兴叹

为了强化鞍山地区的防空能力，装备十四年式 105 毫米高射炮的独立野战高射炮第 88 大队于 9 月 27 日编入高射炮第 26 联队序列。11 月 14 日，驻鞍山地区的日军防空部队进行了高射炮、探照灯和防空战斗机协同作战的联合演习。12 月 2 日，各防空阵地又进行了射击演习，以策万全。12 月 7 日至 13 日，美军 B-29 机群对鞍山地区进行了第四轮空袭，其飞行高度竟达到了 12000 米，即使新调来的 105 毫米高射炮也无能为力，此前的所有训练统统白费了。

进入 1945 年，美军不再空袭鞍山地区。同年

5 月，鞍山防卫司令部改称第 22 野战高射炮队司令部，高射炮第 26 联队也编入该司令部。当时日军部署在鞍山地区的防空武器数量已经达到 120 门高射炮、36 门高射机关炮的规模，负责掩护各钢铁厂。高射炮第 26 联队的指挥部也膨胀到 100 余人，负责对各高射炮队实施指挥。然而，直到战争结束，高射炮第 26 联队也没有遇到发挥实力的机会，只能望天兴叹。即使配备了 105 毫米高射炮也无法达到 B-29 的飞行高度。

■ 图为 1944 年下半年，美军 B-29 轰炸机群空袭鞍山地区时留下的现场照片。地面上被炸弹击中的工厂燃起大火，烟幕遮天。

消亡在马尼拉城外

野战重炮兵第22联队（隶属第41军）

——菲律宾防御战，1945年2月

通称号：振武4328　成立地点：东京　成立时间：1940年9月12日　作战时的联队长：泷泽绫次郎大佐

加入振武集团炮兵队

野战重炮兵第22联队在1940年编成后被派往中国东北，加入关东军作战序列，于1944年7月接到调往菲律宾的命令。野战重炮兵第22联队由本部、2个大队、4个中队及后勤部队组成，每个中队装备3门九二式105毫米加农炮，每门炮备弹1000发。由于运输船不足，该联队只有952人前往菲律宾。在驶向马尼拉途中，由于运输船遭美军袭击沉没，野战重炮兵第22联队第2大队长以下约300名官兵和3门火炮沉入海底。联队主力在马尼拉登陆后，于11月上旬派出第3中队增援莱特岛，结果全部战死，无一归还。

由于在航渡途中的损失和战斗损失，野战重炮兵第22联队的兵力、兵器都有缺额，只能利用2门缴获的美制155毫米榴弹炮临时编成一个新中队，以填补编制空缺。1944年12月，野战重炮兵第22联队编入马尼拉防御部队，归第41军指挥，成为振武集团的一部分，奉命在马尼拉以东地区坚持持久战斗。从1945年1月1日起，该联队开始在守备区域构筑阵地、进行地形观测及目标设定等准备工作。

1945年1月9日，美军在林加延湾登陆，进而

■ 图为1945年2月美军使用155毫米榴弹炮向安蒂波洛地区的野口兵团展开射击。野战重炮兵第22联队曾装备2门缴获的同型火炮。

挥师南下，于2月3日向马尼拉展开突击。2月初，野战重炮兵第22联队被配属于野口兵团（以步兵第81旅团为基干），在安蒂波洛附近构筑阵地。与此同时，泷泽联队长成为振武集团炮队长，其麾下部队包括野战重炮兵第22联队主力（2个加农炮中队，装备5门105毫米加农炮；1个榴弹炮中队，装备2门155毫米榴弹炮）、独立重炮兵第20大队（装备缴获的155毫米榴弹炮3门）、野炮兵第53联队第3大队、野炮兵第8联队第2中队等部。

最后转入步兵战斗

2月13日，振武集团开始向马尼拉发起反击，野战重炮兵第22联队派出20多名士兵参战，从16日开始射击，由于准备周密射击精度相当高，但是美军仍然占据上风，逐步向日军阵地推进。从22日开始攻击小林兵团、野口兵团的阵地。在昼间，美军的攻击相当猛烈，日军炮兵遭到严重的压制，根本无法射击，也不能以火力支援一线的防御战斗。日军炮兵只能在黎明和黄昏时分将火炮从隐蔽处拖出来，对美军阵地实施短促的火力急袭，但取得的效果非常有限。野战重炮兵第22联队自参加马尼拉反击以来，弹药不断消耗，限制了火炮的射击。

3月8日，美军发动进攻，与里宫支队的各步兵大队展开激战，于2月间加入该支队的独立臼炮第21大队在耗尽所有炮弹后转为步兵投入战斗，最后大部战死。战至3月17日，野战重炮兵第22联队也破坏了所有火炮，根据振武集团司令部的命令撤退，转移到东光辉山一带。从3月下旬至5月中旬，日军重新构建防线，同时振武集团炮兵队解散，

野战重炮兵第22联队主力转入野口兵团作战序列，作为步兵单位参加作战。5月12日，野战重炮兵第22联队本部转移到严山南侧，中止作战，残余官兵化整为零，各自寻找出路，该联队在战后返回日本的官兵只有40人。

另一方面，野战重炮兵第22联队的小林小队带着1门105毫米加农炮和1000发炮弹于1945年1月中旬加入小林兵团，在瓦瓦水坝附近占领阵地，于2月28日开始射击。当美军向蒙塔尔班正面展开攻击时，这门孤单的日军火炮居然与美军火炮互射，居然小有战果。此外，这门炮还对马里基纳附近的美军运输线、物资堆积点进行了袭扰射击，但最终遭到美军炮火的毁灭性打击，火炮被击毁，弹药也损耗殆尽，人员非死即伤。

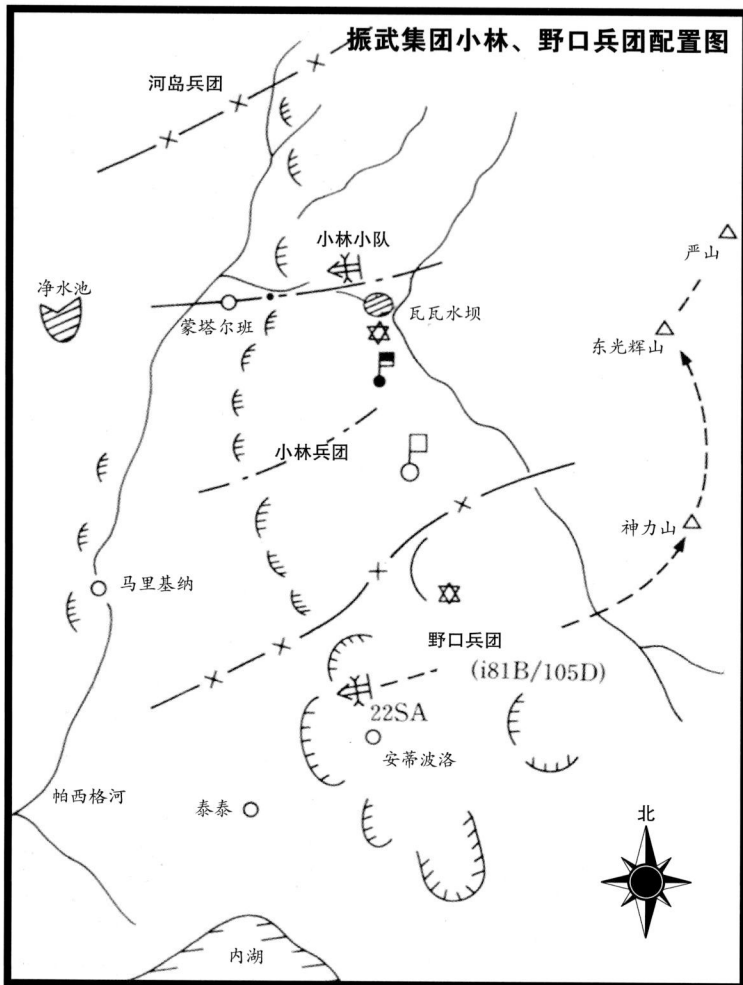

振武集团小林、野口兵团配置图

马背上的炮兵之花

骑炮兵第4联队（隶属骑兵第4旅团）

——老河口作战（豫西鄂北会战），1945年3月

通称号：成5356　**成立地点：**国府台　**成立时间：**1933年3月24日　**作战时的联队长：**东高安中佐

突击再突击

骑炮兵第4联队的前身是1933年3月组建的骑炮兵中队，之后改称骑兵集团骑炮兵队第2中队、骑兵第4旅团骑炮兵联队，最终在1939年12月16日改编为骑炮兵第4联队，最初由本部、2个骑炮中队和后勤部队构成，后来将后勤部队撤销，人员改编为第3中队，装备高射机关炮，虽然加强了对空火力，但是削弱了后勤支援能力。

1941年，日本陆军将骑兵部队全面改编为装甲兵部队，只有骑兵第4旅团作为日本陆军唯一的骑兵旅团保存到战争结束。该旅团长期在中国大陆战场作战，参加了太原会战、鲁西作战、京汉作战等重大战役行动，在1945年3月至4月间又参加了老河口作战。此次作战由日军第12军策划，意图是摧毁中国军队设在湖北省西北部老河口地区的航空基地，解除武汉侧翼受到的威胁。骑炮兵第4联队也跟随骑兵第4旅团主力出击，遵循自日俄战争以来骑炮兵部队伴随骑兵突击，提供火力支援的传统，也作为日本陆军中最后一支骑炮兵联队开始在战争舞台上的告别演出。为了加强部队的机动力，骑炮兵第4联队进行了精简缩编，由本部和2个中队构成，每个中队装备2门四一式75毫米骑炮，参战兵力为180人。

1945年3月1日，骑炮兵第4联队从驻地归德

■ 图为1945年3月在鄂北老河口地区作战的日军部队。老河口作战是日本陆军骑兵部队和骑炮兵部队参加的最后一次大规模战斗。

285

出发，在京汉线以东的汝南集结，随后向300公里外的老河口地区开进，为了避免占有优势的中美空军的空袭，部队采用昼伏夜行的办法，尽管暗夜路况不明，行军困难，但骑炮兵部队仍紧紧跟随骑兵的步伐，在预定时间抵达进攻出击地域。

攻占机场和街市

中国军队在机场西侧的老河口城区、北侧的光化县城和东侧的交通要冲马屈山都修建有防御阵地以保护机场。骑兵第4旅团于3月27日拂晓开始从东面发起攻击，位于右翼的骑兵第25联队突袭光化县城，位于左翼的骑兵第26联队急袭马屈山阵地，骑炮兵第4联队为进攻提供火力支援。战至当天11时30分，日军成功占领马屈山阵地，进攻击退中国军队的反击，并占领了机场，同时光化县城也落入日军手中。

随后，骑兵第4旅团按照计划攻击老河口，控制当地的交通要道，仍以骑兵第25联队主力为右翼、以骑兵第26联队为左翼，对目标实施南北夹击。旅团炮兵队则由骑炮兵联队和迫击炮联队构成，在光化县城南侧占领阵地，支援配属于骑兵第25联队的独立步兵第30大队（隶属于第115师团）的攻击，以炮火破坏老河口东北角的城墙，接着协助骑兵第25联队向城区挺进。

老河口城四周建有城墙，中国守军约有1个半师的兵力，同时在汉江西岸部署了约20门105毫米火炮，为守军提供支援。日军根据定于3月30日拂晓开始攻击。炮兵队的观测所设在城区东北角外侧的民房上，辅助观测所则在马屈山顶，引导炮火支援一线进攻。中国军队的抵抗异常激烈，并且得到飞机和重炮的协助，日军死伤不断增加。炮兵部队也有包括军官在内的11人战死，旅团长在日落后下令中止攻击，等待增援兵力的到来。4月6日，在第115师团主力、野战重炮兵第6联队等援军抵达后，日军再次发起攻击，最终于8日占领老河口。日本骑炮兵部队的最后一战就此落幕。

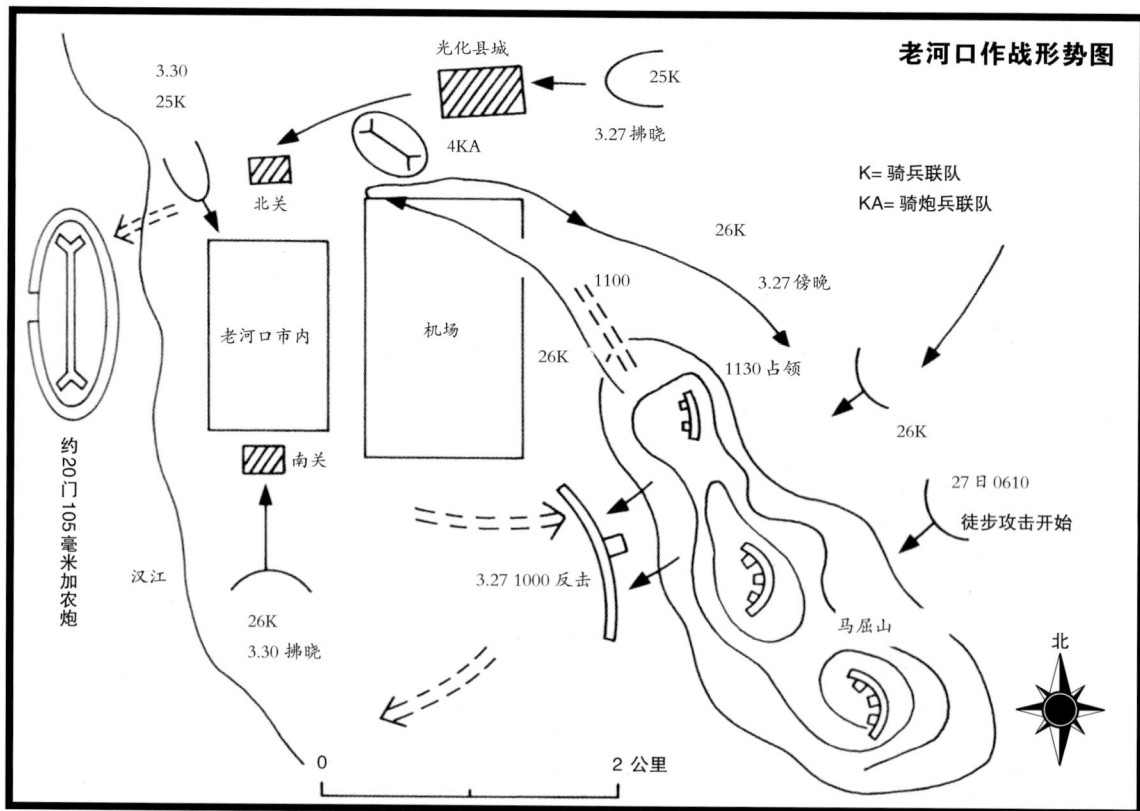

老河口作战形势图

玉碎在冲绳群山间

野战重炮兵第1联队（隶属第32军）

——冲绳作战，1945年4月~6月

通称号：球4401　成立地点：横须贺　成立时间：1918年12月　作战时的联队长：山根忠大佐

野战重炮兵第1联队在太平洋战争爆发时编入第14军序列，参加了菲律宾作战，之后调往中国东北从事对苏战备，驻守神武屯。1944年6月，日军发布动员令，野战重炮兵第1联队被编入第32军序列，于7月12日调往日本本土的西南门户冲绳，在东风平附近驻屯。当时该联队包括本部、2个大队、6个中队，每个中队装备4门九六式150毫米榴弹炮，共有24门火炮，编有官兵1300余人。

7月17日，野战重炮兵第1联队转移到宫古岛，归属第28师团长指挥。1945年3月，第32军炮兵司令部设在丝数，野战重炮兵第1联队的指挥部则设在八重濑山，炮兵阵地设在志多伯附近。

4月1日，美军在读谷、嘉手纳正面登陆，日军放弃滩头阵地，采取纵深防御战术，将主力部署于冲绳岛南部一条横贯全岛的山地防线上，严阵以待。野战重炮兵第1联队也将阵地转移到幸地以南，做好向北面进行射击的准备。4月9日，联队主力完成转移后立即向美军坦克、行军纵队和指挥所进行射击，但是很快遭到美军更为猛烈的炮火轰击，部分火炮和人员被山石掩埋，救援作业十分困难。4月12日夜间，为了支援第32军的夜袭，野战重炮兵第1联队计划从19时开始实施30分钟的火力准备，主要目的是压制美军炮兵和扰乱对方，支援第62师团，但是次日攻击失败，日军转入守势。20日，由于日军部队调整部署，野战重炮兵第1联队将阵地转移到南风原地区，以便更好地进行火力支援。

第32军为了扭转战局准备在5月初发起反攻，野战重炮兵第1联队于4月30日将指挥移至首里以西，炮兵阵地移至识名以东。5月4日，日军发起

■图为1945年4月冲绳前线，美军官兵在前沿观察对日军阵地的炮击效果。野战重炮兵第1联队主力参加了此次作战，全军覆灭。

反攻，从凌晨4时30分开始，日军炮兵进行了30分钟的火力准备，随后转入一线的支援射击。日军起初进展顺利，但在正午过后遭到美军的猛烈反击，反攻归于失败，于5日18时停止攻击，转入防御。

5月27日，第32军下达转移命令，从傍晚开始野战重炮兵第1联队实施掩护射击，确保转移顺利完成。此时，该联队已经损失了50%的人员，剩余6门火炮，每门火炮仅有炮弹40发。各炮兵阵地交替掩护，联队主力于29日从志多伯转移到东风平。第32军的最终防御阵地在真荣里、八重濑山、具志头一线，以第24师团为左翼，以独立混成第44旅团为右翼，第62师团负责军后方海岸

的正面防御，军炮兵队阵地设在真荣平以东地区，主要火力指向第24师团正面。野战重炮兵第1联队将火炮阵地设在真壁地区，指挥部设在与座山，准备炮击从东风平、丝满南下的美军。

6月10日，美军突破日军一线阵地，从日军右翼正面迫近仲座附近地区。15日，野战重炮兵第1联队本部退至摩文仁以北高地。19日，火炮阵地受到美军坦克的包围攻击，联队残部自行破坏火炮后突破美军包围撤往摩文仁以北的山地。22日，包括联队长以下的残余官兵在美军的扫荡中战死。驻宫古岛的野战重炮兵第1联队第1大队幸存到战争结束。

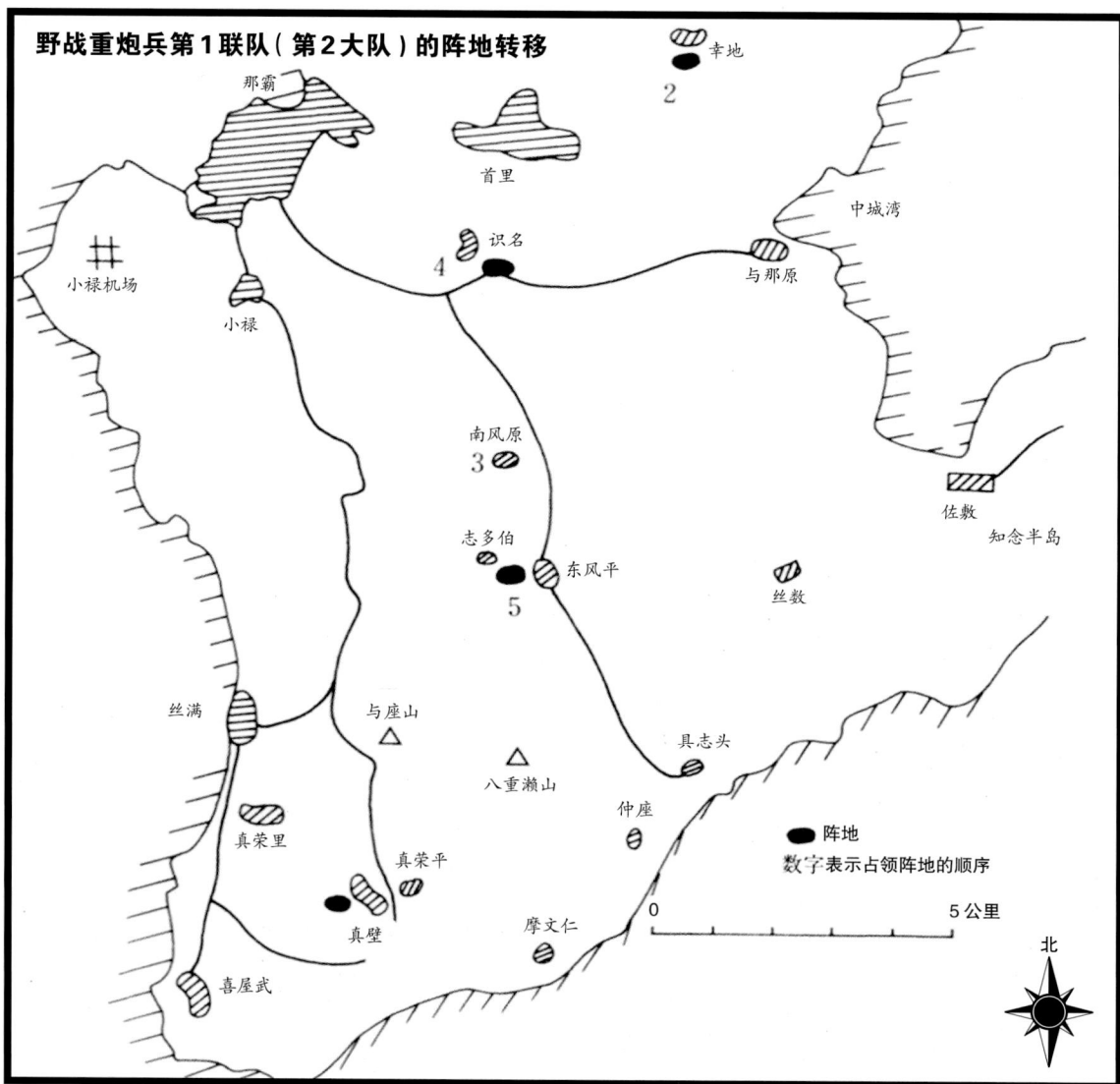

野战重炮兵第1联队（第2大队）的阵地转移

螳臂当车自取灭亡

野炮兵第128联队（隶属第128师团）

——远东战役，1945年8月

通称号：英武15285　成立地点：东宁　成立时间：1945年7月10日　作战时的联队长：胜又文雄少佐

临战扩编

1945年4月，第128师团编成师团炮兵队，下辖3个中队，后于7月间扩编为野炮兵第128联队，下辖3个大队、9个中队，装备野炮、山炮和105毫米榴弹炮，编制员额为1748人。第128师团的主阵地设在桦皮甸子，以罗子沟为前进阵地，进行对苏作战准备。野炮兵第128联队本部、第1大队配属于步兵第284联队，第2大队配属于步兵第283联队，第3大队配属于步兵第285联队，分别在罗子沟东南方的完胜山、大碱厂以及罗子沟东北地区构筑阵地。

日苏开战时，野炮兵第128联队有兵力1206名，火炮20多门。第2大队于6月下旬从东宁转移至大碱厂阵地，战斗开始后归独立混成第132旅团指挥，第2大队长一并指挥旅团炮兵队。8月13日，第2大队与从穆棱南下的苏军侦察部队交战，第4中队(装备3门九〇式野炮)击毁了苏军数辆坦克。

联队长战死

第128联队本部和步兵第284联队本部共同行动，于8月13日在完胜山展开战斗，在14日昼间与苏军发生了近战，胜又文雄联队长（兼第1大队

■ 图为1945年8月远东战役中，苏军部队乘坐海军舰艇渡过河流，准备向日军发起进攻。

■ 图为1945年在东北大地上驰骋的苏军 T–34/85 坦克。

长）战死。第1中队在完胜山山腰阵地经历战斗后几乎全灭。第2中队在完胜山南侧阵地耗尽所有炮弹后中队长率领全体官兵向苏军发起冲锋，被冲散后各自择路向罗子沟方面撤退。第3中队在中间山东南侧阵地协助完胜山的防御战斗，在打光所有炮弹后将火炮破坏，中队长下令各小队自行组织撤退。

野炮兵第128联队第3大队最初在罗子沟东北面向大碱厂方向构筑防御阵地，由于完胜山正面战线面临危机，于8月14日夜退到桦皮甸子，占领二线阵地。8月16日，第3大队与苏军坦克、步兵部队交战，虽然击毁了若干坦克和装甲车，但第9中队遭到苏军围攻，战至17日自中队长以下官兵全体战死。第7、8中队也有若干损失，但从山中撤退，逃往张家店、敦化方向。

另一方面，野炮兵第128联队残留在东宁的兵力约有40人，他们于8月9日夜从东宁徒步行军，经老黑山向罗子沟急行，试图与联队本部会合，但于14日在大胚子河、老黑山之间的山道上遭到苏军袭击，多数军官战死，剩余的10多人逃往间岛方向。

野炮兵第128联队属于临战扩编，多数士兵没有经过充分的训练，火炮也严重不足，再加上作战准备仓促，部队编制相对混乱，装备型号也十分混杂，所以很难发挥出战斗力。

野炮兵第128联队作战形势图

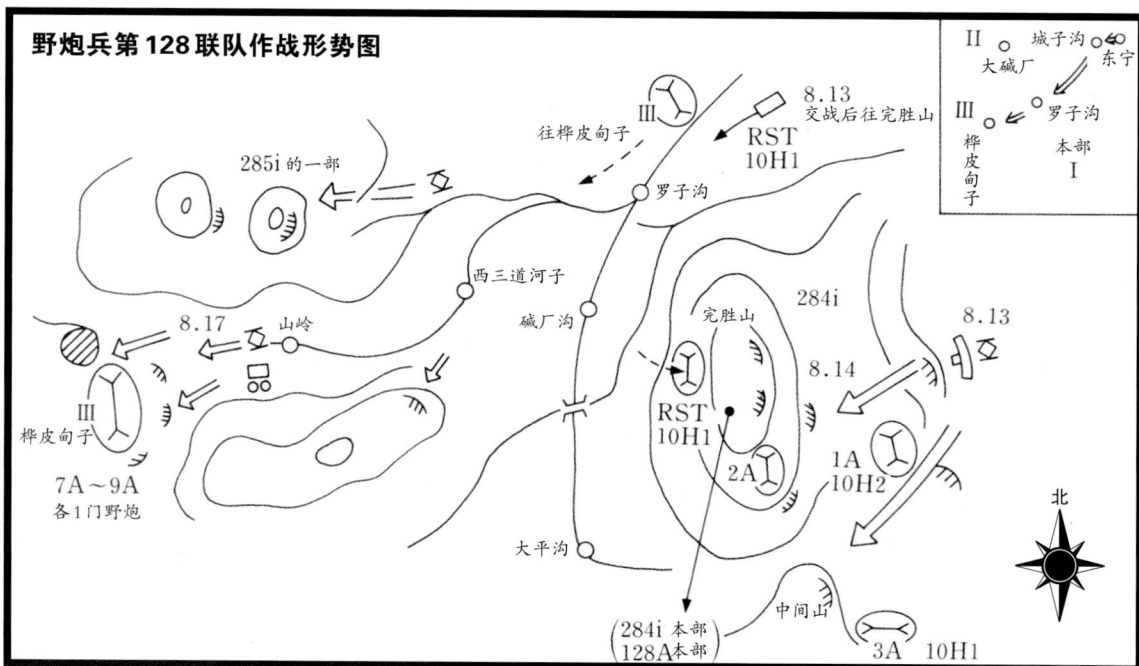

惊弓之鸟且战且退

野炮兵第107联队（隶属第107师团）
——远东战役，1945年8月

通称号：凮20006　成立地点：哈尔滨　成立时间：1944年5月16日　作战时的联队长：角田文雄大佐

从五叉沟撤退

野炮兵第107联队于1944年5月在哈尔滨组建，隶属于第107师团，由本部、3个大队、9个中队组成，其中第1大队以阿尔山驻屯炮兵队为基础组建，装备12门九〇式野炮；第2大队在哈尔滨新建，下辖3个中队装备12门四年式150毫米榴弹炮；第3大队则在阿尔山组建，下辖3个中队装备9门九四式山炮，全联队约有兵力2000人。在哈尔滨组建的部队于11月下旬移驻德伯尔。1945年7月1日，野炮兵第107联队主力转移到五叉沟，构筑防御阵地，但联队副官带领约200人留驻德伯尔，由大队副官率300人留驻阿尔山，火炮和弹药也都留在各大队驻地。

1945年8月9日，苏联对日宣战。野炮兵第107联队长命令"留守人员、火炮和弹药向五叉沟集结"。8月10日，根据第3方面军的命令，第107师团向新京转进，归属第30军指挥。角田联队长作为师团第二梯队的指挥官带领集结于五叉沟的部队转移，计划于8月11日出发。在转移途中野炮兵第107联队各部先后在西口、五什台等地与苏军爆发战斗，损失很大，残部于8月27日在音德尔被解除武装。

连番交战

野炮兵第107联队辎重队在完成集结后由第二大队副官负责指挥，先于联队主力出发，同行的还有师团辎重队，但由于弄错了路线又沿原路返回，与联队主力会合。

■ 图为4门四年式150毫米榴弹炮在阵地上并排放列，呈大仰角射击状态。野炮兵第107联队第2大队装备了12门该型火炮。

野炮兵第107联队第1大队在8月7日集合了各中队长在内大部兵力，从五叉沟出发前往德伯尔整备火炮，后来根据联队的命令于10日从德伯尔出发于11日返回五叉沟，但很快根据转进命令作为师团的第一梯队于12日离开五叉沟，次日在索伦与苏军部队遭遇，在战斗中部队损失甚大，大队长率残余人员向东撤退到音德尔，并在那里被解除了武装。

野炮兵第107联队第2大队于8月9日从五叉沟出发，至德伯尔整备火炮后根据联队命令返回五叉沟，但在西口附近接到师团的转进命令，调头向东开进，于13日回到德伯尔，集合留守部队继续向东转移。8月14日，第2大队在德伯尔及东面10公里的大石寨遭遇苏军部队的袭击，大队长立即命令各中队集中火力射击，但交战地点地形平坦，缺乏掩蔽物，遭到苏军的猛烈攻击，有3门火炮被摧毁，损失了不少人员和马匹。战至黄昏时分，第2大队所有火炮均已被毁，残存人员在夜色掩护下向白城子方向溃逃，部分人员在前郭旗

■ 图为日军九○式75毫米野炮，1932年列装，炮重1400公斤，最大射程14000米。野炮兵第107联队第1大队装备12门该型火炮。被解除武装。

野炮兵第107联队第3大队由留在阿尔山的大队副官指挥，于8月9日下午将火炮、弹药搬上火车，马匹和辎重队沿公路行军，于10日在五叉沟集结，之后作为是师团第二梯队于11日开始转移。第3大队在西口与苏军部队发生交火，随后向东北方撤退，经哈马科萨向音德尔前进，曾在8月24日在五什台与苏军交战，后于8月29日在音德尔被解除武装。

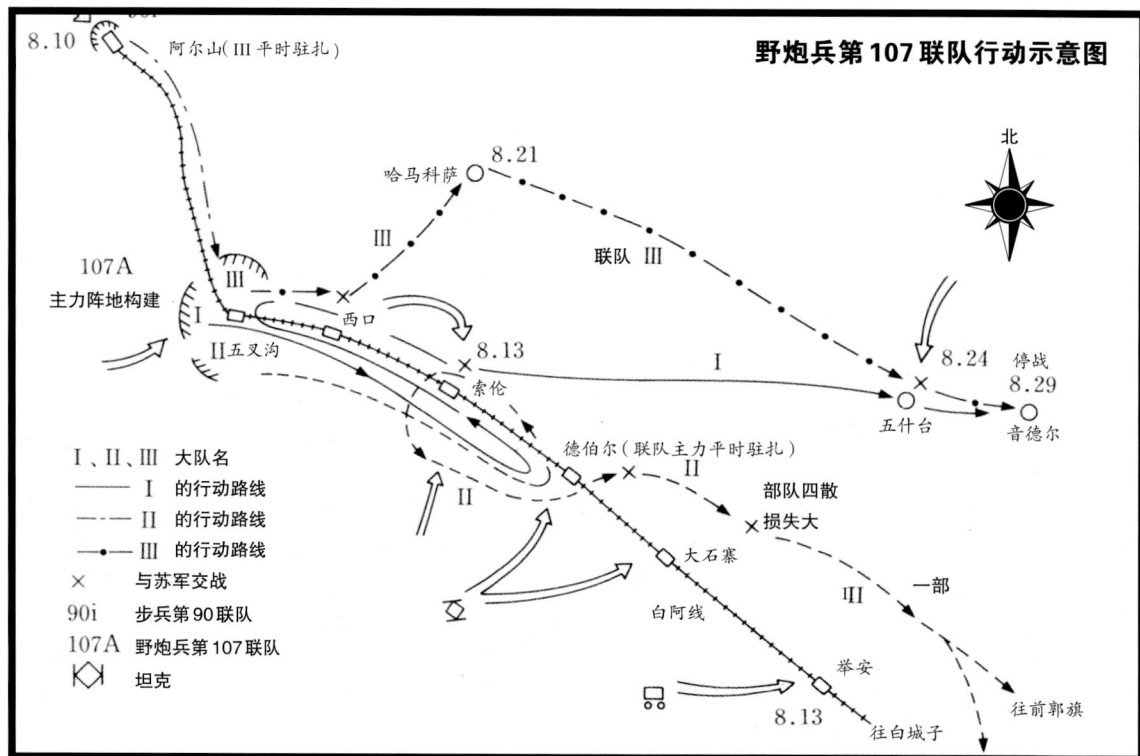

野炮兵第107联队行动示意图

北

8.10
阿尔山（III 平时驻扎）

哈马科萨 8.21

III

联队 III

107A
主力阵地构建

III

I

西口

II 五叉沟

8.13

索伦

I

8.24 停战 8.29

五什台

音德尔

德伯尔（联队主力平时驻扎）

II

I、II、III 大队名
—— I 的行动路线
--- II 的行动路线
—•— III 的行动路线
× 与苏军交战
90i 步兵第90联队
107A 野炮兵第107联队
坦克

部队四散
× 损失大

III 一部

大石寨

白阿线

举安

8.13 往白城子

往前郭旗

重炮精英的不归路

东宁重炮兵联队（隶属第3军）

——远东战役，1945年8月

通称号：岩26709　**成立地点：**东宁暖泉子沟　**成立时间：**1940年12月　**作战时的联队长：**渡边馨大佐

东宁重炮兵联队作为对苏作战时突破国境防线的重火力精锐部队于1940年组建的，此后一直在中国东北地区专注训练，无论是装备水准还是训练水平在整个关东军内都堪称一流。东宁重炮兵联队由本部、观测中队、3个炮兵大队、2个汽车中队及后勤部队组成，其中2个大队、4个中队装备240毫米榴弹炮，每个中队配备2门火炮；1个大队、2个中队装备305毫米榴弹炮，每个中队装备2～3门。全联队共有官兵1584人，是一支装备精良的摩托化炮兵部队。

从1945年春季开始，东宁重炮兵联队的许多官兵被调离，前往新组建的部队担任骨干，同时调入大量新兵填补空缺，导致部队人员素质明显下降。1945年4月3日，根据第3军的命令，东宁重炮兵联队分为五队分散部署，其配置位置参见地图。各队在部署地点各自构筑防御阵地，进行

作战准备，在东宁联队驻地有约50名留守人员。

1945年8月9日日苏开战后，东宁重炮兵联队各部在国境线附近各自为战。联队主力在8月14日至15日间集结于南阳以东地区，其中第2、4中队转移至豆满江岸附近，构筑了防御阵地并做好战斗准备，但在与苏军交战之前就接到了日本投降的消息。然而，联队长渡边馨大佐是一个死硬的军国主义分子，他拒绝放下武器，在8月17日点燃炸药，将自己和所有火炮一起炸毁，连同约200名官兵一同殉葬。

第1中队于8月9日在靠近边境的胜哄山阵地迎击苏军，中队长以下约30人在此战斗中被打死，残余人员一直顽抗到26日才停止战斗。第1中队的火炮在苏军发起进攻后不久即被击毁，或因为弹药耗尽由日军自行破坏。经历了与苏军的肉搏战后，第1中队仅有50人被解除了武装。

■ 右图为日本陆军装备的四五式240毫米榴弹炮，该型火炮是日军依据日俄战争中旅顺围攻战的经验教训而设计研发的重型火炮，专门用于野战攻坚，于1912年列装。四五式240毫米榴弹炮重达33吨，最大射程为10350米，射速为1发/分，炮组成员为9人，总共制造了81门。在1945年8月的远东战役中，东宁重炮兵联队装备了8门四五式240毫米榴弹炮，但在作战中因为射速缓慢、机动困难而没有发挥作用。

第3中队在日本投降后的8月16日在安山阵地继续与苏军作战，1门火炮被击毁。8月17日，苏军步兵部队迂回到阵地后方，切断了日军撤退的路线，迫使残余日军于8月18日投降。

第3大队主力从8月12日开始在穆棱以西的阵地上迎击苏军部队，最初尚能组织起有效的抵抗，但是火炮故障频发，部队伤亡不断增加，渐渐失去战斗力，于8月14日接到撤退命令。日军士兵将难以移动的火炮破坏，然后试图突破苏军的包围或发起自杀性冲锋，仅有少数人分散逃脱。第6中队在边境线附近的郭亮、勾玉阵地上各布置1门火炮向前来进攻的苏军开火。8月10日，苏军进攻郭亮阵地，迫于日军重炮的巨大威力，苏军的进攻暂时被阻止。但是在当日夜间苏军突入日军阵地，中队长下令破坏火炮后带领残部撤往勾玉阵地继续战斗。勾玉阵地的火炮也很快因为弹药耗尽而被破坏，日军炮兵作为步兵与苏军展开肉搏战。8月11日，在苏军的猛烈炮击下，中队长以下10余人战死，其余人员也全部被击毙。

东宁重炮兵联队的各部队在经过苦战之后纷纷遭受灭顶之灾。该联队装备的大口径重炮虽然威力很大，但是射速迟缓，机动不易，不适合在防御战斗中使用，而将少数重炮分散部署也没有发挥出效果。

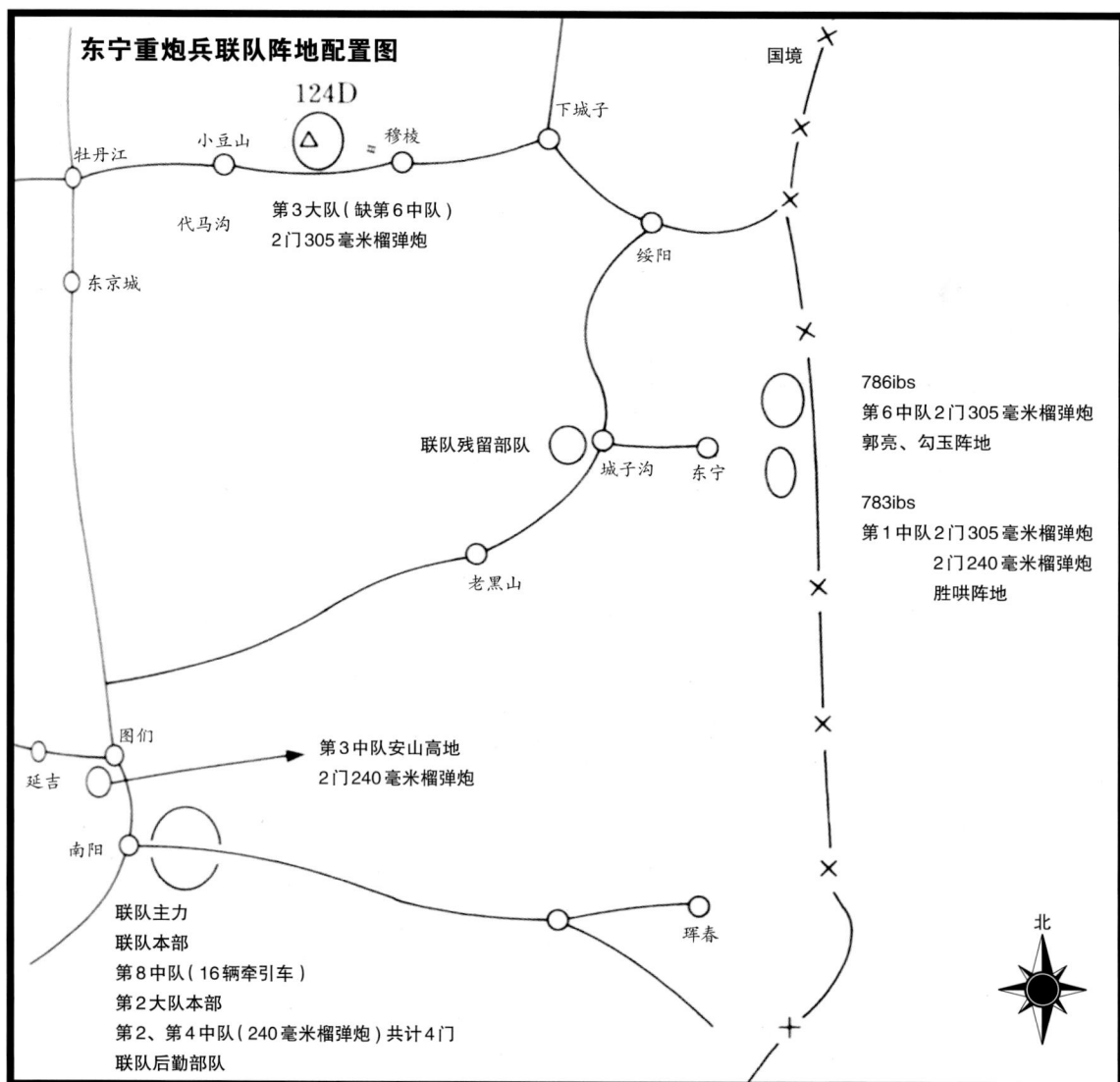

东宁重炮兵联队阵地配置图

124D

第3大队（缺第6中队）
2门305毫米榴弹炮

联队残留部队

786ibs
第6中队2门305毫米榴弹炮
郭亮、勾玉阵地

783ibs
第1中队2门305毫米榴弹炮
2门240毫米榴弹炮
胜哄阵地

第3中队安山高地
2门240毫米榴弹炮

联队主力
联队本部
第8中队（16辆牵引车）
第2大队本部
第2、第4中队（240毫米榴弹炮）共计4门
联队后勤部队

北

小豆山上丧钟鸣响

牡丹江重炮兵联队（隶属第24师团）

——远东战役，1945年8月

通称号：展4387　　**成立地点：**阿城　　**成立时间：**1941年11月22日　　**作战时的联队长：**缬缬哲三大佐

准备转移时遇袭

牡丹江重炮兵联队于1941年11月组建后长期驻扎在牡丹江，由本部、2个大队、4个中队和后勤部队组成，每个中队装备2门240毫米榴弹炮，全联队共有官兵1208人。

1945年7月，牡丹江重炮兵联队编入第34军作战序列，计划在8月中旬之前转移到朝鲜咸兴，大部分武器和物资都已经整理完毕，部分辎重和器材已经在城子站装上火车，第2大队长等几名军官先行前往朝鲜为联队主力的转移做准备。当8月

9日日苏开战时，牡丹江重炮兵联队能够出动的兵力包括联队本部、2个大队、4个中队的1200人，但是每个大队只有1门火炮可以投入作战，该联队最大的问题是所有火炮牵引车都已经被调回本土，准备用于本土决战。

8月9日清晨，苏军飞机对联队驻地进行了空袭，对日军营房进行了扫射。日军立即进行紧急集合，并根据第34军的命令前往穆棱阵地迎击苏军。8月10日傍晚之前，联队全体进入阵地并进行射击准备，同时还进行了散兵坑、反坦克壕的

■ 图为1945年8月的远东战役中，苏军坦克冒着炮火向日军阵地发起进攻。这幅照片是从一辆苏军坦克的舱口拍摄的。

构筑，联队本部设在小豆山。第1大队的1门火炮在进行备战时出现故障，无法射击，该大队于是与联队本部会合，共同防守小豆山阵地。第2大队在10日天亮前抵达北林台阵地，并将1门火炮部署在阵地中，做好射击准备，联队后勤部队则前往牡丹江领取武器弹药。

激战小豆山阵地

8月11日傍晚，苏军开始炮击。半夜，日军集结在牡丹江公路沿线的弹药车、卡车中弹燃烧，一时间火光冲天，照亮了夜幕笼罩的大地。8月12日11时，苏军坦克沿牡丹江公路干道发起突击，第2大队的火炮立即展开阻拦射击，重型炮弹的威力使数辆苏军坦克失去行动能力。然而，在发射了数十发炮弹后火炮发生故障，苏军坦克趁此机会继续沿公路西进。第2大队再次集结。下午4时，苏军步兵部队开始进攻，虽然日军通过全体反突击迫使苏军暂时后退，但在苏军后续部队炮兵支援下再度发起攻击，日军代理大队长以下多名军

官受伤，士兵伤亡甚大，阵地失守，幸存人员分散逃跑，一部分人撤到小豆山阵地。

战至8月12日夜间，第1、2大队和后勤部队的人员陆续与联队会合，总数约有600人。8月13日上午，联队长进行训示，要求全体官兵死守小豆山阵地。从8月13日至14日，苏军向小豆山阵地发起猛烈进攻，战斗进行得极其激烈，苏军坦克已经推进到阵地前沿。8月14日，苏军进一步压缩日军的阵地，迫使联队长下令破坏停在小豆山后方的数十辆卡车。

当天夜间，苏军集中兵力继续进攻，在坦克的掩护下，苏军步兵突入了前沿阵地，日军将所有可以拿枪的人员组织起来实施反击，勉强将苏军击退。然而，战至8月15日小豆山阵地已经被苏军重重包围，苏军炮兵对日军阵地进行了反复的火力覆盖，山上的树木植被全被炮火摧毁，已经变成一座秃山。联队长下令残余人员向苏军发起最后的决死突击，全部被苏军歼灭，牡丹江重炮兵联队也迎来了它的末日。

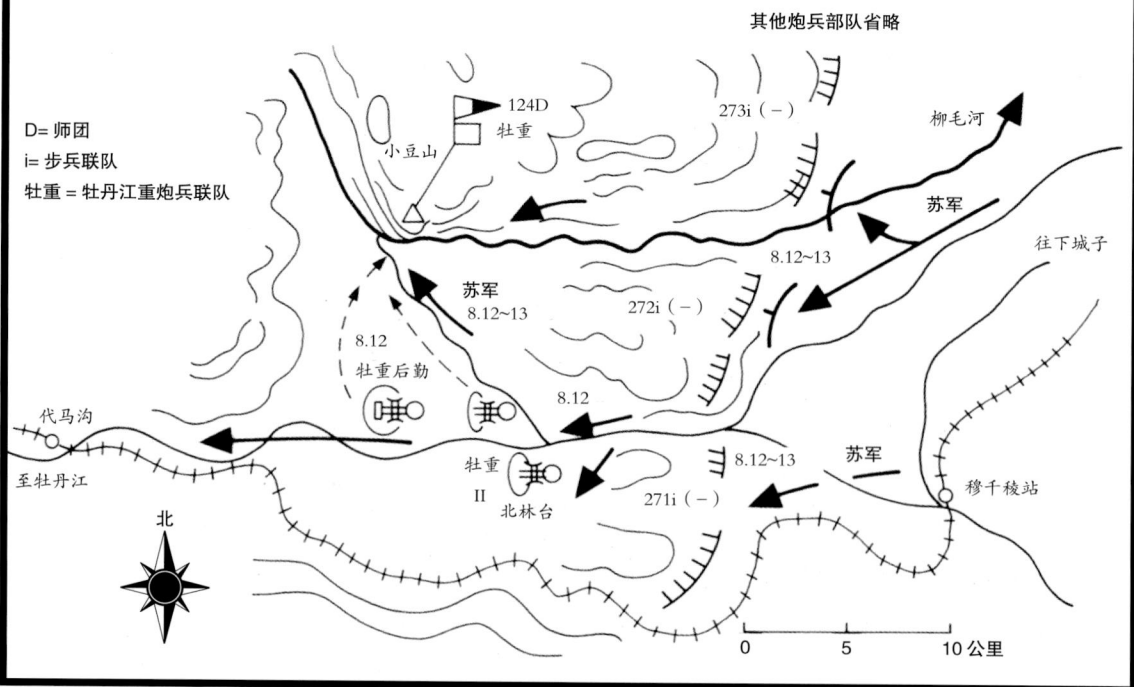

第124师团穆棱地区的战斗（1945.8.12~8.16）

坦克是在一战时期诞生的具有革命意义的陆战武器，这种集火力、机动、防护于一体的战斗车辆在随后数十年间彻底改变了陆地作战的形式，并产生了一个全新的战斗兵种——装甲兵。经过两次大战之间及二战时期的发展壮大，装甲部队成为陆军最主要的核心突击力量。

日本陆军自一战后就开始引入坦克，研究其作战运用，在太平洋战争之前已经具备了自行设计、制造坦克的能力，并组建了相当规模的装甲部队。日本陆军将坦克称为战车，即用于战斗的车辆，装甲兵也随之称为战车兵，以坦克、装甲车等为主要装备的作战部队则称为战车部队。本章节将对日本陆军战车部队的创设、发展、编制和装备进行简要介绍。

战车部队的创设和发展

在一战时期，初生的坦克在欧洲西线战场上的运用吸引了世界各国军界的注意，日本也不例外。在1919年一战结束后，日本陆续从英法等国引进了Mk IV型、Mk A型、雷诺FT-17型等早期坦克进行研究。从1926年开始，日本开始尝试自行制造坦克，1927年2月，陆军技术本部车辆班以法国雷诺FT-17型坦克为原型设计了试制一号战车，由大阪兵工厂和一些民间企业协作制造完成，全重12吨，时速25公里，装备57毫米炮1门，机枪2挺，装甲厚度为6～17毫米。在试制一号战车的基础上，大阪兵工厂又在1929年年初完成了第一辆由日本自行设计的坦克，该型坦克最初是作为轻型坦克设计的，在投产前根据军方要求增加重量，作为中型坦克列装，命名为八九

■图为在天长节阅兵式上列队行进的日军九五式轻型坦克。

太平洋战争中的战车联队

日本陆军战车联队的沿革、编制和装备

式中战车，成为日本陆军战车部队早期的主力装备，曾广泛参与了侵华战争和太平洋战争初期的作战。在八九式中战车之后，日本在20世纪30年代中期又研制、生产了九五式轻战车（轻型坦克）和九七式中战车（中型坦克），成为太平洋战争时期日军战车部队的主力装备。

在日本研究、试制坦克装甲车辆的同时，日本陆军战车部队也同步开始创建。1925年5月1日，日本陆军在久留米的第14师团内组建了第1战车队，装备雷诺FT–17型坦克和Mk A型坦克3辆，同日还在千叶县的陆军步兵学校组建了战车教导队，这两个战车队就是日本陆军最早的战车部队。随着日本逐渐实现了坦克装甲车辆的国产化，日本陆军的战车部队也日益发展壮大，扩大规模。1933年8月，第1战车队被改编为战车第1联队，配属于第12师团，步兵学校战车队改编为战车第2联队，配属于第1师团，这是日本陆军战车联队编制的起点。除了最初的两个战车联队外，在关东军独立混成第1旅团编制内又组建了新的战车部队，首先在1933年10月建立了战车第3大队，其后于1934年4月又成立了战车第4大队，这两个单位后来分别在1937年和1938年改

■ 日军在组建战车部队不久即将其用于实战。图为1932年"一·二八事变"期间在上海作战的1辆法制雷诺NC型坦克，为FT–17型坦克的改进型，日军曾有少量引进。

编为战车第3、4联队。1936年4月，日本陆军在中国驻屯军编制内组建了中国驻屯战车队。

1937年7月全面侵华战争爆发后，日本陆军战车部队迎来了大幅扩张的时期。在"卢沟桥事变"爆发后不久，中国驻屯军战车队被改编为战车第1、2大队，后于1938年7月又扩编为战车第7、8

■ 1925年，日本陆军组建了第1战车队和步兵学校战车队，装备法制雷诺FT–17型和英制Mk A型坦克。图为正在演习的Mk A型坦克。

■ 图为一支穿行在村落中的日军战车部队，摄于1937年秋季中国华北南口地区。在队列前部是3辆八九式中型坦克。

联队。1937年8月，战车第5联队组建，同年12月，战车第6联队组建。随着侵华战争的规模逐渐扩大，日本陆军的战车联队数量也持续增加，从1939年到1940年间，在中国东北、华北、华中及华南陆续组建了战车第9～14联队，其中战车第9、10、11联队为重新组建，而战车第12、13、14联队是由独立轻装甲车中队改编而成。到太平洋战争爆发前夕，日本陆军总共组建了14个战车联队，他们大多配属于各个师团，支援一线步兵作战。此外，在部分师团内也编有独立的战车队。与战车部队的扩张相适应，日本陆军于1936年8月建立了千叶陆军战车学校，后于1940年12月又在中国东北公主岭建立了公主岭陆军战车学校，1942年11月转移到四平，改称四平陆军战车学校。这两所军校是日本陆军仅有的战车兵教育训练专业机构。

日本陆军长期以来将坦克视为一种步兵支援武器，将战车部队分散到各个步兵师团中伴随步兵作战，在太平洋战争之前没有组建过师团以上规模的战车部队，这与德国陆军将装甲部队集中使用，以装甲师为地面突击力量的核心迥然不同。从1939开始，日本陆军也开始尝试在战场上集中运用坦克，并组建较大规模的战车部队，比如在1939年3月的南昌战役期间，第11军临时编成战车集团，下辖战车第5大队、战车第7联队、独立轻战车第9中队等多支战车部队，编有坦克135辆。1939年6月，关东军第23师团在其编制内组建了第1战车团，相当于旅团规模，下辖战车第3、4、5联队及其他辅助部队，参加了诺门罕战役。次年3月，在第5军编制内组建了第2战车团，下辖战车第4、10、11联队。在太平洋战争爆发后，战车团下属各战车联队大多被调离，配属于步兵师团作战。

二战初期，德国陆军在欧洲战场上进行了大

■ 图为1945年8月日本投降后战车第5联队的坦克和装甲车在解散仪式上列队，近处的2辆坦克分别为一式（左）和九七式改（右）。

规模的装甲作战，取得了显著的成功，显然对日本陆军也产生了影响，并进一步扩充战车部队，扩展部队编制。1942年6月24日，日本陆军组建了机甲军，隶属于关东军，司令部设在四平。机甲军是日本陆军战车部队的最大编制，随着该军的建立，首批战车师团也随之组建；战车第1师团由第1战车团改编，驻牡丹江；战车第2师团由第2战车团改编，驻勃利；此外还组建了教导战车旅团。上述师团、旅团均隶属于机甲军，其建制内的战车联队数量达到10个。机甲军的建立以对苏作战为目标，然而随着太平洋前线战局恶化，大量关东军精锐部队南调，机甲军于1943年10月被解散。1942年8月间，中国派遣军将编制内的骑兵集团改编为战车第3师团，驻扎包头。日本陆军组建战车第3师团的主要目的是在作战中"尽可能捕捉更多的敌军，并以最大的速度进行突破"。随着机甲军、战车师团的组建，日本陆军战车联队的数量也相应增加，在1941年到1942年间，先后新建了战车第15～19、22～24联队，使战车联队总数达到22个。

太平洋战争进入1944年后，已经陷入颓势的日本帝国开始垂死挣扎，先是设定了"绝对国防圈"，之后又积极筹划所谓"本土决战"，对整个国家进行彻底的总动员。在这一背景下，日本陆军战车部队迎来了最后的扩编高潮，战车联队的数量也达到高峰。在1944年到1945年间，日军在本土及中国占领区陆续组建了战车第25～30、33～48、51、52联队，共计24个战车联队，并于1944年6月在日本国内又组建了战车第4师团，这也是日本陆军的最后一个战车师团。到1945年8月15日日本宣布投降时，日本陆军已经组建了46个战车联队，其中有6个联队已经在战场上被美军歼灭，有5个联队残留在东南亚和太平洋岛屿上，有26个联队部署在日本本土，4个联队在中国东北，3个联队在中国内地，1个联队在台湾，1个联队在朝鲜。

战车部队的编制

日本陆军战车部队的编制层级大体与步兵部队相仿，以战车小队为最小作战单位，小队以上依次组建中队、大队、联队、旅团、师团乃至机甲军，比较特殊的是，战车联队直辖各中队，没有大队一级，这与步兵联队和炮兵联队不同。由于机甲军存在仅有一年多，而日军的战车师团仅有4个，其所辖部队也多被分散使用，因此在大多数时候战车联队是日军战车部队在实战中的最大作战单位。除了战车联队外，还有若干大队、中队规模的独立作战单位，配属于步兵部队。

早在1925年日本陆军建立战车部队之初，就在部队战时编制方案中拟定了未来战车大队的编制结构，根据最初的设想，一个战车大队下辖3个战车中队，每个中队下辖3个小队，中队本部编有坦克1辆、指挥坦克1辆，每个小队编有坦克5辆；1个中队编有坦克17辆，3个中队共有坦克51辆，此外大队后勤单位还保有15辆备用坦克，因此战车大队的坦克编制数量为66辆。不过，上述方案仅存在于纸面，在1933年8月第1战车队改编为战车第1联队时，其编制规模明显小于1925年的战车大队战时编制。战车第1联队初建时仅下辖2个战车中队，每个中队下辖3个小队，中队本部编有八九式中型坦克1辆，每个小队编有八九式中型坦克3辆，全联队总共编有坦克20辆，不及1925年编制方案的三分之一。

随着坦克产量的增加，到30年代中期战车联队的编制规模逐渐扩大并趋于稳定，自侵华战争到太平洋战争前期，日本陆军战车联队的标准编制是由联队本部、4个战车中队和其他后勤支援单位组成。联队本部编有九七式中型坦克1辆、九五式轻型坦克2辆；第1中队装备轻型坦克，下辖4个战车小队，每个小队装备3辆九五式轻型坦克，加上中队本部的1辆坦克，总共有13辆轻型坦克；第2～4中队装备中型坦克，每个中队下辖3个战车小队，每个小队装备3辆九七式中型坦克，此外中队本部还编有1辆九七式中型坦克和2辆九五式轻型坦克，每个中队装备的坦克数量为12辆；一个战车联队装备的坦克总数是52辆，包括31辆九七式中型坦克和21辆九五式轻型坦克。

■ 图为1938年1月举行的阅兵式上，由八九式中型坦克和九四式轻装甲车组成的队列在军乐队的伴奏下驶过练兵场。

■ 图为站在九七式中型坦克上的日军战车兵。在太平洋战争后期，一个战车联队编有65辆坦克和自行火炮，编制员额为1070人。

在太平洋战争后期，日本陆军对战车联队的编制进行了修改和扩充，每个战车联队由联队本部、1个轻战车中队、3个中战车中队、1个炮战车中队和1个维修中队构成；联队本部编有九七式改中型坦克3辆，九五式轻型坦克2辆；第1中队下辖3个小队，每个小队编有3辆九五式轻型坦克，中队本部编有3辆九五式轻型坦克，总共有12辆坦克；第2～4中队每个中队下辖3个小队，每个小队下辖3辆九七式改中型坦克，中队本部下辖2辆九七式改中型坦克和1辆九五式轻型坦克，每个中队编有坦克12辆；新增的第5中队装备炮战车，即自行火炮，下辖3个小队，每个小队装备3辆一式炮战车，中队本部装备2辆一式炮战车和1辆九五式轻型坦克。综上所述，太平洋战争后期的战车联队总共装备坦克及自行火炮65辆，其中包括36辆九七式改中型坦克、18辆九五式轻型坦克和11辆一式炮战车，编制员额为1070人。

由于战争后期坦克产量不足，装备缺乏，真正能够达到上述标准建制的战车联队非常少，实际装备炮战车的战车联队几乎为零。在战争后期组建的战车联队多为减少战车中队数量，增加步兵、炮兵、工兵的混成型联队，通常由联队本部、1个轻战车中队、2个中战车中队、1个步兵中队（装备一式47毫米速射炮2门）、1个炮兵中队（装备九〇式75毫米野炮4门）、1个工兵小队和1个整备中队组成。联队本部编有九七式改中型坦克3辆、九五式轻型坦克1辆；第1中队编有九五式轻型坦克11辆；第2、3中队各编有九七式改中型坦克11辆、九五式轻型坦克1辆；全联队总共编有坦克39辆，包括25辆九七式改中型坦克和14辆九五式轻型坦克。这类多兵种混合构成的战车联队在实战中反而要比标准战车联队具有更好的作战效能。

日本陆军在1942年夏季组建了首批3个战车师团，其建制与战前的常备步兵师团相仿，采用两旅团四联队制，即师团下辖2个战车旅团，每个旅团下辖2个战车联队，总共4个战车联队，此外还编有1个机动步兵联队、1个机动炮兵联队以及师团直辖的搜索队、速射炮队、防空队、工兵队、整备队和辎重队，编制员额为13820人。与战车联队的情况相仿，在太平洋战争后期战车师团也无法维持如此庞大的作战编制，都相应进行了缩编，战车第1师团取消了战车旅团建制，下辖2个战车联队、1个机动步兵联队、1个机动炮兵联队及其他支援部队；战车第2师团缩编为1个战车旅团（下辖3个战车联队）、1个机动步兵联队、1个机动炮兵联队及其他支援分队；战车第3师团缩编为1个战车旅团（下辖2个战车联队）、1个机动步兵联队、1个机动炮兵联队及其他支援分队；在1944年6月组建的战车第4师团甚至取消了机动步兵联队和机动炮兵联队，下辖3个战车联队及各支援部队。

战车部队的装备

日本从一战后引进西方坦克，到20世纪20年代开始仿制，再到20世纪30年代实现坦克的自主设计、自行制造，经过十余年的发展逐渐建立了由陆军主导、民间企业协力的装甲车辆研发、生产体系，在太平洋战争之前及战争期间，研制生产了多种型号的坦克装甲车辆，以满足战争需要。日本陆军根据重量将坦克分为几个级别，重量在5吨以下的坦克被称为装甲车，又具体分为轻重两型，相当于西方军队中的超轻型坦克；重量在5吨到10吨之间的为轻型坦克；重量在10吨到20吨之间的为中型坦克；重量在20吨以上的为重型坦克。按照欧美军队的标准，重量在20吨以下的坦克均为轻型坦克，因此在西方军事观察家眼中，日本陆军的战车部队完全是一支轻装甲部队。在战争时期，日本陆军还研发了被称作"炮战车"的自行火炮以及水陆两用战车、对空战车等多种特殊类型坦克，但是这些车型大多处于设计阶段，

很少有达到实用化水平的。

由于日本国内与坦克装甲车辆相关的工业技术基础相对薄弱，加之落后的设计理念和战术运用思想，二战时期的日军坦克在技术性能上相比同时期的欧美坦克差距明显，存在火炮口径偏小，威力贫弱，装甲薄弱，防护不足，引擎功率偏低，速度相对缓慢，作战行程较短等弱点。此外，在悬挂装置、传动装置、无线电通信设备、光学器材以及机件牢固度等方面相比西方也都显得落伍。西方国家对日本坦克的评价是技术陈旧、品质低劣，而其战术运用仍停留在一战时期伴随密集步兵作战的水平。日本坦克在总体性能上与苏、美、英、德等国的坦克整整落后了一个时代，仅能与意大利为伍。在面对装备落后、缺乏坦克和反坦克武器的中国军队时，日军坦克尚能逞凶一时，然而面对美军M4型、苏军T-34型等先进坦克时则难有还手之力，高下立判。

此外，日本的坦克生产能力也十分低下，据

■ 图为1945年1月的吕宋前线，一辆美军M4中型坦克从一辆被击毁的日军九七式改中型坦克旁驶过。日美两军主力战车的性能差距明显。

统计从1931年到1945年日本总共生产了6510辆坦克，平均年产量仅有400余辆，即使在1937年至1945年的战争时期，其平均年产量也仅为700辆，在产量最高的1942年也不过制造了1165辆，相比之下苏、美、英、德等国的坦克产量均在万辆以上。可以说，日本陆军战车部队无论是装备水平，还是装备数量都与西方国家的装甲部队相差了几个数量级。日本在战前及战争期间制造的坦克中，有三种型号占据了大部分产量，它们是八九式中型坦克、九五式轻型坦克和九七式中型坦克，它们也是日本陆军在侵华战争和太平洋战争中运用最为广泛的三种坦克。

八九式中型坦克是日本第一种自行设计并量产的坦克，由陆军技术本部第四研究所于1928年3月开始设计，陆军大阪兵工厂于1929年4月完成样车，命名为"试制八九式轻战车1号车"，其重量为9.8吨，最大时速26公里，装甲厚度为5～17毫米，最大行程为120公里，经过改进后重量增加到11.9吨，于1931年开始量产，主要由三菱重工丸子工厂生产，1935年重新命名为"八九式中战车"。

八九式中型坦克采用传统设计布局，箱形车体由前至后分为驾驶舱、战斗舱和动力舱，车体每侧有9个小直径负重轮和4个托带轮，采用钢板弹簧悬挂装置。在车体上方偏前位置安装一座旋转装甲炮塔，安装1门九〇式57毫米坦克炮，这是一种短身管火炮，主要用于摧毁土木工事和砖石建筑，而非用于对付装甲目标，其炮口初速为350米／秒，有效射程为800米，但其瞄准具的有效距离仅为500米，发射穿甲榴弹时在500米距离上能够击穿20毫米厚的装甲，主炮备弹量为100发。八九式中型坦克的辅助武器为2挺九一式6.5毫米车载机枪，1挺安装在炮塔后部，向炮塔后方射击，这一设计非常独特，并为之后的日本坦克所沿用，1挺安装在车体正面，机枪备弹为2745发。八九式中型坦克的装甲为表面渗碳硬化

■ 图为正在进行越野测试的八九式中型坦克，从其车体正面的造型和车首机枪的位置可以判断这是一辆八九式乙型坦克。

■ 图为1938年4月徐州会战期间，由铁路运输开赴现场的日军八九式中型坦克，属于第1战车大队，当时该部配属于第13师团。

装甲钢，采用铆接结构，车体正面装甲厚度为17毫米，侧面及后部为15毫米，车底为5毫米，车顶为10毫米，炮塔周边均为17毫米，炮塔顶部为10毫米。日军宣称八九式中型坦克的装甲可以在150米距离上抵御十一年式37毫米平射步兵炮的攻击，但在中国战场上发生过在100米以内被7.92毫米硬芯步枪弹击穿的情况，其防护能力相当低劣。八九式中型坦克配有4名车组成员，包括车长兼炮手、装填手、驾驶员和车体机枪手。

八九式中型坦克根据安装引擎类型的不同分为甲、乙两型。初期生产的八九式甲型自重11.9吨，安装一台100马力6缸水冷汽油发动机，最大公路行驶速度仅为25公里／小时，巡航速度为20公里／小时，而越野速度仅为8～12公里／小时，最大行程140公里，从1931年至1934年，八九

式甲型的产量为220辆。从1935年开始生产的八九式乙型自重增加到12.2吨，安装一台120马力6缸风冷柴油发动机，速度不变，但最大行程增加到170公里，同时提高了引擎的安全性和燃料的经济性。值得一提的是，八九式乙型是世界上第一种安装柴油发动机的坦克。此外乙型还有其他细节修改，比如修改了车体正面装甲的外形，增加了车长指挥塔，将车体机枪的安装位置由正面右侧改为左侧等。从1935年至1939年，八九式乙型生产了189辆，全系列的总产量为409辆。

八九式中型坦克在列装后不久即参加了"九一八事变"后侵占中国东北的行动，初次参加实战。此后，八九式中型坦克长期在侵华战场上作战，在面对装备落后的中国军队时着实威风了一阵，尽管如此仍然因为速度缓慢、火力贫弱、

■ 图为1941年12月在马来半岛作战的日军九五式轻型坦克，其炮塔指向九点钟方向。注意炮塔后部的机枪，这种布局为日制坦克的特色。

防御不足、故障频发而饱受诟病。在1939年的诺门罕战役中，八九式中型坦克在与苏军坦克的交战中完全处于下风，各种弱点暴露无遗，损失惨重。八九式中型坦克于1939年停产，其主力战车的位置在太平洋战争前夕已经被九七式中型坦克所取代，但是在太平洋战争初期仍有相当数量的八九式参加了马来作战、菲律宾作战和缅甸作战。在1942年后，八九式逐渐退出一线战车部队，但仍有部分该型坦克被配属于太平洋岛屿上，作为机动火力点执行守备任务，一直服役到1945年。

九五式轻型坦克是日本陆军装备数量最多、运用最为广泛的坦克。日本陆军在20世纪30年代初提出研制新型轻型坦克的要求，针对八九式中型坦克速度缓慢的弊病，军方要求新型坦克达到40公里／小时的速度，能够伴随步兵部队进行快速突击。日本陆军技术本部于1933年6月开始设计，陆军相模兵工厂在1934年6月完成1号原型车，并进行了各项测试。经过改进设计后，第二批3辆原型车于1935年11月制造完成，交予部队试用，包括在中国东北地区的实战测试。尽管步兵部队认为新车装甲薄弱，但骑兵部队认为速度和火力能够弥补防护的不足，于是新型坦克于1936年以"九五式轻战车"的名称列装并投产。九五式轻型坦克主要由三菱重工下属工厂生产，此外相模、新潟、神户、小仓等兵工厂也参与制造，在1943年停产时其最终产量达到2378辆，是日本历史上制造数量最多的坦克。

九五式轻型坦克自重6.7吨，在设计上相比八九式中型坦克有明显进步，摒弃了带有浓厚一战风格的箱形车体，改为带有大角度倾斜正面的外形。在车体两侧各有4个负重轮和2个托带轮，采用双臂曲柄悬挂装置，每2个负重轮安装在一个横向悬臂上，这种悬挂装置是九五式轻型坦克的典型特征，但在设计上并不算成功，即使在相对平坦的地形上行驶也会有强烈的颠簸感，就算经过改进也没有明显改善，以至于后来在坦克内部舱壁上敷设了一层石棉布，防止乘员因为颠簸碰撞受伤，此外在热带作战时能起到隔离高温的作用。九五式轻型坦克的发动机采用三菱公司生产的120马力6缸风冷柴油机，最大公路行驶速度为40公里／小时，在轻载状态下甚至达到过45公里／小时的速度记录，最大行程为240公里。

九五式轻型坦克安装一座手动旋转的单人炮塔，初期生产型的主炮为1门九四式37毫米坦克炮，备弹量为120发，在发射穿甲弹时炮口初速为579米／秒，在275米距离上可以击穿36毫米装甲，有效射程约700米。在后期生产型上，九五式的主炮更换为九八式37毫米坦克炮，穿甲能力较九四式略有提升，但总体上说都不适合与坦克交战，也难以击穿二战时期欧美及苏联坦克的主装甲。九五式轻型坦克的辅助武器是2挺九七式7.7毫米车载机枪，分别安装在炮塔后部和车体正面左侧，备弹量为3000发。在装甲防护上，九五式车体正面和侧面的装甲厚度为12毫米，车体后部为10毫米，车体顶部为6～9毫米，车体底部为9毫米，炮塔周边为12毫米，炮塔顶部为9毫米。作为一种轻型坦克，九五式的装甲仅

能防护轻武器火力和破片。九五式的车组乘员为3人，包括车长、驾驶员和机枪手，其中仅有车长位于炮塔内，他除了负责指挥全车之外，还要兼顾战场观察、操纵主炮射击、装填炮弹以及操纵炮塔机枪，负担很重。

九五式轻型坦克在服役后迅速被投入侵华战场，主要担负支援步兵作战的任务，在战车部队也被用于侦察和联络。在中国战场上，九五式凭借机动灵活的特点在支援步兵战斗时发挥出良好的作战效能，但是在1939年的诺门罕战役中则暴露出在坦克交战中的无力，当时苏军轻型坦克的45毫米炮可以在1000米距离上击穿日军坦克的装甲，这个距离要超出九五式主炮的有效射程。在太平洋战争期间，九五式轻型坦克广泛参与了初期的进攻作战和后期的防御作战，身影遍布各条战线。值得一提的是，在1941年12月22日，参加菲律宾作战的战车第4联队的九五式轻型坦克在巴丹半岛附近与美军第192坦克营B连的5辆M3轻型坦克遭遇，这是美军在二战中的首次坦

■ 图为1943年11月在塔拉瓦环礁贝蒂奥岛上被美军坦克击毁的九五式轻型坦克，隶属于日本海军佐世保第7特别陆战队。

克战，尽管M3型具有比九五式更厚的装甲，但此战中日军坦克先敌发现，抢先开火，击毁了1辆M3，并迫使其他4辆美军坦克撤退。除了装备陆军部队外，九五式轻型坦克也装备海军特别陆战队，用于各个岛屿的守备。九五式轻型坦克经历了太平洋战争的全程，其最后一次作战行动是1945年8月的占守岛之战。

九七式中型坦克是日本在二战时期的绝对主力战车，甚至可以视为日本陆军战车部队的象征。1936年，日本陆军提出研发新型中型坦克以取代日渐落伍的八九式中型坦克，其任务角色仍以步兵支援为主。陆军技术本部设计了甲乙两个方案，甲方案预定重量13.5吨，安装双人炮塔；乙方案预定重量10吨，安装单人炮塔。在审核方案时陆军内部未能达成一致意见，于是由三菱重工制造了2辆安装双人炮塔的原型车，于1937年6月完成，同时由陆军大阪兵工厂制造了1辆安装单人炮塔的原型车。陆军最初从节省军费的角度考虑比较青睐造价相对低廉的单炮塔方案，但正值侵华战争全面爆发，军费开支大幅增加，于是转而采用尺寸、重量更大的双炮塔方案，于1937年年底定型投产，列装部队，命名为"九七式中战车"。

九七式中型坦克的自重为14.3吨，其车体设计基本上可以视为九五式轻型坦克的扩大改良。在车体两侧各有6个负重轮和3个托带轮，采用混合悬挂设计，中间的四个负重轮采用类似九五式的双臂曲柄悬挂装置，最前端和最后端的负重轮则采用独立扭杆悬挂装置。九七式中型坦克的发动机为三菱公司制造的170马力V型12缸风冷柴油机，最大行驶速度为38公里／小时，最大行程为210公里，较八九式中型坦克有明显提升。九七式的炮塔安装位置比较特别，并未安装于车体中线上而是偏向右侧，其主炮为九七式57毫米坦克炮，该炮为八九式中型坦克装备的九〇式57毫米坦克炮的改进型，两者之间弹药通用，因此穿甲能力也大致相同，仍然以攻击工事和有生目标为主，不适合装甲交战。九七式的辅助武器为2挺九七式7.7毫米车载机枪，分别安装在炮塔

■ 图为在野外进行演习的九七式中型坦克，该型坦克是太平洋战争中日军战车部队的主力坦克。图中的2辆坦克为早期生产的"旧炮塔"型，其特征是短身管的57毫米坦克炮和炮塔顶部的环形通信天线。

■ 图为九七式改中型坦克，该型坦克为九七式坦克的改进型，换装了一式47毫米坦克炮和新型炮塔，也称为九七式"新炮塔"型。

后部和车体正面左侧。九七式中型坦克的装甲防护较之前的日军坦克有明显加强，其采用表面渗碳硬化装甲钢，车体正面装甲为25毫米，侧面为20～25毫米，后面为20毫米，车体顶部为10毫米，底部为8毫米，炮塔周边均为25毫米，但正面防盾厚度达到50毫米。日军宣称九七式的装甲可以在150米距离上抵御37毫米反坦克炮的射击，但是后来在中国战场上遭遇德制 Pak 36型37毫米反坦克炮，这种火炮可以在300米距离上击穿九七式的侧面装甲。九七式中型坦克相比早期日军坦克的另一项进步是将无线电台作为标准装备安装在车内，强化了战场通信能力，因此在炮塔顶部安装了环形通信天线，在后期改型上改为直立式天线。九七式中型坦克的车组乘员为4人，包括车长、炮手兼装填手、驾驶员和机枪手，其中车长位于炮塔右侧，炮手位于炮塔左侧，驾驶员位于车体前部右侧，机枪手位于车体前部左侧。

九七式中型坦克的57毫米短身管主炮主要着眼于支援步兵作战时以榴弹摧毁防御工事，压制火力点，但穿甲能力不足。在1939年的诺门罕战役中，参战的九七式坦克暴露出对装甲目标缺乏攻击能力的缺陷，日军随即决定研发以提升穿甲能力为目标的新型坦克炮，并在1941年定型列装，即一式47毫米坦克炮，其炮口初速达到810米／秒，在500米距离上可以击穿65毫米的均质装甲或40毫米的表面硬化装甲。在研发新炮的同时，日本陆军也决定为九七式中型坦克更换主炮，由于在最初设计时已经预留改进的空间，因此在车体不变的情况下为九七式更换了新型炮塔，安装一门47毫米坦克炮，自重增加到14.8吨，命名为"九七式改中战车"，也被称为"新炮塔"型九七式，而安装57毫米炮的九七式也相应被称为"旧炮塔"型。有资料称九七式改中型坦克的车组成员增加到5人。九七式改中型坦克于1942年开始量产，是战争后期日军战车部队的主力装备，此外还有大约300辆"旧炮塔"型九七式接受了改装，换装新型炮塔及主炮。

九七式中型坦克于1937年开始量产，包括三

■ 图为4辆九七式中型坦克排成横队在原野上行进。该型坦克在1939年的诺门罕战役中首次参战，一直服役到太平洋战争结束。

菱重工、相模兵工厂、日立、日本制钢、日野重工、小仓兵工厂在内的多家军民企业参与制造，到1945年8月日本投降时，九七式及九七式改中型坦克的总产量为2123辆。

九七式中型坦克在服役后很快被投入侵华作战，相比当时中国军队装备的少量英制、德制和意大利轻型坦克，九七式仍有一定的优势，但在1939年的诺门罕战役中遭遇了苏军坦克的严峻挑战。当时战车第3联队有4辆九七式参加了战斗，联队长吉丸清武大佐亲自乘坐1辆九七式突入苏军阵地，结果遭到苏军坦克及反坦克炮的集中射击，多处被击穿，引擎起火，进而导致弹药殉爆，全车仅炮手一人生还，吉丸大佐当场毙命。太平洋战争爆发后，九七式及九七式改中型坦克参加了马来亚作战、菲律宾作战及缅甸作战，特别是在菲律宾战场上，九七式改的47毫米主炮被证明能够击穿美军M3轻型坦克的装甲。在太平洋战争后期的岛屿防御战中，九七式中型坦克在塞班岛、硫磺岛及冲绳岛上参加了战斗，

实战表明即使九七式改的47毫米炮也无法击穿美制M4中型坦克的装甲，实际上与西方坦克相比，九七式在1941年之后就已经明显落后了。

在太平洋战争后期，日本陆军又先后研发了一式、三式、四式、五式等多种型号的中型坦克，在装甲防护、武器威力及机动性方面都较九七式大为增强，比如1944年定型的四式中型坦克战斗全重已达30吨，安装一门75毫米主炮，最大装甲厚度达到75毫米，最大速度为45公里／小时，各项性能已经接近美军M4中型坦克，但是日本已经没有资源和时间来制造足够数量的新型坦克来装备战车部队。

■ 图为1945年日本投降后被美军缴获的日军三式中型坦克。该型坦克装备一门75毫米坦克炮，车体及炮塔正面装甲厚度达到50毫米，行驶速度为38公里／小时，仅制造了166辆。

夜色中的闪电突袭

战车第6联队（隶属第3战车团）

——仕林作战，1942年1月

通称号：击12094　　**成立地点：**青野原（兵库县）　　**成立时间：**1937年12月1日　　**作战时的联队长：**河村贞雄大佐

登陆后攻击前进

在太平洋战争爆发时，战车第6联队编入第25军作战序列，参加马来进攻作战，于1941年12月8日在泰国宋卡登陆。当时该联队编有本部和4个战车中队，每个中队下辖4个小队，每个小队装备坦克3辆，其中第1中队装备九五式轻型坦克，第2至第4中队装备九七式中型坦克，全联队共有12辆轻型坦克和42辆中型坦克。

在马来作战期间，第5师团先遣队步兵第42联队于1942年1月5日在直罗拉西北5公里处遭遇英印军的坚固阵地，持续进攻至6日早上仍无进展。为了加强攻击力度，军司令部将战车第6联队的第1中队（中队长野口大尉）和第4中队（中队长岛田丰作少佐）配属于步兵第42联队，于6日抵达战场。岛田少佐向安藤联队长提出建议，编成以坦克为主体，配属步兵和工兵的混合突击队，在夜间强行突击英军阵地，得到安藤联队长的赞成，同时野口中队也一并由岛田少佐指挥。6日下午4时，师团命令下达，要求"安藤联队于7日拂晓击溃当前的英印军，然后突击到丹绒马林，而战车队于6日半夜突破英军阵地，进入阵地后方。野口队于7日拂晓协助步兵第3大队突破阵地，之后与主队会合"。

兵不血刃占仕林

1月7日凌晨3时30分，岛田队的第1突击队看到工兵队发射表示成功爆破障碍物的青色信号弹后开始进攻，步兵、工兵跟随在坦克之后。日军坦克的履带碾过英军布设的两道铁丝网，击毁了3辆英军装甲车，接着又突破了第三道铁丝网。然而，

■ 右图为在1941年12月的马来进攻作战期间，日军战车部队的九七式中型坦克在烟幕的掩护下穿过热带丛林向英印军阵地发起突击。在太平洋战争初期，日军战车部队在一系列进攻战役中发挥了显著作用，其中战车第6联队岛田中队在仕林作战中表现突出。

安藤联队主力似乎并没有跟进。于是岛田队长决定保持进攻速度，继续向英军纵深突击，抢先占领仕林河上的两座桥梁，以防止英军爆破。

岛田指挥先头分队急袭直罗拉，掩护战车队主力进入镇内，然后继续前进，沿途不断遭遇英军装甲车和卡车，均以炮火击溃。日军坦克部队的突击导致部署在仕林河一线的英军陷入混乱，部署在仕林以西4～6公里的英军炮兵阵地也遭到摧毁。7日上午9时，岛田队推进到仕林镇北侧的桥梁附近，发现英军高射炮正在射击日军飞机，岛田少佐立即指挥坦克向英军高炮阵地开火，他深知高射炮是坦克的大敌。由于上空有日军飞机掩护，岛田队长留下部分坦克确保北桥，亲率主力8辆坦克向南桥突进，于12时30分成功夺桥。

因为英印军在仕林河南北岸节节抵抗，安藤联队进展迟缓，野口队一直在协助步兵第3大队作战，在得知岛田队占领了仕林河桥梁时，也向仕林进发，于晚间21时到达。岛田队长认为他的部队足以确保大桥安全，命令野口队继续协助步兵，于是野口大尉率部折返继续支援第3大队。在坦克的

■ 战车第6联队第4中队长岛田丰作少佐（1912-1988），群马县人，陆士45期毕业，到战争结束时担任战车第18联队长，晋升中佐。

掩护下，步兵部队在8日天明时抵达仕林。此次作战，日军部队在岛田、野口两支坦克部队的引导和支援下成功突破了英印军的坚固防线，未受损伤地夺取了仕林河上的重要桥梁，英印军由于正面的沉重压力和退路被截断而士气低落。

仕林作战中岛田战车队的战斗过程

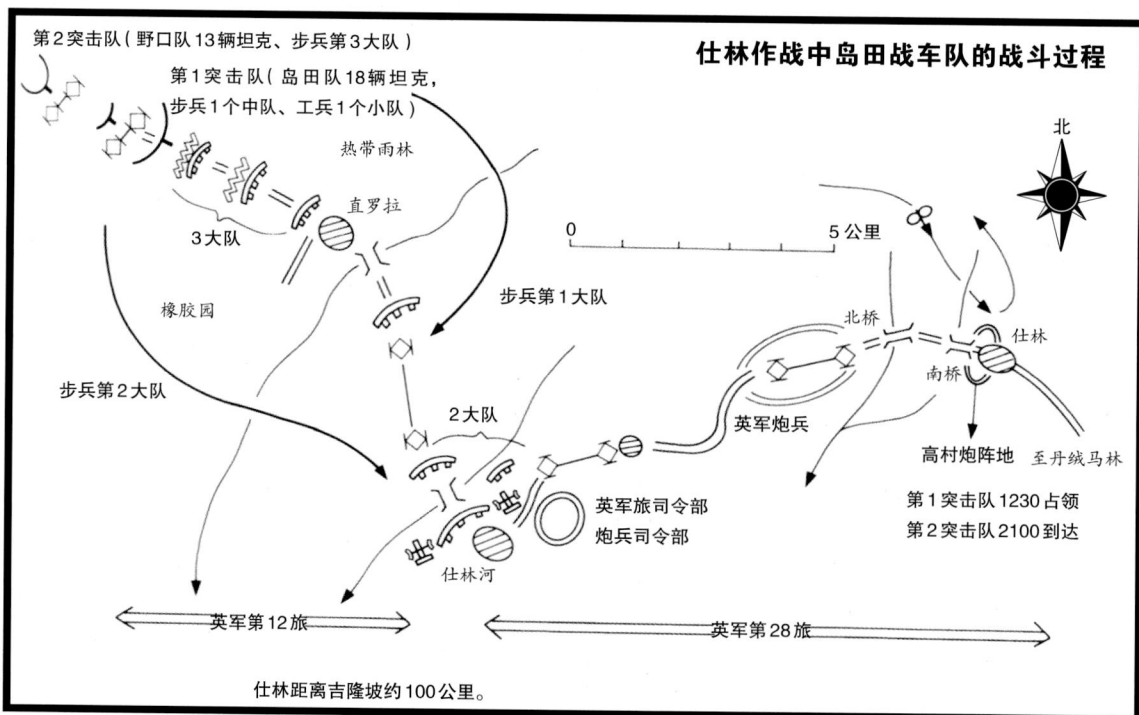

第2突击队（野口队13辆坦克、步兵第3大队）

第1突击队（岛田队18辆坦克，步兵1个中队、工兵1个小队）

热带雨林

直罗拉

3大队

橡胶园

步兵第2大队

2大队

步兵第1大队

北

0　　　　　5公里

北桥

南桥

仕林

英军炮兵

英军旅司令部
炮兵司令部

仕林河

高村炮阵地　　至丹绒马林

第1突击队1230占领
第2突击队2100到达

英军第12旅

英军第28旅

仕林距离吉隆坡约100公里。

铁蹄践踏在临汝城

战车第17联队（隶属战车第3师团）

——京汉作战，1944年5月

通称号：泷1450　成立地点：津田沼　成立时间：1942年6月24日　作战时的联队长：渡边谦太郎大佐

独断专行的夜袭

1944年3月，战车第3师团奉命参加京汉作战，战车第17联队在战车第6旅团的编成下开赴前线。该联队由本部、5个战车中队和整备中队组成，其中第1中队装备九五式轻型坦克、第2至第4中队装备九七式中型坦克、第5中队装备炮战车（自行火炮），全联队装备各型战车73辆。日军准备在5月开始西进，战车第3师团做如下部署。

右突击队：以机动步兵第3联队第1大队、战车第13联队2个中队为基干，由机动步兵第3联队长指挥；

左突击队：以战车第17联队主力、机动步兵第3联队第3大队、机动炮兵第3联队（2个中队装备九〇式野炮，1个中队装备105毫米榴弹炮）为基干，由战车第6旅团长指挥；

挺进队：以师团搜索队为基干，由师团搜索队长指挥；

师团主队：包括机动步兵第3联队第2大队、战车第17联队第4中队等部，由战车第3师团长亲自指挥。

第5航空军将协助此次作战。战车第3师团决定绕过禹县进攻郏县，之后从郏县沿公路向临汝攻击前进，于5月3日18时抵达临汝县城东关东侧，然后以主力从东面突袭临汝东关。

■ 图为1944年5月京汉作战期间，沿公路开进的日军汽车纵队和九七式中型坦克，这些车辆隶属于战车第3师团。

战车第17联队第1中队长通过侦察得知，临汝县虽然没有反坦克壕，但城门处设有障碍物，城墙高约15米，中国守军在城墙上建立了防御阵地。到达临汝城下的先头部队有5辆坦克，包括第1中队的3辆九五式和第3中队的2辆九七式，第1中队长自行决定于夜间实施突袭，先派出2辆中型坦克破坏城门，再以3辆轻型坦克突入城内。

中国军队果敢抵抗

5月3日22时，第1中队准备完毕，正如第1中队长预想的那样成功地突破了城门，随后机动步兵第3大队的部分步兵突入城内，但由于中国守军的猛烈射击，难以向城区纵深挺进，也无法跟随坦克前进。战车第17联队的坦克只能独自沿街道推进，试图以火力压制中国守军，但是中国军队士气高昂，勇敢地对日军坦克发起近身攻击，两军陷入激烈残酷的巷战。

就在战车第17联队的坦克孤军奋战时，左突击队主力在旅团长的带领下赶到，于5月4日凌晨4时抵达临汝城西门。中国守军开始撤退，日军坦

■ 图为1944年初夏在河南战场上作战的日军九七式中型坦克。

克为了阻止中国军队撤离前往西关外的公路企图实施拦截，但是战车第17联队长下达命令，要求坦克部队在11时返回西关西南附近的联队集结地，以补充汽油、弹药，然后再行攻击。

另一方面，挺进队于5月4日攻打临汝北面高地的中国军队，于10时30分进入临汝西侧地区，追击从西关向西北方撤退的中国军队，一直追到白沙才止步。

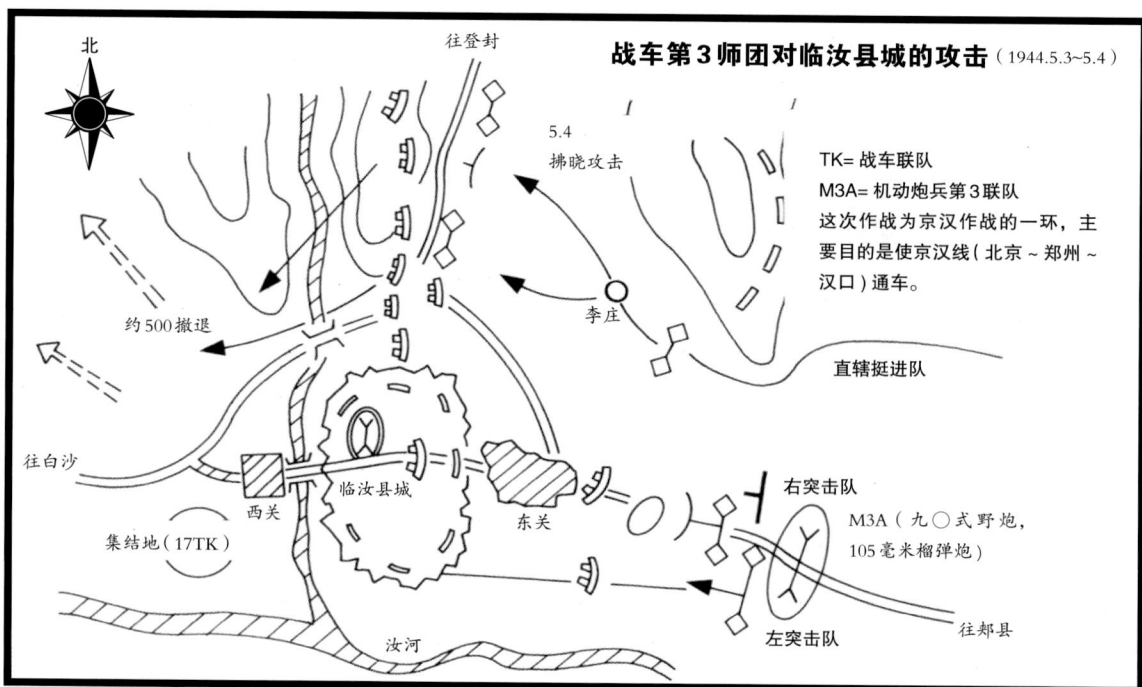

战车第3师团对临汝县城的攻击（1944.5.3~5.4）

北

往登封

5.4
拂晓攻击

李庄

TK= 战车联队
M3A= 机动炮兵第3联队
这次作战为京汉作战的一环，主要目的是使京汉线（北京～郑州～汉口）通车。

直辖挺进队

约500撤退

往白沙

集结地（17TK）

西关

临汝县城

东关

右突击队
M3A（九〇式野炮，105毫米榴弹炮）

左突击队

往郏县

汝河

以卵击石的迎击战

战车第7联队（隶属战车第3旅团）

——菲律宾防御战，1945年1月

通称号：击12095　成立地点：久留米　成立时间：1937年7月27日　作战时的联队长：前田孝夫中佐

迎击美军登陆

战车第2师团于1944年8月被调往吕宋岛并编入第14方面军，然后在吕宋岛中部集结，进行作战准备。隶属于该师团战车第3旅团的战车第7联队在太平洋战争初期曾作为第14军的一部分参加了菲律宾进攻作战，此次是该联队第二次开赴菲律宾，日军已经由攻势转为守势。

战车第7联队下辖5个战车中队和整备中队，其中第1中队装备九五式轻型坦克，第2至第4中队装备九七式改中型坦克，第5中队装备九七式中型坦克，全联队约有坦克60辆。战车第2师团长在林加延湾方向部署了重见支队担任防御任务，

该支队由战车第7联队、机动步兵第2联队第1大队主力又2个步兵中队和工兵1个小队组成，由战车第3旅团长重见伊三雄少将指挥，于11月下旬进入圣曼努埃尔周边地区，着手林加延湾沿岸地区的反登陆防御战斗准备。

1945年1月9日，美军登陆林加延湾，重见支队归属第23师团长的指挥，在圣曼努埃尔、比纳洛南、乌尔达尼塔附近的阵地上准备迎击从海岸进攻的美军。1月16日，根据第23师团长的命令，机动步兵第1大队和战车第4中队决定于夜间发动攻击，将美军消灭在滩头。两支部队于22时准备完毕后出发，虽然在夜色掩护下成功突入美军

■ 图为1945年1月在吕宋岛战场上被击毁的日军九七式改中型坦克，隶属于战车第2师团。该部当时在林加延湾前线担负防御任务。

315

阵地，但在猛烈的火力下损失惨重，战车第4中队有9辆坦克被击毁，中队长战死，大批士兵伤亡，攻击以失败告终。1月17日，参加夜袭的残余人员退回比纳洛南。

连同坦克发起夜袭

1945年1月17日，战车第7联队与美军坦克部队发生交战，击中2辆美军M4中型坦克，使其起火燃烧，失去行动能力，但同时日军坦克也遭到美军射击，蒙受了损失。夜间，根据重见支队长的命令，战车第7联队长率部撤到圣曼努埃尔，由支队司令部指挥从比纳洛南撤退的第4、第5中队。此时，战车第7联队已经损失了34辆坦克，残余的坦克也多有损伤。

1945年1月20日，美军1个步兵师在飞机、炮兵、坦克的支援下开始猛攻，第23师团被打散，纷纷向后方的二线阵地撤退。1月26日夜，重见支队长和前田联队长等指挥官研究最后的策略，决定以残存的7辆坦克于次日夜间进行突袭，同时组织敢死队与坦克一起发起冲锋，从正面攻击美军的坦克群。1月27日，日军完成进攻准备，敢死队于晚间20时率展开突击。22时，坦克部队也投入进攻，联队长、支队长均搭乘坦克跟随在步兵部队之后。美军没有料到日军会在夜间发起突袭，一度陷入混乱，但很快稳住阵脚，展开反击。美军炮兵向夜空中发射了大量照明弹，将战场照得如同白昼，接着用各种反坦克武器向暴露的日军坦克集火射击，最后挫败了日军的决死冲锋，包括重见支队长在内的大多数日军官兵战死，战车第7联队的征战历史也就此结束。

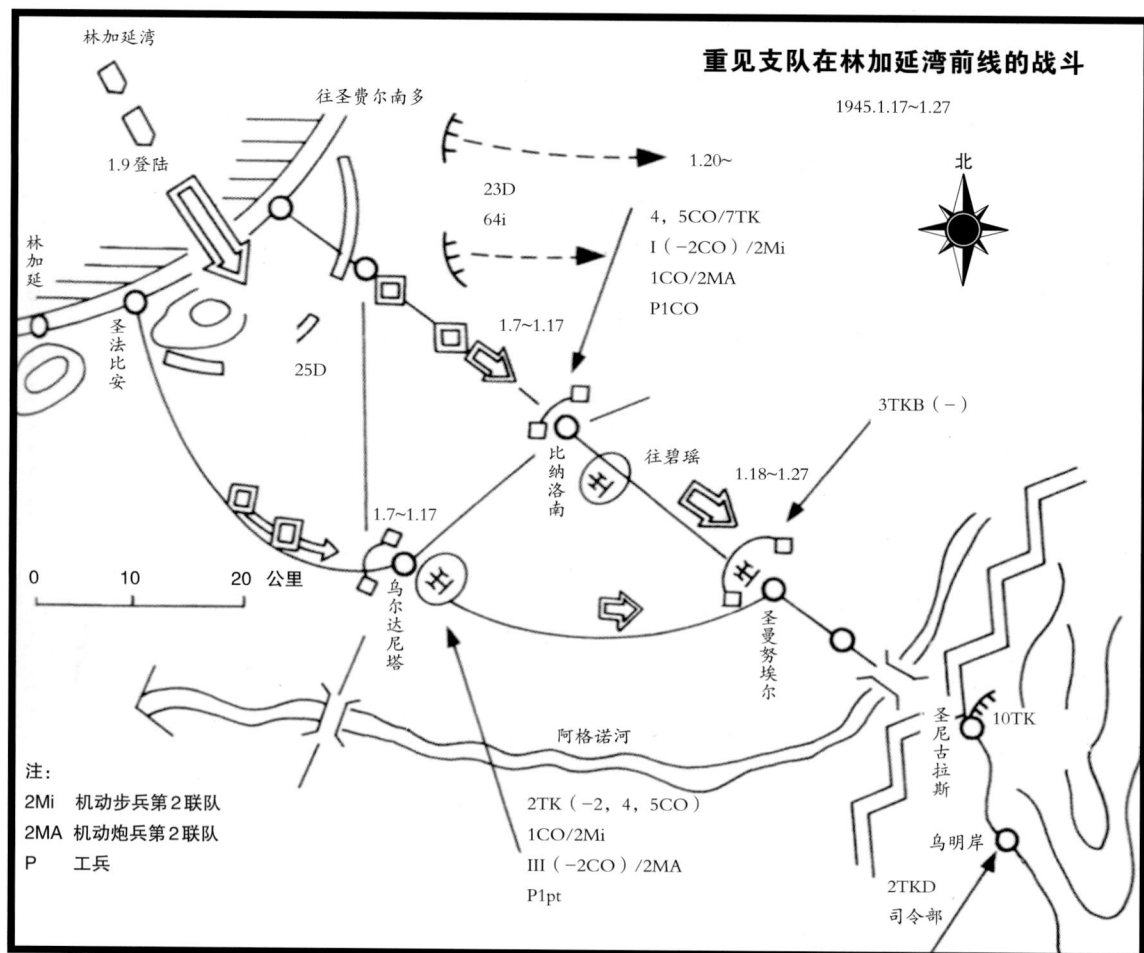

重见支队在林加延湾前线的战斗

1945.1.17~1.27

注：
2Mi 机动步兵第2联队
2MA 机动炮兵第2联队
P 工兵

在火山灰的掩埋下

战车第26联队（隶属小笠原兵团）

——硫磺岛作战，1945年2月~3月

通称号：誉12076　成立地点：牡丹江　成立时间：1944年3月17日　作战时的联队长：西竹一中佐

开赴硫磺岛

战车第26联队于1944年3月以战车第1师团搜索队为基础组建，于同年7月由中国东北调往硫磺岛，在航渡途中运输船队在父岛附近遭遇美军潜艇雷击，有27辆坦克和不少人员随船沉没。在登陆硫磺岛之后，该联队在西竹联队长的努力下得到23辆坦克的补充，得以重编部队。

战车第26联队下辖本部、3个战车中队、炮兵中队、步兵中队、工兵小队、整备中队，共有官兵755人。该联队的战车中队采用混合编制，第1中队装备5辆中型坦克和2辆轻型坦克，第2中队装备4辆中型坦克和3辆轻型坦克、第3中队装备2辆中型坦克和5辆轻型坦克，联队本部另有2辆坦克。炮兵中队装备8门九〇式野炮。战车第26联队作为小笠原兵团的直辖部队由栗林忠道兵团长直接指挥。

栗林中将改变了以往在水际滩头进行抵抗的作战方式，采用在纵深阵地进行持久防御的战法，修建了大规模的地下坑道阵地，同时将坦克作为移动堡垒使用，要求在战斗初期保留坦克部队的实力，使其能够尽可能长时间地战斗，在看准时机后再投入到重点地区参战。首先，一部分坦克被部署在雾岛部落、地热原、南部部落附近，负责主阵地前沿的防御作战；其次，联队主力在主阵地附近展开，支援混成第2旅团的反击，并负责消灭突入阵地的美军部队，尤其要确保元山机场附近的阵地。根据兵团的作战方针，战车第26联队一面构筑坦克掩体，一面进行近战突击训练。

■ 上图为战车第26联队长西竹一中佐（1902–1945），东京人，陆士36期毕业，曾服役于骑兵部队，后转入战车部队，阵亡于硫磺岛，追晋大佐军衔。下图为在硫磺岛被击毁的九七式改中型坦克。

317

坚守阵地，屡次突击

1945年2月19日上午9时，美国海军陆战队2个师在硫磺岛东南海岸登陆，战车第26联队各中队转移到预设阵地中，做好迎战美军的准备。第1中队进入二段岸附近的阵地，第2中队在大阪山阵地，联队本部、第3中队在丸万部落附近待命。2月21日，美军开始进攻元山机场南北的日军主阵地，战车第26联队各中队与步兵部队一道进行了顽强抵抗。

后续增援的美海军陆战队第3师在2月25日突破了日军防线，由元山机场向北机场进军。战车第26联队主力与步兵、炮兵协同作战，利用洞穴、战壕进行反坦克战斗，并支援反击作战。2月27日，血腥的战斗在多处阵地上展开。2月28日早上，部署在西地区的第2中队在2门九〇式野炮的支援下从洞穴阵地出击，向美军1个团实施打击，在元山机场附近的第3中队和第1中队也出动坦克实施反击。3月1日，第1中队与步兵中队、整合中队一起突击美军阵地，与美军约1个营的兵力展开最后的决死战斗，在美军的优势火力下进攻近乎自杀，日军损失惨重，中队长身负重伤，在坦克内自杀。第3中队在元山机场东侧地区、二段岩附近与美军展开激战，在中队长战死后，残余兵力转入地下阵地继续抵抗，美军向坑道内投掷炸药和手榴弹，使日军死伤甚多。战车第26联队此后再也没有实施有组织的反击作战。

在战役后期，战车第26联队主力在丸万部落集结，以一部分兵力坚守在东山据点，剩余的坦克都开进掩体作为火力点继续战斗。3月14日，西竹联队长为了与在北据点的兵团主力会合，率残存的约300名士兵出击，但未能取得成功，日军官兵与美军展开肉搏，绝大部分战死，西竹联队长也身负重伤，双目失明，最后在洞穴中自杀，战车第26联队也在硫磺岛的洞穴和火山灰中找到了最后的归宿。

硫磺岛战役进程图
（1945.2.19~3.26）

北
145
北地区队
天山
145
2MB
北机场
丸万部落
东山
大阪山
第2中队
西地区队
雾岛部落
第1中队
东地区队
西
中
元山机场
二段岩
地热原
南地区队
千鸟机场
南部落
中地区队
中
0　　　　　1公里
摺钵山地区队
摺钵山
4Mr
Mr 美国海军陆战师
MB 日军混成旅团
北
5Mr
3Mr

弃车持枪徒步战斗

战车第27联队（隶属第32军）

——冲绳作战，1945年4月～5月

通称号：球12102　成立地点：勃利　成立时间：1944年3月17日　作战时的联队长：村上乙中佐

五月总攻击

战车第27联队是在1944年3月以战车第2师团搜索队为基础组建的，于同年7月调往冲绳驻防，编有联队本部、1个轻型坦克中队、2个中型坦克中队、步兵中队（装备2门47毫米速射炮）、炮兵中队（装备九〇式野炮4门）工兵小队、整备中队等，全联队装备14辆九五式轻型坦克和25辆中型坦克，编制员额700人。在大约九个月的作战准备中，战车第27联队进行了各种教育训练，构筑防御工事，直至1945年4月1日美军在冲绳登陆。

日军依托首里附近的山地防线与美军激战了一月有余，给美军造成较大伤亡。第32军为了扭转战局决定在5月4日实施反击。攻击在黎明时分开始，以右翼第24师团正面为攻击重点，向普天间以南地区实施突破，以歼灭美军第24军主力为目标。战车第27联队配属于第24师团，奉命协助作为左突击队的步兵第32联队的战斗，然后再转而支援以步兵第22联队为基干的中突击队，但是由于步坦协同不利，最后战斗演变为坦克和步兵部队各自为战。战车第27联队从与那原西北宫城附近的集结地出发，开进到首里北侧石岭附近的炮火准备位置。第1中队按照预定计划进入石岭阵地，由于首里东南的道路到处都是弹坑，第2中队只有2辆坦克抵达进攻出发位置，联队长命令其他坦克车组成员拆下车载机枪，徒步参加战斗。

5月4日凌晨4时30分，战车第27联队在炮火准备后开始出击，利用烟幕掩护向120高地以及前天南侧高地发起进攻，但是面对美军的猛烈炮火

攻击受挫。天亮后，美军的火力更为密集，日军坦克接二连三地被击中抛锚、起火燃烧，人员死伤众多，联队长下令撤退到石岭附近，全联队能够作战的中型坦克只剩6辆。

石岭阻击战

5月5日18时，日军停止攻势转入防守。石岭一带是美军从前田高地南下的必经之地，战车第27联队与步兵部队一道坚守石岭阵地。从5月12日开始，美军步兵在坦克和火炮的支援下实施反复攻击，战车第27联队将剩余的坦克和九〇式野炮派往一线阵地死守。九〇式

■ 图为1945年冲绳战役期间，一名美军士兵在查看一辆被击毁的日军九五式轻型坦克，这辆坦克属于战车第27联队。

319

野炮在战斗中发挥了重要作用，击退了美军的坦克攻击。5月16日，美军再次集结坦克发起进攻，战车第27联队仅存的6辆坦克依托掩体与美军坦克互射，结果一辆接一辆地被美军击毁，残存的车组成员只能跳出掩体与美军展开肉搏，在付出巨大代价后将美军暂时击退。第24师团抽调1个步兵大队配属于战车第27联队，村上联队长将这些增援部队配置在石岭以北的高地上，加强侧翼防御力量。

战至5月18日，战车第27联队已经失去了所有坦克，重武器仅剩1门九〇式野炮，人员伤亡四分之三。5月27日，联队长战死，5月29日夜，师团司令部下令联队残部向喜屋武半岛撤退。6月1日，战车第27联队残部在津嘉山以东的神里附近与美军交战，一度阻止了美军的南进。日军在6月2日夜间继续撤退，所剩无几的人员被编入步兵第63旅团，到6月下旬全部战死。

在冲绳作战中，战车第27联队使用九七式改中型坦克和九〇式野炮与美军M4中型坦克交战，并取得了一定的战果，其作战经验被上报给陆军高层，对于日军在本土决战准备中研究反坦克战术提供了借鉴。

首里周边的战斗

1945年5月3日～5月21日

终战后的徒劳顽抗

战车第11联队（隶属第91师团）

——占守岛作战，1945年8月16日~18日

通称号：先4977　成立地点：悲德　成立时间：1940年3月1日　作战时的联队长：池田末勇大佐

守卫在北方孤岛

战车第11联队原属于战车第2师团战车第4旅团，于1944年2月被调往北千岛群岛执行守备任务，联队主力进驻占守岛，于5月间编入第91师团。在1945年8月9日日苏开战时，战车第11联队编有6个战车中队和1个整备中队，此外还有独立战车第2中队也归属该联队指挥，总共装备19辆九七式中型坦克、20辆九七式改中型坦克和25辆九五式轻型坦克，共计64辆，兵力为750人。早在关东军时期，战车第11联队就因为训练有素、战斗力强被誉为"虎之子"，堪称精锐。

1945年8月15日，日本宣布投降。战车第11联队接到命令后开始解除武装，拆卸坦克的武器，取下弹药的引信。8月16日22时，占守岛对面岛屿上的苏军炮台向日军阵地发射了约130发炮弹。8月18日凌晨1时30分，占守岛再度遭到苏军炮击。凌晨2时，日军指挥部接到报告，苏军在占守岛东北端的竹田滨登陆。负责正面防御的独立步兵第282大队立即向登陆的苏军开火。2时30分，师团长命令战车第11联队立即向国端崎开进，歼灭登陆的苏军部队。池田联队长立即紧急集合部队，下达战斗准备命令，第4中队长奉命对国端崎附近的苏军进行侦察，各中队则在完成战斗准备后前往天神山集结。

■ 图为遗留在占守岛荒野中的日军九七式中型坦克的残骸。1945年8月16日，战车第11联队与登陆占守岛的苏军部队进行了最后的战斗。

将苏军逐至岸边

池田联队长没有等待部队完全做好出击准备就下令向天神山集结，联队本部于凌晨5时抵达天神山，之后各中队长也率部陆续赶到。池田联队长在听取了第4中队长的侦察报告后，于5时30分下达"在海岸边消灭苏军"的命令，随后部队开始向海滩出击。6时20分，池田联队到达四岭山南麓台，发现约1个连的苏军正在翻越四岭山，决定立即对这股苏军展开攻击。6时50分，日军坦克以四岭山为目标继续前进，在7时30分到达山下并进行了敌前侦察，发现苏军在四岭山东北约500米处扎营，没有坦克伴随。当时升起浓雾，炮兵无法提供支援，但池田联队长认为机不可失，立即下令攻击。7时50分，战车第11联队做好进攻准备，联队长座车位于阵线中央，其他坦克在其左右两翼展开，大约有25辆坦克参加了进攻。

此时，距离苏军第一波登陆部队上岸已经有5个小时，在此期间登陆舰艇卸下了火炮和反坦克炮等重武器，苏军炮兵立即向来袭的日军坦克展开射击。受到浓雾影响，日军坦克无法进行精确瞄准，有些坦克乘员携带轻武器跳出坦克，与苏军进行近战。在两个小时的激烈交火后，苏军向竹田海岸方向撤退。然而，战车第11联队付出了惨重代价，包括池田联队长和4名中队长在内的96人战死，21辆坦克被击毁。8月18日16时，师团长下令停止攻击。这是日军坦克部队在太平洋战争中的最后一战。

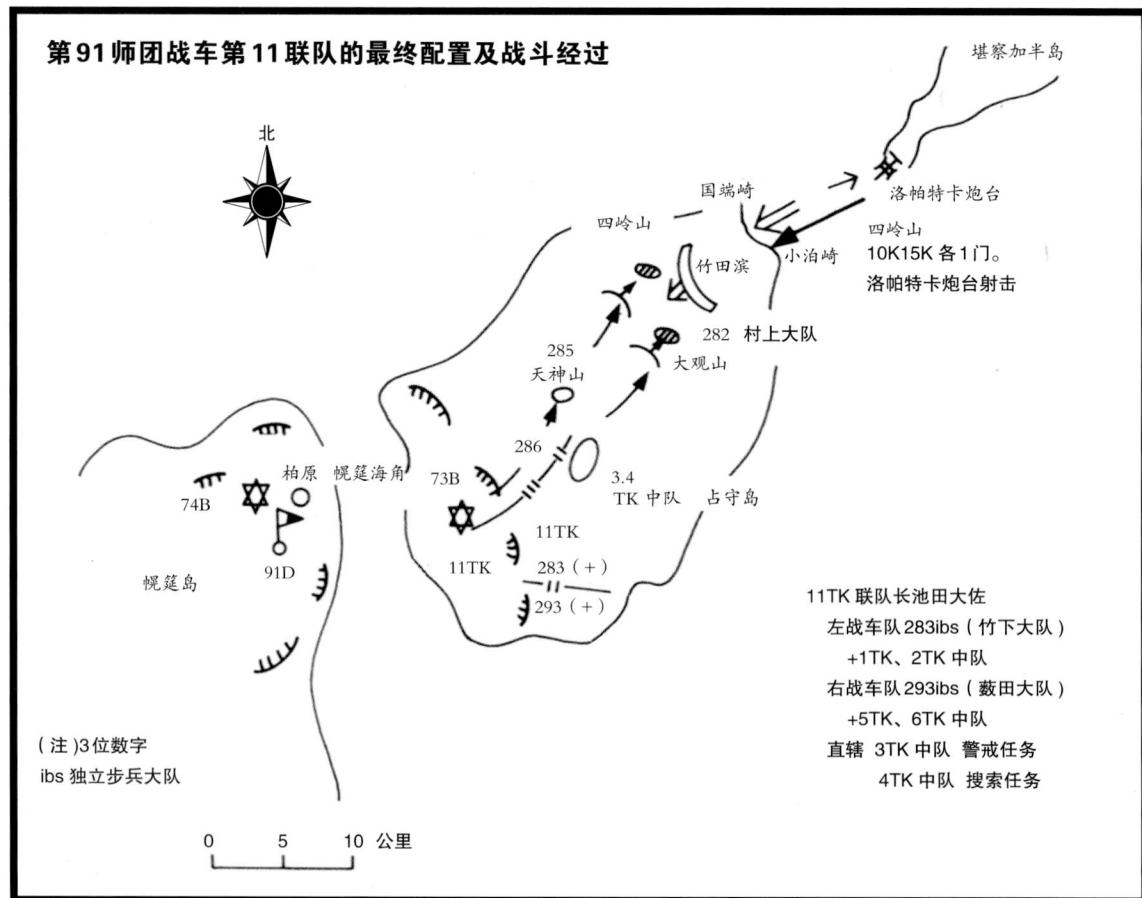

第91师团战车第11联队的最终配置及战斗经过

堪察加半岛

北

四岭山　　国端崎　　洛帕特卡炮台

四岭山
10K15K 各1门。
洛帕特卡炮台射击

竹田滨　小泊崎

285
天神山　　282 村上大队
　　　　　大观山

286

柏原　幌筵海角　73B　　3.4
　　　　　　　　　　　TK 中队　占守岛
74B　　　　　　　11TK
　　　　　　11TK
幌筵岛　91D　　　　283（＋）
　　　　　　　　293（＋）

11TK 联队长池田大佐
　　左战车队283ibs（竹下大队）
　　　+1TK、2TK 中队
　　右战车队293ibs（薮田大队）
　　　+5TK、6TK 中队
　　直辖 3TK 中队　警戒任务
　　　　4TK 中队　搜索任务

（注）3位数字
ibs 独立步兵大队

0　　5　　10 公里

炮兵、战车联队作战写真集

■ 上图为1942年4月，日军炮兵部队的一门九六式150毫米榴弹炮向美军据守的科雷吉多尔岛开火。日军炮兵都头缠白布，赤膊上阵，可见战况之激烈，包括野炮兵第22联队、野战重炮兵第1、8联队及重炮兵第1联队在内的多支炮兵联队参加了此次作战。

■ 右图为一门在瓜岛被美军缴获的日军九二式105毫米加农炮，炮重3732公斤，炮口初速765米/秒，最大射程18200米，于1935年列装，制造数量为180门，属于野战重炮。

■ 上图为一门被遗弃在瓜岛丛林中的日军150毫米榴弹炮，从防盾和炮架外形判断可能是一门四年式150毫米榴弹炮，在地面上还散落着数枚炮弹。在瓜岛战役期间，日军利用军舰向岛上运送了口径105毫米以上的重炮超过20门，以支援对美军机场的攻击。

■ 下图为1943年年底新几内亚丛林中日军炮兵在艰难地移动一门改造三八式75毫米野炮。在缺乏道路的热带雨林，火炮机动十分困难。

■ 右图为1943年6月部署在新几内亚东部威瓦克附近的日军高射炮阵地。从图中可以看到3门八八式75毫米野战高射炮，该型火炮是日军在二战期间的主力高射炮，但到1943年时其性能已经落伍，难以对性能先进的盟军飞机造成威胁。

■ 下图为1943年夏季，驻扎在中缅边界附近的日军第56师团所属炮兵部队在进行射击训练。自1942年夏季开始，该师团就驻守缅北地区，与中国军队隔怒江对峙。中国远征军于1944年初展开反攻，与日军进行了持久而惨烈的战斗。

■ 左图为1941年12月的马来战役期间，一辆日军九七式中型坦克撞倒树木，为进攻部队开辟道路。在马来战役中日军投入了战车第1、2、6、14联队，它们统编为第3战车团，作为第25军的直辖兵力。

■ 左中图为1945年1月3日，隶属于战车第7联队第1中队的一辆八九式中型坦克沿着公路向马尼拉开进。尽管八九式中型坦克在太平洋战争爆发时已经过时了，但还是参加了战争初期的进攻作战。

■ 下图为1942年3月在爪哇岛上快速推进的日军九五式轻型坦克。在荷属东印度进攻作战中，日军投入了战车第2、4、8联队，爪哇岛上发达的公路网非常便于战车部队机动。

■ 上图为1942年1月在菲律宾前线，日军第7战车联队第2中队的九五式轻型坦克穿过美菲军布设的路障，这些斜插在地上的尖利竹签能够阻止步兵前进，却无法阻挡坦克。在菲律宾作战中，日军投入了战车第4、7联队。

■ 下图为1942年4月在科雷吉多尔岛参战进攻的一辆九七式改中型坦克，隶属于战车第7联队。九七式改装备1门一式47毫米坦克炮，相比九七式早期型号装备的短身管57毫米坦克炮具有更强的穿甲能力。

■ 上图为1944年3月在马绍尔群岛的那慕尔岛上，一辆日军九四式轻装甲车的残骸被置于海军陆战队第4坦克营的一辆M4中型坦克的车体后部，这幅充满幽默感的照片展示了太平洋战争期间日美两军在装甲车辆上的性能差距。

■ 上图为1944年8月在关岛被美军击毁的一辆九五式轻型坦克，属于战车第9联队，可见车体正面左侧被炮弹击中而形成的大洞。

■ 上图为1944年6月在塞班岛上被击毁的日军九七式中型坦克，属于战车第9联队第5中队。它可能是被美军第762坦克营的M5A1轻型坦克的37毫米炮击毁的，这辆坦克的57毫米主炮已经丢失，在炮塔右侧下方可见两个37毫米炮弹命中的弹孔。

■ 下图为1945年3月在硫磺岛被美军缴获的一辆日军九七式改中型坦克，隶属于第26战车联队。

参考资料

[1] 郭汝瑰，黄玉章 . 中国抗日战争正面战场作战记 [M]. 南京：江苏人民出版社，2001.

[2] 太平洋戦争研究会，日本陸軍がよくわかる事典 [M]. 東京：PHP 研究所，2002.

[3] 毎日新聞社 . 日本の戦歴 [M]. 東京：毎日新聞社，1967.

[4] 刘庭华 . 中国抗日战争与第二次世界大战统计 [M]. 北京：解放军出版社，2012.

[5] 徐平 . 侵华日军通览 1931-1945[M]. 北京：解放军出版社，2012.

[6] 近現代史編纂会 . 陸軍部隊戦 [M] 史 . 東京：新人物往来社，2001.

[7] 松井孝也 . 日本陸軍史　日本の戦史別巻 1[M]. 別冊一億人の昭和史 . 東京：毎日新聞社，1979.

[8] 椎野八束 . 日本陸軍兵器 [M]. 東京：新人物往来社，2002.

[9] 牧野喜久男 . 日本の戦史 8　太平洋戦争 2[M]. 一億人の昭和史 . 東京：毎日新聞社，1978.

[10] 牧野喜久男 . 日本の戦史 9　太平洋戦争 3[M]. 一億人の昭和史 . 東京：毎日新聞社，1980.

[11] 牧野喜久男 . 日本の戦史 10　太平洋戦争 4[M]. 一億人の昭和史 . 東京：毎日新聞社，1980.